Preparando a mesa da Palavra

Dados Internacionais de Catalogação na Publicação (CIP)
(Câmara Brasileira do Livro, SP, Brasil)

Garmus, Ludovico
  Preparando a Mesa da Palavra : um comentário das leituras da liturgia dominical e festiva : anos A, B e C / Ludovico Garmus. – Petrópolis, RJ : Vozes, 2023.

  ISBN 978-65-5713-955-4

  1. Bíblia – Doutrinas 2. Celebrações litúrgicas 3. Cristianismo 4. Liturgia – Igreja Católica I. Título.

23-153409   CDD-264.02

Índices para catálogo sistemático:
1. Liturgia : Igreja Católica   264.02
Tábata Alves da Silva – Bibliotecária – CRB-8/9253

Ludovico Garmus

Preparando a Mesa da PALAVRA

Um comentário das leituras da
liturgia dominical e festiva
Anos A, B e C

EDITORA VOZES

Petrópolis

© 2023, Editora Vozes Ltda.
Rua Frei Luís, 100
25689-900 Petrópolis, RJ
www.vozes.com.br
Brasil

Todos os direitos reservados. Nenhuma parte desta obra poderá ser reproduzida ou transmitida por qualquer forma e/ou quaisquer meios (eletrônico ou mecânico, incluindo fotocópia e gravação) ou arquivada em qualquer sistema ou banco de dados sem permissão escrita da editora.

CONSELHO EDITORIAL

Diretor
Volney J. Berkenbrock

Editores
Aline dos Santos Carneiro
Edrian Josué Pasini
Marilac Loraine Oleniki
Welder Lancieri Marchini

Conselheiros
Elói Dionísio Piva
Francisco Morás
Gilberto Gonçalves Garcia
Ludovico Garmus
Teobaldo Heidemann

Secretário executivo
Leonardo A.R.T. dos Santos

Editoração: Fernando Sergio Olivetti da Rocha
Diagramação: Sheilandre Desenv. Gráfico
Revisão gráfica: Nilton Braz da Rocha
Capa: Kaylane Candian
Ilustração de capa: Lúcio Américo de Oliveira

ISBN 978-65-5713-955-4

Este livro foi composto e impresso pela Editora Vozes Ltda.

Sumário

Apresentação, 15

Introdução, 19

Ano A, 27

Tempo do Advento, 29

    1º Domingo do Advento, 29

    2º Domingo do Advento, 32

    3º Domingo do Advento, 36

    4º Domingo do Advento, 39

Tempo do Natal, 43

    Natal – Missa da noite, 43

    Natal – Missa do dia, 45

    Sagrada Família, 48

    Solenidade da Santa Mãe de Deus, Maria, 51

    Epifania do Senhor, 54

    Batismo do Senhor, 57

Tempo da Quaresma, 61

    Quarta-feira de Cinzas, 61

    1º Domingo da Quaresma, 64

    2º Domingo da Quaresma, 67

    3º Domingo da Quaresma, 70

4º Domingo da Quaresma, 73

5º Domingo da Quaresma, 76

Domingo de Ramos, 79

Tríduo santo e Tempo Pascal, 83

Quinta-feira Santa – Missa da Ceia do Senhor, 83

Domingo da Páscoa, 86

2º Domingo da Páscoa, 90

3º Domingo da Páscoa, 92

4º Domingo da Páscoa, 96

5º Domingo da Páscoa, 98

6º Domingo da Páscoa, 101

Domingo da Ascensão, 104

Pentecostes, 107

Solenidades do Senhor, 111

Santíssima Trindade, 111

Corpo e Sangue de Cristo, 114

Sagrado Coração de Jesus, 117

O mistério de Cristo no Tempo da Igreja – Tempo Comum, 121

2º Domingo do Tempo Comum, 121

3º Domingo do Tempo Comum, 124

4º Domingo do Tempo Comum, 127

5º Domingo do Tempo Comum, 130

6º Domingo do Tempo Comum, 133

7º Domingo do Tempo Comum, 135

8º Domingo do Tempo Comum, 138

9º Domingo do Tempo Comum, 141

10º Domingo do Tempo Comum, 144
11º Domingo do Tempo Comum, 147
12º Domingo do Tempo Comum, 150
13º Domingo do Tempo Comum, 153
14º Domingo do Tempo Comum, 156
15º Domingo do Tempo Comum, 159
16º Domingo do Tempo Comum, 162
17º Domingo do Tempo Comum, 164
18º Domingo do Tempo Comum, 167
19º Domingo do Tempo Comum, 170
20º Domingo do Tempo Comum, 173
21º Domingo do Tempo Comum, 177
22º Domingo do Tempo Comum, 180
23º Domingo do Tempo Comum, 183
24º Domingo do Tempo Comum, 186
25º Domingo do Tempo Comum, 189
26º Domingo do Tempo Comum, 193
27º Domingo do Tempo Comum, 196
28º Domingo do Tempo Comum, 199
29º Domingo do Tempo Comum, 202
30º Domingo do Tempo Comum, 205
31º Domingo do Tempo Comum, 208
32º Domingo do Tempo Comum, 211
33º Domingo do Tempo Comum, 214
34º Domingo do Tempo Comum – Solenidade de Nosso Senhor Jesus Cristo, Rei do Universo, 218

Ano B, 221

Tempo do Advento, 223

1º Domingo do Advento, 223

2º Domingo do Advento, 226

3º Domingo do Advento, 229

4º Domingo do Advento, 231

Tempo do Natal, 235

Natal – Missa da noite, 235

Natal – Missa do dia, 235

Sagrada Família, 235

Solenidade da Santa Mãe de Deus, Maria, 236

Epifania do Senhor, 236

Batismo do Senhor, 236

Tempo da Quaresma, 239

Quarta-feira de Cinzas, 239

1º Domingo da Quaresma, 239

2º Domingo da Quaresma, 242

3º Domingo da Quaresma, 245

4º Domingo da Quaresma, 248

5º Domingo da Quaresma, 251

Domingo de Ramos, 254

Tríduo santo e Tempo Pascal, 257

Quinta-feira Santa – Missa da Ceia do Senhor, 257

Domingo da Páscoa, 257

2º Domingo da Páscoa, 257

3º Domingo da Páscoa, 260
4º Domingo da Páscoa, 263
5º Domingo da Páscoa, 266
6º Domingo da Páscoa, 269
Domingo da Ascensão, 272
Pentecostes, 273

Solenidades do Senhor, 275
Santíssima Trindade, 275
Corpo e Sangue de Cristo, 278
Sagrado Coração de Jesus, 281

O mistério de Cristo no Tempo da Igreja – Tempo Comum, 285
2º Domingo do Tempo Comum, 285
3º Domingo do Tempo Comum, 288
4º Domingo do Tempo Comum, 291
5º Domingo do Tempo Comum, 293
6º Domingo do Tempo Comum, 296
7º Domingo do Tempo Comum, 299
8º Domingo do Tempo Comum, 302
9º Domingo do Tempo Comum, 306
10º Domingo do Tempo Comum, 309
11º Domingo do Tempo Comum, 313
12º Domingo do Tempo Comum, 315
13º Domingo do Tempo Comum, 318
14º Domingo do Tempo Comum, 322
15º Domingo do Tempo Comum, 325
16º Domingo do Tempo Comum, 328

17º Domingo do Tempo Comum, 331
18º Domingo do Tempo Comum, 334
19º Domingo do Tempo Comum, 337
20º Domingo do Tempo Comum, 340
21º Domingo do Tempo Comum, 343
22º Domingo do Tempo Comum, 346
23º Domingo do Tempo Comum, 349
24º Domingo do Tempo Comum, 352
25º Domingo do Tempo Comum, 355
26º Domingo do Tempo Comum, 358
27º Domingo do Tempo Comum, 361
28º Domingo do Tempo Comum, 365
29º Domingo do Tempo Comum, 368
30º Domingo do Tempo Comum, 371
31º Domingo do Tempo Comum, 374
32º Domingo do Tempo Comum, 377
33º Domingo do Tempo Comum, 380
34º Domingo do Tempo Comum – Solenidade de Nosso Senhor Jesus Cristo, Rei do Universo, 384

Ano C, 387

Tempo do Advento, 389
1º Domingo do Advento, 389
2º Domingo do Advento, 392
3º Domingo do Advento, 395
4º Domingo do Advento, 399

Tempo do Natal, 403
 Natal – Missa da noite, 403
 Natal – Missa do dia, 403
 Sagrada Família, 403
 Solenidade da Santa Mãe de Deus, Maria, 405
 Epifania do Senhor, 405
 Batismo do Senhor, 405

Tempo da Quaresma, 407
 Quarta-feira de Cinzas, 407
 1º Domingo da Quaresma, 407
 2º Domingo da Quaresma, 410
 3º Domingo da Quaresma, 414
 4º Domingo da Quaresma, 418
 5º Domingo da Quaresma, 421
 Domingo de Ramos, 424

Tríduo santo e Tempo Pascal, 427
 Quinta-feira Santa – Missa da Ceia do Senhor, 427
 Domingo da Páscoa, 427
 2º Domingo da Páscoa, 427
 3º Domingo da Páscoa, 430
 4º Domingo da Páscoa, 433
 5º Domingo da Páscoa, 437
 6º Domingo da Páscoa, 439
 Domingo da Ascensão, 442
 Pentecostes, 443

Solenidades do Senhor, 445
 Santíssima Trindade, 445

Corpo e Sangue de Cristo, 447

Sagrado Coração de Jesus, 451

O mistério de Cristo no Tempo da Igreja – Tempo Comum, 455

2º Domingo do Tempo Comum, 455

3º Domingo do Tempo Comum, 458

4º Domingo do Tempo Comum, 461

5º Domingo do Tempo Comum, 464

6º Domingo do Tempo Comum, 468

7º Domingo do Tempo Comum, 471

8º Domingo do Tempo Comum, 474

9º Domingo do Tempo Comum, 477

10º Domingo do Tempo Comum, 481

11º Domingo do Tempo Comum, 484

12º Domingo do Tempo Comum, 487

13º Domingo do Tempo Comum, 491

14º Domingo do Tempo Comum, 494

15º Domingo do Tempo Comum, 497

16º Domingo do Tempo Comum, 501

17º Domingo do Tempo Comum, 504

18º Domingo do Tempo Comum, 507

19º Domingo do Tempo Comum, 511

20º Domingo do Tempo Comum, 514

21º Domingo do Tempo Comum, 517

22º Domingo do Tempo Comum, 520

23º Domingo do Tempo Comum, 523

24º Domingo do Tempo Comum, 526

25º Domingo do Tempo Comum, 530

26º Domingo do Tempo Comum, 533
27º Domingo do Tempo Comum, 537
28º Domingo do Tempo Comum, 540
29º Domingo do Tempo Comum, 543
30º Domingo do Tempo Comum, 547
31º Domingo do Tempo Comum, 551
32º Domingo do Tempo Comum, 554
33º Domingo do Tempo Comum, 557
34º Domingo do Tempo Comum – Solenidade de Nosso Senhor Jesus Cristo, Rei do Universo, 560

O mistério de Cristo na vida da Igreja, 565

Solenidades e festas, 567

Apresentação do Senhor – 2 de fevereiro, 567
Natividade de São João Batista – 24 de junho, 570
São Pedro e São Paulo – 29 de junho, 572
Transfiguração do Senhor – 6 de agosto, 576
Assunção de Nossa Senhora ao Céu – 15 de agosto, 582
Exaltação da Santa Cruz – 14 de setembro, 585
Nossa Senhora da Conceição Aparecida – 12 de outubro, 588
Todos os Santos – 1º de novembro, 590
Comemoração de todos os fiéis falecidos – 2 de novembro, 593
Consagração da Basílica do Latrão – 9 de novembro, 597
Imaculada Conceição de Nossa Senhora – 8 de dezembro, 601

Referências, 605

Apresentação

No ano de 2008, quando era estudante do Pontifício Instituto Litúrgico, em Roma, fiz um curso que se chamava Bíblia e Liturgia. Na primeira aula o professor dizia: "Quando se fala da Palavra de Deus na liturgia, um biblista irá se perguntar quanto da liturgia tem na Bíblia, enquanto um liturgista perguntaria quanto da Bíblia está presente na liturgia". No mesmo instante, lembrei-me do Frei Ludovico Garmus, meu professor de Sagrada Escritura no Instituto Teológico Franciscano nos idos tempos da graduação. E agora um liturgista fazendo a apresentação do livro de um biblista. Ele que já durante algum tempo, semanalmente, vem oferecendo a nós frades e amigos que acompanham a página da web dos franciscanos um instrumento de reflexão e de ajuda para vivermos melhor a partir da oração, da escuta e da vivência aquilo que o Senhor nos fala dominicalmente na liturgia eucarística. Para além de possíveis maneiras de olhar para a Bíblia e a liturgia, é fundamental ficarmos atentos ao binômio Bíblia e liturgia, que deve ser visto como uma unidade, como duas faces de uma única realidade. Pois a Bíblia é para a fé que se celebra, isto é, o texto bíblico foi pensado também para a liturgia e foram preservados desde os primórdios em razão do seu uso litúrgico. Assim como a liturgia não possui autonomia em relação à Bíblia, pois ela é modelada pela Palavra de Deus, ao mesmo tempo a liturgia conduz a Bíblia da situação de palavra preservada, enquanto informação, à situação de Palavra-proclamada-celebrada-viva-eficaz-responsável pela salvação. "Como a chuva e a neve descem do céu e para lá não voltam, mas regam a terra para ela ficar fértil e produtiva, para dar semente ao semeador e pão para comer, assim acontece com a palavra que sai de minha boca: não volta para mim vazia sem ter realizado a minha vontade, sem ter cumprido a sua missão" (Is 55,10-11). Então, a Bíblia na liturgia não é mais um livro, mas a própria Palavra de Deus. Em consequência, a liturgia passa a ser o lugar não da leitura da palavra, mas do anúncio e da escuta da voz de Deus. "Muitas vezes e de modos diversos Deus falou antigamente a nossos pais pelos profetas. Agora, nos últimos dias, falou-nos pelo Filho que constituiu herdeiro de tudo" (Hb 1,1-2a). O Verbo se fez carne deixa de ser letras, palavras; passa a ser uma pessoa: Jesus Cristo. Deus fala através dele. Recordo o que disse a Pontifícia Comissão Bíblica sobre a interpretação da Bíblia na Igreja: "Em princípio, a liturgia, e especialmente a liturgia sacramental, na qual a celebração eucarística constitui o grau máximo, realiza a atualização mais perfeita dos textos bíblicos, pois ela situa a proclamação no meio da comunidade dos fiéis reunida em torno de Cristo, a fim de se aproximar de Deus". A liturgia é toda Palavra de Deus, palavra anunciada e rezada através dos textos das Sagradas Escrituras proclamados na Liturgia da Palavra, na Prece Eucarística, nas orações, nos cantos e na música, na poesia, na homilia, nos gestos e no silêncio. Portanto, há uma profunda unidade entre a Bíblia e a liturgia. A unidade desse binômio me faz lembrar de um outro binômio que aprendemos ainda na catequese e que cabe lembrar aqui: a Mesa da Palavra e a Mesa da Eucaristia. Começamos a repartir o pão da Palavra para depois repartirmos o pão eucaristizado. Karl Rahner dizia que toda a celebração eucarística é, de certo modo, Liturgia da Palavra, Palavra Proclamada e Palavra feita carne. Porque toda palavra anunciada, antes de ser um discurso, precisa passar pela experiência, pela concretude da vida. Por isso, podemos dizer que a Bíblia é a guardiã dessa Palavra encarnada que nos alimenta em cada celebração da Missa nas duas mesas, com o mesmo alimento, o Cristo e Senhor. Na Palavra e na Eucaristia se manifesta a unidade. Santo Agostinho o sabia bem ao dizer que ao nos alimentarmos da Palavra de Deus e do Corpo e Sangue de Cristo, nós mesmos nos tornamos Aquele que nós recebemos. Em suma, as duas mesas revelam aquilo que é a Eucaristia: a unidade do corpo de Cristo, que é a Igreja. Este escrito que agora vocês têm em mãos, de Frei Ludovico, tem o escopo de ajudar na contemplação da Palavra de Deus (*templar* = habitar), de habitar junto da Palavra, de fazer dela a morada e, também, ser um instrumento para a homilia, que é uma parte da liturgia que busca ser um meio indispensável para ajudar a nutrir a nossa vida cristã (IGMR, 65). Um roteiro objetivo, que inicia com um momento orante com a Oração do dia, uma linguagem acessível, destacando aquilo que é o essencial de cada perícope bíblica/litúrgica, contextualizando cada uma delas. Posso dizer com satisfação e de coração ao meu confrade, mestre e exegeta: obrigado por ter partilhado conosco esse instrumento de contemplação para nos ajudar a comunicar melhor a Palavra de Deus em nossas vidas! Termino com as palavras de São Gregório Magno (comentário ao livro de Jó, 20,9,19) que também perpassa, de alguma forma, as páginas deste livro: "A sagrada escritura na sagrada liturgia (*incipit meu*) [...] exercita os fortes com as suas palavras mais obscuras e satisfaz os simples com a sua linguagem concreta [...] é compreensível aos leitores sem cultura e às pessoas instruídas a redescobrem continuamente. Todavia, ela supera também todo saber e toda doutrina com o seu modo próprio de exprimir-se, porque, com uma só e mesma linguagem, por meio de todas as suas histórias, revela o mistério".

Frei Marcos A. de Andrade, OFM
Solenidade da Anunciação do Senhor do ano de 2023.

Introdução

A Constituição Dogmática *Dei Verbum* (DV) – Palavra de Deus – sobre a revelação divina foi um dos maiores legados deixados pelo Concílio Vaticano II. De mãos dadas com a Palavra de Deus vem a Constituição *Sacrosanctum Concilium* (SC) sobre a Sagrada Liturgia. Estes dois documentos influenciaram profundamente a vida diária dos fiéis na Igreja Católica. É na assembleia litúrgica que a Sagrada Escritura adquire seu sentido pleno. Além do mais, tanto a Liturgia como a Sagrada Escritura têm como objeto central o mistério de Cristo: "A Igreja sempre venerou as divinas Escrituras da mesma forma como o próprio Corpo do Senhor, já que, principalmente na Sagrada Escritura, sem cessar toma da mesa tanto da palavra de Deus quanto do Corpo do Cristo o pão da vida, e o distribui aos fiéis" (*Dei Verbum*, 21).

A reforma do Lecionário

A Constituição *Sacrosanctum Concilium* estabeleceu dois princípios que deveriam nortear a reforma litúrgica: a) "que se prepare para os fiéis uma mesa mais abundante da Palavra de Deus, abrindo-lhes largamente os tesouros bíblicos"; b) "dentro de um ciclo de tempo estabelecido se leiam ao povo as partes mais importantes da Sagrada Escritura" (SC, 51). Para executar as propostas dos Padres Conciliares o papa Paulo VI nomeou um grupo de peritos, encarregado de reorganizar os textos litúrgicos e a Liturgia da Palavra. Inicialmente eram apenas sete membros, mas logo passou a contar com dezessete pessoas, todos especialistas no campo da Teologia, Liturgia, Bíblia, Catequese ou Pastoral. Ao final dos trabalhos, o novo Lecionário contava com a colaboração de cerca de novecentos peritos, tamanho foi o entusiasmo em preparar para os fiéis "uma mesa mais abundante da Palavra de Deus".

Critérios para a escolha das leituras

Este imenso e cuidadoso trabalho resultou na Liturgia renovada e no novo Lecionário dos domingos e festas, que se desdobra no ciclo de três anos: anos A, B e C. Dois princípios orientam a escolha das leituras dos domingos e festas: o critério da harmonização temática e o da leitura semicontínua. Eles são usados de acordo com os diversos tempos do ano e as características próprias de cada tempo litúrgico. A partir dos textos dos evangelhos buscou-se a harmonização temática na escolha de textos, tanto do Antigo Testamento como do Novo Testamento, relacionados com o tema do Evangelho da Missa.

Para os chamados "tempos fortes" – Advento, Natal, Quaresma e Páscoa – a escolha das leituras baseia-se na temática própria do respetivo tempo. Nesses tempos também a Segunda leitura se harmoniza com o tema do Evangelho e da Primeira leitura. Nos domingos do Tempo Comum os textos das epístolas e dos evangelhos seguem o critério da leitura semicontínua. Assim acontece também com a leitura do Antigo Testamento, que se harmoniza com o tema do Evangelho.

Desta forma, são proclamados os quatro evangelhos ao longo de três anos. Mateus, no Ano A; Marcos, no Ano B; Lucas, no Ano C e João, cada ano, nos tempos fortes da Quaresma e da Páscoa. Sendo Marcos o Evangelho mais curto (16 capítulos), após o 16º Domingo do Tempo Comum do Ano B, João também complementa Marcos com cinco leituras sobre o pão da vida (Jo 6). A harmonia entre as três leituras ocorre também nas solenidades e festas, sempre tomando como base o

Evangelho escolhido. No Tempo Comum leem-se as epístolas de Paulo e de Tiago, ao passo que as de Pedro e de João são lidas no tempo da Páscoa e do Natal.

Orientações mais recentes da Igreja para a Liturgia

Exortação pós-apostólica Verbum Domini

A Exortação pós-apostólica *Verbum Domini* (VD) de Bento XVI recolhe e aprofunda as contribuições dos Bispos no Sínodo sobre *A Palavra de Deus na vida e na missão da Igreja*, realizado em Roma (outubro de 2008). Bento XVI parte das proposições elaboradas pelos bispos sinodais. A Exortação é uma verdadeira teologia da Palavra de Deus, que destaca seu lugar na Liturgia e sua relação com a Eucaristia (VD, 55).

Deus Pai, fonte e origem da Palavra, criou o ser humano à sua imagem e semelhança. Deus chamou o homem para entrar na sua aliança, escolhendo-o como o principal destinatário de sua Palavra. "Assim, Deus torna cada um de nós capaz de escutar e responder à Palavra divina" (VD, 20-21). Fomos criados no Filho único do Pai, na "Palavra feita carne" (Jo 1,14); portanto, somos capazes de entrar em diálogo com Deus. É no diálogo que Deus se nos dá a conhecer, o "que comporta o primado da Palavra de Deus dirigida ao homem" (VD, 22). Cristo, a Palavra encarnada, é o caminho que nos leva ao Pai (Jo 14,6). E o Espírito Santo é quem "nos guiará à verdade total" (Jo 16,13); isto é, à plena comunhão com Deus.

A Liturgia é o lugar privilegiado da Palavra de Deus. Nela "Cristo está presente, pois é Ele que fala ao ser lida na Igreja na Sagrada Escritura" (VD, 52). Por isso os leitores devem preparar-se bem para proclamar a Palavra de Deus, de modo que os fiéis possam acolher a palavra que Cristo lhes dirige (VD, 58). Por outro lado, no contexto da Liturgia, é de suma importância a homilia proferida pelos ministros da Palavra, o sacerdote ou o diácono. Na Exortação apostólica pós-sinodal *Sacramentum Caritatis* (22/02/2007) sobre a "Eucaristia, fonte e ápice da vida e missão da Igreja", Bento XVI já chamava atenção para a urgente necessidade de melhorar a qualidade da homilia. Pois é a homilia que favorece a compreensão dos textos lidos, atualiza sua mensagem para a vida dos fiéis e os convida a celebrar a Eucaristia e agir como evangelizadores. Na preparação da homilia o pregador deve ter presente três perguntas básicas: 1) O que dizem as leituras proclamadas? 2) O que elas dizem para mim pessoalmente? 3) O que devo dizer à comunidade? (VD, 59). Trata-se de um convite para fazer uma leitura orante dos textos litúrgicos antes de proferir a homilia.

Evangelii Gaudium *(EG). A alegria do Evangelho no mundo atual*

A exortação apostólica do papa Francisco trata do anúncio do Evangelho no mundo atual. O documento dirige-se aos bispos, ao clero, às pessoas consagradas e aos fiéis leigos em geral. A exortação tem um caráter pastoral, mais voltado para uma espiritualidade litúrgica. É uma proposta que visa dinamizar a ação missionária e evangelizadora da Igreja. O capítulo III – *O anúncio do Evangelho* – ocupa o lugar central da Exortação (n. 110-175). Boa parte do capítulo é dedicada à importância da homilia na dimensão evangelizadora da liturgia eucarística (n. 135-159). O Papa justifica a insistência na homilia "porque são muitas as reclamações relacionadas a este ministério, e não podemos fechar os olhos" (n. 135). Pela qualidade da homilia, afirma o papa Francisco, percebe-se a capacidade de encontro do pastor com o povo. Por isso, a homilia seja breve, oriente para Cristo e a Eucaristia. Nela brilhe mais o Senhor do que o ministro da Palavra (n. 138). Em outras palavras, a homilia será proveitosa na medida em que o pregador comunga da Palavra de Deus, conhece os fiéis e está em comunhão com eles.

Para atingir tal objetivo é de suma importância uma boa preparação da homilia (n. 145-159). É preciso fazer uma análise literária do texto, que inclui a busca de palavras que se repetem, identificar a estrutura do texto, as circunstâncias de lugar e os personagens envolvidos, a fim de descobrir sua mensagem principal (n. 147). O estudo leva a descobrir a mensagem central dos textos e prepara a chamada *lectio divina*, leitura orante, "que consiste na leitura da Palavra de Deus num tempo de oração" (EG, 152).

Enquanto faz esse estudo, "o pregador deve se perguntar o que as leituras dizem para ele pessoalmente, porque o primeiro destinatário da Palavra de Deus é o próprio pregador". Já o Concílio Vaticano II advertia (DV, 25): Os ministros da Palavra "se apeguem às Escrituras por meio de uma assídua leitura sacra e diligente estudo, para que não venha a ser 'vão pregador da Palavra de Deus externamente quem não a escuta interiormente'" (Santo Agostinho).

Em função da homilia, além desta escuta interior da Palavra de Deus, "o pregador deve também pôr-se à escuta do povo para descobrir o que os fiéis precisam ouvir. Um pregador é um contemplativo da Palavra e, também, um contemplativo do povo". Do contrário, comenta o Papa, o pregador estaria respondendo "a perguntas que ninguém faz" (EG, 54-155). Uma boa homilia deve conter "uma ideia, um sentimento, uma imagem" (EG, 157). Uma *ideia* pede uma unidade temática para a homilia. Um *sentimento* é consequência da contemplação da Palavra e do povo de Deus. Uma *imagem* porque a linguagem simbólica das imagens reforça o significado das palavras e ilumina a mensagem. Quando Jesus anunciava a Boa-nova ao povo preferia a linguagem das imagens: "Ensinava-lhes muitas coisas em parábolas". [...] "Com muitas parábolas [...] Jesus anunciava-lhes a palavra segundo podiam entender, e nada lhes falava sem parábolas" (Mc 4,2.34-35).

Por fim, insiste o Papa, *a linguagem da homilia seja positiva*, um pressuposto embutido no próprio título da exortação "A alegria do Evangelho". Mais importante do que "o não devemos fazer" é "o que podemos fazer melhor". A linguagem positiva é propositiva: "oferece sempre esperança e orienta para o futuro" (EG, 159).

Um exemplo claro de uma linguagem positiva e propositiva da pregação de Jesus podemos encontrar na cena de Jesus e a mulher acusada de adultério (cf. Jo 8,1-11). Jesus, sentado no chão, ensinava no Templo, cercado pelo povo. Os fariseus e os mestres da Lei trouxeram uma mulher acusada de adultério. Segundo a Lei, tal mulher devia ser apedrejada. E perguntaram a Jesus o que ele achava. Jesus, sentado como estava, inclinou-se e começou a escrever no chão. Tomado de compaixão (*sentimento*), Jesus lia o coração da mulher humilhada e o de seus acusadores. Depois levantou-se e disse: "Quem de vós não tiver pecado que atire a primeira pedra". E continuou sentado, escrevendo. Todos os acusadores, um a um, foram se retirando. Então Jesus se levantou e perguntou à pecadora: "Mulher, ninguém te condenou"? "Ninguém, Senhor", respondeu ela. E Jesus lhe disse: "Também eu não te condeno. Vai em paz, e não peques mais" (5º Domingo da Quaresma, Ano C).

Eis um belo exemplo bíblico do que o papa Francisco diz sobre a homilia: uma ideia, uma imagem, um sentimento, uma linguagem positiva e propositiva.

Objetivo da presente obra

A reforma da Liturgia promovida pelo Concílio Vaticano II, na Constituição *Sacrosanctum Concilium*, preparou para os fiéis "uma mesa mais abundante da Palavra de Deus". O novo Lecionário distribui a riqueza da Palavra de Deus num ciclo de três anos. Para os domingos e solenidades propõe três leituras: a primeira do Antigo Testamento, a segunda do Novo Testamento (epístolas, Atos ou Apocalipse) e o Evangelho. A primeira e a segunda leituras estão relacionadas com o tema do Evangelho. Nos domingos do Tempo Comum apenas a Primeira leitura tem relação com o Evangelho. Nos "tempos fortes", como Advento, Natal, Quaresma, Páscoa e nas solenidades ou festas as duas primeiras leituras também estão relacionadas com o Evangelho. Além da oração do dia (Coleta), incluímos um breve comentário para cada uma das três leituras bíblicas dominicais e festivas. O comentário procura evidenciar a relação existente entre as leituras, introduzir o leitor nos textos bíblicos da liturgia dominical e indicar pistas para uma leitura orante. Com esta finalidade, algumas palavras, ou conjunto de palavras, do comentário estão destacadas.

A leitura orante da Sagrada Escritura se faz em contexto da oração. O primeiro passo é conhecer os textos da liturgia dominical. É preciso ler com atenção o texto, estudar e apropriar-se dele, guiado pela pergunta: O que a Palavra de Deus quer dizer? Entendido o sentido do texto, o orante então se pergunta: O que Deus quer dizer para mim? Por fim, se é Deus que me fala pela Palavra (contemplação), como vou lhe responder? "Que queres que eu faça?" – No caso do pregador, perguntar-se: "O que vou falar ao povo?"

O comentário das leituras da liturgia dominical destina-se aos sacerdotes, diáconos, seminaristas, equipes de liturgia e a todas as pessoas que desejam meditar a Palavra de Deus. Nele poderão encontrar uma preciosa ajuda que os introduza na contemplação da Palavra, que é Cristo Jesus, em vista da preparação da homilia e da celebração dominical. O primeiro destinatário da Palavra é sempre quem a escuta interiormente. Somente assim poderá comunicá-la aos ouvintes.

Ano A

Tempo do Advento

1º Domingo do Advento

Oração: "Ó Deus todo-poderoso, concedei a vossos fiéis o ardente desejo de possuir o reino celeste, para que, acorrendo com as nossas boas obras ao encontro do Cristo que vem, sejamos reunidos à sua direita na comunidade dos justos".

1 Primeira leitura: Is 2,1-5

O Senhor reúne todas as nações para a paz eterna do Reino.

Este pequeno oráculo foi pronunciado pelo profeta Isaías em momento de uma grave **crise**. Percebe-se a gravidade da **crise política, social e religiosa** já no primeiro capítulo. Jerusalém está cercada pelas tropas da Assíria (Is 1,2-9). Deus rejeita os sacrifícios do culto oficial, pois quem os oferece tem as "mãos cheias de sangue", assassinatos, violência, injustiça e corrupção (v. 10-15). Isaías repreende e ameaça os chefes e juízes, exortando-os a deixar de fazer o mal e começar a fazer o bem. Mas, ao mesmo tempo, espera uma intervenção salvadora de Deus, a fim de que Jerusalém, infiel e cheia de injustiça, receba um novo nome: "cidade da justiça, cidade fiel". Nesse contexto de promessas de salvação foi acrescentada a visão de Isaías, que hoje ouvimos, apontando um futuro cheio de esperança para Judá e Jerusalém, e para toda a humanidade. O texto é um "cântico de Sião", no qual os judeus se convidam para a peregrinação anual a Jerusalém (cf. Sl 122). Aqui, porém, são os povos de todas as nações que fazem o convite para a peregrinação. A meta da peregrinação é "o monte da casa do Senhor". Entre os povos do Médio Oriente fala-se em "montanha dos deuses". A montanha é o lugar do encontro entre o céu e a terra, lugar privilegiado para o encontro com Deus. Os que participam da peregrinação desejam encontrar-se com Deus e esperam que ele **"mostre seus caminhos e ensine a cumprir seus preceitos"**. Porque para os judeus é "de Sião que provém a Lei, e de Jerusalém, a palavra do Senhor". Os chefes e juízes de Jerusalém não julgavam os mais pobres com justiça e semeavam a violência na cidade. Mas, tendo o Deus de Israel como juiz, deixando que Ele mostre os seus caminhos e ensine a cumprir seus preceitos, haverá paz messiânica entre as nações. Não haverá mais guerra, porque as espadas serão transformadas em arados e as lanças em foices. Os instrumentos de morte se transformarão em instrumentos que promovem a vida. Por fim, o profeta, unindo-se a todos os povos, convoca também a nós: **"deixemo-nos guiar pela luz do Senhor"**. – Para Isaías, Jerusalém e o templo são a morada de Deus. De lá o Senhor ensinará a todos os povos a seguir o seu caminho e cumprir seus preceitos. A partir de Jerusalém também Jesus enviará os seus discípulos para anunciar o Evangelho a todos os povos (Lc 24,47; At 1,8; cf. Mt 28,16-20).

Salmo responsorial: Sl 121
Que alegria, quando me disseram: "Vamos à casa do Senhor!"

2 Segunda leitura: Rm 13,11-14a
A salvação está mais perto de nós.

Paulo ainda não conhecia pessoalmente a comunidade cristã de Roma. Conheceu-a apenas indiretamente, através do casal Áquila e Priscila, judeus convertidos vindos de Roma. Encontrou o casal em Corinto e como eram também fabricantes de tendas, trabalhava e se hospedava com eles (At 18,1-4). De tanto ouvir falar dos cristãos de Roma, Paulo desejava visitá-los para também ali anunciar o Evangelho (At 19,21-22). Escreve a Carta aos Romanos, a fim de preparar sua visita. No trecho que hoje ouvimos, percebe-se que o anúncio do Evangelho e a vida cristã são dinâmicos, quando impulsionados pela expectativa da vinda do Senhor. A frase inicial "Vós sabeis **em que tempo estamos, pois já é hora de despertar [...] a salvação está mais perto**", convida a nos situarmos no tempo de Paulo e das comunidades cristãs. A pergunta pelo tempo é também a pergunta pelo hoje de nossas vidas. A esperança da próxima vinda do Senhor coloca-nos no chão de nossa existência. No tempo de Paulo, **os judeu-cristãos eram perseguidos** em Roma e expulsos por decreto do imperador Cláudio, como Áquila e Priscila. **E quais são os problemas, as angústias e sofrimentos que afligem nossas vidas e a sociedade?** Para seu tempo, e para o nosso, Paulo dá algumas orientações: "É hora de **despertar** [...] porque **a salvação está próxima**". É tempo de Advento, da **esperança** no Senhor que vem nos salvar. Despir tudo que significa noite ou **trevas** (pecado, ódio, violência) e vestir-se das **armas da luz**; isto é, "revestir-se do Senhor Jesus Cristo". Não basta dizer que políticos e a sociedade são corruptos, mas é preciso que todos nós "**procedamos honestamente** como em pleno dia".

Aclamação ao Evangelho
Mostrai-nos, ó Senhor, vossa bondade e a vossa salvação nos concedei!

3 Evangelho: Mt 24,37-44
Ficai atentos e preparados!

O tema do Evangelho é a vinda do Filho do Homem e como preparar-se para recebê-lo. A vinda do Filho do Homem é certa, mas a hora é incerta. No versículo anterior ao texto hoje proclamado, o próprio

Jesus diz: "Quanto ao dia e à hora, ninguém sabe, nem os anjos do céu, nem o Filho do Homem, mas somente o Pai". As comparações ilustram como será essa vinda do Filho do Homem e nos convidam à vigilância: Por ocasião do dilúvio, Noé construiu a arca porque foi advertido por Deus. Todos os outros homens, **apesar dos avisos de Noé, continuaram sua vida "normal", praticando violência e maldades**. Noé salvou sua família e os animais recolhidos na arca enquanto as outras pessoas pereceram por não se terem convertido. E Jesus explica: "Assim acontecerá também na vinda do Filho do Homem (v. 37-39). O exemplo dos lavradores (v. 40) e das donas de casa que trabalham juntas (v. 41), ou do dono da casa que deve estar atento para impedir que o ladrão lhe arrombe a casa (v. 43) ilustram a necessidade de **esperar vigilantes a vinda do Filho do Homem**. No Evangelho, Jesus fala quatro vezes da vinda do Filho do Homem. Como não sabemos quando o Senhor virá, fiquemos atentos e vigilantes, preparados para recebê-lo com alegria. Que ele nos encontre ocupados, servindo ao próximo com amor.

2º Domingo do Advento

Oração: "Ó Deus todo-poderoso e cheio de misericórdia, nós vos pedimos que nenhuma atividade terrena nos impeça de correr ao encontro do vosso Filho, mas, instruídos pela vossa sabedoria, participemos da plenitude de sua vida".

1 Primeira leitura: Is 11,1-10

Julgará os humildes com justiça.

Domingo passado ouvimos Isaías projetando um futuro em que todos os povos virão em peregrinação a Jerusalém. Lá se encontrarão com o Senhor, que **lhes mostrará os seus caminhos e ensinará a cumprir** os seus preceitos. O texto fala num tempo em que Jerusalém e a dinastia de Davi já foram destruídas. Por isso anuncia que do tronco de Jessé (pai de Davi), já decepado, nascerá um novo broto e se abrirá como flor. É a esperança de um futuro descendente do rei Davi, o futuro salvador do povo de Israel. O **Messias** esperado será uma **pessoa dotada do espírito do Senhor**, caracterizada pelos **dons da sabedoria**, discernimento, conselho, fortaleza, ciência e temor de Deus. Portanto, alguém capaz de guiar, conduzir e julgar o povo de Israel do qual cuidará com o zelo de um pastor. Como juiz, será imparcial, blindado contra o suborno dos ricos de boa aparência. **Protegerá as pessoas humildes e pacíficas**, usando do rigor de sua sentença contra quem planeja fazer mal aos pobres. Os princípios da **justiça e fidelidade** serão a marca de seu governo, inseparáveis de sua pessoa como as vestes ou como o cinto que as cinge. Na visão escatológica Isaías projeta **paz e harmonia paradisíacas**. A presa e seus predadores viverão em paz, num ambiente em que até uma criança poderá brincar com a serpente. Tudo isso acontecerá no monte santo (templo) de Jerusalém, onde a vida triunfará sobre a morte, quando o Messias esperado há de brotar da raiz de Jessé. Então todas as nações virão a Jerusalém buscar o Senhor (cf. Epifania).

Salmo responsorial: Sl 71
Nos seus dias a justiça florirá.

2 Segunda leitura: Rm 15,4-9

Cristo salva toda a humanidade.

Paulo exorta os cristãos de Roma a **buscarem nas Escrituras** do Antigo Testamento a **instrução**, a força da perseverança, o conforto espiritual e a esperança, como ele mesmo o faz (*nossa* instrução) nos tempos de perseguição que afligiam os cristãos. Paulo, porém, não esquece que a constância, o conforto espiritual, a harmonia e a concórdia entre os cristãos são um dom da graça de Deus, como "**nos ensina Cristo Jesus**" por suas palavras e seu exemplo. **O cristão se orienta pelas Escrituras dos judeus e ensinamentos de Jesus.** Na comunidade de Roma havia judeus e pagãos convertidos. Paulo os exorta a **viverem em harmonia,** apesar das **diferenças culturais,** tendo um só coração (concórdia), a fim de juntos poderem "**glorificar a Deus** e Pai do Senhor nosso Jesus Cristo". Numa comunidade onde as pessoas se respeitam e se acolhem, Deus é mais glorificado. O exemplo vem do próprio Cristo, que acolheu tanto os judeus como os pagãos. Tornou-se servo dos judeus ao cumprir a promessa feita aos pais. Por outro lado, os pagãos glorificam a Deus, porque em Cristo manifestou-se a misericórdia de Deus para com eles, acolhendo-os também como filhos e filhas queridas. "Acolhei-vos uns aos outros, como também Cristo vos acolheu" equivale a "amai-vos uns aos outros como eu vos amei" (Jo 15,12).

Aclamação ao Evangelho

Preparai o caminho do Senhor, endireitai suas veredas! Toda a carne há de ver a salvação do nosso Deus.

3 Evangelho: Mt 3,1-12

Convertei-vos, porque o Reino dos Céus está próximo.

Os judeus esperavam o Messias prometido pelos profetas. Segundo pensavam, o Messias haveria de manifestar-se em Jerusalém, no Templo morada de Deus (cf. Mt 4,5-7), para trazer a salvação para o povo de Israel. O Evangelho de hoje apresenta João Batista pregando no deserto da Judeia. João era uma figura austera e estranha: Usava roupa feita de pelos de camelo, um cinturão de couro e alimentava-se de gafanhotos, adocicados com mel do campo. Chamava a atenção do povo que viajava pelo vale do rio Jordão e atravessava seus vaus, clamando: "Convertei-vos, porque o **Reino dos Céus está próximo**". – Em Mateus, "Reino dos Céus" é a mesma coisa que "Reino de Deus" em Marcos e Lucas. Segundo Mateus, João Batista foi anunciado pelo profeta Isaías, que dizia: "Esta é a voz daquele que grita no deserto: **preparai o caminho do Senhor**; endireitai suas veredas!" (Is 40,3). Muita gente de Jerusalém, de toda a Judeia e dos arredores do rio Jordão atendeu ao apelo de **conversão** e vinha ao encontro de João Batista, para "**confessar os seus pecados** e ser batizada por João". Os fariseus e saduceus, que controlavam o Templo, também vieram até o Jordão, não para ouvir João Batista, mas para fiscalizar o que dizia. Segundo eles, era em Jerusalém que o Messias deveria manifestar-se; lá eles podiam controlar o Messias, o que era impossível no deserto. João os denuncia como "cobras venenosas" que procuram fugir da ira da justiça divina. Exige deles frutos que provem a conversão, porque não basta dizer "Abraão é nosso pai" – ou dizer hoje: 'Deus é brasileiro, é misericordioso'. Imagem forte deste juízo é a da árvore sendo cortada pelo machado para ser lançada ao fogo; outra é a da colheita do trigo recolhido no celeiro enquanto a palha é queimada. Por fim, para o povo e aos fariseus e saduceus que perguntavam se João era o Messias, João responde: "**Eu vos batizo com água para a conversão[...]**". Sua missão é anunciar o Reino dos Céus que se aproxima e preparar o caminho do Senhor (Messias) que virá depois, porque "**Ele vos batizará com o Espírito Santo e com fogo**". Ele será o juiz que vai separar a palha do trigo, isto é, os pecadores impenitentes dos que buscam a conversão. João Batista nos convida a fazer do **Advento um tempo privilegiado de conversão**. Tempo para nos aproximar mais de Deus e de nossos irmãos, filhos do mesmo Pai.

3º Domingo do Advento

Oração: "Ó Deus de bondade, que vedes o vosso povo esperando fervoroso o natal do Senhor, dai chegarmos às alegrias da Salvação e celebrá-las sempre com intenso júbilo na solene liturgia".

1 Primeira leitura: Is 35,1-6a.10

É o próprio Deus que vem para vos salvar.

A Primeira leitura nos coloca no contexto do exílio da Babilônia. Muitos dos exilados, da segunda geração, acomodaram-se à situação de povo dominado e exilado; outros que conheceram a terra de Judá, Jerusalém e o seu Templo não viam mais perspectivas de um retorno. Não tinham mais ânimo nem de pensar num possível retorno à terra prometida, da qual estavam separados por um imenso deserto. O profeta dirige-se a estes judeus desanimados para ajudá-los a **confiar no Senhor que vem salvar seu povo**. Quer abrir-lhes os olhos para a nova realidade política que estava surgindo: o cruel domínio da Babilônia seria substituído pelo "servo de Deus" Ciro, rei dos persas. Em breve, Ciro permitirá o retorno dos exilados. O texto, repleto de **alegria, encorajamento e esperança**, é um **convite para louvar o Senhor** que "vem para nos salvar". A imagem da transformação de um deserto em natureza plena de vida serve para fortalecer os desalentados. Cegos novamente enxergando, coxos andando, surdos ouvindo e mudos falando são o alegre **sinal da salvação que vem vindo** (Ad-vento), prenúncio de novos ventos soprando na política nacional e internacional (Evangelho). – Estamos vivendo hoje em tempos de profunda crise política, ética, econômica e social, agravadas pela corrupção, desemprego, violência e pela pandemia. Conseguimos **sentir novos ventos do Espírito soprando, ouvir os clamores das ruas,** das escolas e do povo sofrido? Como Igreja de Cristo, responderemos a tais clamores? Somos portadores de esperança para os mais pobres e deserdados? Os exilados voltaram para sua terra e suas casas destruídas com esperança de reconstruí-las. **O papa Francisco lançou um veemente apelo para cuidarmos com mais carinho de nossa "casa comum, o planeta Terra"**, começando pelos pobres que nela vivem, e incluindo o cuidado de todos os seres vivos que conosco convivem. Sentimo-nos convidados a participar deste esforço comum de toda a humanidade? Se ficarmos parados e sem ânimo, perderemos mais uma oportunidade de salvação, de transformação de nossas vidas... Abramos nossos olhos, nossos ouvidos e o nosso coração, e "caminhemos à luz do Senhor".

Salmo responsorial: Sl 145
Vinde, Senhor, para salvar o vosso povo!

2 Segunda leitura: Tg 5,7-10
Fortalecei vossos corações porque a vinda do
Senhor está próxima.

Os primeiros cristãos esperavam que a segunda vinda do Senhor acontecesse em breve. Por isso, Tiago ameaça com o juízo divino os cristãos ricos que atrasavam o salário dos trabalhadores (Tg 5,1-6). Na leitura de hoje, dirige-se aos mais pobres e convida-os a permanecerem firmes na fé e na esperança, aguardando a vinda do Senhor. Nessa esperança da vinda do Senhor o cristão não pode ficar parado. Deve imitar o **exemplo do agricultor**: ele prepara o terreno, semeia a semente e, com paciência, espera a chuva e uma boa colheita. Recomenda também que os cristãos, enquanto esperam a próxima vinda do Senhor, não fiquem brigando e discutindo entre si. Por fim, nos tempos difíceis em que a comunidade vivia, **apresenta como modelo os profetas**. Eles, em meio às guerras, à violência e destruição levantavam a bandeira da **salvação** e da **esperança** de um futuro melhor.

Aclamação ao Evangelho: Is 61,1

O espírito do Senhor sobre mim fez a sua unção, enviou-me aos empobrecidos a fazer feliz proclamação!

3 Evangelho: Mt 11,2-11

És tu aquele que há de vir ou devemos esperar um outro?

João Batista pregava um batismo de conversão, batizava as pessoas para significar o perdão dos pecados. Dizia ao povo que ele mesmo não era o salvador esperado. Mas depois dele viria alguém mais forte que ele, do qual nem se considerava digno de carregar as sandálias. Quando Jesus soube que João foi preso por Herodes Antipas (Mt 4,12), retirou-se para a Galileia e fixou morada em Cafarnaum. Logo no início de sua pregação começou a escolher discípulos. A pregação e os milagres de Jesus tornaram-no conhecido em toda a região. Ao ser preso, **João** tinha certeza que seria executado. Nesta expectativa, queria deixar claro aos seus discípulos **quem era o verdadeiro salvador esperado, o Messias prometido** pelas Escrituras. A pergunta de João não gera dúvidas, mas busca a certeza. Esta certeza vem da **resposta de Jesus**: "Os cegos recuperam a vista, os paralíticos andam, os leprosos são curados, os surdos ouvem, os mortos ressuscitam e os pobres são evangelizados". Mais do que as palavras, são as ações de Jesus que evangelizam. Para concluir, Jesus dá seu próprio testemunho sobre a figura de João Batista e o significado da missão: Um homem austero, que fala e age com segurança, não se abala por qualquer adversidade. Ele é mais do que um profeta, pois prepara o caminho do Senhor.

Como podemos nos preparar para receber o Senhor que vem nos salvar? A Primeira leitura nos convida a esperar com alegria a Salvação para nós preparada por Deus. A Segunda leitura propõe manter uma fé firme na vinda do Senhor, apesar dos sofrimentos. O Evangelho aponta a conversão e o perdão dos pecados como a melhor preparação para o Natal do Senhor.

4º Domingo do Advento

Oração: "Derramai, ó Deus, a vossa graça em nossos corações para que, conhecendo pela mensagem do anjo a encarnação do vosso Filho, cheguemos, por sua paixão e cruz, à glória da ressurreição".

1 Primeira leitura: Is 7,10-14

Eis que uma virgem conceberá.

Acaz, rei de Judá, preparava-se para pedir socorro ao grande rei da Assíria, a fim de proteger-se contra os pequenos reinos vizinhos. O motivo era que o rei dos arameus e de Israel queriam forçar Acaz a entrar numa aliança contra o rei da Assíria, sob pena de o destituir do trono, colocando em perigo a promessa da estabilidade da dinastia de Davi (2Sm 7,16). Isaías desaconselha Acaz de Judá a buscar auxílio da Assíria. Pede apenas que o rei confie em Deus e peça um sinal do céu. Mas o rei prefere seguir a opinião de seus conselheiros militares a escutar a voz do Profeta. É neste contexto que é dado o **sinal da virgem** – assim era chamada a jovem esposa do rei –, **que conceberá e dará à luz um filho**. Sinal que Deus não abandonava seu povo seria o **nome Emanuel** (Deus conosco) a ser dado ao menino. O nascimento do menino, herdeiro do trono de Acaz, seria o sinal do socorro divino no qual o rei deveria confiar. Os evangelhos e a Igreja veem em **Jesus, nascido da Virgem Maria, pelo poder do Espírito Santo, a realização plena do sinal do Emanuel, Deus conosco** (Evangelho).

Salmo responsorial: Sl 23(24)

O rei da glória é o Senhor onipotente; abri as portas para que ele possa entrar!

2 Segunda leitura: Rm 1,1-7

Jesus Cristo, descendente de Davi, Filho de Deus.

Ao escrever aos romanos, Paulo segue o costumeiro cabeçalho de endereçamento de uma carta, composto por três elementos essenciais: quem escreve ("Eu Paulo", v. 1), a quem escreve ("a vós todos que morais em Roma" (v. 7a) e a fórmula de saudação ("graça e paz da parte de Deus, nosso Pai..."). Paulo, porém, entusiasmado pelo anúncio do Evangelho, faz acréscimos importantes em cada um dos itens. O início da Carta aos Romanos é tão denso que pode ser considerado como um resumo do Evangelho: **Cristo é o Filho de Deus**, "segundo o Espírito", e **Filho de Davi**, "segundo a carne"; é o **Senhor glorioso e ressuscitado**, presente na comunidade; nele se cumprem as promessas feitas pelos profetas. Por graça de Cristo, Paulo se considera "apóstolo por vocação, para o **Evangelho de Deus**", o mesmo Evangelho de Deus que Jesus começou a pregar (cf. Mc 1,14). **Este Evangelho** (Boa notícia) não é restrito apenas aos judeus, mas **destina-se** também a "**trazer à obediência da fé todos os povos pagãos**". Entre estes povos estão os cristãos de Roma e os que acolherão a mensagem de Paulo. Com estas palavras o Apóstolo define a missão universal do Salvador que esperamos: Jesus veio para salvar toda a humanidade.

Aclamação ao Evangelho

Eis que a virgem conceberá e dará à luz um filho. Ele se chamará Emanuel, que significa: Deus conosco.

3 Evangelho: Mt 1,18-24

Jesus nascerá de Maria, prometida em casamento a José, filho de Davi.

As histórias da infância de Lucas e Mateus apresentam narrativas bastante distintas. Mesmo assim contêm dados comuns: o nome de Jesus, os nomes de Maria, sua mãe, e de José, seu "pai adotivo"; José como descendente de Davi; que Maria já estava legalmente prometida a José; o nascimento em Belém, e Nazaré como residência de Maria e José e de Jesus. Principalmente a convicção de fé acerca da concepção virginal do menino Messias e sua "filiação divina", por obra do Espírito Santo.

Mateus apresenta a genealogia de Jesus Cristo desde Abraão até Jacó, pai de José, seguindo o esquema "fulano foi pai de sicrano" (Mt 1,1-17). Mas ao chegar a José, diz: "Jacó foi pai de José, esposo de Maria, da qual nasceu Jesus chamado Cristo". O Evangelho de hoje quer explicar por que **Maria**, e não José, **está na origem da geração de Cristo**, porque foi "concebido pela ação do Espírito Santo". Este é um dado que Mateus recebeu da tradição cristã. José é apresentado legalmente como esposo de Maria. Por isso, prometida em casamento a José. Seria o que chamaríamos hoje de noivado, que naqueles tempos não significava ainda convivência do casal. Vendo sua noiva grávida, José, homem justo e temente a Deus, pensava em separar-se de Maria, sem denunciá-la publicamente por infidelidade. Em sonho, porém, o anjo lhe explica o mistério. José, então, acolhe Maria em sua casa, torna-se o pai legal de Jesus e assegura sua descendência davídica. Assim fica esclarecida a verdadeira identidade de Jesus: **Jesus é descendente de Davi**, através do pai adotivo e legal José; é **filho da Virgem Maria**, esposa legal de José, mas **concebido pelo poder do Espírito Santo**. Por isso é **o Filho de Deus**, o Emanuel, o **Deus conosco**, para sempre: "Eis que estou convosco, todos os dias, até o fim do mundo" (Mt 28,20).

O **tema central da liturgia** de hoje é o **encontro do divino e do humano em Jesus Cristo**, o Emanuel, Deus conosco. Paulo, na Segunda leitura, resume este mistério lembrando que Cristo, "segundo a carne", é descendente de Davi, mas foi "autenticado como Filho de Deus segundo o Espírito de Santidade que o ressuscitou dos mortos". Neste mistério do encontro do divino com o humano, Maria ocupa um lugar central. Nos evangelhos, **José** não pronuncia nenhuma palavra. É o **homem justo e silencioso**, que contempla o mistério da Encarnação. Um convite para assim nos prepararmos para o Natal.

Tempo do Natal

Natal – Missa da noite
Anos A, B e C

Oração: "Ó Deus, que fizestes resplandecer esta noite com a claridade da verdadeira luz, concedei que, tendo vislumbrado na terra este mistério, possamos gozar no céu sua plenitude".

1 Primeira leitura: Is 9,1-6

Foi-nos dado um filho.

Boa parte da população da Galileia tinha sido deportada pela Assíria quando Isaías pronunciou estas palavras cheias de esperança, anunciando uma salvação já próxima. Ele já vê a situação de trevas e sombras da morte transformando-se em Luz e felicidade. **Três são os motivos de tanta alegria**: 1) Deus vai intervir em favor de seu povo e porá um fim à dominação estrangeira, que pesava também sobre o reino de Judá; 2) Não haverá mais guerra nem derramamento de sangue; 3) **Já nasceu o menino** que será entronizando como novo rei, trazendo paz e alegria para todos. Seu **nome será Emanuel, "Deus conosco"** (Is 7,14). Será **por meio de um menino**, diz o Profeta, que **Deus salvará** o seu povo do domínio mundial do Império Assírio.

Salmo responsorial: Sl 95
Hoje nasceu para nós o Salvador, que é Cristo, o Senhor!

2 Segunda leitura: Tt 2,11-14

Manifestou-se a bondade de Deus para toda a humanidade.

Na Carta a Tito, Paulo lembra que em Cristo se manifestou a graça de Deus que trouxe a salvação não só para os judeus, mas para toda a humanidade. Essa graça se manifestou porque o Filho de Deus encarnado entregou sua vida por nós a fim de resgatar-nos do mal e podermos praticar o bem. Vivendo a justiça e a piedade, devemos **esperar com alegria** a manifestação gloriosa da segunda vinda de Cristo. Em Cristo, Deus manifesta sua bondade para toda a humanidade. O cristão é convidado a manifestar essa bondade para com todas as pessoas.

Aclamação ao Evangelho

Eu vos trago a boa-nova de uma grande alegria. É que hoje vos nasceu o Salvador, Cristo, o Senhor.

3 Evangelho: Lc 2,1-14

Hoje, nasceu para vós um Salvador.

Lucas situa o nascimento de Jesus no contexto da história política do Império Romano: O imperador César Augusto mandou fazer um recenciamento de todos os súditos, sendo Quirino o Governador da Síria. Mas o evento histórico do nascimento do Filho de Deus, o Messias esperado, não acontece nem em Roma, nem em Jerusalém. Acontece na periferia de uma pequena vila, em Belém de Judá, "cidade de Davi", do qual Jesus é descendente, por meio de seu pai adotivo, José. Seus pais, Maria e José, são peregrinos. **Jesus nasce** em Belém; não nasce num palácio, nem mesmo numa casa, mas **num simples estábulo**, abrigo de animais. Os primeiros que visitam o menino recém-nascido não são altas autoridades civis ou religiosas, nem os ricos, mas os pobres pastores. A eles, envolvidos por uma esplêndida Luz, o anjo diz: "Não tenhais medo! Eu vos anuncio uma **grande alegria** que o será para todo o povo: Hoje, na cidade de Davi, **nasceu para vós um Salvador**, que é o Cristo Senhor". O evangelista quer deixar claro quem são os destinatários preferidos da salvação divina: "Os homens por ele amados" são os marginalizados da sociedade de então: coxos, cegos, estropiados e pastores desprezados e os que deles se compadecem. Mas Lucas quis mostrar também que, nascendo entre os marginalizados, **Jesus é o salvador de toda a humanidade**. A salvação que ele traz não exclui a ninguém, porque **todos os homens**, criados à imagem e semelhança de Deus, "**são por ele amados**".

Natal – Missa do dia
Anos A, B e C

Oração: "Ó Deus, que admiravelmente criastes o ser humano e mais admiravelmente restabelecestes a sua dignidade, dai-nos participar da divindade do vosso Filho, que se dignou assumir a nossa humanidade".

1 Primeira leitura: Is 52,7-10

Os confins da terra contemplaram a salvação que vem do nosso Deus.

Os reis de Israel e de Judá não conseguiram trazer a salvação ao povo. Em consequência, o reino de Israel foi destruído pelos assírios e grande parte da população levada para o exílio, ao norte da Assíria (722 a.C.). Entre os anos 597 e 585 a.C. aconteceu o mesmo com o reino de Judá e boa parte da população foi levada ao exílio pelo novo dominador, o rei da Babilônia. Os profetas Jeremias, Ezequiel e os autores deuteronomistas interpretam o dramático fim dos reinos de Israel e de Judá como punição divina pelas infidelidades e crimes cometidos, sobretudo, pelos governantes dos dois reinos. Passada uma geração no exílio, os discípulos do profeta Isaías, à luz da fé no Senhor, Deus de

Israel e de Judá, leem os novos acontecimentos políticos de seu tempo: O domínio dos babilônios agonizava e um novo domínio surgia, o do Império Persa. Em meio ao desânimo dos exilados, **esses profetas** erguem então sua voz e **levantam novamente a bandeira da esperança**. Agora, nosso Deus vai pôr um fim à dominação da Babilônia. Ciro, rei dos persas, será o instrumento nas mãos de Deus para punir os cruéis babilônios e executar o seu plano de salvação. Deus mesmo vai consolar o seu povo sofredor. Vai trazer os exilados de volta à sua terra, e as ruínas de Jerusalém serão reconstruídas. Então, todas as nações saberão que "**a salvação vem do nosso Deus**".

Salmo responsorial: Sl 97

Os confins do universo contemplaram a salvação do nosso Deus.

2 Segunda leitura: Hb 1,1-6

Deus falou-nos por meio de seu Filho.

Na revelação cristã, Deus não é um ser solitário. Deus é comunhão de três pessoas: Pai, Filho e Espírito Santo. Deus é Amor. É Amor que se comunica "dentro de si" mesmo. É Amor que se expande para "fora" de si mesmo, enquanto cria o universo e todos os seres vivos de nosso planeta Terra. Cria o ser humano à sua imagem e semelhança, comunica-se com ele e convida-o a entrar na comunhão de seu amor. No passado – diz o autor da Carta aos Hebreus – **Deus se comunicava com seu povo por meio dos profetas**. Por meio deles exortava o povo à fidelidade, à conversão e lhe anunciava a salvação. Agora, **Deus se comunica conosco por meio de seu Filho**, o herdeiro de todas as coisas, o criador do universo e o esplendor de sua glória. Pelo poder de sua palavra sustenta o universo e nos purifica dos pecados. Em Jesus Cristo cumpre-se a promessa feita a Davi: "Eu serei para ele um pai, e ele será para mim um filho" (2Sm 7,14). O Filho de Deus, ao assumir no seio da Virgem Maria a "carne" humana, tornou-se nosso irmão. O autor desta Carta o afirma com clareza: "Por isso, **Jesus não se envergonha de chamá-los de irmãos**" (2,11). Que maravilha! Deus que nos criou se fez nosso irmão! Vinde, adoremos!

Aclamação ao Evangelho

Despontou o santo dia para nós. Ó nações, vinde adorar o Senhor Deus, porque hoje grande luz brilhou na terra!

3 Evangelho: Jo 1,1-18

A Palavra se fez carne e habitou entre nós.

Deus é Amor, é comunicação. No passado Deus se comunicava com seu povo pelos profetas (Segunda leitura). Agora **comunica-se conosco pelo seu próprio Filho**, a Palavra feita carne. A Palavra, no princípio, estava junto de Deus (v. 1-2), era o próprio Deus, que é amor--comunicação. Deus, que é amor-comunicação, expande-se para "fora" de si mesmo como criador do universo. Por Jesus, a Palavra feita carne, tudo foi feito (v. 3) e agora são dadas a graça e a verdade (v. 17). Na Palavra estava a vida e a vida era a luz dos homens, luz que brilha em meio às trevas (v. 4-5).

Ela é a Luz que veio a este mundo. Há os que rejeitaram esta Luz (v. 5.9-11). Mas **a nós** que cremos e a recebemos é **dada a plenitude da graça** (v. 16); nos é dado **o poder de nos tornarmos filhos de Deus** (v. 12). Tudo aconteceu porque **a Palavra, o Filho de Deus**, "**se fez carne** e habitou entre nós" (v. 14). Louvemos a nosso Deus que assumiu a fragilidade de nossa carne, para fazer em nós a sua morada!

Sagrada Família

As duas primeiras leituras são comuns aos anos A, B e C;
o Evangelho é próprio para cada ano

Oração: "O Deus de bondade, que nos destes a Sagrada Família como exemplo, concedei-nos imitar em nossos lares as suas virtudes, para que, unidos pelos laços do amor, possamos chegar um dia às alegrias da vossa casa".

1 Primeira leitura: Eclo 3,3-7.14-17a

Quem teme o Senhor, honra seus pais.

O tema da Primeira leitura está centrado no relacionamento ideal dos filhos com seus pais. A reflexão se baseia no **4º mandamento**, "honra teu pai e tua mãe, para que vivas longos anos na terra que o Senhor teu Deus te dá" (Ex 20,12). Apoia-se também na **tradição sapiencial** de Israel e dos povos vizinhos. O ensino sapiencial é dado pelo sábio a seus discípulos ou pelo pai de família a seus filhos. Por isso os conselhos se dirigem mais aos filhos do que aos pais. Um relacionamento de respeito e de amor dos filhos para com os pais traz a bênção de Deus, que é uma vida feliz. Ao contrário, o mau relacionamento na família traz a desgraça e a maldição. O texto termina exortando os filhos para que honrem e cuidem de seus pais, especialmente na velhice. Segundo o sábio, esse cuidado amoroso dos pais idosos servirá como reparação dos pecados cometidos contra seus pais.

Salmo responsorial: Sl 127

Felizes os que temem o Senhor e trilham seus caminhos.

2 Segunda leitura: Cl 3,12-21

A vida da família no Senhor.

Na exortação, Paulo dirige-se em primeiro lugar à **Igreja** (v. 12-17), **composta por famílias cristãs**. Em seguida, **a cada família cristã**. Desde o batismo, os cristãos são amados por Deus, santos e eleitos. Em consequência, devem **revestir-se das virtudes de Cristo**: misericórdia, bondade, humildade, mansidão e paciência. Para superar divergências na comunidade, recomenda-se suportar uns aos outros e perdoar-se mutuamente (Pai-nosso!). Antes de tudo, é o amor mútuo que une os cristãos na comunidade. Assim o cristão estará unido a Cristo e aos irmãos, formando um único corpo. Esta união de amor se fortalece pela palavra de Cristo, pela catequese e pela admoestação. Deus quer habitar no coração das pessoas, pois é do coração que brotam a liturgia, os salmos, os cânticos de louvor e gratidão e todas as boas obras serão feitas em nome do Senhor Jesus Cristo.

As admoestações dirigidas à família são válidas ainda hoje: as mulheres sejam solícitas "como convém no Senhor"; os maridos devem amar suas esposas, evitando grosserias; os **filhos sejam obedientes** em tudo a **seus pais**, "pois isso é bom e correto no Senhor" (Evangelho). A **autoridade** dos pais seja **exercida com mansidão, para não intimidar nem desanimar seus filhos**. A família cristã orienta-se pela sabedoria recebida dos pais, mas é fortalecida no amor de Cristo. Ele quis morar na Sagrada Família e era obediente a Maria e José (cf. Lc 2,51).

Aclamação ao Evangelho

Que a paz de Cristo reine em vossos corações e ricamente habite em vós sua palavra.

3 Evangelho: Mt 2,13-15.19-23

Levanta-te, pega o menino e sua mãe e foge para o Egito.

No Domingo entre o Natal e o Ano-novo é sempre lembrada a Sagrada Família de Jesus, Maria e José. As duas primeiras leituras são as mesmas dos anos B e C. No Ano A o Evangelho é tirado de Mateus. Ao descrever a fuga da Sagrada Família para o Egito e seu retorno à terra de Israel, Mateus faz um paralelo com a história de Moisés, o libertador de Israel do Egito. O Faraó mandou matar todos os meninos hebreus recém-nascidos, então a mãe de Moisés expôs seu filho numa cesta de palha nas margens do rio Nilo. Ali a filha do Faraó costumava banhar-se; vendo o lindo bebê, teve pena dele e adotou-o como filho. Moisés foi criado pela própria mãe e, depois, no palácio do Faraó. Já adulto, Moisés tenta libertar seus irmãos hebreus da escravidão, mas é perseguido pelo Faraó e foge para o deserto. Quando morre o Faraó opressor dos hebreus, Deus envia Moisés de volta ao Egito para libertar Israel da escravidão. Da mesma forma, quando Herodes sente-se ameaçado por um menino nascido em Belém, do qual se dizia ser o futuro rei, manda matar todos os meninos ali nascidos até a idade de 2 anos. Um anjo anuncia a José para fugir às pressas com o menino e sua mãe para o Egito e Jesus é salvo da morte. Mais tarde, informado pelo anjo da morte de Herodes, José recebe a ordem de voltar a Israel. Para mostrar que a fuga para o Egito e o retorno a Israel refazem a história da libertação dos hebreus do Egito, Mateus conclui: "Assim aconteceu para que se cumprisse a palavra do profeta: *Do Egito chamei o meu Filho*". Antes Israel era o filho. Agora Jesus é o "Filho amado" (Mt 3,17). Por fim, a Sagrada Família se estabelece em Nazaré. E Mateus conclui: Assim aconteceu para cumprir o que os profetas falaram: "Ele será chamado Nazareno". Esta frase liga a história da infância com a vida pública de Jesus e é um prenúncio de sua futura morte. A sentença de morte, pregada na cruz, dirá: "Jesus Nazareno, o rei dos Judeus" (Jo 19,19; Mt 27,37).

A **família de Nazaré** é um **modelo para nossas famílias pobres**, desempregadas, expulsas de suas casas, obrigadas a migrar para outras cidades ou países em busca de segurança. Hoje, milhões de famílias, ameaçadas pela fome causada pelo aquecimento global ou pela violência político-religiosa, são forçadas a migrar em busca de trabalho, segurança e paz em outros países. É numa realidade conflitiva semelhante àquela em que o Filho de Deus se encarnou. **Jesus viveu numa família pobre**, humilde e piedosa, ameaçada pela violência, mas confiante na proteção divina.

Solenidade da Santa Mãe de Deus, Maria

Anos A, B e C

Oração: "Ó Deus, que pela virgindade fecunda de Maria destes à humanidade a salvação eterna, dai-nos contar sempre com a sua intercessão, pois ela nos trouxe o autor da vida".

1 Primeira leitura: Nm 6,22-27

Invocarão o meu nome sobre os filhos de Israel, e eu os abençoarei.

A bênção sacerdotal encerrava as grandes celebrações litúrgicas no Templo de Jerusalém, entre elas a do Ano-novo. Mais tarde concluía também as reuniões semanais nas sinagogas. **A bênção sacerdotal** de Aarão **contém três pedidos**: Que o Senhor assegure aos filhos de Israel sua proteção, que o seu rosto compassivo brilhe sobre eles e lhes conceda a paz. Quem faz o pedido em nome de Deus é o sacerdote, e quem concede a bênção é o próprio Deus. A bênção de Aarão atualiza a fórmula da aliança: "Eu serei o seu Deus e vós sereis o meu povo". Na virada do ano desejamo-nos a felicidade e a paz. O novo ano será mais feliz se procurarmos viver na presença do olhar amoroso de Deus que nos trata a todos como filhos e filhas. Se também nós olharmos com esse olhar divino a quem desejamos "Feliz Ano-novo", especialmente nossos irmãos mais carentes e desprotegidos, Ele nos concederá a felicidade e a paz tão desejadas.

Salmo responsorial: Sl 66

Que Deus nos dê a sua graça e sua bênção, e sua face resplandeça sobre nós!

2 Segunda leitura: Gl 4,4-7

Deus enviou o seu Filho, nascido de uma mulher.

Dois pensamentos dominam o texto: "**Deus enviou seu filho**" e "**Deus enviou o Espírito de seu filho**". A vinda do Filho ao mundo marca a plenitude dos tempos (v. 4-5). Judeus e pagãos convertidos participam desta plenitude pelo dom do Espírito. "**Nascido de mulher**", isto é, de mãe humana, exprime a **precariedade e insuficiência da condição humana**. O filho de Deus se submete a esta condição, incluída **a sujeição à Lei**; submete-se à lei do pecado e da morte, pela cruz. Mas ressuscitando nos dá a dignidade de filhos de Deus e herdeiros dos bens divinos. **O Filho de Deus se fez homem** para que **nos tornássemos filhos e filhas de Deus**. Pelo Espírito que nos dá, podemos chamar a Deus de "Abá" – ó Pai!

Aclamação ao Evangelho

De muitos modos, Deus outrora nos falou pelos profetas; nestes tempos derradeiros ele nos falou pelo seu Filho.

3 Evangelho: Lc 2,16-21

Encontraram Maria e José e o recém-nascido. E, oito dias depois, deram-lhe o nome de Jesus.

No Evangelho ouvimos Lucas descrevendo, em poucos versículos, uma cena alegre e agitada. É uma boa notícia (Evangelho) que se espalha velozmente por toda a redondeza da gruta de Belém: "Nasceu-vos hoje, na cidade de Davi, um Salvador, que é Cristo Senhor". Naquela mesma noite, os pastores decidiram: "Vamos até Belém, para ver o acontecimento que o Senhor nos deu a conhecer" (v. 15). E "os pastores foram às pressas a Belém". Foram conferir o sinal que os anjos lhes haviam dado: "Encontrareis um menino envolto em panos e deitado numa manjedoura". Quando chegam, encontram "Maria e José, e o recém-nascido deitado na manjedoura". **O menino faz parte de uma família e a manjedoura faz o menino bem familiar, próximo dos pastores, pobres e desprezados.** Constatada a verdade, os pastores contam o que ouviram dos anjos a respeito do menino e todos os que ouviram ficaram maravilhados. Os pastores voltaram para os seus afazeres, glorificando e louvando a Deus. O **Filho de Deus faz parte da família humana,** e no oitavo dia, **pela circuncisão, é introduzido no povo de Israel** e **recebe o nome de Jesus,** "Deus (o Senhor) salva". O conteúdo deste nome é tratado no cântico de Zacarias (Lc 1,68-79), no qual se explica em que sentido Jesus é salvador de seu povo e de toda a humanidade.

Para Maria, esses acontecimentos eram motivo de meditação e reflexão. A exemplo de Maria, que meditava sobre os acontecimentos relacionados com seu filho, somos convidados também nós a fazê-lo sobre nossa vida: conservando, transmitindo e vivendo em família o mistério de nossa fé em Cristo e venerando sua Santíssima Mãe, Maria. A grande notícia que o Filho de Deus se fez homem merece ser anunciada e proclamada com alegria, nos tempos de escuridão em que vivemos.

Celebramos hoje a maternidade de Maria, Mãe de Deus. Sem esta Mãe não teríamos Jesus, nosso irmão e Salvador (Segunda leitura). Coloquemos este novo ano que Deus nos dá sob a proteção de Deus e de Maria, sua Mãe.

Epifania do Senhor

Anos A, B e C

Oração: "Ó Deus, que hoje revelastes o vosso Filho às nações, guiando-as pela estrela, concedei aos vossos servos e servas que já vos conhecem pela fé contemplar-vos um dia face a face no céu".

1 Primeira leitura: Is 60,1-6

Apareceu sobre ti a glória do Senhor.

No texto da Primeira leitura, um discípulo do profeta Isaías retoma as promessas de seu mestre Isaías (Is 9,1-6). Convoca os exilados que ainda estavam na Babilônia a voltarem para Jerusalém para reconstruir suas casas, pois o Templo já estava sendo reconstruído. Com maestria, usa de uma linguagem poética envolvente. Vê a **luz da glória do Senhor** brilhando sobre **Jerusalém**. As luzes de lamparinas acesas já brilham na noite escura, como sinais de vida nas casas novamente habitadas. Jerusalém, brilhante como um facho luminoso, atrai não só seus filhos e filhas dispersos pelos diversos países, mas também os povos pagãos, ainda envoltos na escuridão. No passado Jerusalém foi saqueada pelos dominadores. Agora são camelos e dromedários que trazem **gente de todas as nações**, trazendo suas riquezas e o incenso **para proclamar a glória do Senhor**. Guiados pela estrela, os magos levam seus presentes a Belém para adorar o menino Jesus (Evangelho). Mateus vê a realização desta profecia quando Jesus inicia a pregação do Reino de Deus, na "Galileia dos pagãos" (4,13-17).

Salmo responsorial: Sl 72(71)
Que ele faça justiça aos humildes.

2 Segunda leitura: Ef 3,2-3a.5-6

Agora foi-nos revelado que os pagãos são co-herdeiros das promessas.

Paulo escreve à comunidade de Éfeso, na qual a maioria dos cristãos era de origem pagã. Com alegria recorda a graça que Deus lhe concedeu de ter realizado o plano divino de trazê-los à fé cristã. O **Evangelho que Paulo prega faz parte do plano de Deus** a respeito dos efésios; é um mistério escondido no passado no coração de Deus e agora revelado: Não só **os judeus são destinatários da salvação trazida por Jesus Cristo, mas também todos os pagãos**. Deus revelou este mistério pelo seu Espírito: Pela fé, a salvação trazida por Cristo une a todos numa só família, tanto judeus como pagãos (Primeira leitura e Evangelho).

Aclamação ao Evangelho
Em Cristo, os gentios participam da promessa divina.

3 Evangelho: Mt 2,1-12

Viemos do Oriente adorar o Rei.

Os magos vêm do Oriente até Jerusalém porque viram um sinal especial no céu. Segundo uma profecia do profeta Balaão, no futuro haveria de aparecer uma estrela no céu sobre Israel. Seria o sinal de que nasceu um rei em Judá, o Salvador de seu povo (Nm 24,17). Os magos conheciam a profecia de Balaão, que era um profeta pagão. Quando viram a estrela no céu, acreditaram ser o sinal que indicava o nascimento do rei salvador, esperado pelos judeus. É no Oriente que nasce o "astro

Rei", o Sol. Os magos, porém, seguem uma insignificante estrela, que os guia em direção ao Ocidente. Ao chegar a Jerusalém, a estrela some. Dirigem-se então ao palácio real e perguntam pelo rei dos judeus que acabara de nascer. Herodes fica alarmado, com medo de perder o trono, e toda Jerusalém treme com ele porque conheciam a crueldade do rei. Antes de responder aos magos, Herodes consulta os entendidos nas Escrituras. Os sumos sacerdotes e os mestres da Lei respondem, citando o profeta Miqueias: o rei esperado deveria nascer em Belém. Os doutores sabem ler e interpretar as Escrituras, mas não acreditam. Herodes finge interesse em conhecer o menino, mas com a intenção de eliminar um possível concorrente ao trono. **Só os magos pagãos acreditam na profecia bíblica de Balaão** e **nas palavras do profeta Miqueias**. A fé dos magos, iluminada pelas Escrituras, faz reaparecer a estrela que os guia até a casa onde "viram o menino com Maria, sua mãe". **Prostraram-se em adoração diante do menino** e ofereceram-lhe como presentes ouro, incenso e mirra. **Ouro**, porque o **menino é rei**; **incenso**, porque é **Deus**, e **mirra** porque é **homem**; ele haveria de morrer por nós na cruz e seria embalsamado com mirra e aloés (cf. Jo 19,39).

Enquanto os magos, guiados pela sua **fé nas Escrituras dos judeus**, com alegria vão ao encontro do Salvador, os chefes religiosos dos judeus o ignoram e Herodes vê no menino-rei uma ameaça ao seu trono e procura eliminá-lo. Em Belém, a alegria; em Jerusalém, a tristeza e o temor.

Mateus escreve para uma comunidade mista, composta de judeus e de pagãos convertidos. Alegra-se com os pagãos porque acolhem o Evangelho com alegria, mas sente um profundo pesar pelos seus irmãos judeus que o rejeitam. Mais tarde, admirado com a fé do oficial romano, Jesus dirá: "Muitos virão do Oriente e do Ocidente sentar-se à mesa com Abraão, Isaac e Jacó" (Mt 8,11).

Qual é a estrela que nos guia ao encontro de Cristo Jesus? O que sentimos quando adoramos a Deus? Há **dois modos de nos aproximarmos de Deus**: Pelos **sinais da natureza e pelos Livros Sagrados**. Santo Agostinho fala de dois livros escritos por Deus: um é a criação e outro, a Bíblia Sagrada. Que esses sinais nos levem a adorar de todo o coração o Filho de Deus, feito homem. Ele "é a luz verdadeira que, vindo ao mundo, ilumina todas as pessoas" (cf. Jo 1,9). Deixemo-nos iluminar e guiar pela Verdadeira Luz.

Batismo do Senhor

As duas primeiras leituras são comuns aos anos A, B e C;
o Evangelho é próprio para cada ano

Oração: "Deus eterno e todo-poderoso, que, sendo o Cristo batizado no Jordão, e pairando sobre ele o Espírito Santo, o declarastes solenemente vosso Filho, concedei aos vossos filhos adotivos, renascidos da água e do Espírito Santo, perseverar constantemente em vosso amor".

1 Primeira leitura: Is 42,1-4.6-7

Eis o meu servo: nele se compraz minha alma.

A segunda parte do livro de Isaías (40–55) inclui quatro poemas, chamados Cânticos do Servo Sofredor. Para a Primeira leitura da festa do Batismo do Senhor foi escolhido o primeiro Cântico. É uma escolha bem-apropriada porque ilumina o sentido do batismo de Jesus por João Batista. Os primeiros cristãos começaram a ler o Antigo Testamento à luz da fé em Cristo morto e ressuscitado. Usaram os cânticos de Isaías para interpretar a vida de Jesus e sua missão (cf. At 8,26-40).

Na leitura de hoje, o profeta diz em nome de Deus: "Eis meu servo – eu o recebo; eis o meu eleito. Nele se compraz a minha alma". Deus põe sobre o servo o seu espírito, para cumprir uma missão universal, "o julgamento das nações". **O servo é um ungido pelo espírito do Senhor.** Ele não anunciará um julgamento punitivo, pois os exilados já pagaram em dobro pelos crimes cometidos (Is 40,2). O julgamento das nações é para salvar o povo eleito. **O servo virá com a mansidão de um pastor** para cuidar das suas ovelhas, sobretudo, das mais fracas: Não quebrará a cana rachada, nem apagará o pavio que ainda fumega (cf. Mt 12,29). Não descansará enquanto não estabelecer os seus ensinamentos e a justiça na terra. O servo é escolhido a dedo – "eu te tomei pela mão". Por fim, o servo recebe uma missão: abrir os olhos dos cegos, tirar os cativos da prisão, livrá-los do cárcere. O **Servo Sofredor é alguém que se compadece** e sofre com os injustiçados. **Jesus se identifica com o Servo de Deus** quando apresenta sua missão na sinagoga de Nazaré (cf. Lc 4,16-22).

Salmo responsorial: Sl 28
Que o Senhor abençoe, com a paz, o seu povo!

2 Segunda leitura: At 10,34-38

Foi ungido por Deus com o Espírito Santo.

Na Segunda leitura ouvimos um trecho do discurso de Pedro na casa de Cornélio, comandante de um batalhão romano. O comandante ouvira falar muito de Jesus, o grande profeta de Nazaré, condenado à morte de cruz por Pilatos. Desejoso de conhecer melhor a Jesus, mandou chamar Pedro, que estava em Jope, para que viesse até Cesareia, onde residia. O apóstolo, conduzido pelo Espírito do Senhor, atendeu ao convite, apesar de sua relutância em falar para os pagãos. Enquanto falava, o Espírito Santo manifestou-se sobre Cornélio e seus familiares, como havia acontecido no dia de Pentecostes com os apóstolos e discípulos. Então,

Pedro começou a entender que Deus não faz distinção entre judeus e pagãos, mas acolhe "quem o teme e pratica a justiça", não importa de que nação ele seja. O que importa na primeira pregação (querigma) é o **testemunho da fé: a) Jesus foi ungido por Deus** com o **Espírito Santo e com poder**; b) com esse poder "Ele **andou fazendo o bem** e curando a todos os que estavam dominados pelo demônio"; c) "porque **Deus estava com Ele**".

Naquele dia, ao ver que o Espírito Santo se manifestou na casa de Cornélio, Pedro não teve dúvida em batizar a família toda.

Aclamação ao Evangelho
Abriram-se os céus e fez-se ouvir a voz do Pai: Eis meu filho muito amado; escutai-o, todos vós!

3 Evangelho: Mt 3,13-17

Depois de ser batizado, Jesus viu o Espírito de Deus pousando sobre ele.

Celebramos Domingo passado a festa da Epifania, que encerra as narrativas da história da infância de Jesus em Mateus e Lucas. Depois de ser batizado por João, Jesus é ungido pelo Espírito Santo e constituído como o Messias esperado por Israel, pronto para iniciar sua missão na vida pública. Naquele tempo havia uma grande expectativa da vinda iminente do Messias. **João Batista**, "a voz que clama no deserto", começa a convocar todo o povo da Judeia e da Galileia para a **conversão** e um **batismo para o perdão dos pecados**. No clima da esperança da vinda do messias, animada pela pregação do Batista, Jesus vem da Galileia até o rio Jordão para encontrar-se com João e ser por ele batizado. Jesus não precisava de conversão nem de perdão dos pecados. "Ele é o Cordeiro de Deus que tira o pecado do mundo" (Jo 1,29). Mesmo assim, Jesus entra na fila com o povo para ser batizado. João percebe isso e protesta: "Eu é que devo ser batizado por ti, e tu vens a mim?" E Jesus responde: "...nós devemos cumprir toda a justiça". Com estas palavras Jesus se solidariza com os pecadores que haveria de salvar por sua morte na cruz. Diante do povo, João reconhece a superioridade de Jesus e do batismo cristão. João batizava apenas com água, "em sinal de conversão"; Jesus, porém, haveria de batizar "no Espírito e no fogo" (3,11). Logo que foi batizado por João, Jesus saiu da água e o céu se abriu – literalmente, "rasgou-se" – e **Jesus viu o Espírito de Deus descer** como uma pomba e pousar **sobre si**; era um sinal visível de uma escolha divina, confirmado pela voz do céu, que dizia: "Este é o meu Filho amado, no qual pus o meu agrado". Assim Deus apresenta seu Filho Jesus ao povo, ungindo-o como o Messias esperado e qualificando-o para a missão salvadora de toda a humanidade. Essa missão se encerra quando Jesus morre na cruz, a cortina do Templo "se rasga" e o oficial romano exclama: "Na verdade, este era Filho de Deus" (Mt 27,34).

Tempo da Quaresma

Quarta-feira de Cinzas
Anos A, B e C

Oração: "Concedei-nos, ó Deus todo-poderoso, iniciar com este dia de jejum o tempo da Quaresma, para que a penitência nos fortaleça no combate contra o espírito do mal".

1 Primeira leitura: Jl 2,12-18

Rasgai o vosso coração e não as vossas vestes.

O texto lido na Primeira leitura é do profeta Joel (séc. IV a.C.). O país sofreu uma invasão de nuvens de gafanhotos que arrasaram as plantações, frustrando a colheita: "...o trigo está destruído, o vinho está em falta, o azeite se esgota" (Jl 1,10). A fome castiga homens e animais. A calamidade é vista como um castigo de Deus pelos pecados cometidos. O profeta fala do "dia do Senhor", isto é, uma manifestação grandiosa e punitiva de Deus na história de Israel (cf. Am 5,18-20; Is 2,6-22). Os sacerdotes deviam convocar o povo para um solene jejum, incluindo anciãos, jovens e até crianças de peito, e clamar: "**Perdoa, Senhor, a teu povo**". O **jejum** era expresso com o uso de vestes grosseiras de luto e acompanhado de choro e lamentações. Para expressar a dor era costume rasgar as vestes. O profeta, porém, alerta que **não bastam as expressões externas de luto e conversão**. É preciso "voltar" para Deus (arrepender-se) de todo o coração, rasgar o coração e não as vestes, "porque Deus é benigno e compassivo, paciente e cheio de misericórdia, inclinado a **perdoar** o castigo [...]. "Quem sabe ele **se volte** para vós e vos **perdoe**" [...]. De fato, Deus voltou a abençoar a terra e perdoou ao seu povo (v. 18; Segunda leitura). A Quaresma é um tempo favorável para "rasgar" nosso coração e voltar-se de coração aberto para Deus.

Salmo responsorial: Sl 50
Piedade, ó Senhor, tende piedade, pois pecamos contra vós.

2 Segunda leitura: 2Cor 5,20–6,2

Reconciliai-vos com Deus. Eis agora o tempo favorável.

O texto lido prepara nossos corações para viver com intensidade o tempo da Quaresma. Destacam-se dois pensamentos. O primeiro é uma súplica que Paulo faz aos cristãos de Corinto: "**Deixai-vos reconciliar com Deus**". Não é o homem que se reconcilia com Deus; é Deus que reconcilia o homem por meio de Cristo. Ele é o bom pastor que vai em busca da ovelha perdida ou desnorteada. O segundo pensamento diz: "**É agora o momento favorável**, é agora o dia da salvação". Deus está sempre disposto a nos perdoar, desde que o busquemos de todo o coração. **A Quaresma, porém, é este tempo favorável para voltarmos ao nosso Deus.** É também um **tempo de graça** e **reconciliação com o próximo. Tempo de abrir nosso coração**, para que Deus nos purifique com seu perdão misericordioso (Primeira leitura: "Rasgar o coração").

Aclamação ao Evangelho
Louvor e glória a ti, Senhor, Cristo, Palavra de Deus.

3 Evangelho: Mt 6,1-6.16-18

Teu Pai, que vê o que está oculto, te dará a recompensa.

No Evangelho, Jesus fala aos discípulos sobre a **oração**, o **jejum** e a **esmola**, práticas normais dos judeus de seu tempo. Jesus ensina o que não se deve fazer e como se deve fazer. Usa seis vezes a palavra "não" para criticar o modo como os fariseus rezavam, jejuavam ou davam esmolas. Eles queriam aparecer diante dos outros como justos e perfeitos na observância da Lei (cf. Lc 18,9-14: o fariseu e o publicano). Assim, não colocavam Deus no centro de suas ações, mas a si mesmos. Ao dar esmolas, devemos ser discretos: "que tua mão esquerda não saiba o que faz a tua mão direita"; procurar o silêncio do quarto para rezar; não mostrar um rosto triste quando jejua, mas lavar-se e usar perfumes. Porque Deus vê o coração e não as aparências.

As duras críticas aos fariseus devem ser entendidas no contexto em que Mateus escreve, pelos anos 80 d.C. Houve uma ruptura entre a sinagoga comandada pelos fariseus e as comunidades cristãs, expulsas da participação do culto judaico.

A **esmola**, o **jejum** e a **oração** fazem parte do dia a dia da vida cristã. A Igreja as recomenda especialmente para os tempos fortes da liturgia, como o Advento e a Quaresma. O jejum é indicado para os católicos, entre os 15 e os 60 anos de idade, na Quarta-feira de Cinzas e na Sexta-feira Santa. A esmola é um gesto de amor e solidariedade com o próximo, ligado à Campanha da Fraternidade. Tornou-se um belo exemplo de amor em tempos de calamidades, como na pandemia do Coronavírus (cf. Mt 25,31-40). O jejum e a esmola na vida cristã colocam em prática o gesto mais marcante da vida de Jesus, isto é, a partilha dos bens com os mais pobres. Quando o jejum e a esmola resultam em partilha de nossos bens com os pobres certamente agradam ao Pai do céu, pois ele vê que seguimos as práticas de seu Filho Jesus Cristo.

1º Domingo da Quaresma

Oração: "Concedei-nos, ó Deus onipotente, que, ao longo desta Quaresma, possamos progredir no conhecimento de Jesus Cristo e corresponder a seu amor por uma vida santa".

1 Primeira leitura: Gn 2,7-9; 3,1-7

Criação e pecado dos primeiros pais.

Lemos hoje parte da segunda narrativa da criação. O texto não pretende dar uma explicação científica da origem do ser humano. Os capítulos 2 e 3 de Gênesis não contam a história de um indivíduo. Trazem, sim, uma mensagem profunda que se refere à vida de todas as pessoas. O Adão aqui representa a humanidade. A narrativa mostra a total dependência do ser humano de seu Criador, representada na imagem do oleiro (cf. Jr 18,1-6), e sua profunda ligação com a terra. Deus modela o ser humano a partir da terra fértil (húmus), sopra em suas narinas o sopro da vida. Depois planta um jardim com árvores e plantas de todas as espécies, entre elas a árvore da vida – à qual o homem tinha livre-acesso – e a **árvore do conhecimento** do **bem** e do **mal; dessa árvore o ser humano não devia comer**: "No dia em que dela comeres, serás condenado a morrer" (Gn 2,17). Em seguida, Deus coloca o ser humano para cuidar do jardim que plantou. No texto hoje anunciado, o ser humano já aparece como homem e mulher, criados um para o outro, como auxílio, mútua ajuda e companhia adequada (cf. 2,20-23). Agora são marido e mulher, ele e ela, complemento mútuo, um para o outro. A serpente mentirosa exerce a função do tentador e convence a mulher a desobedecer ao Criador: "No dia em que dele comerdes, vossos olhos se abrirão – dizia a serpente – e vós **sereis como Deus, conhecendo o bem e o mal**". Quando desobedecem à ordem divina, os olhos deles se abrem e percebem a própria limitação (nudez, desamparo). O ser humano é mortal e limitado. Se Deus lhe tira o "sopro" de vida, volta ao pó do qual foi tirado (Sl 104,29-30). Não pode ocupar o lugar de seu Criador. No entanto, Deus não quer a morte do ser humano. Ele o criou livre, capaz de escolher entre o bem e o mal, entre a vida e a morte. Sem esta liberdade, jamais poderia escolher o bem e o Amor.

Salmo responsorial: Sl 50
Piedade, ó Senhor, tende piedade, pois pecamos contra vós.

2 Segunda leitura: Rm 5,12.17-19

Onde se multiplicou o pecado, aí superabundou a graça.

A Primeira leitura fala do pecado de Adão, que sucumbiu diante da tentação; e o Evangelho narra as tentações de Jesus no deserto e como Ele as venceu. A Segunda leitura compara a figura de Adão com a de Cristo. **O pecado de Adão tornou pecadora toda a humanidade e gerou a morte. A fiel obediência de Jesus ao Pai, até a morte na cruz, gerou a vida divina para toda a humanidade.** Deus torna justos, isto é, agradáveis a Deus, todos aqueles que acolhem com fé o dom gratuito de sua graça. Onde se multiplicou o pecado de Adão na humanidade pecadora, muito mais se multiplicou a graça em Jesus. Todos somos pecadores, condenados a morrer como filhos de Adão. Mas **Jesus, o novo Adão, tomou o lugar de todos os pecadores, venceu a morte e conquistou para todos a vida eterna**, na comunhão com Deus.

Aclamação ao Evangelho
Louvor e glória a ti, Senhor, Cristo, Palavra de Deus. O homem não vive somente de pão, mas de toda a palavra da boca de Deus.

3 Evangelho: Mt 4,1-11

Jesus jejuou durante quarenta dias e foi tentado.

Depois de ser batizado por João, Jesus é tomado pelo Espírito de Deus e conduzido ao deserto. Passa aí quarenta dias e quarenta noites em jejum e oração e é tentando pelo diabo. **Na primeira tentação o diabo sugere a Jesus que transforme as pedras em pão, se é de fato o Filho de Deus.** E Jesus responde que o ser humano não vive somente de pão, "mas de toda a palavra que sai da boca de Deus". **A segunda tentação está ligada à "fome" de glória.** O diabo sugere a Jesus que se jogue do ponto mais alto do Templo, diante de todo o povo, como prova que é Filho de Deus; certamente nada lhe aconteceria porque os anjos viriam em seu socorro. Jesus responde com a Escritura: "Não tentarás o Senhor teu Deus". **A terceira tentação se refere à "fome" de dinheiro e poder.** O diabo leva Jesus ao alto de um monte, mostra-lhe todas as riquezas do mundo e diz: "Tudo isso eu te darei, se te ajoelhares diante de mim, para me adorar". E Jesus diz: "Adorarás ao Senhor teu Deus e somente a ele servirás". São três tentações como formas de ser o Messias, mas Jesus escolheu ser o Messias, Servo Sofredor.

No deserto, Jesus define as linhas orientadoras de sua missão. Para resolver o problema da fome de pão, Jesus propõe a partilha do pão e a conversão para o Evangelho do Reino de Deus. Para a tentação da glória, Jesus propõe o amor ao próximo como serviço humilde. A terceira tentação é a de querer ser igual a Deus, como a serpente sugeriu para Adão e Eva (Primeira leitura). A missão de Jesus se caracteriza pela luta constante contra o pretenso reinado do diabo neste mundo (v. 9), anunciando o Evangelho do reinado de Deus. Ao final da terceira tentação Jesus expulsa o diabo, prenúncio das expulsões de demônios durante sua vida pública.

Jesus exige de seus discípulos, de ontem e de hoje, uma **opção básica**: Ceder às tentações do diabo ou seguir firmemente a Jesus Cristo no caminho das práticas do **Reino de Deus**. "Não podeis servir a Deus e às riquezas" (Mt 6,24).

2º Domingo da Quaresma

Oração: "Ó Deus, que nos mandastes ouvir o vosso Filho amado, alimentai o nosso espírito com a vossa palavra, para que, purificado o olhar de nossa fé, nos alegremos com a visão de vossa glória".

1 Primeira leitura: Gn 12,1-4a

Vocação de Abraão, pai do povo de Deus.

A vocação e missão de Abraão estão ligadas à promessa divina de uma terra e de uma grande descendência. Será uma bênção o simples fato de alguém ser descendente de Abraão. A promessa inclui também uma grande bênção: "Em ti serão abençoadas todas as famílias da terra" (v. 3); isto é, a salvação para todos os povos. Movido pela fé (cf. Rm 4), Abraão larga o conforto e a segurança da terra natal e parte para o desconhecido, confiando nas promessas divinas. A **fé** do patriarca Abraão torna-se modelo (cf. Hb 10) para todos os seus descendentes e para os cristãos em geral: "A fé é o fundamento do que se espera e a prova das realidades que não se veem" (Hb 11,1). **Em Abraão, Deus começa a revelar o plano de sua graça** – a nossa salvação –, plano mantido em segredo desde toda a eternidade. Este desígnio de **salvação** "foi revelado agora, pela manifestação de nosso Salvador, Jesus Cristo" (Segunda leitura).

Guiados pelas palavras do Salmo responsorial e cheios de confiança rezamos com a Igreja: "Sobre nós venha, Senhor, a vossa **graça**! Venha a vossa **salvação**".

Salmo responsorial: Sl 32

Sobre nós, Senhor, venha a vossa graça! Venha a vossa salvação.

2 Segunda leitura: 2Tm 1,8b-10

Deus nos chama e ilumina.

Paulo está na prisão e nesta Carta convida seu bispo Timóteo a sofrer com ele pelo Evangelho que os dois estão anunciando, movidos pela força que vem de Deus. Participar do anúncio do Evangelho é um chamado de Deus para a salvação, "por uma vocação santa". A salvação a qual Deus nos chama não se deve a nossas boas obras, mas é fruto da graça divina. Esta graça, escondida, mas garantida, desde toda a eternidade, foi revelada somente agora, pela manifestação de Jesus Cristo. Apenas agora Deus fez brilhar a vida e a imortalidade, através do Evangelho. – A manifestação de Jesus Cristo se dá pela sua vida terrena, pela sua morte e ressurreição, como vemos na Transfiguração (Evangelho). **O caminho para a ressurreição passa pela cruz.**

Jesus tinha um objetivo em sua vida: Trazer o Reino de Deus, que ele anunciou e viveu. Ao término de sua viagem a Jerusalém, quis livremente doar sua vida pela nossa salvação. Ressuscitando dos mortos, abriu o caminho da imortalidade para toda a humanidade.

Aclamação ao Evangelho

Louvor a vós, ó Cristo, rei da eterna glória. Numa nuvem resplendente fez-se ouvir a voz do Pai: Eis meu Filho muito amado, escutai-o, todos vós.

3 Evangelho: Mt 17,1-9

O seu rosto brilhou como o sol.

Quando Mateus escreve seu Evangelho, seguindo o evangelho de Marcos, coloca a cena da transfiguração na grande viagem de Jesus da Galileia a Jerusalém (Mt 16–20). Os ensinamentos de Jesus e os acontecimentos ao longo desta viagem constituem uma catequese para a vida cristã. Chamam a nossa atenção os três anúncios da paixão e ressurreição de Jesus (Mt 17,21-23; 17,22-23; 20,17-19). Para nós, que vivemos após os acontecimentos, parece tudo claro: Jesus é Messias (Cristo), o Filho de Deus enviado pelo Pai a este mundo, que pregou e viveu o Reino de Deus, morreu por nós e ressuscitou ao terceiro dia. Mas nada era claro para os apóstolos e o povo que seguia a Jesus. Quando Pedro confessou Jesus como o Cristo, pensava que o Mestre acabaria sendo proclamado rei em Jerusalém. Achou-se até no direito de repreender o próprio Mestre, quando este falava de sua morte em Jerusalém; por isso Jesus o chamou de "satanás", isto é, alguém que se opõe ao plano divino. Depois disso é que vem a presente cena da Transfiguração. E ainda no mesmo capítulo 17, **Jesus anuncia**, pela segunda vez, **sua morte e ressurreição**. É neste contexto que devemos ler a Transfiguração. Era noite e, enquanto Pedro, Tiago e João dormem, envolvidos pelo sono, **Jesus está em profunda oração junto ao Pai**. De repente, os discípulos acordam e veem Jesus com o rosto brilhante e suas vestes resplandecentes de luz, tendo a seu lado Moisés e Elias. Pedro, então, exclama: "**Senhor, é bom estarmos aqui**. Se queres, vou fazer aqui três tendas, uma para ti, outra para Moisés e outra para Elias..." Parece ter esquecido que estavam a caminho de Jerusalém e pouco antes da visão gloriosa Jesus lhes falava de sua próxima morte. Por isso, a voz do céu insiste: "**Este é o meu Filho amado**, no qual pus todo o meu agrado. **Escutai**-o".

Sim, o fato de o Pai ter permitido a morte violenta de seu Filho amado é a manifestação máxima de seu amor por nós. Ninguém tem maior amor do que aquele que dá a vida por seus amigos – diz Jesus. Muitos anos depois, Pedro recorda a cena da Transfiguração: (Jesus) "Recebeu de Deus Pai a honra e a glória, quando da glória magnífica se fez ouvir a voz que dizia: 'Este é o meu filho amado, de quem eu me agrado'. E esta voz, que veio do céu, nós a ouvimos quando estávamos com ele no monte santo" (2Pd 1,17-18).

O Evangelho que hoje meditamos nos ensina a não pararmos, em nossa vida, no monte da transfiguração ("Senhor, é bom ficarmos aqui..."). Como discípulos e discípulas de Jesus, somos convidados a seguir Jesus até o Calvário, aguardando sua gloriosa ressurreição, ao terceiro dia.

ROTEIRO PARA MEDITAÇÃO: 1) Monte da tentação (Mt 4,8); 2) Monte das bem-aventuranças (Mt 5,1); 3) Monte da transfiguração (Mt 17,1; 4) Monte das Oliveiras (Mt 26,30); 5) Monte da missão (Mt 28,16).

3º Domingo da Quaresma

Oração: "Ó Deus, fonte de toda misericórdia e de toda bondade, vós nos indicastes o jejum, a esmola e a oração como remédio contra o pecado. Acolhei esta confissão de nossa fraqueza para que, humilhados pela consciência de nossas faltas, sejamos confortados pela vossa misericórdia".

1 Primeira leitura: Ex 17,3-7

Dá-nos água para beber.

Moisés e Aarão foram ao Egito e, em nome de Deus, apresentaram aos anciãos dos filhos de Israel o plano de libertação: Deixar de servir ao Faraó com trabalhos forçados, para servir somente ao Senhor, numa terra prometida aos antepassados. A primeira parte do plano fora concluída e o povo já não era mais escravo. Mas entre o Egito e a terra prometida havia um deserto; **no Egito era abundante a água** do rio Nilo e a terra irrigada era muito fértil. **No deserto**, só penúria e **escassez de água**. Daí a revolta: O povo tenta a Deus, contesta a autoridade de Moisés e quase o apedreja. A reclamação – "**O Senhor** está ou não está no meio de nós?" –, mostra uma **fé abalada no Deus libertador**. Deus intervém e ordena que Moisés reassuma a liderança, tomando o seu bastão, símbolo do poder divino. Era o bastão que Moisés usou para ferir o Egito (rio Nilo) e abrir um caminho no mar Vermelho, a fim de o povo passar da escravidão para a liberdade. Agora, acompanhado pelos anciãos, devia ir à frente do povo, bater na rocha perto do monte Horeb, na presença do Senhor. Moisés assim o fez e **da rocha saiu água** para matar a sede de todo o povo. Paulo diz que o povo bebeu uma água espiritual e que **a rocha da qual saiu água era Cristo** (1Cor 10,3-4). O símbolo da água nos remete para o batismo, o tema quaresmal e pascal. No Evangelho, **Jesus** se apresenta à samaritana como a **fonte de água viva**.

Salmo responsorial: Sl 94
Hoje não fecheis o vosso coração, mas ouvi a voz do Senhor!

2 Segunda leitura: Rm 5,1-2.5-8

O amor foi derramado em nós pelo Espírito que nos foi dado.

Neste trecho da Carta aos Romanos, Paulo nos fala das assim chamadas **virtudes cardeais**; elas são as mais importantes entre **dons do Espírito**: a **fé, a esperança e a caridade/amor**, dons que recebemos pelo **batismo**. Na Primeira Carta aos Coríntios, o Apóstolo já exaltava a primazia do amor: "No presente permanecem estas três coisas: fé, esperança e amor; mas a maior delas é o amor" (1Cor 13,13). Paulo lembra aos romanos que, por meio de Cristo, somos **justificados pela graça da fé, confirmados pela esperança** da glória e pelo dom do "**amor de Deus, derramado em nossos corações pelo Espírito Santo**". Este dom nos foi dado por meio de Jesus Cristo, que "morreu por nós [...] quando éramos pecadores", prova máxima do amor de Deus.

Aclamação ao Evangelho

Na verdade, sois Senhor, o Salvador do mundo. Senhor, dai-me água viva a fim de eu não ter sede!

3 Evangelho: Jo 4,5-42

Uma fonte de água viva que jorra para a vida eterna.

O Evangelho de hoje é a realização plena do que a Primeira leitura anuncia. A água pedida pelos israelitas no deserto prefigura a água viva, dada por Jesus. Os hebreus pediam uma água que conheciam, mas não matava a sede. Jesus pede à samaritana que lhe dê de beber da **água do poço de Jacó** (fonte, Primeira leitura). A mulher estranha que Jesus (um judeu) lhe peça **água,** sendo ela uma samaritana. Jesus responde que se o conhecesse ela mesma lhe pediria uma "**água viva**", capaz de matar a sede para sempre. "E a água que eu lhe der – diz Jesus – se tornará nela uma fonte de **água que jorra para a vida eterna**". A samaritana pede, então, a Jesus que lhe dê de beber desta "água viva" e recebe o dom de Deus, isto é, a fé no próprio Cristo Jesus. Torna-se ela mesma "uma fonte de água que jorra para a vida eterna". De fato, ao final do diálogo, a samaritana crê em Jesus e transforma-se em missionária do próprio povo: "Vinde ver um homem que me disse tudo o que eu fiz. Não será ele o Cristo?" Jesus, que tinha sede, não bebe a água do poço de Jacó. Sua sede é dar a todos os que nele creem a "água viva" (o Espírito Santo), a fim de que sejam, também para outros, "uma fonte de água que jorra para a vida eterna". A samaritana, que vinha tirar água da fonte de Jacó, recebe de Jesus a água viva que jorra para a vida eterna; de sua fonte transborda água viva para o próprio povo. Quando os discípulos insistiam que comesse alguma coisa, Jesus responde: "Meu alimento é fazer a vontade daquele que me enviou e realizar a sua obra" (v. 34).

Como você busca saciar a sede de Deus em sua vida? A samaritana missionária partilhou a "água viva" com seu povo. Você procura ser uma fonte da qual jorra a vida eterna para os outros?

4º Domingo da Quaresma

Oração: "Ó Deus, que por vosso Filho realizais de modo admirável a reconciliação do gênero humano, concedei ao povo cristão correr ao encontro das festas que se aproximam, cheio de fervor e exultando de fé".

1 Primeira leitura: 1Sm 16,1b.6-7.10-13a

Davi é ungido rei de Israel.

Os relatos bíblicos falam de **três unções de Davi como rei**: é ungido pelos homens de Judá como rei da casa de Judá; é ungido pelas tribos como rei de Israel, em reconhecimento de suas qualidades de liderança político-militar. A terceira foi uma unção prévia, de caráter carismático, por iniciativa do profeta Samuel e por indicação divina. O critério desta última é a **escolha por iniciativa exclusiva de Deus**, pois "o homem vê as aparências, mas **o Senhor olha o coração**" (v. 9). Outro critério é que Deus escolhe alguém que sabia cuidar de ovelhas para ser o **pastor e cuidar de seu povo** Israel. Depois de Davi ter sido ungido por Samuel, "o **espírito do Senhor se apoderou de Davi**", **para salvar Israel dos inimigos** que ameaçavam, para julgá-lo como juiz e para trazer-lhe segurança e paz.

A **unção de Davi** nos remete ao **batismo de Jesus** por João Batista, quando foi **ungido pelo Espírito do Senhor**, a fim de exercer sua missão de Messias, Servo Sofredor. Lembra também a **nossa unção batismal**.

Salmo responsorial: Sl 22

O Senhor é o pastor que me conduz; não me falta coisa alguma.

2 Segunda leitura: Ef 5,8-14

Levanta-te dentre os mortos e sobre ti Cristo resplandecerá.

A Carta aos Efésios, atribuída a Paulo quando estava na prisão, foi provavelmente escrita por um discípulo na década de 90. Respira a teologia de Paulo, mas também a do evangelho de João. O símbolo "luz x trevas" está bem presente em João: "A luz brilha nas trevas, mas as trevas não a compreenderam" (Jo 1,5). No diálogo com Nicodemos, Jesus diz: "A luz veio ao mundo e as pessoas amaram mais as trevas do que a luz, porque suas obras eram más" (Jo 3,19). Mais adiante Jesus se apresenta como a luz do mundo: "Eu sou a luz do mundo. Quem me segue não andará nas trevas, mas terá a luz da vida" (8,12). A Segunda leitura é um **texto batismal**, caracterizado pelos símbolos "**luz**" (5 vezes) em contraste com "**trevas**" (2 vezes). Quem é batizado e pratica a fé produz os frutos da luz: bondade, justiça, verdade. A luz da fé leva o cristão a "discernir o que agrada ao Senhor" – a prática do bem – e afastar-se das obras das trevas.

A leitura conclui-se com um hino batismal: "Levanta-te dentre os mortos e sobre ti Cristo resplandecerá". Iluminado por Cristo pelo **batismo**, o cristão não pode ficar parado (Evangelho), mas se compromete a seguir a Jesus Cristo, luz do mundo, como filho da luz (cf. 1Ts 5,5). Jesus expressa muito bem o que é ser iluminado por sua luz: "Vós sois a luz do mundo [...]. Vossa luz deve brilhar diante dos homens, para que vejam vossas boas obras e glorifiquem vosso Pai que está nos céus" (Mt 5,12-16). A maturidade da vida cristã reflete-se nos frutos da luz: bondade, justiça, verdade.

Aclamação ao Evangelho

Pois eu sou a luz do mundo, quem nos diz é o Senhor. E vai ter a luz da vida quem se faz meu seguidor!

3 Evangelho: Jo 9,1.6-9.13-17.34-38

O cego foi, lavou-se e voltou enxergando.

Lemos hoje apenas uma síntese do relato completo da cura do cego de nascença, que se compõe de seis cenas. Na síntese é omitida completamente a cena dos pais que são interpelados pelos fariseus e confirmam que o cego curado é filho deles e que nasceu cego. Nos interrogatórios os fariseus (cegos) lutam contra as evidências. O texto mais longo, quatro vezes afirma que se tratava de um cego de nascença; onze vezes é constatada a cura e três vezes se repete a frase descritiva da cura: "**Fui, lavei-me e estou vendo**". O cego não só recobrou a vista, mas se lhe abriram os olhos da fé em Jesus, como Salvador e "luz do mundo" (v. 5). **Os olhos do cego vão se abrindo aos poucos para a fé**. Primeiro ele diz: "aquele homem que se chama Jesus" (v. 11); depois, que Jesus é um profeta (v. 17); em seguida, que é o Cristo (v. 22), é um homem de Deus (v. 33), é o Filho do Homem (v. 35) e, finalmente, que é o Senhor (v. 38). Enquanto o cego se abre cada vez mais à fé em Cristo, **os fariseus se fecham sempre mais em sua cegueira**. Nunca mencionam o nome de Jesus. De juízes que se consideram ("Este homem não pode ser de Deus porque não observa o sábado"), acabam sendo julgados pelo cego, que é expulso da sinagoga. Jesus só aparece no início, quando cura o cego, e no fim, quando o cego é expulso da sinagoga. Então, Jesus conversa com ele, e o cego confessa sua fé e diz: "**Eu creio, Senhor**", e o adora. É admitido, portanto, à comunhão com Cristo.

A cura do cego tornou-se no decorrer do tempo uma parábola da iluminação batismal e da admissão na comunidade eclesial (Segunda leitura). A fé começa com o primeiro encontro com Jesus, cresce com o testemunho do cego e chega à plenitude com o novo encontro com Jesus.

Minha fé corresponde a um encontro pessoal com Jesus? É uma experiência pessoal?

5º Domingo da Quaresma

Oração: "Senhor nosso Deus, dai-nos por vossa graça caminhar com alegria na mesma caridade que levou o vosso Filho a entregar-se à morte no seu amor pelo mundo".

1 Primeira leitura: Ez 37,12-14

Porei em vós o meu espírito para que vivais.

A mensagem deste pequeno texto (v. 12-14) entende-se melhor à luz da visão dos ossos secos (Ez 37,1-11), que o profeta Ezequiel teve no exílio da Babilônia. O profeta fazia parte da primeira leva de exilados para a Babilônia, em 597 a.C., ainda antes da destruição de Jerusalém (587 a.C.). Vivia no meio do povo, numa planície onde os exilados tinham construído suas casas (cf. Jr 29,5-7), junto a um canal de irrigação, ligado ao rio Eufrates. Em suas pregações Ezequiel pedia ao povo o arrependimento e a conversão e procurava renovar a fé e a esperança no Deus libertador. Porém, à medida que os anos iam passando e as promessas não se cumpriam, um profundo desânimo se abateu sobre os deportados: "Nossos ossos estão secos – diziam –, nossa esperança acabou, estamos perdidos" (v. 11). Tão desesperadora era a situação de Israel no exílio! Neste contexto, o profeta é conduzido, em visão, pelo espírito do Senhor para fora de sua casa e vê uma grande planície cheia de ossos secos. O próprio Deus lhe pergunta: "Poderão estes ossos reviver?" E o profeta responde: "Senhor Deus, tu o sabes". Somente Deus poderia dar nova vida a esses ossos secos! Então, Deus manda o profeta dizer: "Vou infundir em vós um espírito para que revivais!" Por ordem do Senhor, Ezequiel convoca o espírito divino e os ossos todos se erguem num estrondo, cobrem-se de carne, recebem o espírito de Deus e põem-se de pé como um imenso exército (37,5-10). Deus não só recria Israel pelo seu espírito (cf. Gn 2,7), como também renova a aliança ("meu povo") e promete reconduzir seu povo à terra prometida. Quando tudo isso acontecer, diz: "'Sabereis que eu sou o Senhor' [...] sabereis que eu, o Senhor, digo e faço". Esse "sabereis que eu sou o Senhor" é uma fórmula que ocorre mais de cinquenta vezes em Ezequiel. Significa experimentar e reconhecer a presença de Deus vivo em nossas vidas. Perceber a ação criadora e vivificadora do espírito de Deus, que tudo renova na face da terra (cf. Sl 104,29-30). Esta é a mensagem cheia de esperança que Ezequiel anuncia aos exilados, quando tudo parecia ter acabado: "Porei em vós o meu espírito, para que vivais" (Segunda leitura e Evangelho).

Salmo responsorial: Sl 129
No Senhor, toda a graça e redenção.

2 Segunda leitura: Rm 8,8-11
O Espírito daquele que ressuscitou Jesus dentre os mortos mora em vós.

Paulo exorta os cristãos de Roma a viver de acordo com a fé que abraçaram. Na comunidade, havia judeus convertidos que continuavam ainda presos às práticas da Lei de Moisés. O cristão batizado, diz Paulo, recebe o Espírito de Deus, que é também o Espírito de Cristo, pertence a Cristo e Deus mora nele. Ora, foi o **Espírito de Deus** que ressuscitou Jesus dentre os mortos, argumenta Paulo. Como este mesmo Espírito **mora em nós**, também nós **ressuscitaremos um dia para a vida eterna**. Quando vivemos nossa fé, o Espírito transforma nossos corpos mortais em morada de Deus e, por isso, nos ressuscitará. É a fé na ressurreição dos mortos que dá sentido à nossa vida.

Aclamação ao Evangelho
Glória a vós, ó Cristo, Verbo de Deus.

3 Evangelho: Jo 11,1-45

Eu sou a ressurreição e a vida.

O Evangelho do 5º Domingo da Quaresma, que precede à Semana Santa, conta o "milagre" da ressurreição de Lázaro. João conta poucos milagres de Jesus e prefere chamá-los de "sinais". O presente "sinal" é o sétimo, o último e o maior de todos. O evangelista afirma que Jesus fez muitos outros sinais, mas estes "foram escritos para que creiais que Jesus é o Cristo, o Filho de Deus, e para que, crendo, tenhais a vida em seu nome" (Jo 20,31). A narrativa da ressurreição é impressionante, quase teatral, e nos leva a seguir os passos dos personagens principais: Jesus, os discípulos, as irmãs Marta e Maria e seu irmão Lázaro, além do povo. As atenções de todos voltam-se para Lázaro porque está doente, morre, mas é ressuscitado por Jesus. O mais importante, porém, é o que estes personagens falam. Os diálogos são muitos. Destaquemos alguns. As irmãs mandam dizer a Jesus: "Senhor, aquele que amas está doente". Ao receber o recado, Jesus comenta: "Esta doença não leva à morte; ela serve para a glória de Deus, para que o Filho de Deus seja glorificado por ela". Marta mostra uma profunda confiança quando se encontra com Jesus: "Senhor, se tivesses estado aqui, meu irmão não teria morrido". Mas ela quer seu irmão Lázaro de volta, vivo e agora, e acrescenta: "Mas **sei que o que pedires a Deus, ele te concederá**". **Jesus** responde: **"Teu irmão ressuscitará"**. Como muitos judeus, especialmente os fariseus, Marta acreditava na "ressurreição no último dia", mas queria a reanimação do cadáver de seu irmão. De fato, Jesus ia tirar Lázaro da sepultura e devolvê-lo vivo a Marta e Maria. Mas isso era um "sinal" de algo muito maior, pois Lázaro morreu depois, como qualquer outra pessoa. **Jesus explica**, então, **o sentido da "ressurreição no último dia"**. "**Eu sou a ressurreição e a vida**. Quem crê em mim, mesmo que morra, viverá. E todo aquele que vive e crê em mim, não morrerá jamais. Crês isto?" E Marta responde, professando sua fé em Jesus como "o Messias, o Filho de Deus, que devia vir ao mundo".

A fé em Jesus Cristo, Filho de Deus, é o fundamento de nossa "ressurreição no último dia" (Segunda leitura).

Domingo de Ramos

As duas primeiras leituras são comuns aos anos A, B e C;
o Evangelho é próprio para cada ano

Oração: "Deus eterno e todo-poderoso, para dar aos homens um exemplo de humildade, quisestes que o nosso Salvador se fizesse homem e morresse na cruz. Concedei-nos aprender o ensinamento da sua paixão e ressuscitar como ele em sua glória".

1 Primeira leitura: Is 50,4-7

Não desviei o meu rosto das bofetadas e cusparadas.
Sei que não serei humilhado.

O texto da Primeira leitura traz as palavras do 3º Cântico do Servo Sofredor. É uma figura profética que está entre os judeus exilados na Babilônia. Ele está convencido de ter recebido uma missão da parte de Deus para levar uma mensagem de conforto aos judeus desalentados no exílio. O **Servo apresenta-se como um discípulo obediente a Deus**, atento para receber a cada manhã a mensagem divina que deverá transmitir. Mas, para cumprir esta missão deverá enfrentar desprezo e sofrimento. Os cristãos viram realizar-se a missão do Servo Sofredor em Jesus Cristo.

Embora ameaçado de morte pelos adversários, Jesus entra corajosamente em Jerusalém para cumprir sua missão até o fim. Confiando no auxílio divino, Jesus não se deixou abater, mas foi fiel até a morte de cruz; por isso foi glorificado por Deus, que o tornou "Senhor" (Segunda leitura).

Salmo responsorial: Sl 21
Meu Deus, meu Deus, por que me abandonastes?

2 Segunda leitura: Fl 2,8-9

Humilhou-se a si mesmo; por isso, Deus o exaltou acima de tudo.

Jesus, Filho de Deus, podia ter escolhido o caminho do poder (Mt 4,8-9), mas esvaziou-se de si mesmo e assumiu a condição de servo. Apresentando-se como quem é "manso e humilde de coração" (Mt 11,29), procurou socorrer os mais necessitados (Mt 27,42). Não se identificou com a classe dominante, mas com a maioria das pessoas, sujeitas à dominação, exploradas, desprezadas, marginalizadas; tornou-se solidário com todos os "crucificados" da história humana (cf. Mt 9,35-36). Como o Servo do Cântico de Isaías, foi obediente até a morte de cruz. Por isso o Pai o ressuscitou dos mortos. O exemplo de Cristo tornou-se o caminho do cristão.

Aclamação ao Evangelho
Salve, ó Cristo obediente! Salve, amor onipotente, que te entregou à cruz e te recebeu na luz!

3 Evangelho: Mt 26,14–27,66

"Ele era mesmo Filho de Deus."

Em Mateus, Jesus não é entregue à morte contra a sua vontade. Ele se entrega nos sinais do pão e do vinho, na doação livre de sua vida, de seu corpo e de seu sangue. Na hora de sua prisão no Getsêmani, se quisesse pedir, o Pai lhe enviaria em socorro 12 legiões de anjos. Renuncia ao poder e à violência e entrega-se humildemente nas mãos do Pai, para que se cumpram as Escrituras (26,53). É traído por Judas e negado por Pedro, que se arrepende. É condenado à morte pelo Sinédrio por se apresentar como o Cristo e Filho de Deus. Judas entra em desespero e se enforca. Os sumos sacerdotes entregam Jesus a Pilatos, porque só ele podia condenar alguém à morte.

A **acusação diante do governador romano é de caráter político**, como se vê na pergunta de Pilatos: "Tu és o rei dos judeus?" Sob pressão da multidão, "sabendo que haviam entregue Jesus por inveja", Pilatos propõe à multidão a escolha entre Barrabás e Jesus, que chamam de Messias. Instigado pelos sumos sacerdotes, o povo rejeita o próprio Messias, Servo do Senhor (27,21-22), e escolhe Barrabás, um criminoso preso por suas aspirações messiânicas de caráter político.

Destacam-se algumas **afirmações próprias de Mateus**: o sonho da mulher de Pilatos (27,19). Pilatos que lava as mãos e responsabiliza a multidão (27,24-25); o terremoto, a cortina do templo que se rasga, e a ressurreição dos mortos na hora da morte de Jesus (27,51b-53). Os judeus zombam de Jesus como Messias (26,68) e os soldados romanos como rei (27,27-31). Nas zombarias dirigidas a Jesus na cruz aparece o motivo da destruição do Templo (26,60-62), usado como acusação contra Jesus no processo do Sinédrio; os chefes religiosos lembram a ação salvadora de Jesus, mas agora, crucificado, é incapaz de salvar-se a si mesmo; a confiança de Jesus em Deus, que agora abandona seu Filho. Quando Jesus morre, rasga-se o véu do Templo, a terra treme, os mortos ressuscitam, porque Jesus ressuscitou. À vista destes sinais, o oficial romano e seus soldados exclamam: "Ele era mesmo Filho de Deus". Por fim, os guardas que os sumos sacerdotes colocam como vigias junto ao túmulo, para que o corpo de Jesus não fosse roubado pelos discípulos, fogem apavorados. Nem a sepultura cuidadosamente lacrada, e vigiada por guardas, poderá impedir a vitória do Filho de Deus vivo sobre a morte.

Tríduo santo e Tempo Pascal

Quinta-feira Santa – Missa da Ceia do Senhor

Anos A, B e C

Oração: "Ó Pai, estamos reunidos para a santa ceia, na qual o vosso Filho único, ao entregar-se à morte, deu à sua Igreja um novo e eterno sacrifício, como banquete do seu amor. Concedei-nos, por mistério tão excelso, chegar à plenitude da caridade e da vida".

1 Primeira leitura: Ex 12,1-8.12-14

Ritual da ceia pascal.

A Primeira leitura apresenta uma síntese do ritual da celebração da páscoa judaica. A origem deste ritual vem de um costume entre pastores nômades de sacrificar um cordeiro ou cabrito, por ocasião de uma festa primaveril. Os filhos de Jacó entraram no Egito como pastores (cf. Gn 47,1-6). Centenas de anos depois, fugiram da severa escravidão sofrida no Egito, levando para o deserto seus rebanhos de ovelhas e cabritos (cf. Ex 10,24-26). A festa que os hebreus queriam celebrar no deserto pode ter sua origem numa antiga festa pastoril (Ex 3,18; 5,1-3). Para Israel a festa de origem pastoril ganhou um conteúdo histórico, passou a ser o memorial do maior evento da história da salvação, isto é, a libertação de Israel do Egito

A celebração da Páscoa judaica tem um caráter familiar, pois era celebrada nas famílias; ao mesmo tempo tinha um caráter coletivo, porque todas as famílias celebravam o mesmo memorial, na mesma data. Jesus celebrou a páscoa com seus discípulos antes de ser traído por Judas e preso pela guarda do Templo.

Salmo responsorial: Sl 115

O cálice por nós abençoado é a nossa comunhão com o sangue do Senhor.

2 Segunda leitura: 1Cor 11,23-26

Todas as vezes que comerdes deste pão e beberdes deste cálice, proclamais a morte do Senhor.

A instituição da eucaristia é conhecida através de quatro textos, que representam basicamente duas tradições: 1) Paulo e Lucas (1Cor 11,23-35; Lc 22,19-20; 2) Marcos e Mateus (Mc 14,22-24; Mt 26,26-29). O texto mais antigo é o de Paulo. Após criticar alguns abusos na celebração da ceia que dividiam a comunidade de Corinto, Paulo reafirma o que antes havia ensinado aos coríntios. O que lhes ensinou não foi invenção sua, mas recebeu-o do Senhor. Embora não tenha conhecido a Jesus histórico, viu como os cristãos de Damasco, Jerusalém e Antioquia celebravam a Ceia do Senhor (Gl 1,11-24; At 9,20-30; 11,24-26; 13,1-3). Lembra que a ceia aconteceu "na noite em que Jesus foi entregue" por Judas. Não foi, porém, uma decisão do traidor que entregou Jesus à morte. Ao contrário, Jesus livremente "entregou-se por nossos pecados [...] segundo a vontade de nosso Deus e Pai" (Gl 1,4; Rm 8,32). Ele "sabia que tinha chegado a sua hora de passar deste mundo ao Pai" (Evangelho). Durante a ceia, Jesus tomou o pão em suas mãos, agradeceu a Deus pelos alimentos recebidos ("frutos da terra e do trabalho humano": Ofertório), partiu o pão e disse: "Isto é o **meu corpo que é dado por vós**". No final da ceia, Jesus pegou o cálice com vinho e disse:

"Este cálice é a nova aliança, em meu sangue". Duas vezes aparece a ordem: "Fazei isso em minha memória". Se a antiga aliança do Sinai foi selada com o sangue de touros sacrificados (cf. Ex 24,4-8), a nova aliança é selada no sangue de Cristo, derramado por nossos pecados. A **livre-iniciativa de Deus** é marcada pela **entrega** de seu Filho, pelo seu **corpo que é dado** e pelo **sangue que é derramado**.

Ao celebrar a Ceia do Senhor proclamamos sua morte e ressurreição, "até que ele venha". Após a consagração, a assembleia aclama: "Anunciamos, Senhor, a vossa morte e proclamamos a vossa ressurreição. Vinde, Senhor Jesus!"

Aclamação ao Evangelho

Eu vos dou este novo mandamento, nova ordem, agora, vos dou, que, também, vos ameis uns aos outros, como eu vos amei, diz o Senhor.

3 Evangelho: Jo 13,1-15

Amou-os até o fim.

João não conta a instituição da eucaristia na véspera da condenação de Jesus à morte, como o fazem Paulo e os outros evangelhos. O tema da eucaristia é tratado em Jo 6,22-59. Aqui, o evangelista fala apenas do que aconteceu e o que Jesus falou durante a ceia de despedida, celebrada antes da festa da páscoa judaica. Mais importante do que a própria ceia são as palavras de Jesus e seu gesto de humilde serviço ao lavar os pés dos discípulos. Pedro não queria que Jesus lhe lavasse os pés. E Jesus lhe diz: "Se não te lavar os pés, não terás parte comigo". A **palavra "parte" significa porção ou participação na herança paterna**, como no caso do filho pródigo (Lc 15,12). Estamos no contexto de um **testamento** que Jesus deixa aos discípulos, como sua última vontade. Este testamento coloca em comunhão os discípulos com o Mestre. Comungar da vida de

Jesus tem como consequência lógica o serviço radical. "Tendo amado os seus que estavam no mundo, amou-os até o fim" (v. 1). Jesus nos ensina tanto pela palavra como pelo exemplo: "Eu, o Senhor e Mestre, vos lavei os pés, também vós deveis lavar os pés uns dos outros. **Dei-vos o exemplo, para que façais a mesma coisa que eu fiz**" (v. 14-15). Todos saberão que sois meus discípulos, se vos amardes uns aos outros.

Este é o testamento que Jesus deixa aos discípulos e a todos nós. Jesus sabia que "de Deus tinha saído e a Deus voltava". Jesus saiu do Amor sublime que é Deus e nos deixou como herança o mandamento do Amor. Nossa comunhão com Deus não se manifesta apenas ao comungarmos o seu corpo e sangue na missa, mas também no serviço humilde ao próximo.

Domingo da Páscoa

Anos A, B e C

Oração: "Ó Deus, por vosso Filho Unigênito, vencedor da morte, abristes hoje para nós as portas da eternidade. Concedei que, celebrando a ressurreição do Senhor, renovados pelo vosso Espírito, ressuscitemos na luz da vida nova".

1 Primeira leitura: At 10,34a.37-43

Comemos e bebemos com ele depois que ressuscitou dos mortos.

Lucas traz um exemplo de como poderia ser a pregação inicial dos apóstolos (querigma), testemunhas da ressurreição de Cristo, para os que ouviram falar de Jesus, mas ainda não conheciam a fé cristã. Pedro está na casa de Cornélio, comandante do exército romano, que o convidou para que falasse sobre Jesus de Nazaré algo mais do que ele já conhecia. Por isso, Pedro não perde tempo em falar de coisas já conhecidas: "Vós sabeis o que aconteceu em toda a Judeia, a começar pela Galileia, depois do batismo pregado por João". – Invertendo a frase, temos a estrutura dos evangelhos chamados sinóticos (Mateus, Marcos e Lucas): atividade de João Batista, atividade de Jesus na Galileia, paixão e morte de Jesus na Judeia. – **Pedro afirma que Jesus andou por toda a parte fazendo o bem**, porque "foi ungido por Deus com o Espírito Santo e com poder" (v. 38). Apesar do bem que Jesus fazia na terra dos judeus e em Jerusalém, acabou sendo morto, pregado numa cruz. Mas Deus o ressuscitou ao terceiro dia e Jesus se manifestou a eles. Os **apóstolos foram escolhidos como testemunhas qualificadas**, porque "comeram e beberam com Jesus depois que ressuscitou dos mortos". Jesus foi constituído por Deus como Juiz dos vivos e dos mortos. Quem nele crê recebe o perdão dos pecados.

Salmo responsorial: Sl 118(117)
Este é o dia que o Senhor fez para nós; alegremo-nos e nele exultemos.

2 Segunda leitura: Cl 3,1-4

Esforçai-vos por alcançar as coisas do alto, onde está Cristo.

O autor do texto que ouvimos convida os cristãos a guiarem sua vida pelos valores celestes e não pelos da terra. O cristão precisa morrer para tudo que leva ao pecado, a fim de viver uma vida nova em Cristo. Isso é simbolizado pelo batismo: No símbolo de imersão na água batismal morre o homem velho e, ao emergir, nasce o homem novo, para viver uma vida nova em Cristo. **Como Cristo ressuscitou e está com Deus**, diz o autor, **nossa vida "está escondida, com Cristo, em Deus"**. Esta vida se manifestará quando Cristo voltar triunfante em sua glória, no fim dos tempos. É o que diz Paulo ao falar da ressurreição dos mortos: "Cristo ressuscitou dos mortos como o primeiro dos que morreram".

Por isso, "assim, em Cristo todos reviverão. Cada qual, porém, em sua ordem: Cristo como primeiro fruto, em seguida os que forem de Cristo por ocasião de sua vinda" (1Cor 15,20-23). Quando isso acontecer, "o último inimigo a ser vencido será a morte" (1Cor 15,26). Para Marta, que chorava a morte de seu irmão Lázaro, Jesus diz: "Eu sou a ressurreição e a vida. Quem crê em mim, ainda que esteja morto, viverá" (Jo 11,25).

Sequência

Cantai, cristãos, afinal: "Salve, ó vítima pascal!" Cordeiro inocente, o Cristo abriu-nos do Pai o aprisco. Por toda ovelha imolado, do mundo lava o pecado. Duelam forte e mais forte: é a vida que enfrenta a morte. O rei da vida, cativo, é morto, mas reina vivo! Responde, pois, ó Maria: no teu caminho o que havia? "Vi Cristo ressuscitado, o túmulo abandonado. Os anjos da cor do sol, dobrado ao chão o lençol [...]. O Cristo, que leva aos céus, caminha à frente dos seus!" Ressuscitou de verdade. Ó Rei, ó Cristo, piedade!

Aclamação ao Evangelho

Aleluia, Aleluia, Aleluia. O nosso cordeiro pascal, Jesus Cristo, já foi imolado. Celebremos, assim, esta festa, na sinceridade e verdade.

3 Evangelho: Jo 20,1-9

Ele devia ressuscitar dos mortos.

No primeiro dia da semana, Maria Madalena vai de madrugada ao túmulo e encontra a pedra removida. É uma das mulheres que estavam junto à cruz, com a mãe de Jesus e o discípulo que Jesus amava. Não vai ao túmulo para ungir o corpo de Jesus, como as mulheres em Mc 16,1, pois Nicodemos e José de Arimateia já o tinham feito, usando aromas e trinta quilos de mirra e aloés (Jo 19,39-40). Como a mulher do Cântico dos Cânticos (Ct 3,1), bem de madrugada, ainda "no escuro", Maria Madalena sai para visitar o sepulcro e chorar o **seu amado**. Vendo a pedra removida, sai **correndo** para avisar a Pedro e ao outro discípulo: "Tiraram o Senhor do sepulcro e não sabemos onde o puseram". Os dois discípulos também **correm** para verificar o que aconteceu e buscar uma explicação. Com o Senhor morto e o sepulcro fechado, a vida parecia ter parado para eles. Mas a pedra, que parecia selar para sempre o destino do Mestre, foi removida e o sepulcro estava aberto e vazio. Primeiro entra Pedro e encontra apenas as faixas de linho, que envolviam o corpo, e o sudário, que envolvia a cabeça de Jesus. Depois entra o outro discípulo e encontra as mesmas coisas que Pedro; mas ele "viu e creu".

Por que Pedro viu apenas um sepulcro vazio e panos espalhados pelo chão? Por que **o discípulo amado**, a testemunha por excelência, "**viu e creu**"? Pedro pode ter pensado o que Madalena pensou: alguém roubou o corpo de Jesus, boato mencionado por Mateus. O discípulo amado, fiel a Jesus até aos pés da cruz, acreditou nas Escrituras que anunciam sua ressurreição. Porque amava, viu não apenas um sepulcro vazio, mas também os panos esvaziados, afrouxados, testemunhando a vitória de Jesus sobre a morte, porque tinha o poder de dar sua vida e de retomá-la (Jo 10,17-18).

Por trás do discípulo amado pode estar a figura do apóstolo João. Representa, também, **todo o cristão iniciado na fé, que ama o Senhor, como Maria Madalena**; e o **discípulo amado é amado pelo Senhor**. O discípulo amado é, por excelência, a testemunha de Cristo ressuscitado. Ele representa pessoas como você e eu, que não viram Cristo ressuscitado, mas nele creem e o amam. Ele não crê apenas porque "viu" o Cristo ressuscitado, como Maria Madalena e os apóstolos. Crê porque ama o Cristo e compreende a Escritura, "segundo a qual Cristo devia ressuscitar dos mortos".

2º Domingo da Páscoa

Oração: "Ó Deus de eterna misericórdia, que reacendeis a fé do vosso povo na renovação da festa pascal, aumentai a graça que nos destes. E fazei que compreendamos melhor o batismo que nos lavou, e o sangue que nos redimiu".

1 Primeira leitura: At 2,42-47

Todos os que abraçavam a fé viviam unidos e colocavam tudo em comum.

Lucas apresenta uma imagem idealizada da comunidade cristã de Jerusalém (At 2,42-47), imagem que se completa em At 4,32-36 e 5,12-16. Lucas considera esta imagem como uma resposta viva à pregação de Pedro após a vinda do Espírito Santo (At 2,1-41). A primeira comunidade surge sob o impacto do Espírito Santo, derramado pelo Ressuscitado. O segredo do crescimento e do fervor desta comunidade está resumido no v. 42: "Eles frequentavam com perseverança a **doutrina dos apóstolos**, **as reuniões** em comum, **o partir do pão e as orações**". Os elementos constitutivos da comunidade são: o **anúncio da Palavra** que propõe e salvação, e tem como resposta o **serviço** (**diaconia**), a **comunhão** (partilha, *koinonia*) e o **louvor de Deus**. A partilha de bens na comunidade é um reflexo da ordem de Jesus na última ceia: "Fazei isto em memória de mim". Celebrar a Eucaristia não é apenas fazer a memória da última ceia, da paixão, morte e ressurreição do Senhor. É também fazer a memória da vida de Jesus, marcada pela divisão do pão (duas "multiplicações"); é a memória do Cristo ressuscitado que se deu a conhecer aos discípulos de Emaús ao partilhar com eles a palavra e o pão.

Salmo responsorial: Sl 117

Dai graças ao Senhor, porque ele é bom; eterna é a sua misericórdia.

2 Segunda leitura: 1Pd 1,3-9

Pela ressurreição de Jesus Cristo dentre os mortos, ele nos fez nascer de novo para uma esperança viva.

Esta carta quer confortar os cristãos de origem pagã da segunda geração, ameaçados pela perseguição. O texto começa com um hino batismal, no qual se louva a Deus Pai pela obra da salvação. A misericórdia de Deus se manifesta pela fé em Cristo ressuscitado. Pelo batismo Cristo nos faz nascer de novo para "uma esperança viva" na salvação que está reservada no céu para nós, e se manifestará quando ele vier em sua glória nos "últimos tempos". A fé e a esperança se tornam vivas e verdadeiras quando passam pelo fogo das provações e nos preparam para participar na manifestação gloriosa de Jesus Cristo. Com tais palavras a carta visa confirmar a fé e o amor dos cristãos que, como nós, não conheceram Jesus de Nazaré: "**Sem ter visto o Senhor, vós o amais. Sem o ver ainda, nele acreditais**". Para os cristãos da Carta de Pedro, e a nós também, dirigem-se como eco as palavras que Jesus diz a Tomé incrédulo: "Acreditaste, porque me viste? Felizes os que creram sem terem visto" (Evangelho).

Aclamação ao Evangelho
Aleluia, Aleluia, Aleluia. Acreditaste, Tomé, porque me viste. Felizes os que creram sem ter visto!

3 Evangelho: Jo 20,19-31

Oito dias depois, Jesus entrou.

Os evangelhos lidos nos domingos após a Páscoa apresentam as narrativas das aparições de Jesus ressuscitado. No Evangelho de hoje João nos conta duas aparições: uma na tarde do primeiro dia da semana, e outra, oito dias depois. Na primeira, Jesus se manifesta aos "discípulos" reunidos no cenáculo. Acontece depois da visita de Maria Madalena ao túmulo, da corrida de Pedro e João ao túmulo vazio e da aparição de Jesus a Maria Madalena. No final da primeira aparição é conferido o dom do Espírito (v. 21-23). Os **discípulos recebem o Espírito em vista da missão**: "Como o Pai me enviou, assim também eu vos envio" (v. 21). Tomé, que não estava presente na primeira "**reunião**", não acreditou no testemunho dos apóstolos (v. 24-25). A segunda aparição aos onze apóstolos acontece uma semana depois, e Tomé estava entre eles. O incrédulo Tomé é repreendido: "Põe aqui o dedo e olha minhas mãos, estende a mão e põe no meu lado, e não sejas incrédulo, mas homem de fé". Tomé devia **tocar** o lado traspassado de Jesus, **deixar-se tocar pelo amor total daquele que deu sua vida por nós**. A incredulidade de Tomé traz uma repreensão, válida para todos nós: "Porque me viste, acreditaste. **Felizes os que não viram e creram**".

O Evangelho está relacionado com a Primeira leitura pelo tema da "**reunião**". É na assembleia reunida no Dia do Senhor que vivemos, celebramos e cultivamos nossa fé comum no Cristo ressuscitado. Está também relacionado com a Segunda leitura: "**Sem o terdes visto, vós o amais. Sem o ver ainda, nele acreditais**. Isto será para vós **fonte de alegria** inefável e **gloriosa**" (1Pd 1,8). – A fé em Cristo ressuscitado se reaviva quando nos reunimos no Domingo a fim de participar na oração em comum, e nos alimentamos da Mesa da Palavra e da Mesa da Eucaristia.

3º Domingo da Páscoa

Oração: "Ó Deus, que o vosso povo sempre exulte pela sua renovação espiritual, para que, tendo recuperado agora com alegria a condição de filhos de Deus, espere com plena confiança o dia da ressurreição".

1 Primeira leitura: At 2,14.22-33

Não era possível que a morte o dominasse.

No dia de Pentecostes os judeus comemoravam em Jerusalém a doação da Lei de Moisés. Na mesma ocasião estavam reunidos em Jerusalém também os apóstolos no monte Sião, com dezenas de discípulos e discípulas. A comunidade estava reunida em oração, com portas e janelas fechadas, por medo dos judeus. De repente, houve um forte ruído do céu, acompanhado de um vento impetuoso e línguas de fogo, enchendo toda a casa onde os discípulos estavam reunidos. Era a manifestação do Espírito Santo prometida por Jesus, antes de sua ascensão ao céu (Lc 24,48). Muitos judeus peregrinos acorreram ao lugar para ver o que estava acontecendo. Em meio a uma imensa alegria, abrem-se as portas e janelas e os discípulos saem da casa. Pedro, então, toma a palavra para explicar ao povo o sentido de tudo o que estava acontecendo. Em seu discurso, Pedro dirige-se aos ouvintes judeus (v. 22-24) e anuncia o "querigma", isto é, **a proclamação da paixão, morte e ressurreição de Jesus, que visa levar os ouvintes à conversão e à fé em Jesus**. Os acontecimentos do "querigma" pascal são pura iniciativa de Deus, nome repetido quatro vezes. A ação divina por meio de Jesus é pública: "tudo isso vós mesmos o sabeis", porque as coisas aconteceram "entre vós". Mas **a ressurreição de Jesus é vivida apenas pelas testemunhas qualificadas** (v. 32), os apóstolos e as 120 pessoas reunidas no cenáculo com eles. Pedro cita o Sl 15, argumentando que Davi fala profeticamente da ressurreição de Jesus, "que vós o matastes, pregando-o numa cruz" (v. 25-33). Deus Pai ressuscitou Jesus dentre os mortos (cf. Lc 9,21-22.43-45; 18,31-34) e o exaltou à sua direita na glória do céu. **O Pai concedeu a Jesus o Espírito Santo** que havia prometido, e **Jesus o derramou sobre as testemunhas de sua ressurreição**. Os ouvintes estavam presenciando a ação do Espírito Santo derramado sobre as testemunhas.

Salmo responsorial: Sl 15

Vós me ensinais vosso caminho para a vida; junto de vós felicidade sem limites!

2 Segunda leitura: 1Pd 1,17-21

Fostes resgatados pelo precioso sangue de Cristo,
Cordeiro sem mancha!

Já antes da criação do mundo, Deus nos amou e no fim dos tempos enviou seu próprio Filho para nos salvar. Não foi com ouro ou prata que **Cristo nos resgatou do pecado e da morte**, mas **com seu próprio sangue**, entregando sua vida **como máxima prova de amor**. Mas Deus o ressuscitou dos mortos – diz Pedro – e por isso alcançamos a fé em Deus. Pela fé estamos firmemente ancorados em Deus, porque **nossa fé e esperança estão guardadas no coração de nosso Deus**. É o que cantamos no Salmo responsorial: "Guardai-me, ó Deus, porque em vós me refugio".

Aclamação ao Evangelho

Senhor Jesus, revelai-nos o sentido da Escritura. Fazei o nosso coração arder, quando falardes.

3 Evangelho: Lc 24,13-35

Reconheceram-no ao partir o pão.

Lucas coloca três narrativas relacionadas com a ressurreição de Jesus, todas, no primeiro dia da semana, dia especial em que os cristãos celebravam a ressurreição do Senhor (cf. At 20,7). Na primeira, conta como as mulheres, discípulas de Jesus que o acompanhavam desde a Galileia (Lc 8,1-3), e estavam presentes junto à cruz (23,55), dirigem-se ao túmulo levando perfumes, mas não encontram o corpo de Jesus. Dois anjos explicam a elas que o túmulo está vazio porque Jesus ressuscitou, como havia dito. Elas levam a notícia aos discípulos. Mas eles não acreditam na explicação dada pelos anjos. Pedro, no entanto, vai conferir o túmulo vazio com os panos e fica admirado. Segue, então, a narrativa sobre os discípulos de Emaús, que hoje escutamos. Após a manifestação do Ressuscitado, eles voltam imediatamente a Jerusalém para contar sua experiência aos apóstolos, e lhes dizem: "O Senhor ressuscitou de verdade e apareceu a Simão". Por fim, na noite do mesmo dia, Jesus aparece a todos os que estavam reunidos. – As **experiências de Jesus ressuscitado** acontecem **quando as pessoas estão reunidas e falam dele**; recordam e contam o que ele fez e falou. Os anjos recordam que Jesus ressuscitou conforme havia dito na Galileia. No caminho de Emaús, **Jesus leva a boa notícia de sua ressurreição** a dois discípulos tristes e desanimados que voltavam para casa, **recorda as Escrituras e manifesta-se a eles ao partir do pão.** Partir o pão lembra a multiplicação/**divisão** dos pães. O coração dos discípulos começa a arder enquanto escutam o Mestre no caminho (Mesa da Palavra), mas o reconhecem quando **parte o pão**, gesto típico de Jesus (Mesa da Eucaristia). Quando os dois discípulos voltam a Jerusalém e contam que viram o Senhor, os onze apóstolos confirmam: "Realmente, o Senhor ressuscitou e apareceu a Simão".

Tudo aponta para a liturgia eucarística que estamos celebrando. A celebração da Eucaristia na comunidade reunida no Domingo, o Dia do Senhor, é o lugar privilegiado para a experiência da presença viva do Cristo ressuscitado, que nos alimenta com sua palavra e com seu corpo e sangue.

4º Domingo da Páscoa

Oração: "Deus eterno e todo-poderoso, conduzi-nos à comunhão das alegrias celestes, para que o rebanho possa atingir, apesar de sua fraqueza, a fortaleza do Pastor".

1 Primeira leitura: At 2,14a.36-41

Não era possível que a morte o dominasse.

No Domingo passado, Pedro lembrou, em seu primeiro anúncio aos judeus (querigma) no dia de Pentecostes, o que Jesus fez durante sua vida pública e acusou os chefes que o mataram. Mas, ao terceiro dia, Deus ressuscitou Jesus dentre os mortos e os apóstolos eram testemunhas disso. Jesus, porém, foi exaltado à direita de Deus e derramou o Espírito Santo, conforme prometera. De fato, todos os ouvintes foram atraídos para saber o que estava acontecendo junto ao Cenáculo. – Hoje é retomado o discurso de Pedro no dia de Pentecostes. Pedro conclama todos os ouvintes a reconhecerem que "Deus constituiu Senhor e Cristo este Jesus que vós crucificastes". O anúncio de Pedro provoca um desejo de mudança, por isso a pergunta: "Irmãos, **o que devemos fazer?**" A resposta de Pedro é clara: Todos devem **converter-se**, isto é, mudar de vida, **batizar-se em nome de Jesus Cristo** para **receberem o perdão dos pecados**; era a condição para **receber o Espírito Santo**. Esta proposta/**promessa** da pregação de Pedro é para os judeus ("vós e vossos filhos") e para os pagãos ("os que estão longe"), enfim, **para todos que "nosso Deus chamar a si"**. Naquele dia os que acolheram a mensagem de Pedro foram batizados, receberam o perdão dos pecados e o dom do Espírito Santo, chegaram a três mil pessoas. Assim teve início a Igreja de Jerusalém, movida pela força do Espírito Santo e o testemunho dos apóstolos (cf. At 1,8).

Salmo responsorial: Sl 22

O Senhor é o pastor que me conduz, para as águas repousantes me encaminha.

2 Segunda leitura: 1Pd 2,20b-25

Voltareis ao Pastor de vossas vidas.

Pedro se dirige a **judeus convertidos** que **sofrem perseguições** por serem cristãos e exorta-os a seguirem o exemplo de Cristo. Ele foi manso e humilde; não respondia às injúrias, mas se colocava nas mãos de Deus, justo juiz. Pela sua cruz, Cristo "carregou nossos pecados em seu próprio corpo, a fim de que, mortos para os pecados, vivamos para a justiça". **Cristo é o bom pastor** que vai em busca das ovelhas perdidas, para enfaixar aquelas machucadas (Ez 34,11.16; Lc 15,1-7) e curar suas feridas com o remédio de seu amor: **"Por suas feridas fostes curados. Andáveis como ovelhas desgarradas, mas agora voltastes ao pastor e guarda de vossas vidas"** (1Pd 2,24-25).

Aclamação ao Evangelho: Jo 10,14

Eu sou o bom pastor, diz o Senhor. Eu conheço as minhas ovelhas e elas conhecem a mim.

3 Evangelho: Jo 10,1-10

Eu sou a porta das ovelhas.

Cada ano do ciclo litúrgico (anos A, B e C) medita-se neste Domingo uma parte da parábola (ou alegoria) do Bom Pastor, de Jo 10. Neste ano (A) meditamos a primeira parte da alegoria. O texto se divide em duas partes: uma parábola enigmática do pastor das ovelhas (v. 1-6) e Jesus como a porta das ovelhas (v. 7-10). Há uma oposição entre a figura do ladrão/assaltante e a do verdadeiro pastor das ovelhas. Há também uma diferente reação das ovelhas: elas seguem confiantes o seu pastor e fogem do estranho, que é o ladrão e o assaltante. Segue a imagem da porta do curral. A **porta tem dupla função**: distingue o verdadeiro do falso pastor e serve para a entrada e a saída tanto das ovelhas como do pastor.

A **porta** significa segurança para as ovelhas durante a noite e chance de sair em busca de pastagens e água durante o dia. A **porta** do curral exerce, portanto, **uma função básica para a vida das ovelhas**; possibilita, também, apresentar Jesus como a porta (v. 7-10). Insiste-se agora na distinção entre Jesus e os assaltantes, que ameaçavam as ovelhas no curral. A estes, porém, as ovelhas não ouviram, porque eles vieram para matar, roubar e destruir. **Jesus**, ao contrário, **veio para que todos tenham vida em abundância**. Jesus é a porta em relação ao Pai. Ele é **o Caminho, a Verdade e a Vida**: "Ninguém vem ao Pai senão por mim" (Jo 14,6).

Com razão o papa Francisco nos convoca a sermos uma "Igreja em saída". A Igreja não pode permanecer medrosa, encerrada em si mesma, como os discípulos no Cenáculo antes da manifestação do Espírito. A Igreja de Cristo deve abrir suas portas e janelas, sair em busca das ovelhas desgarradas, perdidas ou machucadas. O verdadeiro pastor vai ao encontro das ovelhas. Ele tem "cheiro de ovelhas". Assim elas o reconhecem e o seguem em busca de pastagens verdejantes e da água viva, que é o próprio Cristo Jesus (Jo 4,13-14).

5º Domingo da Páscoa

Oração: "Ó Deus, Pai de bondade, que nos redimistes e adotastes como filhos e filhas, concedei aos que creem no Cristo a liberdade verdadeira e a herança eterna".

1 Primeira leitura: At 6,1-7

Escolheram sete homens repletos do Espírito Santo.

Lucas fala de uma **Igreja que cresce, movida pelo Espírito Santo**. Não são apenas judeus da Palestina que se convertem, mas também judeus de língua grega, além de pagãos convertidos ao judaísmo (prosélitos). O **crescimento provocou uma crise** interna na **organização da comunidade**. As viúvas de origem grega eram mal-atendidas na comunidade. No entanto, fez surgir também um **novo ministério**, o dos **diáconos**, encarregados de cuidar dos pobres de origem grega. Para resolver a questão foram escolhidos sete homens de origem grega. Homens de boa fama, sabedoria e fé, cheios do Espírito Santo. Foram apresentados aos apóstolos, que lhes impuseram as mãos e oraram sobre eles. Surgiu, assim, um novo ministério (serviço) para melhor atender as viúvas de origem grega. Para justificar a criação dos diáconos, Pedro disse: "Desse modo nós poderemos dedicar-nos inteiramente à oração e ao serviço da Palavra". Os diáconos, portanto, foram instituídos a fim de cuidar do aspecto social da comunidade.

Na prática os cristãos de língua grega passam a formar uma comunidade própria, sob a liderança dos diáconos. Alguns diáconos, como Estêvão e Filipe, além de cuidar das viúvas, começaram a pregar com entusiasmo o Evangelho (At 6,8–7,60; 8,4-40). Com isso cresceu muito o número de cristãos em Jerusalém e na Samaria. – É como o papa Francisco disse: Prefiro uma Igreja que caminha e leva tombo a uma Igreja parada... que não cresce! Os dons do Espírito Santo não se extinguem nos ministérios hoje instituídos na Igreja. Os tempos mudam e as necessidades pastorais não são as mesmas em todas as regiões do mundo. A Igreja pode instituir novos ministérios quando a necessidade o exige.

Salmo responsorial: Sl 32

Sobre nós venha, Senhor, a vossa graça da mesma forma que em vós nós esperamos.

2 Segunda leitura: 1Pd 2,4-9

Vós sois a raça escolhida, o sacerdócio do Reino.

O autor desta carta, atribuída ao apóstolo Pedro, escreve para as comunidades cristãs do nordeste da Ásia Menor. Os cristãos eram vítimas de hostilidades, calúnias e desprezo por parte dos pagãos. O autor quer reavivar a fé no Senhor Jesus e elevar a autoestima dos cristãos. Exorta-os a se aproximarem de Jesus, a pedra viva rejeitada pelos homens, mas escolhida por Deus como a pedra principal. Sobre ela o Pai quis fundar a sua Igreja (cf. Mt 16,13-20). Os cristãos, perseguidos e desprezados, assemelham-se a Cristo, a pedra viva rejeitada pelos homens. Formam um edifício espiritual e oferecem um sacrifício espiritual, que envolve toda a vida de sofrimentos e, junto com Cristo, torna-se agradável a Deus. Quem acolhe a Palavra, proclama a Cristo que nos atrai à sua luz maravilhosa.

Aclamação ao Evangelho

Eu sou o Caminho, a Verdade e a Vida. Ninguém chega ao Pai senão por mim.

3 Evangelho: Jo 14,1-12

Eu sou o Caminho, a Verdade e a Vida.

Domingo passado Jesus se apresentava como a porta que dá acesso ao Pai e como o bom pastor, capaz de dar a própria vida para que todos tenham vida em abundância. Hoje o texto nos dá a razão por que Jesus é a única porta de acesso ao Pai: Porque ele é o **Caminho, a Verdade e a Vida**. O início do texto interpreta o evento pascal, mas em termos de espaço e tempo: Jesus morre, mas não permanece no túmulo e, sim, "volta à casa do Pai". Ao dizer: "Para onde eu vou, vós conheceis o **caminho**", Jesus provoca a pergunta de Tomé: "Não sabemos para onde vais. Como poderemos **conhecer o caminho?**" – Tomé é o discípulo disposto a seguir Jesus no "**caminho**" para Jerusalém, onde o Mestre haveria de morrer, e diz a seus companheiros: "Vamos nós também para morrermos com ele" (cf. Jo 11,7-16).

Na resposta que Jesus dá não fala mais em "casa do Pai" como algo fora da pessoa, mas de algo existencial, muito próximo e imediato: "Eu sou o Caminho, a Verdade e a Vida". Na pessoa de **Jesus a distância física e temporal com o Pai é substituída pela presença existencial de Deus** em seus discípulos. Basta conhecer a Jesus para conhecer o Pai. Então Filipe – o único discípulo que Jesus chamou diretamente para segui-lo (cf. Jo 1,43-44) – fica impaciente e diz: "Mostra-nos o Pai e isso nos basta!" E Jesus responde: "Há tanto tempo estou convosco, e não acreditas que eu estou no Pai e o Pai está em mim?" Na resposta, Jesus insiste três vezes que é preciso ter fé, acreditar. Quem crê em Jesus – Caminho, Verdade e Vida – reconhece o rosto, as palavras e as obras do Pai, que em Jesus são a fonte da Vida. Moisés queria ver o rosto de Deus: "Deixa-me ver a tua glória" (Ex 32,23), e Deus lhe respondeu que isso era impossível, pois haveria de morrer; só podia "ver Deus pelas costas", isto é, pelos sinais deixados por alguém que "passou". Pela fé em Jesus, agora é possível "ver o rosto de Deus Pai". Não é necessário esperar o fim do mundo para "ver" seu rosto. **A presença de Jesus ressuscitado manifesta-se nas palavras e obras dos fiéis** que, animados pelo Espírito Santo, vivem o amor (cf. Jo 14,15-26).

6º Domingo da Páscoa

Oração: "Deus eterno e todo-poderoso, dai-nos celebrar com fervor estes dias de júbilo em honra do Cristo ressuscitado, para que nossa vida corresponda sempre aos mistérios que recordamos".

1 Primeira leitura: At 8,5-8.14-17

Impuseram-lhes as mãos, e eles receberam o Espírito Santo.

Antes da ascensão ao céu, Jesus reforça a promessa da vinda do Espírito Santo e comunica o plano de evangelização a ser seguido: "**Recebereis[...] o Espírito Santo[...] e sereis minhas testemunhas em Jerusalém, em toda a Judeia e Samaria, até os confins da terra**" (At 1,8). Na missão de Jerusalém destacam-se as figuras de Pedro e João; na Judeia e Samaria, Filipe, Pedro e João; e na missão aos "confins da terra", Barnabé e Paulo. Em Jerusalém e na Judeia se convertem judeus de língua aramaica e, depois, judeus de fala grega. **A força que impulsiona a missão é o Espírito Santo**, derramado sobre a Igreja. É o Espírito Santo que leva Pedro a pregar corajosamente o Evangelho em Jerusalém. Leva Estêvão a pregar aos judeus de língua grega, Filipe a pregar ao camareiro etíope (pagão) e a levar o Evangelho aos samaritanos. Os samaritanos, que só aceitam o Pentateuco, acolhem com alegria o anúncio de Jesus Cristo; depois, pela imposição das mãos de Pedro e João, recebem o Espírito Santo. É o Espírito Santo que leva Pedro a pregar o Evangelho para a família de Cornélio, em Cesareia Marítima. É o Espírito que reúne numa só família a Igreja formada por judeus de língua aramaica e de língua grega, samaritanos e pagãos convertidos.

Salmo responsorial: Sl 65

Aclamai o Senhor Deus, ó terra inteira, cantai salmos a seu nome glorioso.

2 Segunda leitura: 1Pd 3,15-18

Sofreu a morte em sua existência humana, mas recebeu nova vida no Espírito.

O autor da epístola exorta os cristãos perseguidos por causa de sua fé em Cristo a **darem razões de sua esperança**. Isso deve ser feito "com boa consciência", isto é, sem polêmicas, com mansidão e respeito pelos que não creem. Para uma testemunha de Cristo (mártir) "**será melhor sofrer praticando o bem** [...] do que praticando mal". O modelo a seguir é sempre **Cristo**, que "**sofreu na sua existência humana, mas recebeu nova vida pelo Espírito**". O exemplo dado por Cristo é a razão da esperança cristã.

Aclamação ao Evangelho

Quem me ama realmente guardará minha palavra, e meu Pai o amará, e a ele nós viremos.

3 Evangelho: Jo 14,15-21

Eu rogarei ao Pai e ele vos dará outro Defensor.

No texto do Evangelho continuamos escutando o discurso de despedida de Jesus. Domingo passado (Jo 14,1-12) a insistência era nas palavras "crer, acreditar e confiar" (seis vezes). Provocado pelas intervenções de Tomé e Filipe, Jesus explicava aos discípulos sua relação com o Pai. O **texto de hoje insiste no verbo "amar"** (cinco vezes). Jesus vai separar-se fisicamente dos seus discípulos, mas não os deixará órfãos (v. 18). Pedirá ao Pai, que lhes dará um Defensor, o Espírito Santo, para que permaneça sempre com eles. O Espírito Santo é o Defensor ou Advogado do cristão, quando deverá dar testemunho de sua fé diante dos tribunais: "Quando vos levarem diante das sinagogas, dos magistrados e das autoridades, não vos preocupeis como, ou o que, haveis de responder; porque nessa hora o Espírito Santo ensinará o que deveis dizer" (cf. Lc 12,11-12). A condição é o amor: "Se me amais, guardareis os meus mandamentos" (Jo 14,15.21). Pelo amor conheceremos o Espírito da Verdade, "porque ele permanece junto de vós e estará dentro de vós". A **presença física e mortal de Jesus é substituída pela presença** da Santíssima Trindade, Pai, Filho e Espírito Santo, **naqueles que o amam e observam seus mandamentos**: "Se alguém me ama, guarda a minha palavra; meu Pai o amará, viremos a ele e nele faremos morada" 14,23). Os mandamentos de Cristo se resumem no amor, vivido com os irmãos: "Eu vos dou um novo mandamento, que vos ameis uns aos outros, assim como eu vos amei" (cf. 13,34). Quando o cristão, animado pelo Espírito Santo, vive o amor ao próximo torna viva a presença do amor de Deus no meio dos irmãos.

Domingo da Ascensão

As duas primeiras leituras são comuns aos anos A, B e C;
o Evangelho é próprio para cada ano

Oração: "Ó Deus todo-poderoso, a ascensão do vosso Filho já é nossa vitória. Fazei-nos exultar de alegria e fervorosa ação de graças, pois, membros de seu corpo, somos chamados na esperança a participar de sua glória".

1 Leitura: At 1,1-11

Jesus foi levado aos céus, à vista deles.

Lucas escreveu dois livros: o Evangelho e os Atos dos Apóstolos. Nestes livros ele divide a história da salvação em três tempos: a) o tempo da promessa é o Antigo Testamento até o final da atividade de João Batista; b) o tempo da realização da promessa, que é a vida pública de Jesus, desde o batismo até a ascensão ao céu; c) o tempo da Igreja, que se inicia com o dom do Espírito Santo. Na liturgia de hoje celebramos o término do segundo tempo: do batismo de Jesus até sua ascensão ao céu. No trecho da Palavra de Deus que acabamos de escutar, Lucas lembra o seu primeiro livro, o Evangelho, onde escreveu sobre "tudo o que

Jesus começou a fazer e ensinar". Isto é, desde o batismo de Jesus até o dia em que "foi elevado ao céu". Mas esta frase também sugere que, no segundo livro, os Atos dos Apóstolos, vai falar daquilo que a Igreja, movida pela força do Espírito Santo, continuou a "fazer e ensinar".

O tempo da Igreja é inaugurado pelo próprio Jesus ressuscitado, que durante quarenta dias instruiu os apóstolos sobre as "coisas referentes ao **Reino de Deus**". Entre elas, Jesus recomenda que não se afastem de Jerusalém até receberem o Espírito Santo. Jesus ressuscitado estava falando com os discípulos sobre o Reino de Deus. Mas os apóstolos e discípulos ainda lhe perguntavam: "Senhor, é agora que vais restabelecer o **reino de Israel?**" Em vez do reino de Israel, Jesus lhes traça o programa do anúncio do Reino de Deus. Para cumprir a missão, primeiro deveriam receber o Espírito Santo, e depois: "Sereis minhas testemunhas em Jerusalém, Judeia e Samaria, até os confins da terra". A cena dos apóstolos fitando os céus, para onde Jesus era levado, introduz anjos que os chamam de volta à realidade da missão. Jesus vai voltar um dia, sim, mas agora é o momento de cumprir a ordem de executar a missão delineada por Jesus: Com a força do Espírito Santo, ser testemunha do Ressuscitado em Jerusalém, Judeia e Samaria, até os confins da terra (v. 8). Em Atos, Lucas mostra que a Igreja cresceu pela força do Espírito Santo.

A nós, que recebemos o Espírito Santo, Jesus confia também esta mesma missão, até quando ele vier, para "julgar os vivos e os mortos" (Creio).

Salmo responsorial: Sl 46
Por entre aclamações Deus se elevou, o Senhor subiu ao toque da trombeta.

2 Segunda leitura: Ef 1,17-23

E o fez sentar-se à sua direita nos céus.

O Apóstolo nos convida a abrir o coração, para conhecer **qual é a esperança que o chamado divino nos dá**; qual é a riqueza de nossa herança com os santos e como é grande o poder exercido por Deus nos que nele creem. A ascensão marca a glorificação de Jesus de Nazaré, o Filho de Deus encarnado, que se fez servo "humilde e obediente, até a morte numa cruz. Foi por isso que Deus o exaltou..." (Fl 2,8-9; cf. Hb 5,7-9). Jesus Cristo conclui sua missão aqui na terra e nos concede a força do Espírito Santo, para cumprirmos nossa missão de anunciar e viver o seu Evangelho.

Aclamação ao Evangelho

Ide ao mundo, ensinai aos povos todos; convosco estarei, todos os dias, até o fim dos tempos, diz Jesus.

3 Evangelho: Mt 28,16-20

Toda a autoridade me foi dada no céu e sobre a terra.

Mateus, diferente de Lucas, não fala da Ascensão de Jesus ao céu. A despedida de Jesus consiste no envio dos discípulos em missão a todos os povos.

Quando as mulheres foram ver o túmulo de Jesus não encontraram seu corpo. Um anjo lhes explica que o túmulo estava vazio porque Jesus tinha ressuscitado. Mas elas deviam comunicar aos discípulos que Jesus ressuscitado marcou um encontro com eles na Galileia, onde o veriam. Foi na Galileia dos gentios que "brilhou uma grande luz" quando Jesus iniciou sua pregação (Mt 4,15-16). Este **encontro com o Ressuscitado foi marcado durante a última ceia**. Jesus previu que todos o haveriam de abandonar no momento da prisão. Mas reafirmou que, mesmo abandonado por todos, haveria de ressuscitar e iria até a Galileia para se encontrar com os discípulos (Mt 26,32). De fato, **o encontro com o Ressuscitado aconteceu num monte** indicado por Jesus. Em Mateus, foi num monte que Jesus proclamou o resumo de sua mensagem no sermão das bem-aventuranças. Agora, é de um monte que Jesus envia os discípulos para a missão. Ao verem o Ressuscitado, os discípulos se prostraram, mas alguns ainda duvidavam. Jesus, no entanto, envia todos para a missão, também os que duvidavam: "Ide e fazei discípulos meus todos os povos, batizando-os em nome do Pai e do Filho e do Espírito Santo, e ensinando-os a observar tudo quanto eu vos ordenei". Para se tornar cristão é preciso ter fé em Deus que é Pai, crer em Cristo seu Filho e no Espírito Santo que está conosco; é preciso ser ensinado e ensinar a observar tudo quanto Jesus ordenou. É preciso acreditar que **não estamos cumprindo a missão sozinhos**. Ele está e estará sempre conosco. **Cristo** é por excelência o **Emanuel**, o **Deus conosco** (Mt 1,23).

Pentecostes

Anos A, B e C

Oração: "Ó Deus que, pelo mistério da festa de hoje, santificais a vossa Igreja inteira, em todos os povos e nações, derramai por toda a extensão do mundo os dons do Espírito Santo, e realizai agora no coração dos fiéis as maravilhas que operastes no início da pregação do Evangelho".

1 Primeira leitura: At 2,1-11

Todos ficaram cheios do Espírito Santo e começaram a falar.

João coloca a doação do Espírito Santo no dia da Páscoa, quando Jesus ressuscitado aparece aos apóstolos reunidos no Cenáculo

(Evangelho). O evangelho de Lucas (cap. 24) também situa no mesmo dia as manifestações de Jesus ressuscitado aos discípulos de Emaús e aos apóstolos, concluindo com a promessa do Espírito Santo e a Ascensão de Jesus ao céu. Nos Atos dos Apóstolos, porém, a Ascensão acontece quarenta dias após a Páscoa e, dez dias depois, na festa judaica de Pentecostes, a vinda do Espírito Santo. Na origem, Pentecostes era uma festa agrícola ligada à colheita do trigo, celebrada sete semanas após a festa da Páscoa judaica. Era uma festa de peregrinação. Nesta festa o israelita devia comparecer diante de Deus e apresentar os primeiros frutos da colheita do trigo. No II século a.C., a festa de Pentecostes passou a comemorar a promulgação da Lei de Moisés no Sinai, feita 50 dias após a saída do Egito (cf. Ex 19,1-16). Na teofania do Sinai, a descida de Deus era acompanhada por "trovões, relâmpagos [...], fortíssimo som de trombetas [...] em meio ao fogo" (Ex 19,16-19). Rabi Johanan dizia a respeito: A voz divina "saiu e se repartiu em setenta vozes ou línguas, de modo que todos os povos a entendessem; e cada povo ouviu a voz em sua própria língua". Lucas conhecia tal tradição. Por isso fala que a doação do Espírito se dá em meio a um "barulho" e "forte ventania". Com a voz do Sinai, repartida em setenta línguas, a Lei de Moisés tornou-se conhecida em todo o mundo e unia os judeus dispersos no Império Romano. Agora, a partir de Jerusalém (At 1,8), também o Evangelho é pregado a todos os povos, citados em nosso texto. A diversidade das línguas nas quais cada um entendia a mensagem do Evangelho é um convite aos apóstolos e discípulos, impulsionados pelo Espírito Santo, a levarem a mensagem de Jesus a todos os povos e culturas. Quando Lucas escreve, de certa forma, todos os povos do Império Romano estão ouvindo a mensagem do Evangelho, levada pelos discípulos e discípulas que aprenderam ou conheciam suas línguas.

Salmo responsorial: Sl 103
Enviai o vosso Espírito, Senhor, e a terra toda a face renovai.

2 Segunda leitura: 1Cor 12,3b-7.12-13

Fomos batizados num único Espírito para formarmos um único corpo.

Paulo fala longamente para a comunidade de Corinto sobre os **dons do Espírito Santo** (1Cor 11,2-16; 12,1–14,39). Sem estes dons nada podemos fazer, nem mesmo dizer: "Jesus é o Senhor". **Os dons ou "carismas" são "atividades", serviços ou manifestações do Espírito "em vista do bem comum"**; cada membro presta serviço para o bem do mesmo corpo. Paulo usa a imagem do corpo que tem muitos membros, mas forma uma única unidade. O Espírito nos unifica num só Corpo com o Cristo: "judeus ou gregos, escravos ou livres, fomos batizados num único Espírito". O Espírito Santo distribui seus dons ou carismas em vista do bem da comunidade, e não para distinguir esta ou aquela pessoa. A manifestação do Espírito se dá em todos os membros da comunidade. Não é privilégio do clero, dos religiosos ou de "grupos carismáticos". O projeto imperial de Babel era de impor o domínio, unindo todas as raças e culturas por meio de uma só língua (Gn 11,1-9: Primeira leitura da Vigília). Deus, porém, pôs fim a tal domínio, multiplicando as línguas e culturas. **É na diversidade de línguas e culturas que Deus quer ser louvado e adorado.** Em **Pentecostes Deus refaz a unidade pela mensagem do Evangelho** a ser anunciado a todos os povos, preservando, porém, as diferentes culturas e raças. **O que nos une é a linguagem do amor a Deus e ao próximo** (Evangelho).

Aclamação ao Evangelho

Vinde, Espírito Divino, enchei com vossos dons os corações dos fiéis, e acendei neles o amor como um fogo abrasador.

3 Evangelho: Jo 20,19-23

Assim como o Pai me enviou, também eu vos envio:
recebei o Espírito Santo!

No Domingo da Ascensão ouvimos no evangelho de Lucas que Jesus prometia aos discípulos enviar-lhes a "força do alto", o Espírito Santo, antes de começarem a anunciar "**a conversão e o perdão dos pecados a todas as nações**". Hoje, segundo João, no dia de sua ressurreição, **Jesus** se manifesta aos discípulos e concede o **dom do Espírito Santo e a paz**. Depois de lhes dizer "a paz esteja convosco", Jesus se identifica e mostra-lhes as mãos e o lado perfurados. Ele é o mesmo Jesus crucificado, que cumpriu sua missão, a obra de nossa salvação, e volta ao Pai (Jo 20,17). Antes, porém, deixa-nos a tarefa de continuar a sua missão: "Como o Pai me enviou também eu vos envio". Ao voltar para junto do Pai, Jesus promete estar sempre conosco: "Eis que estou convosco, todos os dias, até o fim do mundo" (Mt 28,20). **A presença de Cristo se dá pelo seu Espírito**, o Advogado e Consolador, que estará sempre ao lado de seus discípulos. Pelo dom de sua vida Jesus nos reconciliou com Deus, manifestando o amor misericordioso do Pai. O presente da Páscoa que nos deixa é o Amor que perdoa: "Recebei o Espírito Santo. A quem perdoardes os pecados, eles lhes serão perdoados". Agora confia aos seus discípulos a missão de manifestar este mesmo amor misericordioso: "A quem perdoardes os pecados, eles lhes serão perdoados..." O perdão dado e recebido reconstrói os vínculos do Amor, reconstrói a paz. "Felizes os que promovem a paz, porque serão chamados filhos de Deus", que é Amor (Mt 5,9). Nossa missão é vivermos o que anunciamos aos outros. Para isso recebemos a "força do alto", o Espírito Santo.

Solenidades do Senhor

Santíssima Trindade

Oração: "Ó Deus, nosso Pai, enviando ao mundo a Palavra da verdade e o Espírito santificador, revelastes o vosso inefável mistério. Fazei que, professando a verdadeira fé, reconheçamos a glória da Trindade e adoremos a Unidade onipotente".

1 Primeira leitura: Ex 34,4b-6.8-9

Senhor, Senhor! Deus misericordioso e clemente.

Moisés desceu do monte Sinai com as placas da Lei e encontrou o povo adorando um bezerro feito de ouro. Irritado, Moisés jogou as duas placas no chão e as quebrou. Deus queria exterminar o povo que havia libertado do Egito. Moisés, porém, suplicou em favor do povo infiel e aplacou a ira divina (Ex 32–33). Então Deus ordenou a Moisés que preparasse duas novas placas de pedra, para encontrar-se novamente com Ele no monte Sinai. O texto de hoje narra o que aconteceu nesse encontro de Deus com Moisés. Sem dúvida, é um dos textos mais lindos de todo o Antigo Testamento. Uma verdadeira síntese da caminhada do povo pecador com Deus misericordioso e libertador. Enquanto Moisés sobe com as placas de pedra, **Deus desce** ao seu encontro e **permanece com ele**. No entanto, a permanência é rápida. Enquanto Deus passava na sua frente, Moisés prostra-se por terra em sua presença e exclama:

"Senhor, Senhor! **Deus misericordioso** e clemente, **paciente, rico em bondade e fiel**". – A oração de Moisés revela a face mais linda de Deus no Antigo Testamento. – Apesar dos pecados e infidelidades do povo, **Israel teve uma experiência viva da misericórdia divina em sua história**. Por fim, contando com o amor misericordioso do Senhor, Moisés faz três pedidos: **caminha conosco**, perdoa nossas culpas e **acolhe-nos como propriedade tua**. Ou seja, como o seu povo escolhido, libertado da escravidão do Egito, o povo de sua aliança.

Salmo responsorial

A vós louvor, honra e glória eternamente!

2 Segunda leitura: 2Cor 13,11-13

A graça de Jesus Cristo, o amor de Deus e a comunhão do Espírito Santo.

O breve texto desta leitura conclui a Segunda Carta de Paulo aos Coríntios. Contém uma exortação (v. 11a), um voto ou promessa (v. 11b), uma despedida (v. 12) e a bênção final (v. 13). Estes elementos aparecem também em outras cartas paulinas. Na exortação aparecem cinco verbos no imperativo que visam melhorar a vida em comunidade: alegrai-vos, trabalhai no vosso aperfeiçoamento, encorajai-vos, cultivai a concórdia – isto é, o diálogo – e vivei em paz. É o caminho que Paulo traça para reconstruir a paz na comunidade, abalada por conflitos e divisões internas. Agindo assim acontecerá o que o Apóstolo deseja: "e o Deus do amor e da paz estará convosco". A bênção final explica quem é o Deus do amor e da paz: "**A graça do Senhor Jesus Cristo, o amor de Deus** e a **comunhão do Espírito Santo**". É o Deus Trindade Santíssima, que nos envolve numa comunhão de Amor, como filhos e filhas queridos. Quando vivemos o amor com nossos irmãos, o amor de Deus estará sempre conosco.

Aclamação ao Evangelho

Glória ao Pai e ao Filho e ao Espírito Santo. Ao Deus que é, que era e que vem, pelos séculos. Amém.

3 Evangelho: Jo 3,16-18

Deus enviou seu Filho ao mundo para que o mundo seja salvo por ele.

O Evangelho de hoje faz parte do diálogo de Jesus com Nicodemos (Jo 3,1-21). Nicodemos era um fariseu rico que admirava Jesus. Veio procurar Jesus de noite, porque discordava de outros fariseus que perseguiam a Jesus. Na conversa, Nicodemos reconhece Jesus como um mestre vindo de Deus, por causa dos sinais que fazia. Jesus lhe diz que ele precisava nascer de novo, isto é, nascer de Deus. Em outras palavras, assim como Nicodemos acredita em Jesus como um Mestre vindo de Deus, deveria também acreditar em Jesus como Filho de Deus, e assim nascer de novo, desta vez de Deus. No diálogo Jesus diz a Nicodemos que **a chave de entrada na vida eterna é crer** (três vezes) **no Filho do Homem** (3,9-15).

A mesma **insistência na fé** aparece no Evangelho de hoje. Deus amou tanto o mundo, que deu/entregou seu Filho unigênito para **salvar** todos que nele **crerem**. Deus não enviou seu Filho como juiz para condenar as pessoas, mas para salvar a todos. **A condição para ser salvo é crer** no nome do Filho unigênito. Este nome é Jesus, que significa "Deus salva". Deus não condena ninguém. Quem não crê em Jesus Cristo, salvador da humanidade, condena-se a si mesmo.

Corpo e Sangue de Cristo

Oração: "Senhor Jesus Cristo, neste admirável sacramento nos deixastes o memorial da vossa paixão. Dai-nos venerar com tão grande amor o mistério do vosso corpo e sangue, que possamos colher continuamente os frutos da vossa redenção".

1 Primeira leitura: Dt 8,2-3.14b-16a

Deu-te um alimento, que nem tu nem teus pais conhecíeis!

O texto faz parte do segundo discurso de Moisés (4,41–11,32), que introduz a Lei deuteronômica (Dt 12–26). É uma exortação em forma de memória histórica. O texto extraído desta memória gira em torno de dois imperativos: "**lembra-te**" (v. 2-3) e "**não te esqueças**" dos benefícios divinos (v. 14b-16a). O discurso atribuído a Moisés se localiza "do outro lado do rio Jordão, na terra de Moab" (Dt 1,5), pouco antes de Josué introduzir Israel na terra prometida. Israel devia lembrar-se dos quarenta anos de caminhada pelo deserto como um tempo de provação. Reconhecer que Deus o acompanhava no deserto, apesar de ter submetido a duras provações os hebreus libertados da escravidão. A intenção divina era colocar à prova o que havia no coração de Israel, para ver se obedecia ou não aos mandamentos. Para o semita, o coração não era apenas o lugar dos sentimentos, mas do pensamento, da vontade e das decisões. Para ser o povo escolhido do Senhor, Israel deveria assumir o projeto divino como seu. Por isso teve que passar pela humilhação da sede e da fome, a fim de perceber que em tudo dependia da Providência divina. Na penúria do deserto o povo reclamava e Deus providenciou o maná como alimento (Evangelho) e água para matar a sede (Ex 16,14-16; 17,1-7). O maná foi o alimento durante a caminhada pelo deserto e só parou de cair quando Israel celebrou a primeira páscoa na terra de

Canaã (Js 5,12). Na exortação final pede-se que **Israel jamais se esqueça do Deus que o libertou** da escravidão do Egito, guiou-o pelo deserto terrível, cheio de serpentes e escorpiões; fez sair água do rochedo e deu-lhe o maná como alimento. Tudo isso para lembrar-se "que nem só de pão vive o homem, mas de toda palavra que sai da boca do Senhor" (cf. Mt 4,4).

Salmo responsorial: Sl 147
Glorifica o Senhor, Jerusalém; celebra teu Deus, ó Sião!

2 Segunda leitura: 1Cor 10,16-17
Uma vez que há um só pão, nós, embora
muitos, somos um só corpo.

Paulo responde a dúvidas e perguntas que os cristãos de Corinto lhe colocaram (1Cor 8–10). Já havia respondido à questão se o cristão podia ou não comer carne sacrificada aos ídolos (8,1-13). No mercado sempre podia haver carne de animais sacrificados a alguma divindade pagã. Um judeu convertido, ciente que os ídolos não existem, tinha a liberdade de comer tal carne vendida no mercado. Mas um pagão convertido podia ter escrúpulos em comer tais carnes. Por isso, em respeito à consciência do irmão, diz Paulo, eu não como desta carne. No texto hoje lido, Paulo aprofunda a resposta antes dada. Parece dirigir-se a judeus convertidos e "esclarecidos", pois parte do significado dos sacrifícios judaicos para chegar à Ceia do Senhor. Nos **sacrifícios de comunhão** oferecia-se um animal (gado graúdo ou miúdo); o sangue da vítima e as gorduras pertenciam a Deus e eram queimadas no altar, enquanto a carne era consumida pelos que ofereciam o sacrifício. Assim, **os fiéis entravam em comunhão com Deus**. Por isso, Paulo pergunta: "Considerai o Israel segundo a carne. Não participam do altar os que comem das vítimas?"

(10,18). A resposta é sim! No sacrifício de comunhão o fiel judeu entra em comunhão com Deus, a quem oferece o sacrifício. Tirando o "não" da pergunta, Paulo explica o sentido da Ceia do Senhor: "O cálice que abençoamos [...] é a comunhão com o sangue de Cristo. E o pão que partimos [...] é a comunhão com o corpo de Cristo". A comunhão com o sangue de Cristo é a participação na morte redentora de Cristo e na sua ressurreição. A comunhão com o corpo de Cristo é a participação na vida do Filho de Deus encarnado entre nós. E conclui: Se todos participamos de um único pão que é Cristo, "nós todos formamos um só corpo". A festa hoje celebrada é *Corpus Christi* (em latim), isto é, Corpo de Cristo. Se Cristo é o Filho de Deus, pela santa comunhão entramos em comunhão com o próprio Deus que é Amor.

Aclamação ao Evangelho

Eu sou o pão vivo descido do céu; quem deste pão come, sempre há de viver!

3 Evangelho: Jo 6,51-58

Minha carne é verdadeira comida, e o meu sangue,
verdadeira bebida.

O texto hoje lido faz parte do discurso de Jesus após a multiplicação dos pães (Jo 6,32-69). Os judeus não entenderam o significado maior do "sinal" da multiplicação do pão. Maravilhados, diziam: "Na verdade, este é o profeta que há de vir ao mundo" (6,14), porque para eles resolveria o problema do pão material. Em vista disto procuraram a Jesus no dia seguinte. E Jesus explica-lhes o verdadeiro sentido do "sinal" do pão partilhado. No deserto, Deus alimentou seu povo com o maná, o pão que caía do céu; mesmo assim morreram. Jesus, porém, apresenta-se como o verdadeiro pão do céu, dado por Deus: "Eu sou o

pão vivo descido do céu. Quem comer deste pão viverá eternamente. E **o pão que eu darei é a minha carne** dada para a vida do mundo". Um pão vivo, que se identifica com a carne, isto é, com o corpo vivo de Jesus (cf. Segunda leitura), indica a natureza humana do Filho de Deus encarnado. Comer o corpo de Jesus é alimentar-se da humanidade do Filho de Deus. Beber o seu sangue é participar do mistério de sua morte e ressurreição, condição para viver eternamente. "Quem come a minha carne e bebe o meu sangue permanece em mim e eu nele". Como Cristo vive por causa do Pai (v. 57), ele diz "eu estou no Pai e o Pai está em mim" (Jo 14,11), pela comunhão eucarística somos introduzidos no mistério da Santíssima Trindade, já aqui na terra. Uma das fórmulas para o sacerdote convidar a assembleia para a comunhão é um convite a permanecer em Cristo: "Quem come minha carne e bebe meu sangue permanece em mim e eu nele".

Sagrado Coração de Jesus

Oração: "Concedei, ó Deus todo-poderoso, que, alegrando-nos pela solenidade do Coração do vosso Filho, meditemos as maravilhas de seu amor e possamos receber, desta fonte de vida, uma torrente de graças".

1 Primeira leitura: Dt 7,6-11

O Senhor vos amou e escolheu.

A Primeira leitura faz parte da longa introdução (Dt 4,44–11,32) que prepara a chamada Lei deuteronômica (Dt 12–26). Deus libertou o povo de Israel da escravidão do Egito e fez com ele uma aliança no monte Sinai. Pela aliança Israel se comprometia a observar os mandamentos e ser fiel ao Senhor como seu único Deus (Ex 20,3-11). Ser fiel a Deus é amá-lo de todo o coração. Israel não podia ter seu coração dividido com os ídolos: "Amarás o Senhor teu Deus de todo o coração, com toda a alma, com todas as forças" (Dt 6,3).

No texto de hoje, Moisés esclarece o povo sobre o **significado da aliança que Deus fez com Israel**. Entre todas as nações da terra, Deus preferiu escolher um pequeno povo, escravizado no Egito. Viu a dura opressão a que eram submetidos, ouviu seus gritos de socorro e lembrou-se do juramento que fez aos antepassados deles (Ex 2,23-25). Com mão poderosa libertou-os da escravidão do Faraó, porque os amava. Deus será sempre fiel à aliança de amor com seu povo, "até por mil gerações", com condição que lhe respondam com amor e observem seus mandamentos. É esse imenso e inesgotável amor de nosso Deus que cantamos no Salmo responsorial.

Salmo responsorial: Sl 102

O amor do Senhor por quem o teme é de sempre e perdura para sempre.

2 Segunda leitura: 1Jo 4,7-16

Foi Deus quem nos amou primeiro.

O autor desta carta pertence ao círculo de cristãos que cresceu em torno da figura do apóstolo e evangelista João, o "discípulo que Jesus amava". Na doutrina e na linguagem, a carta é muito próxima do evangelho de São João. Dirige-se a cristãos que se afastavam do fervor inicial da conversão, não colocando em prática os ensinamentos recebidos. O tema principal é o amor de Deus, inseparável do amor ao próximo. Em torno deste tema gira um grupo significativo de palavras, como: **amar e amor** (10 vezes), **conhecer** (3 vezes), **permanecer** (6 vezes).

Conhecemos a Deus, fonte inesgotável do amor, quando observamos os seus mandamentos. Assim sabemos que estamos nele. Mas quem diz que permanece em Deus, "deve também **viver como Jesus Cristo viveu**" (cf. 1Jo 2,3-6). João diz que nós nascemos de Deus, fonte do amor (2,3); ou seja, **nascemos do amor de Deus, nascemos para amar**. Deus nos amou por primeiro, por isso enviou seu Filho único ao mundo, para que tivéssemos vida por meio dele. Como nascemos de Deus e nascemos para amar, devemos amar-nos uns aos outros, porque todos somos frutos do mesmo amor. "Ninguém jamais viu a Deus", mas podemos ver sua presença em nosso irmão quando o servimos. Então viveremos "como Cristo viveu", **amando e servindo** seus discípulos até o fim (cf. Jo 13,1-11). Amando assim, **permanecemos em Deus e Deus permanece conosco** (1Jo 2,16).

Aclamação ao Evangelho
Com amor eterno eu te amei!

3 Evangelho: Mt 11,25-30

Sou manso e humilde de coração.

O Evangelho da Solenidade do Sagrado Coração de Jesus foi tirado do meio dos capítulos 11 e 12 de Mateus, nos quais se manifesta a mais ferrenha oposição ao Reino de Deus anunciado por Jesus. O início do anúncio do Reino de Deus na Galileia é saudado como uma grande luz que brilhou para o povo que andava nas trevas (Mt 4,13-17). Jesus atrai multidões e escolhe os primeiros discípulos (Mt 4,18-25). Escolhe os doze discípulos e os envia em missão (10,1-16). Mas, à medida que Jesus pregava nas cidades da Galileia e sua fama ia crescendo, as trevas da rejeição ao Evangelho se avolumavam. Jesus ameaça com um severo juízo as cidades de Corozaim, Betsaida e Cafarnaum, onde realizou a maioria de seus milagres (11,20-24). Porque cidades pagãs, como Tiro, Sidônia e Sodoma, teriam se convertido, à vista dos mesmos milagres, o que não aconteceu com as cidades da Galileia. Estas cidades não se converteram porque o modo de falar e agir de Jesus as incomodava. Apesar das ameaças, Mateus deixa claro: **Jesus** não veio conquistar adeptos pela violência, mas **veio com humildade e mansidão**. Veio, "pedindo licença para bater na porta do coração das pessoas" (papa Francisco na JMJ). Os pequenos, pobres, pecadoras e pecadores, desprezados pelos orgulhosos, acolheram a Jesus, e continuam acolhendo. Por isso, Jesus **louva o Pai que gosta de se revelar aos humildes** e se oculta aos grandes e autossuficientes.

O Evangelho de hoje convida-nos a **contemplar a imagem do Pai, revelada pelas palavras e gestos de Jesus**. Convida-nos a louvar este Deus, que assim se revela. Propõe-nos a **agir**, com humildade e mansidão, **como Jesus agiu em favor dos pequenos e pobres**.

O mistério de Cristo no Tempo da Igreja
Tempo Comum

2º Domingo do Tempo Comum

Oração: "Deus eterno e todo-poderoso, que governais o céu e a terra, escutai com bondade as preces do vosso povo e dai ao nosso tempo a vossa paz".

1 Primeira leitura: Is 49,3.5-6

Farei de ti a luz das nações, para que sejas minha salvação.

A segunda parte do livro do profeta Isaías (Is 40–56) foi escrita durante o exílio, quando o domínio do Império Babilônico estava em decadência e surgia um novo império, o de Ciro, rei dos persas. Alguns profetas, discípulos do profeta Isaías do século VIII a.C., trazem novo ânimo aos exilados. Eles anunciavam o fim dos sofrimentos (Is 40,2) e o retorno próximo dos exilados à terra de Judá. Em meio a vários pronunciamentos de profetas anônimos destacam-se quatro poemas, chamados "Cânticos do Servo de Javé". O Servo do Senhor (Javé) é uma figura misteriosa, identificada no trecho que ouvimos com Israel. Deus se dirige diretamente ao seu povo e lhe diz: "Tu és o meu Servo, Israel, em quem serei glorificado". **Deus não esquece Israel**, o povo que libertou da servidão do Faraó para servi-lo como seu povo no deserto e na terra que prometeu dar a seus pais. O povo, infiel à aliança, foi punido exemplarmente. **Deus**, porém, toma a iniciativa de renovar sua aliança e chama Israel "meu Servo". E Israel reconhece que foi chamado e preparado para ser Servo de Deus desde o nascimento. A **missão que recebe é a de trazer de volta Jacó/Israel ao seu Deus e à sua terra**. Agora, porém, a **missão de Israel tem um alcance universal: ser luz das nações e levar a salvação até os confins da terra**. Deus havia prometido a Abraão: "Com teu nome serão abençoadas todas as famílias da terra" (Gn 12,3). **O plano do Senhor para seu servo, Israel**, é torná-lo luz das nações para que sua salvação atinja todos os povos.

Quando Simeão toma o Jesus nos braços, louva a Deus porque Jesus é a salvação preparada para todos os povos e luz para iluminar as nações (Lc 2,30-32). Essa missão Jesus confiou aos seus discípulos, de ontem e de hoje (Mt 28,19-20).

Salmo responsorial: Sl 39(40)
Eu disse: Eis que venho, Senhor; com prazer faço a vossa vontade!

2 Segunda leitura: 1Cor 1,1-3

A vós, graça e paz da parte de Deus, nosso Pai, e do Senhor Jesus!

Na saudação inicial da carta à "Igreja de Deus que está em Corinto", Paulo apresenta-se como apóstolo de Jesus Cristo, chamado por Deus para a missão de pregar o Evangelho. Escreve a carta junto com o irmão Sóstenes. Lembra aos cristãos de Corinto que eles foram santificados em Cristo Jesus e chamados a serem santos, como os cristãos de outras "Igrejas de Deus". **Pela fé, todos estão unidos a Cristo porque nele foram santificados** e, como Cristo, **chamados a ser santos**. Todos são membros do mesmo corpo de Cristo (1Cor 12,27). Formam uma e mesma Igreja de Deus, invocam o mesmo nome de "**nosso Senhor Jesus Cristo, Senhor deles e nosso**". Paulo não conheceu a Jesus de Nazaré, em sua vida pública. Mas quando perseguia os cristãos, a experiência da aparição de Cristo ressuscitado transformou a sua vida, como havia transformado a vida dos apóstolos que viram o Senhor (1Cor 15,8-11).

Paulo é um entusiasta de Cristo Jesus: Em apenas três versículos repete quatro vezes o nome de Jesus Cristo, nome que une todos a Cristo e os cristãos entre si (**nosso** Senhor Jesus Cristo), e a "Deus, **nosso** Pai".

Aclamação ao Evangelho

A Palavra se fez carne, entre nós ela acampou; todo aquele que a acolheu, de Deus filho se tornou.

3 Evangelho: Jo 1,29-34

Eis o Cordeiro de Deus, que tira o pecado do mundo.

Na festa do Batismo do Senhor, o Pai apresenta Jesus como seu Filho amado. Hoje, João Batista apresenta Jesus a seus discípulos como "o Cordeiro de Deus, que tira o pecado do mundo". Em aramaico, a língua de Jesus, a mesma palavra significa tanto "servo" como "cordeiro". No Evangelho que ouvimos, João Batista pode ser considerado como o exemplo do progresso na fé e no conhecimento do Cristo: Primeiro não o conhecia (v. 31), depois vê nele o Messias, Servo Sofredor (v. 29); em seguida, como o ungido do Senhor, sobre o qual viu o Espírito Santo descer e permanecer (v. 32-33); por fim, dá o seu maior testemunho de fé: "Este é o Filho de Deus". É o cordeiro de Deus que, pela sua morte, concede o perdão dos pecados. E pelo Espírito Santo dá ao cristão a força para não mais pecar. O cristão, por sua vez, com a força de Cristo, tem a missão de tirar o pecado de seu coração, do coração de sua família e da sociedade humana pecadora e vítima do pecado. O perdão dos pecados nos traz a reconciliação e a paz, frutos da ressurreição do Senhor (Jo 20,19-23). Tudo isso é "graça de Deus, nosso Pai, e do Senhor Jesus Cristo" (Segunda leitura).

Estamos crescendo na fé e na experiência de Jesus Cristo? Estamos produzindo os frutos que de nós espera?

3º Domingo do Tempo Comum

Oração: "Deus eterno e todo-poderoso, dirigi a nossa vida segundo o vosso amor, para que possamos, em nome do vosso Filho, frutificar em boas obras".

1 Primeira leitura: Is 8,23b–9,3

Na Galileia, o povo viu brilhar uma grande luz.

Em 732 a.C. a região de Zabulon e Neftali, ao norte do reino de Israel, havia sido tomada pelas tropas da Assíria, que destruíram a capital Samaria. Isaías, embora fosse do reino de Judá, acompanhou com tristeza a tragédia de Israel. Grande parte da população foi levada para o exílio na Assíria; outra parte se refugiou no reino de Judá ou nos países da redondeza; outros foram simplesmente mortos em combate, quando a capital foi destruída. Parte da população foi substituída por estrangeiros, vindos de outras nações conquistadas. Mais tarde, Isaías ou um discípulo seu, anuncia a salvação para os que sobreviveram ao massacre. A destruição de Samaria, o fim do reino de Israel e o consequente exílio são representados como escuridão e trevas. **A salvação prometida é comparada a uma brilhante luz**, que resplandece sobre o povo jogado nas sombras da morte. A morte cederá novamente lugar à vida. As lâmpadas voltarão a brilhar nas casas destruídas ou desabitadas. A luz do Senhor, isto é, a presença de Deus no meio de seu povo, faz crescer a alegria e aumentar a felicidade. Os soldados trazem os despojos, pois a guerra terminou e o inimigo foi derrotado. Agora, todos podem viver alegres na presença do Senhor, com fartas colheitas e sem pagar tributo ao opressor (Evangelho).

Salmo responsorial: Sl 26

O Senhor é minha luz e salvação, o Senhor é a proteção da minha vida.

2 Segunda leitura: 1Cor 1,10-13.17

Sede todos concordes uns com os outros e não admitais divisões entre vós.

Desde o início de sua Carta aos Coríntios (2º Domingo), Paulo insiste no **tema da unidade da Igreja de Deus**. Todos nós fomos santificados em Cristo Jesus e chamados a ser santos. Invocamos o mesmo nome de "**nosso** Senhor Jesus Cristo" e chamamos a Deus, **nosso** Pai. Na leitura de hoje, Paulo toma posição diante dos conflitos na comunidade de Corinto, que lhe foram comunicados. Paulo foi o primeiro a pregar o Evangelho em Corinto, onde fundou a comunidade cristã e acompanhou-a durante um ano e meio. O motivo da discórdia era a **divisão da comunidade** em "clubes" de fãs dos missionários que por ali passavam. Havia os que diziam: "**eu sou de Paulo**"; ou: "**eu sou de Apolo**"; ou: "**eu sou de Cefas**" e, por fim, os que diziam: "**eu sou de Cristo**". Por graça de Deus, como sábio arquiteto, Paulo lançou o único e verdadeiro fundamento sobre o qual se pode edificar a Igreja de Deus, que é Jesus Cristo (1Cor 3,10-12). Depois veio Apolo, um pagão convertido e excelente orador, que fez crescer a comunidade; por último, veio Cefas (Pedro), o pescador da Galileia e discípulo de Jesus na sua vida pública, que confirmou a comunidade na fé. Paulo critica os que se diziam fãs de Paulo, de Apolo ou de Pedro. A **Igreja não é de Paulo, nem de Apolo, nem de Pedro**. É Igreja de Deus. E esta tem como fundamento o próprio Cristo Jesus. Em seu nome todos foram batizados.

Problemas parecidos podem surgir também em nossas comunidades. Podemos ser fãs desse ou daquele sacerdote ou pastor. Mas quem nos salva é Cristo Jesus. Foi ele que nos revelou o amor do Pai e por nós morreu.

Aclamação ao Evangelho
Pois do Reino a Boa-nova Jesus Cristo anunciava e as dores do seu povo, com poder Jesus curava.

3 Evangelho: Mt 4,12-23

*Foi morar em Cafarnaum para se cumprir o que foi
dito pelo profeta Isaías.*

Hoje começamos a ler o evangelho de Mateus, que nos acompanhará nos domingos durante o ano, até o final de novembro. Após ser batizado por João Batista, Jesus passou quarenta dias no deserto da Judeia, em jejum e oração, onde venceu as tentações do diabo. Ao saber que João Batista foi preso, Jesus voltou para a Galileia. Deixou Nazaré e estabelece-se em Cafarnaum, uma das principais cidades à beira do Lago de Genesaré, pertencente ao território de Zabulon e Neftali. O evangelho de Mateus foi, provavelmente, escrito na Síria, que faz fronteira com Zabulon e Neftali. É em Nazaré da Galileia que José, Maria e o menino Jesus foram morar (Mt 2,23). É na Galileia que Jesus aparece aos discípulos após a ressurreição. É da Galileia que envia seus discípulos a pregar o Evangelho até os confins da terra (Mt 28,16-20). Na Galileia havia uma grande presença de pagãos. Por isso, o início da pregação de Jesus é apresentado como uma grande luz que brilha nas trevas da "Galileia dos pagãos", confirmando a realização da profecia de Isaías (Primeira leitura).

No início da pregação, **Jesus retoma as palavras de João Batista**: "**Convertei-vos porque o Reino dos Céus está próximo**". Em Mateus, "Reino dos Céus" equivale a "Reino de Deus", em Marcos e Lucas. Fazer parte do Reino de Deus exige mudança de vida, conversão e ruptura. Jesus chamou Pedro e seu irmão André e, depois, Tiago e João, filhos de Zebedeu, e lhes disse: "Segui-me, e eu farei de vós pescadores de homens". Eles imediatamente largaram suas barcas e redes e seguiram a Jesus.

4º Domingo do Tempo Comum

Oração: "Concedei-nos, Senhor nosso Deus, adorar-vos de todo o coração, e amar todas as pessoas com verdadeira caridade".

1 Primeira leitura: Sf 2,3; 3,12-13

Deixarei entre vós um punhado de homens humildes e pobres.

O profeta Sofonias é contemporâneo do profeta Jeremias, um pouco antes de Nínive, capital da Assíria, ser conquistada por Nabucodonosor da Babilônia (612 a.C.). Era um tempo de incertezas, pois logo Babilônia haveria de dominar Jerusalém. Sofonias apresenta a imagem de um **Deus que tem preferência pelos pobres**. Para salvar seu povo, Deus não precisa dos ricos e poderosos que confiam apenas em seu próprio poder. Por isso o profeta exorta os humildes agricultores a **buscarem a Deus, praticando a justiça e observando os mandamentos**. Na hora do perigo, em vez da falsa segurança oferecida pelos poderosos, **o refúgio** mais seguro é **a proteção do Senhor**. Os humildes e pobres são o resto excluído de Israel, os que se apegam ao Senhor. É neles que o Senhor põe sua esperança. Os poderosos praticam a injustiça, falam mentiras, prometendo uma segurança e salvação enganosas. **Deus deposita sua esperança nos pobres**, que nele confiam, e os fará viver em paz e segurança.

Salmo responsorial: Sl 145

Felizes os pobres em espírito, porque deles é o Reino dos Céus.

2 Segunda leitura: 1Cor 1,26-31

Deus escolheu o que o mundo considera como fraco.

Paulo tentou apresentar aos filósofos de Atenas um "Deus desconhecido", que tomou forma humana, foi morto mas ressuscitou. Quando os filósofos ouviram falar de ressurreição começaram a zombar de Paulo e o mandaram embora (cf. At 17,16-34). Em Corinto procurou falar, sobretudo, para gente humilde e pobre, trabalhadores portuários, anunciando não um Cristo glorioso, mas crucificado, "escândalo para os judeus e loucura para os gentios". Na leitura de hoje, Paulo lembra aos cristãos de Corinto que entre eles havia poucos sábios (filósofos), poderosos ou nobres. Lembra que **Deus costuma escolher gente humilde e fraca para confundir os sábios e poderosos** deste mundo (Primeira leitura). Graças a este modo de Deus agir é que os coríntios estão unidos a Cristo. Não precisam buscar a sabedoria dos filósofos de Atenas. O próprio **Deus tornou-se para os cristãos sabedoria, justiça, santificação e libertação**. Os cristãos de Corinto pouco tinham de mérito próprio para se gloriar: "Quem se gloria, glorie-se no Senhor".

Aclamação ao Evangelho

Meus discípulos, alegrai-vos, exultai de alegria, pois bem grande é a recompensa que no céu tereis, um dia!

3 Evangelho: Mt 5,1-12a

Bem-aventurados os pobres em espírito.

As bem-aventuranças são o caminho mais rápido a ser seguido pelo discípulo, para socorrer com presteza o clamor dos sofredores, pobres e injustiçados e alcançar a "grande recompensa nos céus (v. 10 e 12). Antes de tudo é preciso ter presente que "Reino dos Céus" em Mateus equivale a "Reino de Deus" em Marcos e Lucas. Mateus escreve para cristãos de origem judaica e, em respeito à tradição judaica, evita pronunciar a palavra "Deus", substituindo-a pela palavra "Céus". O "**Reino dos Céus**" não se identifica com a recompensa final da vida eterna em Deus (cf. Mc 10,17-30). Antes, é **o caminho a percorrer na vida cristã para ganhar a vida eterna.**

Entre os bem-aventurados **Mateus cita três grupos** (R. Ruijs). O primeiro grupo é dos **sofredores**: os pobres, os aflitos, os mansos (humildes) e os que têm fome e sede de justiça (v. 3-6). **O segundo grupo é dos que socorrem os necessitados do primeiro grupo:** são os misericordiosos, os puros de coração e os que promovem a paz (v. 7-9). **O terceiro grupo é composto pelos do primeiro e do segundo grupo;** são os que vivem o **projeto do Reino de Deus, anunciado e vivido por Jesus**. São perseguidos porque são solidários com os pobres, os aflitos, os humildes e injustiçados e os defendem. São caluniados e perseguidos pelo simples fato de serem cristãos.

Não podemos pensar que a formulação de algumas bem-aventuranças no futuro signifique algo que Deus vai realizar sem a nossa participação, somente na vida eterna. Deus enviou seu Filho ao mundo para nos trazer o Reino de Deus, o Reino que pedimos no Pai-nosso. **Jesus pôs em prática o programa deste Reino** que veio anunciar. **Quem quer seguir seu caminho deve assumir também seu programa**. Assim, os aflitos serão consolados quando nós os consolarmos. Os mansos possuirão a terra quando nós lutarmos com eles. Os que têm fome e sede de justiça serão saciados quando nós os defendermos. **Os pobres alcançarão misericórdia quando nós tivermos misericórdia com eles.** Os santos seguiram o exemplo de Jesus e colocaram em prática as bem-aventuranças do Reino de Deus. Jesus é o modelo para todos nós: "**Jesus** percorria todas as cidades e aldeias ensinando nas sinagogas, pregando o Evangelho do Reino e curando toda enfermidade e doença. Vendo o povo, **sentiu compaixão** dele porque estava cansado e abatido, como ovelhas sem pastor" (Mt 9,35-36).

O Bom Pastor que deu a vida pelas suas ovelhas, depois de nos ter alimentado pela Palavra de Deus, quer nos alimentar pela Eucaristia. Assim, com a força de seu Espírito colocaremos em prática as bem-aventuranças.

5º Domingo do Tempo Comum

Oração: "Velai, ó Deus, sobre a vossa família, com incansável amor; e, como só confiamos na vossa graça, guardai-nos sobre a vossa proteção".

1 Primeira leitura: Is 58,7-10
A tua luz brilhará como a aurora.

A Primeira leitura deste Domingo foi tirada da terceira parte do livro de Isaías (cap. 56–66), escrita após o exílio. A situação na Judeia, após o retorno do exílio da Babilônia, era de crise e tensões. As promessas dos profetas sobre um retorno feliz a Jerusalém não se cumpriam. Um pouco antes de nosso texto o profeta anônimo cita a queixa do povo contra Deus: "**Por que jejuamos e não ligas**, nos humilhamos e não levas em conta?" (58,3). E o profeta, em nome do Senhor, pergunta ao povo que se lamentava: **Como Deus vai atender as orações e os jejuns se vocês não respeitam o direito nem fazem justiça ao pobre?** De nada vale clamar a Deus, se o clamor do pobre por justiça não é atendido, se a violência e a opressão contra os pobres são praticadas e pessoas inocentes jogadas na prisão. Como Deus vai atender as orações se os governantes, juízes e sacerdotes não cuidam do bem-estar do povo desfavorecido, não respeitam os direitos humanos, mas amontoam bens à custa dos pobres? O verdadeiro **jejum que agrada a Deus é repartir o pão com o faminto**, acolher os pobres e indigentes sem teto, vestir o nu. Agir assim é mais do que praticar as "obras de misericórdia" sem coração. É agir como Deus, sempre bom e misericordioso: "Ele faz nascer o sol para bons e maus, e chover sobre justos e injustos" (Mt 5,45). "Então – conclui o profeta –, **nascerá nas trevas a tua luz e a tua vida obscura será como o meio-dia**".

O jejum autêntico e as obras de misericórdia transfiguram a pessoa e ela se torna luz, porque revela a glória de Deus (Evangelho).

Salmo responsorial: Sl 111

Uma luz brilha nas trevas para o justo, permanece para sempre o bem que fez.

2 Segunda leitura: 1Cor 2,1-5

Anunciei entre vós o mistério de Cristo crucificado.

Paulo passou por Atenas antes de fundar a comunidade cristã em Corinto, segundo nos informa Lucas nos Atos dos Apóstolos (At 17,22-34). Em Atenas tentou anunciar Jesus Cristo aos filósofos do Areópago, mas quando começou a falar de sua morte numa cruz e ressurreição, ninguém mais quis ouvi-lo. Por isso, quando anunciou em Corinto o "mistério de Deus", não recorreu "a uma linguagem elevada ou ao prestígio da **sabedoria humana**", como havia tentado em Atenas. Certamente, em Corinto também havia quem gostasse de ouvir Paulo falando do Cristo ressuscitado, mas não do Cristo morto numa cruz. A **sabedoria** a que recorreu era a de "**Jesus Cristo, e este, crucificado**". Esse era o "mistério de Deus" que Paulo veio anunciar aos coríntios. Cruz e ressurreição são inseparáveis. Não podemos falar de Cristo ressuscitado sem admitir seus sofrimentos e sua morte, nem de sua morte sem a ressurreição. **A fé se baseia no poder de Deus** e não em argumentos da sabedoria humana.

Aclamação ao Evangelho: Jo 8,12

Pois eu sou a luz do mundo, quem diz é o Senhor; e vai ter a luz da vida, quem se faz meu servidor.

3 Evangelho: Mt 5,13-16

Vós sois a luz do mundo.

O Evangelho de hoje segue logo após as bem-aventuranças (4º Domingo). Há uma ligação profunda com as bem-aventuranças, formuladas no futuro: os aflitos que serão consolados, os mansos que possuirão, os que têm fome e sede de justiça que serão saciados e os que promovem a paz etc. Nosso texto é uma resposta à interrogação: **Quem vai consolar os aflitos**, os que têm fome e sede de justiça será somente Deus, com o prêmio da vida eterna? A resposta nos dá o Evangelho que ouvimos: **São os cristãos**, comprometidos com o Reino dos Céus aqui na terra, chamados a transformar o futuro em presente na vida dos pobres. Jesus se dirige às multidões que o cercam e aos discípulos que o rodeiam. Mateus reúne quatro pequenas parábolas de Jesus, dirigidas aos cristãos do tempo em que escreve, como alimento para a caminhada da vida cristã. São as parábolas do **sal**, da **luz**, da **montanha** e da **lâmpada** que não deve ficar escondida.

O sal dá sabor aos alimentos e os preserva da podridão; quando o sal se estraga é jogado fora. O sal simboliza as comunidades cristãs. Por menores que sejam, com suas boas obras, adiam o juízo escatológico de Deus (Mt 25,31-46). São como os dez justos que, se houvesse em Sodoma e Gomorra, as cidades não seriam destruídas (cf. Gn 18,16-30). **A luz é um símbolo bíblico muito forte** (Is 42,6; 58,8; 60,19). Em Mateus temos a estrela-guia de Belém, a luz que brilha nas trevas, entre os pagãos da Galileia (Mt 4,16) marcando o início da pregação de Jesus, e sua transfiguração no monte Tabor (Mt 17,2). Essa luz que brilha na escuridão é identificada com Jesus. É o Filho de Deus, a Palavra que veio ao mundo para iluminar todas as pessoas (cf. Jo 1,1-9; 3,18-21).

Assim devem brilhar as comunidades cristãs do tempo de Mateus e em nossos dias, sendo luz em meio às trevas que envolvem a sociedade humana. Como a cidade postada no alto de um monte é visível, de dia e de noite, as comunidades cristãs podem ser admiradas pelo seu testemunho de vida; ou criticadas pelo mau exemplo, tornando-se um sal que perdeu a validade e é jogado fora. O cristão, iluminado por Cristo, torna-se como a lâmpada colocada no candeeiro para iluminar a vida das pessoas. Deve ser testemunha de Jesus Cristo e não ficar escondido num armário.

6º Domingo do Tempo Comum

Oração: "Ó Deus, que prometestes permanecer nos corações sinceros e retos, dai-nos viver de tal modo, que possais habitar em nós".

1 Primeira leitura: Eclo 15,16-21

A ninguém mandou agir como ímpio.

O livro do Eclesiástico, ou Sirácida, é um dos últimos escritos do Antigo Testamento (200 a.C.). É um **livro sapiencial**, que **recolhe a sabedoria vivida por Israel no relacionamento com Deus e com as pessoas**. Aqui, a sabedoria é sintetizada na fiel observância da Lei de Deus (cf. Dt 4,1-8; 30,15-20). O texto que ouvimos convida a escolhermos o caminho dos justos, que temem a Deus e observam seus mandamentos. Ao mesmo tempo o autor critica os ímpios, que não temem a Deus e pensam que Ele "não vê" as maldades que praticam (cf. Sl 10,4-11; 64,6; 73,21). Deus nos deu a liberdade de escolhermos o caminho dos justos ou seguirmos o caminho dos ímpios. A **Palavra de Deus nos transmite a Sabedoria** para vivermos felizes, estabelecendo alguns princípios: Quem observa ou guarda os mandamentos é guardado por eles; guardar os mandamentos divinos é confiar em Deus, que nos dá a Vida. **Deus**, nosso criador, num gesto de confiança, **concede-nos a liberdade de escolha** entre o fogo ou a água, a vida ou a morte, entre o bem ou o mal. Deus vela sobre aqueles que o temem e buscam a Vida. O autor critica as seguintes afirmações: 1) o pecado é inevitável; 2) Deus não se preocupa conosco e com nossos pecados. Afirma, ao contrário:

1) **somos livres para escolher entre o bem e o mal**; 2) Deus quer nossa salvação e que escolhamos o seu caminho para alcançá-la.

Salmo responsorial: Sl 118
Feliz o homem sem pecado em seu caminho, que na Lei do Senhor Deus vai progredindo.

2 Segunda leitura: 1Cor 2,6-10

Deus destinou, desde a eternidade, uma sabedoria para nossa glória.

Domingo passado Paulo nos falava da **sabedoria de Deus**, contrapondo-a à sabedoria deste mundo. Paulo não veio à cidade de Corinto como um filósofo para ensinar uma nova **sabedoria humana**. Aliás, saiu-se mal em Atenas ao falar aos filósofos sobre Jesus Cristo, morto numa cruz e ressuscitado (cf. At 17,16-34). Em Corinto também havia os que gostavam de ouvir Paulo falando do Cristo ressuscitado, mas não do Cristo morto numa cruz. Na leitura de hoje, Paulo nos fala da "**misteriosa sabedoria de Deus, sabedoria escondida**", **mas agora revelada na cruz de Cristo**. Desde toda a eternidade, antes de criar o mundo, Deus quis que seu Filho Unigênito assumisse a nossa carne humana, se tornasse nosso irmão, morresse por nós na cruz e ressuscitasse dos mortos. Tudo isso, diz Paulo, "**em vista da nossa glória**", isto é, nossa salvação. **Foi o amor de Deus que tudo isso "preparou para os que o amam"**. Nenhum ser humano poderia ter imaginado que da morte de Cristo, e da nossa morte corporal, pudesse brotar a nova Vida com Deus para a eternidade, ao ressuscitarmos no último dia. Esse plano maravilhoso foi-nos revelado pelo Espírito de Deus.

Aclamação ao Evangelho: Mt 11,15
Eu te louvo, ó Pai santo, Deus do céu, Senhor da terra. Os mistérios do teu Reino aos pequenos, Pai, revelas.

3 Evangelho: Mt 5,17-37

Assim foi dito aos antigos; eu, porém, vos digo.

Jesus ensina a **sabedoria do Evangelho, que supera a sabedoria contida nos mandamentos da Lei**. O judeu podia encontrar o caminho para a vida na observância dos mandamentos. O próprio Jesus aponta o caminho dos mandamentos para o jovem que lhe perguntava: "Que devo fazer para ganhar a vida eterna?" (cf. Lc 18,18-25). Jesus não veio para abolir a Lei e os Profetas, mas "dar-lhes pleno cumprimento". De fato, no **Evangelho de hoje Jesus aprofunda o sentido dos mandamentos**: Aponta para a dimensão mais profunda da vontade de Deus, da qual os mandamentos são uma pálida expressão. **Jesus exige mais** do que a simples observância material da Lei. Exige uma **justiça maior** do que a justiça dos mestres da Lei e dos fariseus. Reinterpreta o mandamento "não matarás" ao mostrar que o cristão deve evitar as mínimas ofensas ("tolo"). Repetidas, elas irão se agravando a ponto de levar a tirar a vida do irmão. Agrada mais a Deus a reconciliação com o irmão do que as ofertas que lhe são oferecidas no culto. O simples desejar a mulher do próximo já é adultério. **Jesus pede uma atitude radical, uma sensibilidade que respeita o mistério escondido em cada pessoa, que é o próprio Deus**. Revela a graça divina, o caminho da vida eterna, que é um dom de Deus. Para o cristão Jesus é o Caminho, a Verdade e a Vida. Ele revela a verdadeira sabedoria do Evangelho, que nos leva a vivermos felizes o Reino dos Céus já aqui na terra.

7º Domingo do Tempo Comum

Oração: "Concedei, ó Deus todo-poderoso, que, procurando conhecer sempre o que é reto, realizemos vossa vontade em nossas palavras e ações".

1 Primeira leitura: Lv 19,1-2.17-18

Amarás o teu próximo como a ti mesmo.

O texto hoje lido faz parte do conjunto de Lv 17–26, chamado "Lei de Santidade", onde se repete diversas vezes a fórmula "**sede santos, porque eu, vosso Deus, sou santo**". As leis deste conjunto exigem que o povo de Israel seja santo; isto é, saiba distinguir entre o sagrado e o profano e observe as leis morais e cultuais em vista de um relacionamento correto com a santidade de Deus. Os v. 1-2 introduzem o chamado "decálogo levítico" (v. 3-18) que insiste na prática da justiça e caridade nas relações sociais. Neste texto tudo se resume no mandamento "amarás teu próximo como a ti mesmo" (v. 18). O amor exigido dirige-se especialmente aos compatriotas israelitas (Lv 19,15-18), mas não exclui o estrangeiro (v. 10). Quem ama o seu próximo é convidado a corrigi-lo quando age mal.

O apelo de Moisés se dirige a toda a comunidade de Israel. É um **convite para entrar na esfera do divino**: "Sede santos, porque eu o Senhor, vosso Deus, sou santo". É um convite a imitar a santidade divina. Ensina-nos **a agir como Deus age conosco**: Deus dá a chuva para bons e maus, justos e injustos, e nos leva a descobrir o próximo até numa pessoa desconhecida, que precisa de nossa ajuda, como Jesus nos mostra na parábola do bom samaritano (cf. Lc 10,23-27). Ensina a amar quem nos calunia, ou persegue, e exclui o ódio e a vingança. Pois o amor ao próximo como a si mesmo nasce de nossa comum origem em Deus, nosso criador, e no mistério da encarnação. Ser santo como Deus é santo, é amar a Deus sobre todas as coisas e ao próximo como a si mesmo.

Salmo responsorial: Sl 102

Bendize, ó minh'alma, ao Senhor, pois ele é bondoso e compassivo!

2 Segunda leitura: 1Cor 3,16-23

Tudo é vosso. Mas vós sois de Cristo, e Cristo é de Deus.

Depois de descrever como se constrói a Igreja, templo de Deus e corpo de Cristo, do qual Cristo é a cabeça e nós somos os membros (3,1-15), Paulo tira as conclusões: A presença do **Espírito de Deus torna santa a comunidade eclesial**. Também o corpo de cada um dos cristãos é templo do Espírito Santo (cf. 1Cor 6,19-20). Onde está Deus, não faz sentido endeusar pessoas, dizendo "eu sou de Paulo, eu sou de Apolo, ou eu sou de Pedro", porque todos nós somos de Cristo e Cristo é de Deus. **Dividir a comunidade é destruir nossa união com Cristo e com Deus**: "Se alguém destruir o templo de Deus, Deus o destruirá" (1Cor 3,17). Paulo plantou a semente, Apolo e Pedro a regaram e a fizeram crescer. A intenção de cada evangelizador é conduzir todos os fiéis a Cristo Jesus. Paulo se propõe a conduzir todos à sabedoria da cruz de Cristo, que culmina com a sua ressurreição.

Numa comunidade de fé, os dirigentes podem e devem ser trocados, mas o fundamento continua sendo Jesus Cristo, que entregou sua vida por nós e continua vivo e presente como o Ressuscitado. A sabedoria da cruz recomenda que continuemos a edificar sobre o mesmo fundamento.

Aclamação ao Evangelho

É perfeito o amor de Deus em quem guarda sua palavra.

3 Evangelho: Mt 5,38-48

Amai os vossos inimigos.

Para enfrentar a lei da vingança, Jesus propõe a não violência. Para quebrar a cadeia da violência, Jesus pede ao cristão que não responda com nova violência a violência sofrida: "Se alguém te dá um tapa na tua face direita, oferece-lhe também a esquerda". E proclama "bem-aventurados os mansos porque possuirão a terra (Mt 5,5). Propõe estender a mão a quem pede pão ou algo emprestado. No Antigo Testamento, o amor ao próximo (Primeira leitura) previa o amor ao próximo judeu, mas não ao samaritano, ao estrangeiro ou pagão. **Jesus propõe não só amar os inimigos, mas até rezar pelo bem deles.** Para Jesus, o amor deve estender-se não só aos do mesmo clã, aos familiares ou amigos. Isso também os pecadores e os pagãos sabem fazer. **Para sermos filhos de Deus, devemos imitar o próprio Deus, amando como Deus ama**: ele faz nascer o mesmo sol para bons e maus, faz cair a mesma chuva para justos e injustos. Devemos ser perfeitos como o Pai do céu é perfeito. – Lucas diz "sede misericordiosos como vosso Pai é misericordioso (Lc 6,36)". – Jesus entregou sua vida por nosso amor, dando-nos o exemplo desta perfeição do amor sem limites.

Tenho dificuldade de me relacionar com alguma pessoa? Então, vou rezar pelo bem dela.

8º Domingo do Tempo Comum

Oração: "Fazei, ó Deus, que os acontecimentos deste mundo decorram na paz que desejais, e vossa Igreja vos possa servir, alegre e tranquila".

1 Primeira leitura: Is 49,14-15

Eu não te esquecerei.

Os judeus exilados na Babilônia estavam tomados pelo **desânimo** e a **falta de fé**. Os deuses dos babilônios pareciam mais fortes do que o Deus de Israel. Pensavam que Deus os tinha esquecido, pois a situação no exílio estava difícil e sem perspectivas de futuro (cf. Is 40,27). Por isso o profeta coloca na boca dos exilados, simbolizados por Sião/

Jerusalém, esta lamentação: "O Senhor me abandonou, meu Deus me esqueceu!" O profeta responde com a **imagem de Deus como mãe** (cf. Os 11), que jamais esquece os filhos que gerou. Por isso, anuncia que Deus vai agir, vai levar os seus filhos de volta à Terra Prometida. Isaías focaliza o **sujeito do amor**, que é **Deus**, e quer despertar uma **confiança filial** neste amor divino e maternal.

Salmo responsorial: Sl 61

Só em Deus a minha alma tem repouso, só ele é meu rochedo e salvação.

2 Segunda leitura: 1Cor 4,1-5

O senhor manifestará os projetos dos corações.

Domingo passado Paulo alertava os cristãos de Corinto sobre as divisões na comunidade por causa do apego a este ou aquele pregador, colocando em perigo até a própria fé em Jesus Cristo (Segunda leitura). Na leitura de hoje lembra que nenhum dos apóstolos, incluindo Paulo, Apolo e Cefas (Pedro), é dono da comunidade. Ao contrário, todos são "**servidores de Cristo** e **administradores dos mistérios de Deus**". Como administradores, devem ser fiéis à missão que Cristo lhes confiou. Paulo não se importa em **ser julgado** pelos seus opositores, pois tem a consciência tranquila de ter pregado com toda a **fidelidade o Evangelho da cruz e ressurreição do Senhor**. Aguarda a próxima **vinda do Senhor até que ele venha**. Então, o justo Juiz, que sonda os corações (cf. Sl 139,23), manifestará os projetos de cada um e lhe dará a recompensa merecida.

Aclamação ao Evangelho: Hb 4,12

A palavra do Senhor é viva e eficaz. Ela julga os pensamentos e as intenções do coração.

3 Evangelho: Mt 6,24-34

Não vos preocupeis com o dia de amanhã.

No Evangelho Jesus se dirige a seus discípulos e a nós também. Em nossa vida todos somos colocados diante de uma **opção fundamental: servir a Deus ou às riquezas**. O próprio **Jesus**, com toda a clareza, **fez a opção pelo Reino de Deus**. Ao diabo, que lhe oferecia todas as riquezas do mundo com a condição que o adorasse, Jesus responde: "**Adorarás o Senhor teu Deus e só a ele servirás**" (Mt 4,10). Do cristão espera-se que opte pelo **Reino de Deus e sua justiça**. Alguns pensam que a frase "não podeis **servir** a Deus e ao dinheiro" (v. 24) se dirige mais aos **ricos** da comunidade cristã, exigindo deles uma opção mais clara pelo Reino de Deus e sua justiça (v. 33). Jesus, porém, prega o Reino de Deus e sua justiça também aos **pobres** (v. 25-32). Também eles podem ser tentados a colocar o dinheiro como objetivo primeiro de suas vidas. Na luta pela sobrevivência podem ser tentados a colocar Deus e sua justiça em segundo lugar. Colocar o Reino de Deus em primeiro lugar não dispensa, porém, nosso trabalho para ganhar o sustento próprio e o das pessoas que de nós dependem.

Não se trata de uma **confiança** cega na **providência divina**. **Jesus propõe a todos**, ricos ou pobres, **uma vida sábia**, isto é, **sóbria**; pede que percebam a **bondade de Deus** para com as aves do céu e as flores do campo. **Deus providencia** o alimento para as aves do céu e veste de beleza as flores do campo, por menores e mais frágeis que sejam. Quanto mais cuidará de seus filhos e filhas.

Não podemos perder o **foco central em nossa vida cristã**. Este foco deve ser a mensagem de Jesus e o modelo de vida que nos legou: **O Reino de Deus e a sua justiça**. Pelo batismo, nós já fizemos esta opção pelo Reino de Deus e sua justiça. Mas o Reino de Deus é de fato o centro de minha vida? Procuro ser fiel a esta escolha fundamental?

9º Domingo do Tempo Comum

Oração: "Ó Deus, cuja providência jamais falha, nós vos suplicamos humildemente: afastai de nós o que é nocivo, e concedei-nos tudo o que for útil".

1 Primeira leitura: Dt 11,18.26-28.32

Eis que ponho diante de vós bênção e maldição.

A Primeira leitura tem como tema "os dois caminhos", **o caminho do justo e o do ímpio**, do bem e do mal. O povo de Israel é guiado em sua vida pela aliança que Deus fez com ele no deserto. No texto de hoje, Deus pede uma resposta de fidelidade e amor a Israel, seu povo escolhido. Este amor se manifesta pela observância fiel dos mandamentos da Lei de Moisés. Se o povo escutar e colocar em prática os mandamentos da Lei, obterá as **bênçãos divinas** (Dt 28,1-14). Do contrário, cairão sobre ele as maldições (Dt 27,11-26; 28,15-68). As bênçãos se manifestam pelas chuvas regulares, pelas boas colheitas, pela fertilidade das famílias e dos animais, boa saúde, longos anos de vida e pela paz. A infidelidade à Aliança, ao contrário, resultará em enfermidades, más colheitas, guerras, peste e fome (cf. Lv 26). Justos eram os que observavam com fidelidade a Lei e ímpios (pecadores), os que desprezavam e transgrediam a Lei. O caminho iluminado pela Lei produz a vida para quem a observa, e a morte para quem não a segue. É **preciso escolher o caminho**: "Eis que ponho diante de ti a vida e a felicidade, a morte e a desgraça" (Dt 30,15). O justo é tentado a seguir o comportamento dos ímpios que tramam maldades e, aparentemente, gozam de bem-estar; no entanto opta pelo caminho da Lei (cf. Sl 1). A experiência de Israel em relação à Aliança e ao "caminho" da Lei tem sido cheia de desvios, tropeços e infidelidades. Os profetas, porém, sempre de novo exortaram o povo à conversão, isto é, a retomar o caminho da fidelidade ao seu Deus. Mantenhamo-nos firmes no caminho do seguimento de Jesus Cristo.

Salmo responsorial: Sl 30

Senhor, eu ponho em vós a confiança. Sede uma rocha protetora para mim!

2 Segunda leitura: Rm 3,21-25a.28

O homem é justificado pela fé sem a prática da lei.

Na Primeira leitura a salvação dependia da observância fiel à Lei de Deus. No tempo de Jesus, os fariseus também propunham que a salvação dependia da observância da Lei. Eles se consideravam justos e perfeitos, porque observavam a Lei. Para eles, a salvação era uma conquista, um mérito pessoal, e não um dom da bondade de Deus. Antes de sua conversão, Paulo pertencia ao partido dos fariseus. Mas, uma vez convertido, por iluminação divina, percebeu que a salvação/justificação não é uma conquista humana de quem observa a Lei, e sim puro dom da graça divina. Deus nos salva pela fé em Jesus Cristo e nos faz participar de sua glória, pois "todos pecaram e estão privados da glória de Deus". Em outras palavras, a justificação nos é dada gratuitamente, pela graça divina, em Jesus Cristo que morreu, derramando seu sangue na cruz pelos nossos pecados. É vontade (o plano) de Deus que pela fé em Jesus Cristo seremos salvos. Pela fé em Jesus Cristo somos justificados, isto é, perdoados e acolhidos por Deus, como filhos e filhas. Isso, porém, não nos dispensa de fazermos boas obras em favor do próximo. Elas são nossa resposta de amor ao dom gratuito do amor de Deus.

Aclamação ao Evangelho: Jo 15,5

Eu sou a videira e vós sois os ramos, um fruto abundante vós haveis de dar. Ligados em mim e eu em vós, se assim vós ficardes, bem muito será!

3 Evangelho: Mt 7,21-27

*A casa construída sobre a rocha e a casa
construída sobre a areia.*

O texto hoje anunciado é a conclusão do assim chamado "sermão da montanha" (Mt 5–7), o primeiro dos cinco discursos de Jesus no evangelho de Mateus. Enquanto Lucas, no texto paralelo, localiza o discurso na planície (Lc 6,17), em Mateus Jesus sobe a um monte "para ensinar", uma alusão a Moisés que sobe ao monte Sinai para receber a Lei. Mateus escreve, sobretudo, para judeus convertidos à fé em Cristo Jesus. Quer mostrar que Jesus não veio abolir a Lei, mas "completar", levá-la à perfeição (Mt 5,17). O ponto de referência para os discípulos de Jesus não é mais Moisés, mas o Pai do Céu revelado por Jesus Cristo: "Sede perfeitos como o vosso Pai celeste é perfeito" (Mt 5,48). Para ganhar a "vida eterna" com Deus, o judeu devia seguir o caminho da Lei de Moisés (cf. Mc 10,17-27). Jesus, por seu ensino e sua vida, propõe o caminho mais exigente do Reino de Deus: "Não podeis servir a Deus e às riquezas" (6,24). Quem serve a dois senhores, fica com o coração dividido. Em tal caso, os fundamentos de sua vida cristã são como a casa construída sobre a areia, sujeita a desabar frente a quaisquer embates e ilusões da vida. O cristão, ao contrário, faz uma opção clara e sem ambiguidades pelo caminho de Jesus Cristo. Torna-se, assim, um homem sábio e prudente que constrói sua casa sobre a rocha firme, que as forças do mal jamais vão abalar.

A pedra (rocha) é Cristo Jesus, confessado por Pedro: "Tu és o Cristo, Filho de Deus" (Mt 16,18). A rocha da qual Moisés fez sair água viva para matar a sede do povo no deserto é uma figura de Cristo, como diz Paulo (1Cor 10,4). Para Jesus, não basta dizer "Senhor, Senhor/ Jesus, Jesus!" É preciso ouvir suas palavras e colocá-las em prática (Mt 7,24). Quem ouve os ensinamentos de Jesus Cristo e os põe em prática, este sim constrói sua vida cristã sobre a rocha firme.

10º Domingo do Tempo Comum

Oração: "Ó Deus, fonte de todo o bem, atendei ao nosso apelo e fazei-nos, por vossa inspiração, pensar o que é certo e realizá-lo com vossa ajuda".

1 Primeira leitura: Os 6,3-6

Quero amor e não sacrifícios.

Oseias profetizou no reino de Israel, antes da destruição da capital Samaria (753-725 a.C.). Foi em parte contemporâneo do profeta Isaías, que profetizava em Jerusalém (740-700 a.C.). Como Isaías, em Judá, também Oseias, em Israel, denunciava a violência e as injustiças cometidas pelos governantes contra o povo e fazia apelos para uma conversão sincera. Criticava os sacerdotes que, preocupados com seus ganhos num culto vazio, omitiam-se em instruir o povo. Por isso a idolatria, os adultérios, a prostituição e a violência tomavam conta da sociedade. Ameaçava com severos castigos se não houvesse conversão. Acusava-os de fazerem falsas promessas de conversão, esperando que Deus os salvasse (6,1-2). Na verdade, o amor e a fidelidade que prometiam eram como nuvens da manhã, que logo se desfazem sem produzir chuva. Os sacrifícios de expiação que ofereciam eram mera formalidade, sem consequências na vida prática. E Oseias conclui em nome do Senhor: "Quero **amor** e não sacrifícios, **conhecimento** de Deus, mais do que holocaustos". Não se trata de um conhecimento intelectual. Deus quer o amor fiel de seu povo, quer também que reconheçam e tenham experiência deste amor de Deus (Evangelho). Pois **amor com amor se paga**.

Salmo responsorial: Sl 49

A todo homem que procede retamente eu mostrarei a salvação que vem de Deus.

2 Segunda leitura: Rm 4,18-25

Revigorou-se na fé e deu glória a Deus.

O apóstolo Paulo conheceu em Corinto um casal judeu, Áquila e Priscila, expulsos de Roma por decreto do imperador Cláudio. É provável que Áquila e Priscila já fossem cristãos. Trabalhou na casa deles porque, como eles, era fabricante de tendas. Aos sábados ia à sinagoga, onde discutia com judeus e gregos sobre Jesus Cristo (cf. At 18,1-4). Nos lugares por onde Paulo pregava, logo entrava em conflito com os chefes da sinagoga local. Aconteceu o mesmo em Corinto e desde então desistiu de pregar nas sinagogas, dizendo: "A partir de agora vou dirigir-me aos pagãos" (At 18,6). Nas conversas com Áquila e Priscila deve ter ouvido falar muito de Roma. Assim foi amadurecendo em Paulo o desejo de pregar o Evangelho também em Roma. Diferente de outros pregadores que exigiam a observância da Lei de Moisés para os convertidos ao cristianismo, Paulo defende que não é a Lei que salva, mas unicamente a fé em Jesus Cristo. Cristo veio para salvar a todos, tanto judeus como pagãos.

A Carta que Paulo escreve prepara sua viagem a Roma. Nela apresenta e defende seu modo de pregar o Evangelho: o que salva é a fé em Jesus Cristo e não a observância da Lei. No texto hoje lido, Paulo apresenta Abraão, que os judeus tanto prezam, como um exemplo em favor do que prega. Deus prometeu a Abraão que a sua descendência seria mais numerosa do que as estrelas do céu. No entanto, Abraão já era velho e sua esposa Sara já havia passado da idade de ter filhos. Contra toda evidência Abraão continuou firme na fé, esperando que Deus cumprisse sua promessa. Em razão desta fé Deus o considerou justo e cumpriu a promessa da descendência, dando-lhe o filho Isaac. O mesmo, diz Paulo, vale para todos que acreditam em Jesus, condenado à morte por causa de nossos pecados, mas ressuscitado por Deus para que fôssemos salvos.

Aclamação ao Evangelho

Foi o Senhor que me mandou boas notícias anunciar; ao pobre, a quem está no cativeiro, libertação eu vou proclamar.

3 Evangelho: Mt 9,9-13

Não vim para chamar os justos, mas os pecadores.

Nos evangelhos de Marcos e Lucas, Jesus escolheu doze apóstolos entre os muitos discípulos que o seguiam. São mencionados os nomes dos apóstolos sem maiores detalhes; deles sabemos apenas que Pedro e André, assim como Tiago e João, eram irmãos e trabalhavam como pescadores. Mateus, a quem se atribui o Evangelho do mesmo nome, parece estar falando de uma experiência pessoal de vocação. Ele era um cobrador de impostos, conhecido e odiado por muitos devido à sua profissão. Os fariseus consideravam os cobradores de impostos como pecadores públicos e os desprezavam. É provável que Jesus conhecesse Mateus, além de outros "publicanos". Jesus pagava o imposto do Templo (Mt 17,24) e o tributo a César, imperador romano (Mt 22,15-22). É possível, também, que Mateus tivesse ouvido falar do Mestre da Galileia, enquanto trabalhava em sua coletoria de impostos.

Certo dia, passando com seus discípulos pela banca do coletor de impostos, Jesus aproximou-se de Mateus e lhe disse: "Mateus, segue-me! E ele levantou-se e seguiu a Jesus". Largou tudo e seguiu o Mestre. Podemos imaginar a surpresa e a alegria de Mateus com o inesperado convite. Acabava de encontrar o tesouro escondido no campo, a pérola mais preciosa do mundo – parábolas que só ele conta (Mt 13,44-46). Para celebrar este memorável dia, Mateus preparou um banquete e convidou Jesus, seus discípulos e os colegas, cobradores de impostos. Sabendo que os fariseus o criticavam porque comia "com cobradores de impostos e pecadores", Jesus responde aos fariseus e define sua missão:

"Eu não vim chamar os justos, mas os pecadores". Como um médico, Jesus veio para curar os doentes, e não os que têm saúde. Os fariseus se consideravam justos e os mais sadios na prática da Lei. Mateus colocou-se entre os doentes e pecadores, e experimentou a misericórdia divina. Por isso conclui com a frase: "Quero misericórdia e não sacrifício" (Primeira leitura).

11º Domingo do Tempo Comum

Oração: "Ó Deus, força daqueles que esperam em vós, sede favorável ao nosso apelo, e como nada podemos em nossa fraqueza, dai-nos sempre o socorro da vossa graça, para que possamos querer e agir conforme vossa vontade, seguindo os vossos mandamentos".

1 Primeira leitura: Ex 19,2-6a

Vós sereis para mim um reino de sacerdotes e uma nação santa!

O presente texto começa informando como o povo de Israel chegou aos pés do monte Sinai (v. 1-2) e em seguida descreve em que consiste a aliança que o Senhor faz com Israel (v. 3-6). Enquanto o povo permanece aos pés do monte, Moisés sobe ao encontro do Senhor para ouvir suas instruções. Os destinatários da mensagem divina são a casa de Jacó e os filhos de Israel, isto é, os hebreus descendentes do patriarca Jacó, que Deus libertou do Egito. **Os que escutavam, tinham deixado de ser escravos do Faraó para servir unicamente a Javé** (Senhor). Uma frase resume o histórico da libertação, que justifica a proposta de aliança: "Vistes o que fiz aos egípcios, e como vos levei sobre asas de águia e vos trouxe a mim". Uma referência à frase que precede os dez mandamentos: "Eu sou o Senhor teu Deus, que te libertou do Egito, lugar de escravidão" (Ex 20,2). A leitura de hoje lembra que Israel foi separado como a "porção escolhida dentre todos os povos". Mas, para ser o povo escolhido, **Israel deverá escutar a voz do Senhor**, obedecer às suas ordens, **guardar e observar a aliança**. E o povo de Israel se compromete com a aliança e diz a Moisés: "Faremos tudo o que o Senhor nos disse" (Ex 24,3).

A escolha de Israel como povo de Deus, porém, não é um privilégio em detrimento de outras nações. A **eleição** faz de Israel uma **nação santa** – isto é, consagrada –, ligada profundamente ao Senhor e a seu serviço. Será **uma nação, separada para a missão de levar todas as nações a servirem ao único e verdadeiro Deus**. É neste sentido que Israel é "um reino de sacerdotes e uma nação santa".

Salmo responsorial: Sl 99

Nós somos o povo e o rebanho do Senhor.

2 Segunda leitura: Rm 5,6-11

Se fomos reconciliados pela morte do Filho, muito mais seremos salvos por sua vida.

No texto que ouvimos, Paulo se dirige aos romanos adultos, judeus ou pagãos convertidos a Cristo. Paulo inclui-se entre os convertidos e lembra o que ele e os romanos eram antes da conversão: "éramos fracos [...] éramos pecadores". Mas Cristo morreu por nós, ímpios e pecadores. Diante disso, Paulo espanta-se maravilhado. Já é difícil, diz ele, que alguém morra por um justo. Mas Cristo morreu por nós "quando ainda éramos pecadores" (v. 6-8). Esta é a maior prova de que Deus nos ama. Pela morte de seu Filho, Deus nos justifica; isto é, perdoa nossos pecados, tornando-nos justos e agradáveis a Deus, e nos acolhe como seus filhos e filhas. Fomos "justificados" quando ainda éramos pecadores. Agora, **reconciliados com Deus pelo sangue de Jesus Cristo**, podemos esperar e confiar que seremos salvos por sua vida. A fé nos diz que já no tempo presente fomos reconciliados. Por isso nos alegramos, "nos gloriamos por nosso Senhor Jesus Cristo". Paulo abraçou com tanto amor o **Cristo crucificado** como a **expressão máxima do amor de Deus**, que chega a dizer: "Quanto a mim, não pretendo jamais gloriar-me a não ser na cruz de nosso Senhor Jesus Cristo" (Gl 6,14).

O que vemos na cruz de Jesus Cristo? Que Cristo você abraça?

Aclamação ao Evangelho: Mc 1,15

O Reino dos Céus está perto! Convertei-vos, irmãos, é preciso! Crede todos no Evangelho!

3 Evangelho: Mt 9,36–10,8

Jesus chamou seus doze discípulos e os enviou.

Mateus mostra Jesus ensinando sua doutrina com autoridade (Mt 5–7), comprovada com obras e milagres (8,1–9,34), e delineia a finalidade de sua missão: *"Quero misericórdia e não sacrifícios. Porque não vim chamar os justos, mas os pecadores"* (9,13). O texto de hoje é precedido por um resumo da missão de **Jesus**, que percorria cidades e aldeias, ensinava nas sinagogas, **pregava o Evangelho do Reino e curava enfermidades e doenças** (9,35). Jesus ia ao encontro do povo para anunciar o Evangelho do Reino; o povo, por sua vez, procurava Jesus para ouvi-lo e ser atendido em suas necessidades. É nesse quadro da missão de Jesus que se coloca o Evangelho que acabamos de ouvir. **Jesus vê as multidões e se compadece delas**: são pessoas cansadas, abatidas e desassistidas, como ovelhas sem pastor. As autoridades políticas, bem como as autoridades religiosas do Templo e das sinagogas, tinham a missão de pastorear; deviam cuidar do bem-estar físico e espiritual do povo, mas não o faziam. Ante a tantas carências do povo, Jesus se dirige aos discípulos para que vejam o que ele vê, sintam compaixão do povo como ele sente, e peçam "ao dono da messe que envie trabalhadores para a sua colheita" (v. 36-37). Mas não espera que comecem a pedir ao dono da messe esses trabalhadores. O próprio Jesus já escolhe doze discípulos com a missão de expulsar espíritos maus e curar "toda enfermidade e doença". Em seguida os **envia, delimitando o alcance da missão**: neste momento, não **devem dirigir-se** aos pagãos nem aos samaritanos, mas "**antes às ovelhas perdidas da casa de Israel**". Após sua morte e ressurreição, Jesus amplia essa missão para o mundo inteiro: "Ide, pois, fazei discípulos meus todos os povos, batizando-os em nome do Pai e do Filho e do Espírito Santo, ensinando-os a guardar tudo quanto vos mandei [...]" (Mt 28,19-20).

Durante a pandemia do Coronavírus e das catástrofes climáticas, muitos cristãos colocaram em prática a compaixão que Cristo sentiu pelo povo. Sinta-se, você também, convidado a anunciar o Evangelho do Reino de Deus, com palavras e obras, junto às pessoas sofridas que conhece.

12º Domingo do Tempo Comum

Oração: "Senhor, nosso Deus, dai-nos por toda a vida a graça de vos amar e temer, pois nunca cessais de conduzir os que firmais no vosso amor".

1 Primeira leitura: Jr 20,10-13

Ele salvou das mãos dos malvados a vida do pobre.

Jeremias recebeu a missão de ser profeta quando ainda era bem jovem (Jr 1,4-10). A missão seria muito exigente e difícil. Assim lhe falou o Senhor: "Dou-te hoje poder sobre nações e reinos, para **arrancar e destruir**, para **exterminar e demolir**, para **construir e plantar**" (1,10). Pelos verbos, percebe-se que a missão era mais negativa do que positiva. Devia denunciar a injustiça e a violência cometida pelos reis e poderosos contra os pequenos e pobres, e anunciar-lhes o castigo divino caso não se convertessem. Mas sua missão abrangia também as pequenas nações vizinhas e os impérios. Anunciava em nome de Deus que o reino de Judá devia sujeitar-se ao domínio da Babilônia, para salvar sua existência. Por isso era rejeitado até pelos próprios familiares de Anatot que pertenciam ao antigo reino de Israel, destruído pelos assírios um século antes (16,1-13). Era ameaçado de morte e perseguido pelas autoridades (26,1-19). Diante da espinhosa missão, o profeta cai em desânimo e entra em crise. Prestes a desistir de sua dura missão, chega a amaldiçoar o dia de seu nascimento (20,14-18). O texto que ouvimos pertence às assim chamadas "confissões de Jeremias", diálogos íntimos que ele mantém com Deus (11,8-23; 12,1-5; 15,10-21; 17,12-18; 18,18-23; 20,7-18). Como Jeremias frequentava o Templo de Jerusalém, suas orações são parecidas com as lamentações de muitos Salmos, cantados pelos levitas. Em nosso texto (20,10-13), porém, depois de lamentar-se, **Jeremias renova sua confiança na certeza de que Deus** o protegerá e **lhe dará forças para cumprir a missão.**

Diante de Deus sempre podemos apresentar-nos **confiantes**, como seus filhos e filhas. Em nossas súplicas, podemos dizer-lhe tudo o que pensamos e sentimos. Podemos com franqueza desabafar nossas mágoas, desde que o desabafo sirva de ocasião para renovar nossa confiança **em sua constante proteção.**

Salmo responsorial: Sl 68
Atendei-me, ó Senhor, pelo vosso imenso amor!

2 Segunda leitura: Rm 5,12-15

O dom ultrapassou o delito.

Na carta à comunidade cristã de Roma, Paulo explica que todos precisam de salvação (Rm 1,18–3,20). Lembra que a desobediência do primeiro ser humano/Adão trouxe o pecado e a morte para todos os seus descendentes. Mas a morte e ressurreição de Cristo nos concederam a graça e a reconciliação, mais universais e abundantes do que os estragos causados pelo pecado de Adão. Cristo pôs fim ao domínio da morte. O cristão pode, por vezes, sentir-se impotente diante das estruturas do pecado, do qual ele é vítima e, também, culpado. Mas, pela fé, ele sabe que pode vencê-las, em razão da solidariedade sacramental, eclesial e existencial com a morte e ressurreição de Cristo.

Aclamação ao Evangelho

O Espírito Santo, a Verdade, de mim irá testemunhar, e vós minhas testemunhas sereis em todo lugar.

3 Evangelho: Mt 10,26-33

Não tenhais medo daqueles que matam o corpo.

O Evangelho que ouvimos faz parte do discurso missionário de Mateus. A finalidade principal é incutir coragem aos discípulos em meio às perseguições dos anos 80-90 d.C. Cristãos eram conduzidos aos tribunais, açoitados nas sinagogas, processados diante de governadores e reis e odiados por causa do nome do Cristo (Mt 10,17-25). O Evangelho apresenta **quatro motivos para não temer as ameaças:** 1) O ponto de partida da exortação é a afirmação de que **o discípulo não está acima do mestre**. A condição para seguir o Mestre é abraçar a cruz: "Quem quiser salvar a sua vida, vai perdê-la; mas quem perder a sua vida por amor de mim, há de encontrá-la" (16,25). Se o mestre foi perseguido, acusado, injuriado e morto, o discípulo deverá também estar preparado para sofrer a mesma sorte, por causa de sua fé e pregação do Evangelho (10,24-25). 2) O **perseguidor só poderá tirar a vida do corpo**, mas não a vida depois da morte, que está nas mãos de Deus (v. 28-29). 3) **Confiar na Providência divina**, pois Deus cuida até dos pardais, quanto mais de seus discípulos (v. 29-31). 4) Aos que derem testemunho de Cristo diante dos homens, ele dará testemunho diante do "Pai que está nos céus" (v. 32-33). Na hora da perseguição o cristão era forçado a negar a sua fé; poderia tornar-se infiel. Deus, porém, permanece fiel: "Se o negarmos, também ele nos negará. Se somos infiéis, ele permanece fiel, pois não pode negar-se a si mesmo" (2Tm 2,13). Quem der testemunho de Jesus aqui na terra, será defendido por ele no juízo final.

O papa Francisco nos convida a darmos este testemunho, confiante e corajoso, em meio ao povo cristão e não cristão, a todas as pessoas carentes de Deus e necessitadas do socorro de "bons samaritanos". Bom samaritano é aquele que se esquece de si mesmo para socorrer a vida do próximo que está em perigo. Somos convidados pelo Sínodo Pan-amazônico a cuidar da vida dos mais pobres e estender o mesmo cuidado a toda a criação de Deus. Os gemidos da criação malcuidada se fazem ouvir ameaçadores em meio à crise climática e na recente pandemia de covid-19, que afetam a humanidade inteira.

13º Domingo do Tempo Comum

Oração: "Ó Deus, pela vossa graça, nos fizestes filhos da luz. Concedei que não sejamos envolvidos pelas trevas do erro, mas brilhe em nossas vidas a luz da verdade".

1 Primeira leitura: 2Rs 4,8-11.14-16a

É um santo homem de Deus, este que passa em nossa casa.

A palavra de Deus deste Domingo está centrada na hospitalidade, valor muito apreciado na cultura dos tempos bíblicos. Havia a convicção que Deus olha com carinho para as famílias que acolhem viajantes, peregrinos ou missionários. O profeta Eliseu era considerado um missionário, mensageiro de Deus. Não tinha morada fixa, mas anunciava a Palavra em todos os lugares para onde Deus o enviava. Em suas andanças era sempre acompanhado por um discípulo, Giezi. Quando viajava na Galileia, costumava hospedar-se em Sunam, na casa de um casal de certas posses, mas que não tinha filhos. Por iniciativa da mulher, foi até construído um pequeno apartamento no terraço da casa para hospedar o "santo homem de Deus" e seu companheiro. Vendo a bondade com que a mulher os tratava, Eliseu perguntou ao discípulo: "Que se poderia fazer por esta mulher?" E Giezi comentou que ela não tinha filhos. Na despedida **Eliseu disse à mulher**: "Daqui a um ano, neste tempo, estarás com um filho nos braços" (cf. 2Rs 4,8-17; Gn 18,9-15). A mulher tratava com todo o carinho os hóspedes profetas. O que mais desejava era ter filhos e recebeu a promessa de um filho, "uma recompensa de profeta", como diz Jesus no Evangelho.

Salmo responsorial: Sl 88

Ó Senhor, eu cantarei, eternamente, o vosso amor.

2 Segunda leitura: Rm 6,3-4.8-11

Sepultados com ele pelo batismo, vivamos uma nova vida!

O apóstolo Paulo não conheceu o Jesus histórico. O Evangelho que prega baseia-se na tradição apostólica recebida sobre Jesus e que ele sempre transmite: "que Cristo morreu pelos nossos pecados, segundo as

Escrituras; que foi sepultado; que ressuscitou ao terceiro dia" e apareceu aos apóstolos, a mais de quinhentos irmãos e, por fim, também a ele (1Cor 15,3-11). Na leitura de hoje, Paulo insiste que a vida cristã tem seu fundamento na morte e ressurreição de Cristo. Recorre aos símbolos do batismo que, no seu tempo, se fazia por imersão. No rito do batismo, o catecúmeno descia na grande pia batismal, onde era mergulhado na água, simbolizando o descer com Cristo à morada dos mortos (cf. Cl 2,12); emergir da água significava nascer com Cristo para a vida nova da ressurreição (cf. Ef 2,5-6). Por isso Paulo diz: "Se, pois, morremos com Cristo, cremos que também viveremos com ele". Ser batizado é morrer para o pecado, a fim de viver uma via nova em Cristo.

Hoje, o rito do batismo é mais simples; mesmo assim alguns símbolos lembram o que Paulo diz sobre o significado do batismo: a vela que os padrinhos acendem no círio pascal lembra a morte e ressurreição de Cristo; a veste batismal lembra a vida nova em Cristo.

Aclamação ao Evangelho
Vós sois uma raça escolhida, e propriedade de Deus.
Proclamai suas virtudes, pois, de trevas luz ele fez.

3 Evangelho: Mt 10,37-42

Quem não toma a sua cruz, não é digno de mim. Quem vos recebe, a mim recebe.

Domingo passado ouvimos um trecho do discurso missionário, no qual Jesus animava os apóstolos a enfrentarem as dificuldades no anúncio do Evangelho (Mt 10,26-33). O Evangelho de hoje conclui o discurso missionário. Antes de escolher os apóstolos e enviá-los em missão, Jesus agia sozinho, embora acompanhado por muitos discípulos e pelo povo. Pouco antes, Mateus resume essa primeira atividade, dizendo que ele percorria cidades e aldeias e pregava "o Evangelho do Reino de Deus". Compadecia-se do povo sofrido, "porque estava cansado e abatido, como ovelhas sem pastor". E dizia aos discípulos: "A messe é grande, mas os trabalhadores são poucos. Pedi, pois, ao dono da messe que mande trabalhadores para a sua colheita" (Mt 9,37-42). Logo em seguida, Jesus chama doze entre os discípulos e lhes dá o nome de apóstolos (Mt 10,1-4). Antes de enviá-los em missão, traça o plano de ação no discurso missionário (10,5-36). Segue, então, o texto do Evangelho de hoje, dividido em duas pequenas partes: exigências para a vida do apóstolo missionário (10,37-39) e recomendações para os cristãos oferecerem hospedagem a eles (10,40-42).

Entre as exigências se mencionam: o **desapego** dos laços familiares que impedem de cumprir com amor e mais liberdade a missão; **tomar a própria cruz e seguir a Jesus** Cristo; ser capaz de **arriscar a própria vida por amor a Cristo**. Como os apóstolos missionários devem deixar sua casa e família a fim de cumprir sua missão, Jesus recomenda aos cristãos que lhes seja dada **hospitalidade** (Primeira leitura). Mais adiante, quando Pedro pergunta a Jesus – "e nós que deixamos tudo e te seguimos, que recompensa teremos?" –, Jesus responde: "Todo aquele que deixar casa, ou irmãos, ou irmãs, ou pai, ou filhos, ou campos, por amor de meu nome, receberá cem vezes mais e possuirá a vida eterna" (Mt 19,27-30).

Quem recebe missionários em sua casa é a Jesus que recebe (10,41). E quem acolhe as pessoas pobres e desprotegidas, acolhe o próprio Jesus, e receberá como recompensa a vida eterna (Mt 25,34-40).

14º Domingo do Tempo Comum

Oração: "Ó Deus, que pela humilhação do vosso Filho reerguestes o mundo decaído, enchei os vossos filhos e filhas de santa alegria, e dai aos que libertastes da escravidão do pecado o gozo das alegrias eternas".

1 Primeira leitura: Zc 9,9-10

*Eis que **teu rei**, **humilde**, vem ao teu encontro.*

O texto da Primeira leitura é do IV século a.C. A pequena comunidade judaica não tinha mais rei nem autonomia política, mas estava sob o domínio dos governantes da Pérsia. A esperança messiânica de um novo descendente de Davi tinha que ser repensada e reavivada. É o que o profeta Zacarias procura fazer, conclamando o povo de Jerusalém a acolher o seu futuro rei com alegria. Ele já vem vindo ao encontro de Jerusalém. O **Messias** esperado não será como os reis de Israel e de Judá. **Será um rei justo**, que realmente **salvará o seu povo**; será um rei **humilde** e virá montado sobre um jumento, sem a pompa e o aparato militar de um dominador. Ao contrário, o Messias **eliminará de Jerusalém cavalos e arcos de guerreiros**, símbolo das guerras dos impérios dominadores de então. Mesmo assim **estabelecerá a paz universal**, tão desejada. Mateus, ao descrever a entrada triunfal de Jesus em Jerusalém, montado num jumento, cita esta profecia de Zacarias (Mt 21,1-11). Jesus veio implantar o Reino de Deus neste mundo, sem aparato bélico, porque seu reino não é deste mundo (cf. Jo 18,36; Mt 26,5-54). Como Servo Sofredor, Jesus deu sua vida por este Reino, a fim de estabelecer a paz e a fraternidade entre os povos. "**Felizes os que promovem a paz, porque serão chamados filhos de Deus**" (Mt 5,9).

No mundo injusto e violento em que vivemos Jesus propõe a todos os povos a vida segundo os valores do Reino de Deus.

Salmo responsorial: Sl 144(145)

Bendirei eternamente vosso nome, ó Senhor!

2 Segunda leitura: Rm 8,9.11-13

Se, pelo Espírito, fizerdes as obras do corpo morrer, vivereis.

Viver segundo a "carne" é viver na autossuficiência, fechado em si mesmo, como os ouvintes que rejeitaram a mensagem de Jesus

(Evangelho). Paulo fala da oposição entre vida segundo o Espírito e a vida segundo a carne. Vive segundo a carne quem se deixa dominar pelos critérios humanos do consumismo, da dominação sobre o próximo e do ódio, sem o menor senso de solidariedade humana. **Vive segundo o espírito quem pertence a Cristo**, porque crê no **Espírito que mora em cada pessoa**. Mas viver segundo o Espírito, que ressuscitou Jesus dentre os mortos, é uma "dívida", diz Paulo; isto é um desafio permanente na vida cristã. O caminho mais seguro para **viver segundo o Espírito é "pertencer" a Cristo e aprender dele**, que é "manso e humilde de coração" (Evangelho).

Aclamação ao Evangelho

Eu te louvo, ó Pai Santo, Deus do céu, Senhor da terra; os mistérios do teu reino aos pequenos, Pai, revelas!

3 Evangelho: Mt 11,25-30

Eu sou manso e humilde de coração.

Antes do Evangelho de hoje, Jesus critica as cidades da Galileia, Corozaim, Betsaida e Cafarnaum, que o rejeitam por causa de seu orgulho e autossuficiência (11,20-24). Estas cidades não se converteram porque o modo de ser e de agir de Jesus incomodava. **Jesus** não veio conquistar adeptos pela violência, mas **veio com humildade e mansidão**. Veio, "pedindo licença para bater na porta do coração das pessoas" (papa Francisco na JMJ). Os pequenos, pobres, pecadoras e pecadores, desprezados pelos orgulhosos, o acolheram e continuam acolhendo. Por isso, Jesus **louva o Pai que se revela aos pequeninos** e se oculta aos grandes. Os pequeninos são os que não se impõem pelo poder, pelo ter ou pelo saber. São os simples, os pobres, os de coração aberto para acolher a mensagem do Senhor.

O Evangelho de hoje nos convida a **contemplar a imagem do Pai, revelada pelas palavras e gestos de Jesus**. Convida-nos a louvar este Deus, que assim se revela. Propõe-nos a **agir, com humildade e mansidão, como Jesus agiu com os pequeninos**.

15º Domingo do Tempo Comum

Oração: "Ó Deus, que mostrais a luz da verdade aos que erram para retomarem o bom caminho, dai a todos os que professam a fé rejeitar o que não convém ao cristão, e abraçar tudo o que é digno desse nome".

1 Primeira leitura: Is 55,10-11

A chuva faz a terra germinar.

Os profetas do Antigo Testamento falam em nome de Deus ao povo de Israel. Aos poucos começam a **refletir sobre o efeito**, positivo ou negativo, **que esta Palavra produz entre o povo**. No livro de Isaías (40–55) temos uma reflexão sobre a **Palavra de Deus criadora**, na criação dos astros, da terra, dos céus e do mar (40,26; 48,13; 50,2). Ela produz frutos também **na obra da salvação** (42,9; 46,10; 48,5).

O texto de hoje (55,10-11) é um exemplo desta teologia. O texto quer mostrar a eficácia da Palavra de Deus. Em Israel, quando, após seis meses de seca, a chuva novamente cai na terra ressequida produz um efeito espetacular de vida. Assim diz o profeta, acontece com a Palavra que Deus envia do céu. Quando absorvida por corações sedentos de Deus, a Palavra sempre produz seu fruto. Deus tem um plano: executar a obra da salvação de seu povo, sofrido e desanimado (Is 40,6-7.27-31), e nada poderá impedi-lo de realizar este plano de salvação. **A Palavra de Deus é sempre eficaz. Se nós a acolhemos, produz nossa**

salvação; se a rejeitamos, causa a perdição. "Escolhe, pois, a vida para que vivas" (cf. Dt 30,19).

A Palavra de Deus é viva e atuante em minha vida?

Salmo responsorial: Sl 64
A semente caiu em terra boa e deu fruto.

2 Segunda leitura: Rm 8,18-23

A criação está esperando ansiosamente o momento de se revelarem os filhos de Deus.

A Palavra de Deus está sendo semeada no terreno dos filhos e filhas de Deus, que vivem em meio aos "sofrimentos do tempo presente". Não é sufocando a natureza e a criação pelo consumismo e pelo mito da revolução tecnológica que o ser humano se realiza. O cristão, ao contrário, movido pelo Espírito Santo, está todo voltado para frente, para o futuro. Vive a **fé** e o **amor** sempre movido pela **esperança**. Não só o ser humano tem esta esperança, mas toda a criação é solidária e espera ser libertada da escravidão e assim "participar da liberdade e da glória dos filhos de Deus". Paulo diz que nós já **temos os primeiros frutos do Espírito**; mas estamos gemendo com toda a criação como que em dores de parto, aguardando a nova criação, que vai desabrochar plenamente da semente da **Palavra de Deus**. Ela **atua dentro de nós, pela força do Espírito**.

O aquecimento global e a pandemia nos mostram que tudo está interligado em "nossa Casa Comum". A criação, tão maltratada por nós, continua gemendo e esperando que nós, com a força do Espírito Santo, a respeitemos, libertando-a da dura escravidão que lhe estamos impondo.

Aclamação ao Evangelho
Semente é de Deus a Palavra, o Cristo o semeador; todo aquele que o encontra, vida eterna encontrou.

3 Evangelho: Mt 13,1-23

O semeador saiu para semear.

A parábola do semeador divide-se em três partes: a parábola como tal (13,1-9); para que servem as parábolas (13,10-17); e a explicação da parábola (13,18-23). Percebe-se uma expansão desta parábola original de Jesus (13,1-9). A parte central da parábola parece ser uma reflexão sobre a razão da incredulidade de Israel; a explicação é uma "aplicação" da parábola para a vida da primeira Igreja, que tinha a missão de anunciar a palavra de Jesus. Na primeira parte Jesus fala à multidão e pinta a realidade da experiência da vida de um trabalhador, que semeia a sua semente na esperança de colher o fruto devido. E conclui: "Quem tem ouvidos para ouvir, ouça!" Portanto, convida-nos à reflexão.

Jesus se apresenta como o semeador escatológico e **constata que nem toda a palavra que ele ensina produz fruto, mas quando encontra terra boa, o fruto é abundante** (Primeira leitura). Esta parte é como um espelho da experiência positiva e negativa de Jesus, o semeador da Palavra. A pergunta dos apóstolos aprofunda e atualiza o sentido da parábola. A segunda parte reflete o mistério da rejeição de Israel à mensagem de Jesus (13,10-17); a terceira parte reflete o efeito na vida dos que creem (v. 18-23). Uma coisa é certa: a Palavra de Deus não tem a finalidade de trazer o fechamento (a incredulidade), mas trazer a abertura (terra boa) do coração, que resulta em abundantes frutos. É como a chuva que cai, umedece a terra a não volta ao céu sem produzir seu fruto (Is 55,10-11).

A Palavra de Deus, escutada, lida e meditada, certamente produzirá os frutos que Cristo espera de nós.

16º Domingo do Tempo Comum

Oração: "Ó Deus, sede generoso para com os vossos filhos e filhas e multiplicai em nós os dons da vossa graça, para que, repletos de fé, esperança e caridade, guardemos fielmente os vossos mandamentos".

1 Primeira leitura: Sb 12,13.16-19

Concedeis o perdão aos pecadores.

O sábio medita e contempla **o agir de Deus com os seres humanos**. Deus é um juiz poderoso, mas em vez de usar seu poder para punir, prefere cuidar de todas as suas criaturas. Tem força para aniquilar os pecadores, mas **controla o princípio da justiça punitiva pela sua clemência**. A bondade divina não diminui em nada sua justiça nem seu poder. **Deus age de modo humano com os humanos**, pois conhece sua fraqueza e limitação (cf. Gn 8,21-22). Ele **"ensina ao seu povo que o justo deve ser humano"**. Assim, nos dá a "confortadora esperança" de que Deus "concede o perdão aos pecadores". Meditemos e louvemos a "humanidade" de nosso Deus.

Salmo responsorial: Sl 85

Ó Senhor, vós sois bom, sois clemente e fiel!

2 Segunda leitura: Rm 8,26-27

O Espírito intercede por nós com gemidos inefáveis.

Domingo passado Paulo dizia que, pelo batismo, já recebemos o Espírito Santo que age em nós, suscitando os primeiros frutos do Espírito. No entanto, estamos gemendo como que em dores de parto junto com todas as criaturas dominadas pelo pecado, na esperança de ver desabrochar a nova criação. Pela força do Espírito, Deus continua criando e renovando a sua criação (cf. Sl 104,30). Hoje, **Paulo nos convida a ouvir a voz, os gemidos do Espírito criador**. Ele se faz ouvir no âmbito da Igreja, na voz dos leigos, no âmbito político, na voz do povo e no respeito da vida de todas as criaturas (**ecologia integral**). É o Espírito Santo que convoca todas as religiões e pessoas de boa vontade para o cuidado da vida de todos os seres criados. Como esses gemidos se explicam nas parábolas do joio, do fermento e do grão de mostarda? (Evangelho).

Aclamação ao Evangelho: Mt 11,25

Eu te louvo, ó Pai Santo, Deus do céu, Senhor da terra. Os mistérios do teu Reino aos pequenos, Pai, revelas!

3 Evangelho: Mt 13,24-43

Deixai crescer um e outro até a colheita.

O Evangelho de hoje está unido à Primeira leitura pela ideia do julgamento de Deus, justo e indulgente para com todos. Relaciona-se também aos gemidos do Espírito da Segunda leitura. Domingo passado, refletimos sobre a parábola do semeador: Jesus (e a Igreja) que anuncia o Reino de Deus e vê resultados diferentes de sua ação. Hoje ouvimos três pequenas parábolas de Jesus: do joio, da mostarda e do fermento na massa. Elas complementam o sentido da parábola do semeador e sua semente. A parábola do semeador reflete sobre os fatores que impedem o crescimento da semente: terreno ruim, pedras e espinhos aniquilam o crescimento da semente; a terra boa, por sua vez, produz diferentes resultados na hora da colheita. Além do bom semeador que semeia sementes boas, outras sementes são semeadas pelo inimigo na mesma terra, como o joio parecido com o trigo. A sociedade em que vivemos é a terra capaz de receber sementes boas e ruins. Pelos frutos, bons ou maus, conhecemos quem é o semeador e a qualidade da semente semeada.

Quem semeia hoje as sementes más da injustiça, da desigualdade, da corrupção e da violência em nossa sociedade? Além da boa semente que os pais procuram semear no coração de seus filhos, quais outras sementes influenciam negativamente a educação dos filhos? E o que dizer da qualidade da semente que os ministros da Igreja semeiam? O que devemos fazer? Tomar atitudes radicais como propunham os trabalhadores ao seu patrão? Ser impacientes e radicais como João e Tiago, que pediam a Jesus permissão de rogar pragas contra os samaritanos que não o acolheram? Ou agir com sabedoria e prudência como o dono da plantação sugeriu? (Primeira leitura).

As leituras nos convidam a **confiar na força criadora do Espírito Santo**, que cria e renova todas as coisas. O poder de Deus esconde-se no dinamismo de uma pequena porção de fermento, capaz de levedar a massa, e na insignificância de uma sementinha de mostarda que esconde em si uma grande árvore. Paulo, ao falar da ação da graça em sua vida, diz: "Pois quando me sinto fraco, então é que sou forte" (2Cor 12,10).

Deus é misericordioso e aguarda com paciência os frutos, como vemos na parábola da figueira estéril (cf. Lc 13,6-9).

17º Domingo do Tempo Comum

Oração: "Ó Deus, sois o amparo dos que em vós esperam e, sem vosso auxílio, ninguém é forte, ninguém é santo; redobrai de amor para conosco, para que, conduzidos por vós, usemos de tal modo os bens que passam para abraçar os que não passam".

1 Primeira leitura: 1Rs 3,5.7-12

Pediste-me sabedoria.

Salomão, apenas nomeado e ungido rei de Israel e Judá, foi oferecer sacrifícios em Gabaon. Estava preocupado com seu plano de governo, para substituir à altura seu pai Davi no trono. Em sonho, o próprio Deus lhe diz: "Pede o que desejas, e eu te darei". E Salomão não pediu riquezas nem vida longa, ou a morte de seus inimigos, mas **o dom da sabedoria para praticar a justiça**. Praticar a justiça para o rei **significava julgar os pobres com justiça** e coibir a violência e opressão dos grandes e poderosos contra os pequenos: o órfão, a viúva, o pobre e o estrangeiro. **Desejava o dom da sabedoria para buscar, sempre melhor, o bem-estar do povo**; e foi isso que ele pediu. Logo em seguida conta-se como o rei fez justiça entre duas pobres mulheres (prostitutas), que, tendo morrido o filho de uma delas, disputavam o filho ainda vivo (1Rs 3,16-28).

Estamos vivendo em tempos de graves crises, a nível mundial e em nosso país, agravadas agora pelo aquecimento global, pela pandemia, catástrofes climáticas e suas consequências. A falta de sabedoria em nossos políticos e governantes provoca o escândalo da injustiça, da corrupção, da divisão, do ódio, da violência e da guerra, como estamos vendo em nosso país e no mundo. **Peçamos** a Deus que ilumine nossos políticos e governantes com **o dom da sabedoria**, a fim de que busquem sempre o bem do povo mais pobre e não os interesses pessoais ou de grupos poderosos.

Salmo responsorial: Sl 118
Como eu amo, Senhor, a vossa Lei, a vossa palavra!

2 Segunda leitura: Rm 8,28-30

Ele nos predestinou para sermos conformes à imagem de seu Filho.

Paulo medita sobre o projeto de Deus a nosso respeito. Tudo começa com seu plano de amor para conosco. "Desde sempre", Deus quis tornar-nos conformes à imagem de seu Filho. Deus nos ama como a seus filhos e filhas adotivos e irmãos de Cristo. Quer, assim, que seu Filho seja o primogênito "no meio de uma multidão de irmãos". Que em nossa vida sejamos espelhos vivos da imagem de seu Filho Jesus Cristo, amando o nosso próximo como ele nos amou até o fim (cf. Jo 13,1). Deus já glorificou seu Filho Jesus Cristo e quer que nós, irmãos de Cristo e filhos adotivos, participemos da mesma glória.

Aclamação ao Evangelho

Eu te louvo, ó Pai Santo, Deus do céu, Senhor da terra. Os mistérios do teu Reino aos pequenos, Pai, revelas!

3 Evangelho: Mt 13,44-52

Ele vende todos os seus bens e compra aquele campo.

O Evangelho deste Domingo contém as últimas três parábolas (exclusivas de Mateus) e a conclusão do "sermão das parábolas" de Mt 13: parábola do tesouro escondido, parábola da pérola preciosa e a parábola da rede. Jesus continua explicando o que é o Reino dos Céus, isto é, de Deus. A parábola do tesouro escondido mostra a gratuidade e a surpresa do achado: o homem estava passando por um campo e o "encontra por acaso" e investe todos os seus bens para comprar aquele campo, por causa do tesouro escondido. O encontro não era premeditado. É a experiência do **deixar-se surpreender por Deus**, da qual o papa Francisco falava aos jovens na JMJ (2013). **Deus gosta de nos surpreender...** A parábola da pérola preciosa revela outra faceta: **o mercador lidava com pérolas,** sabia o que procurava e desejava encontrá-las; mesmo assim é **surpreendido por uma pérola que jamais sonhara encontrar.** Estas duas parábolas fazem parte da experiência pessoal de Mateus/Levi: Na sua banca de cobrador de impostos lidava com moedas, algumas mais valiosas e outras menos;

mas Jesus o surpreende com o convite: "Segue-me!" E Mateus larga tudo, faz uma festa de despedida para seus amigos, deixa seus bens e investe toda a sua vida no seguimento de Jesus, porque encontrou o tesouro escondido (Mt 9,9-13; cf. Lc 5,27-29).

O seguimento de Jesus Cristo, no Reino de Deus, **exige de nós um "investimento total"** e prioritário: "Buscai o Reino de Deus e a sua justiça e tudo mais vos será dado de acréscimo" (Mt 6,33). A parábola da rede aponta para o juízo final e se assemelha àquela do joio no meio do trigo, que ouvimos Domingo passado. A rede pega todo tipo de peixe, mas os pescadores escolhem os bons e jogam de volta ao mar os que não prestam.

18º Domingo do Tempo Comum

Oração: "Manifestai, ó Deus, vossa inesgotável bondade para com os filhos e filhas que vos imploram e se gloriam de vos ter como criador e guia, restaurando para eles a vossa criação, e conservando-a renovada".

1 Primeira leitura: Is 55,1-3

Apressai-vos, e comei!

O texto que ouvimos conclui os oráculos dos discípulos do profeta Isaías do século VIII, agora dirigidos aos exilados na Babilônia (II Isaías). Um profeta anônimo, pelos anos 550-540 a.C., fala aos filhos e netos dos que foram exilados há mais de 50 anos. Jeremias havia escrito uma carta para eles logo que foram exilados, dizendo que o exílio iria durar bastante tempo (Jr 29,1-14). Agora, porém, as circunstâncias políticas tinham mudado e era hora de voltar. Mas como despertar a atenção e o interesse da nova geração que não tinha conhecido o Templo nem a terra de seus antepassados? Como despertar uma fome e sede espirituais de um retorno à aliança com Deus, quando a tentação era abandonar a fé dos pais? Por isso, a **mensagem visa animar a fé e a esperança nos desanimados** e despertar uma sede e fome de Deus no fundo de seus corações. É a gratuidade e **a força da Palavra de Deus que operará este milagre**. Era preciso **ouvir os profetas**, mensageiros de Deus: "Inclinai o vosso ouvido e vinde a mim, **ouvi e tereis vida!**" Muitos exilados na Babilônia talvez já tivessem resolvido os problemas básicos materiais, como moradia, trabalho e alimentação. No entanto, **somente o Deus vivo poderia saciar sua fome e sede espirituais**, e não os ídolos mortos. Nada melhor do que voltar à terra prometida aos antepassados, uma terra de liberdade e fartura, "onde corre leite e mel (Dt 26,15).

Nos tempos difíceis das mudanças climáticas e da pandemia em que estamos vivendo, somos convidados a **ouvir a Palavra de Deus, renovar nossa fé e esperança em Cristo Jesus**, nossa Vida e Salvação.

Salmo responsorial: Sl 144

Vós abris a vossa mão e saciais os vossos filhos.

2 Segunda leitura: Rm 8,35.37-39

Nenhuma criatura poderá nos separar do amor de Deus manifestado em Cristo.

Paulo viveu intensamente o **amor de Cristo** desde sua conversão. Na Carta aos Gálatas chega a dizer: "Já não sou eu que vivo, é Cristo que vive em mim. Minha vida presente na carne eu a vivo pela fé no Filho de Deus, que me amou e se entregou por mim" (Gl 2,20). Quando escreve aos cristãos de Roma, Paulo, junto com todos os cristãos, sente-se envolvido pelo amor de Deus manifestado em Jesus Cristo, do qual nenhuma força adversa poderá nos separar. Tribulação, angústia, perseguição, fome, nudez, perigo e espada, que ele e os cristãos sofreram, foram momentos que o fizeram crescer na fé e no amor a Cristo Jesus. As situações extremas de sofrimento vividas por Paulo podem atingir a qualquer um de nós. Que tais sofrimentos façam crescer, também em nossa vida, a fé, a esperança e o amor de Cristo Jesus.

Aclamação ao Evangelho

O homem não vive somente de pão, mas vive de toda palavra que sai da boca de Deus.

3 Evangelho: Mt 14,13-21

Todos comeram e ficaram satisfeitos.

No evangelho de Mateus, após o discurso das parábolas (cap. 13), **Jesus visita Nazaré**, sua cidade de origem, onde é **rejeitado pelos conterrâneos**. Logo em seguida recebe a **notícia do martírio de João Batista**, seu precursor. Jesus sentiu a rejeição de seus conterrâneos em Nazaré, sentiu a dor da perda do amigo João Batista e a ameaça que pairava sobre sua pessoa e missão. Retira-se, então, "**para um lugar deserto e afastado**". O povo, porém, "sente o cheiro de seu pastor" e o segue a pé (14,13). Jesus desejava estar a sós com o Pai para orar e refletir sobre sua missão, mas se vê de novo cercado pela multidão. Ao ver a multidão, Jesus "**encheu-se de compaixão por eles e curou os que estavam doentes**". Era um povo sedento de sua palavra e faminto de seus gestos de amor (Segunda leitura).

O Evangelho não diz que Jesus aproveitou a ocasião para ensinar ao povo. É que **Jesus ensina também pelas ações, pelo toque das mãos que curam** e trazem consolo **ao coração**. Jesus conversa com as pessoas, com as famílias que apresentavam seus doentes. Jesus "se compadece", isto é, coloca-se no lugar das pessoas que sofrem e sofre com elas.

Quando chega a tarde os discípulos alertam a Jesus que era hora de despedir a multidão, pois já era tarde e o povo precisava procurar alimento e abrigo. Mas Jesus lhes diz: "Eles não precisam ir embora. **Dai-lhes vós mesmos de comer**". Eles reclamam, dizendo: "Só temos aqui cinco pães e dois peixes". Nós sempre pensamos que o pouco não dá para dividir porque vai faltar (cf. 2Rs 4,42-46). **Na lógica de Jesus é possível dividir o pouco, porque dividindo**, o pouco **se multiplica**. Jesus multiplicou os cinco pães e dois peixes, dividindo-os. E se muitos dividirem o pouco que têm, todos serão atendidos e acaba sobrando. Este é o milagre que Jesus quis ensinar ao povo. Milagre que vimos acontecer, em parte, durante a pandemia.

A celebração da missa, na qual temos a Mesa da Palavra e a Mesa do Pão, é um insistente convite para vivermos o milagre da divisão do pão com os necessitados, em nossa vida prática. Certamente, Jesus, atendendo o povo doente e dividindo os pães e peixes, com poucas palavras, fez um dos discursos que mais mexem com nossa vida de Igreja e provocam a sociedade.

19º Domingo do Tempo Comum

Oração: "Deus eterno e todo-poderoso, a quem ousamos chamar de Pai, dai-nos cada vez mais um coração de filhos, para alcançarmos um dia a herança que prometestes".

1 Primeira leitura: 1Rs 19,9a.11-13a

Permanece sobre o monte na presença do Senhor.

Em seu zelo pelo Deus verdadeiro, Elias provocou um massacre dos sacerdotes de Baal, divindade promovida pela rainha Jezabel. A rainha decidiu matar Elias e este fugiu para o deserto; cansado e desanimado, desejava morrer. Mas um anjo o socorreu duas vezes, oferecendo-lhe pão e água. Reanimado, Elias continuou andando até o monte Horeb, onde passou a noite numa caverna. No dia seguinte, Deus mandou Elias esperar sua manifestação no alto da montanha. Houve então uma violenta ventania, depois, um terremoto e em seguida um fogo. **Deus não se manifestou** em nenhum deles, mas **numa brisa suave**. Ao **perceber a presença divina**, Elias cobriu seu rosto com um véu e ouviu Deus que lhe falava. Ao falar com Elias, Deus lhe pergunta por que chegou ao monte Horeb (Sinai). E ele explica que estava desanimado e abalado em sua fé, porque a rainha Jezabel havia matado todos os profetas do Senhor. E Deus confirma o profeta em sua missão. Deus não abandona o seu povo nem o profeta escolhido, mas fortalece-o neste encontro silencioso.

Deus não se manifesta necessariamente na força, no barulho ou na violência, mas prefere o silêncio, a paz e a suavidade. Um recado para nossas liturgias barulhentas: Rezamos, falamos para Deus, cantamos e fazemos muito barulho... **Será que abrimos um pequeno espaço de silêncio para que ele nos fale?**

Salmo responsorial: Sl 84
Mostrai-nos, ó Senhor, vossa bondade, e a vossa salvação nos concedei!

2 Segunda leitura: Rm 9,1-5

Eu desejaria ser segregado em favor de meus irmãos.

Paulo se lamenta, cheio de dor, pelos seus irmãos de sangue e fé judaica, por não terem aderido à fé em Cristo. **Desejava ser o apóstolo no meio deles.** Desejava ser escolhido por Cristo em favor de seus irmãos judeus. No entanto, Deus o chamou e separou para falar aos pagãos. Lucas lembra que, numa celebração da liturgia, o Espírito Santo disse: "Separai-me Barnabé e Saulo para a obra a que os chamo" (At 13,1-3). Paulo e Barnabé foram escolhidos pelo Espírito Santo e pelos cristãos de Antioquia para a missão entre os pagãos. Paulo reconhece a herança comum que os cristãos têm com os judeus e é grato por Cristo ter vindo do judaísmo. Acredita que Israel, o povo escolhido por Deus, continua tendo as portas abertas para sua salvação em Cristo. Também nós somos chamados a ter um relacionamento de gratidão e respeito pelos judeus, pelo muito que do judaísmo e suas Escrituras recebemos.

Aclamação ao Evangelho

Eu confio em nosso Senhor, com fé, esperança e amor; eu espero em sua palavra, Hosana, ó Senhor, vem, me salva!

3 Evangelho: Mt 14,22-33

Manda-me ir ao teu encontro, caminhando sobre a água.

Os milagres da natureza ("multiplicação" do pão) e o caminhar de Jesus sobre a água querem nos dizer mais do que, simplesmente, contar um milagre. Mateus, ao contar o milagre da tempestade acalmada (8,23-27), quer mostrar a importância da fé em quem deseja seguir a Jesus. No texto que escutamos (14,22-33), **Mateus focaliza a atitude dos discípulos marcada pelo medo e pela falta de fé**, para ensinar que Jesus não abandona os que escolheu. Mateus também escreve para a Igreja, para as comunidades cristãs sujeitas a perseguições e adversidades. Na barca, símbolo da Igreja, os cristãos precisavam confiar na presença do Senhor ressuscitado. A vida cristã acontece em meio aos sofrimentos e adversidades do dia a dia. Quando perdemos o emprego ou até a moradia, como nos tempos dramáticos da pandemia do Coronavírus, é então que precisamos renovar nossa fé no auxílio que vem do Senhor por meio de pessoas que vêm em nosso socorro.

Na celebração da missa, quando o sacerdote nos saúda "O Senhor esteja convosco", nós respondemos "Ele está no meio de nós". Mesmo assim, em momentos difíceis, pode surgir a dúvida concreta que afligiu o povo de Israel no deserto: "O Senhor está, ou não está, no meio de nós?" (cf. Ex 17,17). Assim aconteceu com o profeta Elias, que fugiu para o deserto, desanimado de lutar em defesa da fé no verdadeiro Deus. No silêncio do deserto, porém, teve um encontro com Deus, que lhe deu forças para continuar sua missão (Primeira leitura). A fé na presença de Deus nos torna capazes de fazer coisas incríveis. – Pedro, por exemplo, quando viu Jesus caminhando sobre as águas do mar agitado, pediu-lhe para fazer a mesma experiência. Jesus lhe disse: "Vem!" Na presença de Jesus (ressuscitado) parecia fácil e Pedro começou a caminhar. Mas, ao sentir o vento, duvidou da presença do Senhor e, com medo de afundar, pôs-se a gritar: "Senhor, salva-me!" Jesus logo veio em socorro e disse: "Homem fraco na fé, por que duvidaste?" Ao ver isso, imediatamente, todos os que estavam na barca sentiram a presença do Senhor, prostraram-se diante dele e disseram: "Tu és o Filho de Deus".

Pedro e os discípulos representam a todos nós. Nossa fé pode fraquejar, mas Jesus sempre vem em nosso socorro quando a ele clamamos. Nele podemos confiar porque verdadeiramente é o Filho de Deus.

20º Domingo do Tempo Comum

Oração: "Ó Deus, preparastes para quem vos ama bens que nossos olhos não podem ver; acendei em nossos corações a chama da caridade para que, amando-vos em tudo e acima de tudo, corramos ao encontro das vossas promessas que superam todo desejo".

1 Primeira leitura: Is 56,1.6-7

Aos estrangeiros eu conduzirei ao meu monte santo.

A segunda parte de Isaías (cap. 40–55) conclui-se com a promessa de um feliz retorno para a Judeia (Is 55,12-13). A Primeira leitura deste Domingo inicia a terceira parte do livro de Isaías (cap. 56–66), escrita após o exílio. A situação na Judeia era de crise. As promessas dos profetas de um retorno feliz a Jerusalém não se cumpriam. Os governantes não cuidavam do bem-estar do povo mais desfavorecido, mas buscavam o próprio lucro (Is 56,9-12). O **culto e os jejuns** para afastar as calamidades de nada adiantavam – diz o profeta – porque **não se praticava o direito e a justiça** (Is 58,1-12).

O texto hoje lido inicia com uma ordem de cumprir o direito e a justiça. Não se trata de uma condição, mas de uma preparação para acolher a salvação que Deus livremente promete: pois "minha salvação está prestes a chegar e minha justiça não tardará a manifestar-se". Trata-se aqui da justiça divina que salva, porque Deus continua fiel à aliança com Israel, apesar de infidelidades do povo, já punidas pelo exílio (Is 40,2). Mas quem faria parte da salvação e da aliança com Javé? Era a pergunta que vinha da parte dos que se sentiam excluídos do povo da aliança: os eunucos e estrangeiros. Os eunucos eram judeus castrados que estiveram a serviço de reis e de cortes, na diáspora. Estrangeiros poderiam ser judeus nascidos fora da Judeia, ou o resto do reino de Israel, ou até pagãos convertidos ao judaísmo. A condição para ser salvo e pertencer à religião judaica era observar o sábado e as leis da aliança. Todos serão conduzidos ao "monte santo", onde poderão oferecer holocaustos e vítimas agradáveis a Deus, na "casa de oração para todos os povos". **A convivência de Israel** no exílio da Babilônia e na diáspora com outros povos e nações **levou a alargar a salvação** prometida ao povo de Israel para horizontes mais amplos. **O judeu já não se define pela descendência de Abraão, mas pela fidelidade à Lei da Aliança.**

Salmo responsorial: Sl 66

Que as nações vos glorifiquem, ó Senhor; que todas as nações vos glorifiquem!

2 Segunda leitura: Rm 11,13-15.29-32

O dom e o chamado de Deus são irrevogáveis.

Paulo nasceu na diáspora, mas estudou a Lei em Jerusalém aos pés do mestre Gamaliel (At 22,3). Julgava-se preparado para anunciar Jesus Cristo aos judeus. Com muita dor no coração chega a dizer que gostaria de ter sido separado por Cristo em favor de seus irmãos, os judeus (Rm 9,2-3; cf. 19º Domingo, Segunda leitura). Diante da rejeição sofrida da parte dos chefes das sinagogas, decidiu pregar aos pagãos (cf. At 18,6).

Na leitura de hoje, escrevendo aos cristãos de Roma, **Paulo** promete honrar seu ministério de **apóstolo dos pagãos**. Esperava que, evangelizando os pagãos, causaria ciúme nos judeus e, assim, poderia trazer alguns deles para Cristo. Os judeus tornaram-se desobedientes por terem rejeitado a Cristo. Mesmo assim, continuam sendo o povo escolhido, pois Deus não volta atrás nas suas escolhas. Por outro lado, os pagãos, antes desobedientes, acolheram a Cristo e tornaram-se obedientes, alcançando a misericórdia de Deus. E Paulo conclui, cheio de esperança: Como **todos foram desobedientes, tanto judeus como pagãos, Deus vai usar de misericórdia para com todos**. Neste breve texto Paulo menciona o Pai, o Filho e o Espírito Santo. **É o triunfo da misericórdia da Santíssima Trindade.**

Aclamação ao Evangelho: Mt 4,23

Jesus pregava o Evangelho, a boa notícia do Reino; e curava seu povo doente de todos os males, sua gente.

3 Evangelho: Mt 15,21-28

Mulher, grande é a tua fé!

O texto do evangelho de Mateus está localizado entre duas multiplicações de pães (14,14-21 e 15,32-39). Por outro lado, antes deste texto, Pedro é repreendido pela falta de fé; mas, socorrido por Jesus quando se afogava, reconhece que ele é "verdadeiramente o Filho de Deus" (14,22-33). Depois de nosso texto, Pedro confessa que Jesus "é o Cristo, o Filho do Deus vivo" (16,16). **O tema do pão e da fé estão presentes no Evangelho de hoje.** O texto inicia dizendo que Jesus, ao saber da morte de João Batista (Mt 14,1-13), retirou-se para as proximidades de Tiro e Sidônia, uma região pagã. Agora, sai da Galileia para evitar uma possível prisão e refletir sobre qual tipo de Cristo/Messias o Pai do céu queria que ele fosse.

Quando a mulher grita de longe para Jesus em favor de sua filha "Senhor, filho de Davi, tem piedade de mim", ela o confessa como Filho de Deus (Senhor) e como Messias, descendente de Davi. Jesus parece estar vivendo um dilema: A missão que o Pai lhe confiou estaria limitada apenas aos descendentes de Abraão? – Por outro lado, os discípulos pedem que Jesus mande a mulher embora. – A princípio, Jesus responde que sua missão se restringe "às ovelhas perdidas da casa de Israel". A mulher, no entanto, continua gritando com mais insistência ainda. Aproxima-se de Jesus, prostra-se a seus pés e suplica: "Senhor, socorre-me!" Jesus responde que "não fica bem tirar o pão dos filhos para jogá-lo aos cachorrinhos". Parece uma ironia Jesus falar assim, logo ele que tinha feito duas multiplicações de pães para alimentar quase dez mil pessoas, com sobras de mais de quinze cestas cheias de pão! No contexto, porém, **Mateus ressalta a humildade da mulher pagã**, que diz: "Mas os cachorrinhos também comem as migalhas da mesa de seus donos". Jesus se compadece e diz: "Mulher, grande é tua fé! Seja feito como tu o queres!" Na cena do milagre, a mulher cananeia apresenta Jesus como o Messias Salvador para todos, judeus e pagãos. A misericórdia de Deus é sem limites. Atinge judeus e pagãos (Segunda leitura), enfim, toda a humanidade (Mt 28,18-20).

21º Domingo do Tempo Comum

Oração: "Ó Deus, que unis os corações dos vossos fiéis num só desejo, dai ao vosso povo amar o que ordenais e esperar o que prometeis, para que, na instabilidade deste mundo, fixemos os nossos corações onde se encontram as verdadeiras alegrias".

1 Primeira leitura: Is 22,19-23

Eu o farei levar aos ombros a chave da casa de Davi.

Isaías denuncia Sobna, administrador do palácio do rei Ezequias, descendente de Davi. O motivo da acusação era sua política externa equivocada e o desvio de bens públicos para enriquecimento pessoal (corrupção!). O profeta anuncia que Deus cassará seu ofício e transferirá o "poder das chaves" para Eliacim, que será o novo administrador. Eliacim será vestido com as insígnias próprias de seu cargo, símbolos da autoridade que lhe será confiada como prefeito do palácio real. Como novo administrador do palácio real, Eliacim carregará sobre seus ombros "a chave da casa de Davi". Receberá o poder de abrir e fechar as portas, isto é, permitir ou proibir o acesso junto ao rei. Agirá em nome do rei e participará de seu poder. "Será um pai para os habitantes de Jerusalém e para a casa de Judá", cuidando do bem-estar da família real e do povo da cidade. No Evangelho, Jesus dá a Pedro "as chaves do Reino dos Céus", para agir em seu nome e cuidar de sua casa, isto é, da Igreja.

Salmo responsorial: Sl 137

Ó Senhor, vossa bondade é para sempre! Completai em mim a obra começada!

2 Segunda leitura: Rm 11,33-36

Tudo é dele, por ele, e para ele.

Na Carta aos Romanos (9–11), Paulo expressa dor e espanto pelo fato de o povo judeu, herdeiro legítimo das promessas, não ter acolhido a fé em Jesus, Salvador e Messias prometido. Ao mesmo tempo louva "a profundidade da riqueza, da sabedoria e da ciência de Deus". No entanto, Deus não desiste de suas promessas de salvação feitas a Abraão e seus descendentes judeus (cf. 20º Domingo). No texto de hoje Paulo faz uma leitura da história da salvação. Paulo louva a sabedoria de Deus que, pelo seu ministério entre os pagãos, misteriosamente abriu o caminho da salvação para todos os povos. Deus jamais rejeita seu povo, mas continua fiel às promessas feitas a Abraão e diz: "O endurecimento de uma parte de Israel só há de durar até que tenha entrado a totalidade das nações" (11,25). Segundo Paulo, ninguém tinha direito à salvação, nem mesmo o judeu que observa a Lei. Tudo é graça, é decisão da misericórdia divina.

O texto nos convida a fazer uma leitura sobre como Deus age em nossa vida, para erguermos um hino de louvor ao Criador.

Aclamação ao Evangelho

Tu és Pedro, e sobre esta pedra edificarei minha Igreja; os poderes do reino das trevas jamais poderão contra ela!

3 Evangelho: Mt 16,13-20

Tu és Pedro, e eu te darei as chaves do Reino dos Céus.

Depois de ter sido rejeitado pelos seus conterrâneos em Nazaré (13,54-58), Jesus soube da morte de João Batista e procurava estar a sós com o Pai para refletir sobre sua missão (14,1-13). Desde então há uma virada na atividade de Jesus. Desacreditado pelos escribas e fariseus (Mt 16,1-4) e mal-entendido pelos próprios discípulos (16,5-12), Jesus se retira com seus discípulos para a região isolada de Cesareia de Filipe, a fim de dedicar-se mais à formação deles. É neste "retiro" que Jesus pergunta aos discípulos sobre as expectativas do povo a seu respeito: "Quem as pessoas dizem que é o Filho do Homem?"

Na resposta, os discípulos disseram que, para alguns, **Jesus era o novo João Batista**, talvez porque viam uma continuidade entre a pregação de Jesus e a do Batista. Para esses, Jesus seria João Batista que ressuscitou dos mortos (cf. Lc 9,7). Outros achavam que era o **profeta Elias,** esperado no dia do Senhor **no fim dos tempos**, que traria a renovação total do povo de Deus (Ml 3,22-24). Outros, ainda, **viam em Jesus um profeta**, corajoso como Jeremias, capaz de enfrentar as autoridades civis e religiosas.

Quando Jesus pergunta "E vós, quem dizeis que eu sou?", Pedro toma a iniciativa e diz: "**Tu és o Cristo, o Filho do Deus vivo**". – **Esta confissão de fé tornou-se a pedra fundamental da Igreja de Jesus Cristo**, como lhe prometeu Jesus. Nesta nova Igreja Pedro recebe o poder de "ligar e desligar" (Mt 16,19) e de "apascentar as ovelhas e os cordeiros" (cf. Jo 21,15-17). Jesus exige dele apenas que o ame e seja fiel à sua missão. Pedro, em nome de Jesus, conduzirá a Igreja de Cristo, mas quem vai construí-la é o próprio Cristo: "**Tu és Pedro, e sobre esta pedra construirei a minha Igreja**". Pois a Igreja é constituída dos que creem que Jesus é o Cristo o Filho do Deus vivo. Nós fazemos parte dessa Igreja: "E vós também, como pedras vivas, tornai-vos um edifício espiritual" (cf. 1Pd 2,5). – Pedro é um homem como nós, frágil e pecador; mas foi escolhido por Jesus para guiar a sua Igreja. Durante a última ceia, Pedro jurou que seria sempre fiel a Jesus. Na mesma noite, porém, negou três vezes que o conhecia. Mesmo assim, Jesus escolheu Pedro e prometeu rezar por ele para que, por sua vez, confirmasse seus irmãos na fé (Lc 22,31-34).

Confirmar e animar nossa fé em Cristo, o Filho do Deus vivo, é a missão de Pedro e dos Papas. O **papa Francisco**, por exemplo, se reconhece frágil e pecador e pede nossas orações. Ele nos confirma na fé por seu exemplo de humildade e serviço. Anima a vida cristã pela Encíclica *Laudato Si'* (Louvado sejas) e Exortações Apostólicas, como *A alegria do Evangelho*, *A alegria do Amor* e *Querida Amazônia* etc. Esses ensinamentos e exortações nos desafiam a responder de modo prático quem é Jesus para nós, como sua Igreja, nos tempos difíceis em que vivemos.

22º Domingo do Tempo Comum

Oração: "Deus do universo, fonte de todo bem, derramai em nossos corações o vosso amor e estreitai os laços que nos unem convosco para alimentar em nós o que é bom e guardar com solicitude o que nos destes".

1 Primeira leitura: Jr 20,7-9

A palavra do Senhor tornou-se para mim fonte de vergonha.

Jeremias não escolheu ser profeta do Senhor. Foi escolhido por Deus desde o ventre materno, como ele mesmo conta (1,4-10). Os tempos em que vivia eram difíceis: Após a morte do piedoso e justo rei Josias o reino de Judá teve maus governantes. A sociedade tornou-se injusta e violenta, a religião era ameaçada pela prática da idolatria e sincretismo religioso. A missão que o profeta recebeu de Deus era bastante negativa: "**Dou-te hoje** – disse-lhe o Senhor – **o poder sobre nações e reinos**, para **arrancar** e **destruir**, para **exterminar** e **demolir**, **para construir e plantar**". Seus ouvintes – reis, príncipes do povo, sacerdotes, juízes e as pessoas ricas – não gostavam de ouvir suas repreensões e ameaças de castigo, como a invasão estrangeira, a destruição do templo e o exílio. Por isso, **os próprios conterrâneos o odiavam**, negavam-lhe até o casamento (11,18-23; 16,1-9), afastavam-se dele e o ameaçavam de morte para fazê-lo calar.

O texto proposto para este Domingo mostra um profeta desanimado, disposto a desistir do encargo recebido de Deus. Jeremias desabafa diante de Deus, que o conforta e anima a prosseguir na missão recebida. Ao ser chamado como profeta, o Senhor tocou-lhe a boca e a Palavra de Deus tomou conta dele para falar (Jr 1,4-10). Pensava em largar tudo, mas o toque divino o marcou, fortaleceu sua palavra e tornou-se dentro dele como um fogo devorador, impelindo-o a prosseguir na dura missão. Deus não abandonou seu profeta, como havia prometido: "Não os temas, porque eu estou contigo para te proteger" (cf. 1,8).

Salmo responsorial: Sl 62
A minha alma tem sede de vós, como a terra sedenta, ó meu Deus!

2 Segunda leitura: Rm 12,1-2

Oferecei-vos em sacrifício vivo.

Paulo nos convida a viver o Evangelho nos dias de hoje: Não pensar como o mundo ("ganhar a vida"), mas "**perder a vida**" **por amor a Jesus e seu Evangelho**, oferecendo-a "em sacrifício vivo, santo e agradável a Deus", isto é, colocando-se a serviço do próximo. Não acomodando Jesus Cristo aos nossos projetos pessoais, mas conformando-nos ao que ele nos propõe (Evangelho). Paulo foi um exemplo de uma vida consagrada inteiramente ao anúncio de Jesus Cristo.

Aclamação ao Evangelho: Ef 1,17-18
Que o Pai do Senhor Jesus Cristo nos dê do saber o Espírito; conheçamos, assim, a esperança à qual nos chamou, como herança!

3 Evangelho: Mt 16,21-27

Se alguém quer me seguir renuncie a si mesmo.

Domingo passado ouvimos Pedro confessando Jesus como o Cristo e Filho de Deus. Jesus, então, falava em edificar sua Igreja sobre esta confissão de Pedro e lhe prometia as chaves do Reino dos Céus, com o poder de ligar e desligar; isto é, confiava-lhe a direção de sua Igreja. Pedro e os apóstolos tinham os seus próprios sonhos e expectativas a respeito de Jesus, agora, reconhecido como o Messias esperado. No entanto, no Evangelho deste Domingo, Jesus começa a explicar-lhes de que forma ele será o Messias. A viagem que faziam a Jerusalém não terminaria em triunfo, como os discípulos esperavam, mas na rejeição de Jesus pelos chefes do povo e sua condenação à morte.

Pedro, elogiado no Domingo anterior, sente-se no direito de censurar Jesus por ideias tão negativas e assustadoras. Jesus, porém, o repreende severamente: "Vai para longe, Satanás!" Não era Pedro que devia guiar Jesus, mas, sim, colocar-se no seguimento do Mestre (Segunda leitura). Pedro pensava como os homens pensam, e não como Deus. Em seguida, **Jesus volta-se para os discípulos** e **expõe qual é o pensamento de Deus**: "Se alguém quiser **vir após mim, renuncie a si mesmo, tome a sua cruz e me siga**. Pois quem quiser **salvar a sua vida**, vai **perdê-la**; mas quem **perder a sua vida por amor de mim, vai salvá-la**". Marcos e Lucas explicitam que Jesus falava disso a todos, isto é, para as multidões que o seguiam; portanto, também para nós. Quando o evangelho de Mateus foi escrito, após os anos 70, seguir a Jesus significava carregar a sua cruz, ou seja, o desprezo, as perseguições e a própria morte (Primeira leitura). Mas a meta final dessa viagem a Jerusalém é a morte e ressurreição de Cristo. É uma mensagem para todos nós: "Porque o Filho do Homem virá na glória de seu Pai [...] e retribuirá, a cada um, de acordo com a sua conduta".

Quem é Jesus Cristo para mim e como me proponho a segui-lo?

23º Domingo do Tempo Comum

Oração: "Ó Deus, pai de bondade, que nos redimistes e adotastes como filhos e filhas, concedei aos que creem no Cristo a verdadeira liberdade e a herança eterna".

1 Primeira leitura: Ez 33,7-9

Se não advertires o ímpio, eu te pedirei contas da sua morte.

O profeta Ezequiel compara a função do profeta em relação ao povo, quando fala em nome de Deus, à de uma sentinela em tempos de guerra. Postada numa torre, a sentinela deve advertir os que estão trabalhando fora das muralhas da cidade para o perigo de um ataque iminente do inimigo. Se ele não der o alarme e alguém do povo vier a morrer, a culpa é da sentinela. Mas se a sentinela avisou e alguém não der importância ao alarme, a culpa será da pessoa que não obedeceu ao sinal de se recolher. Diferente do vigia militar, a função do profeta é ouvir as palavras de Deus e advertir o pecador para que se arrependa e assim se salve. Todos nós somos pecadores. Como o ímpio, devemos ouvir a Palavra de

Deus, arrepender-nos de nossos pecados para mudar de vida e nos salvar. Cada ano, o mês da Bíblia nos convida a sermos ouvintes atentos da Palavra de Deus, para produzirmos frutos de vida para nossos irmãos. Deus não quer a morte do pecador e sim que se converta e viva: "Não tenho prazer na morte do ímpio, mas antes que mude de conduta e viva" (Ez 33,11). – **Sentinelas de Deus hoje**: o Criador faz uso de sentinelas para nos alertar que devemos mudar de vida para salvar a vida de nossa "Casa Comum", o planeta Terra. São adolescentes, jovens, cientistas, líderes religiosos (o papa Francisco) que alertam a humanidade: Temos pouco tempo para impedir o aquecimento global irreversível, talvez uma década. Sinais de alerta não faltam: degelo acelerado, incêndios florestais, chuvas torrenciais, secas, fome e pandemia. Esses sinais e palavras são também Palavra de Deus. É hora de ouvir e mudar de vida.

A ação do profeta em relação ao povo lembra que **a correção fraterna** é responsabilidade de cada cristão; é **um modo de amar o próximo como a si mesmo**. Vale, porém, a advertência de Jesus: "Retira primeiro a trave de teu olho, e então enxergarás bem para tirar o cisco do olho do teu irmão" (Mt 7,5).

Conta-se que um pregador famoso ficou angustiado ao ler o texto de Ezequiel sobre a sentinela que devia sempre denunciar a impiedade do pecador. Foi então perguntar a São Francisco de Assis se devia estar continuamente falando aos pecadores, para não ser condenado por omissão. O santo lhe disse: "Deste modo eu entendo: que o **servo de Deus** deve tanto arder em si pela vida e pela santidade que **repreenda todos os ímpios pela luz do exemplo e pela linguagem do modo de vida**. Assim, eu diria, o esplender de sua vida e o odor de sua fama anunciará a todos a iniquidade deles" (*Celano II*, 103).

Salmo responsorial: Sl 94 (95)

Não fecheis o coração; ouvi, hoje, a voz de Deus!

2 Segunda leitura: Rm 13,8-10

O amor é o cumprimento perfeito da Lei.

Paulo sintetiza, muito bem, a mensagem principal do Evangelho de hoje para a vida da Comunidade de fé: "**Não fiqueis devendo nada a ninguém, a não ser o amor mútuo** (v. 8), pois quem ama o próximo está cumprindo a Lei" (v. 10). Paulo resume os mandamentos do Decálogo relacionados com o próximo e formulados em forma negativa (não...) num único mandamento positivo: "Amarás o teu próximo como a ti mesmo". Jesus já havia resumido toda a Lei em dois mandamentos: "Amarás o Senhor teu Deus de todo teu coração [...] e ao teu próximo como a ti mesmo" (Mc 12,28-31).

Aclamação ao Evangelho

O Senhor reconciliou o mundo em Cristo, confiando-nos sua Palavra; a Palavra da reconciliação, a Palavra que hoje, aqui, nos salva (2Cor 5,19).

3 Evangelho: Mt 18,15-20

Se ele te ouvir, tu ganharás o teu irmão.

O capítulo 18 de Mateus é voltado para a comunidade cristã já formada. Convida, sobretudo os dirigentes, a tratar com misericórdia e solicitude os fracos, menosprezados e extraviados. O texto sobre a **correção fraterna**, que hoje ouvimos, está localizado depois da parábola da ovelha perdida e antes da parábola do devedor cruel. Realça-se assim, mais ainda, o sentido da mensagem deste trecho.

O texto contém **três temas relacionados à vida em comunidade**: a "correção fraterna", o poder de ligar e desligar e a oração em comum. A "correção fraterna" refere-se, em primeiro lugar, ao modo como o dirigente da comunidade deve corrigir o pecador. A finalidade é "ganhar o irmão". O caminho indicado é falar em particular com a pessoa que errou, com misericórdia e amor. Tratar com carinho como o bom pastor cuidou da ovelha perdida e machucada (Mt 18,12-14). No famoso livro *O pequeno príncipe*, a raposa pedia ao "pequeno príncipe" que a "cativasse" e ele respondeu que não tinha tempo... Finalmente, quando o pequeno príncipe encontrou tempo, "cativou" a raposa. **Quando o pastor encontra este tempo, "ganha o irmão"**. O que vale para o dirigente da comunidade, vale também para o relacionamento entre as pessoas.

O poder de "ligar e desligar", conferido a Pedro (21º Domingo), é hoje exercido pelos dirigentes da comunidade que procuram reconciliar seus membros. O mesmo "poder" refere-se também ao relacionamento entre as pessoas. O **perdão** dado a uma pessoa, ou dela recebido, **nos liberta** (cf. Mt 18,21-35: devedor cruel) e reconstrói os laços de amor rompidos. Então, sim, **podemos rezar juntos "Pai nosso"**, e o Pai celeste nos atenderá, pois está no meio de nós.

24º Domingo do Tempo Comum

Oração: "Ó Deus, criador de todas as coisas, volvei para nós o vosso olhar e, para sentirmos a ação do vosso amor, fazei que vos sirvamos de todo o coração".

1 Primeira leitura: Eclo 27,33–28,9

Perdoa a injustiça cometida por teu próximo; quando orares teus pecados serão perdoados.

O autor destas palavras é um sábio (200 a.C.) que dá conselhos a seus ouvintes. **Para viver uma vida feliz aponta algumas condições:** 1) libertar-se do rancor e da vingança contra o ofensor; 2) perdoar ao próximo a injustiça cometida, é condição para que, quando orar, seus pecados sejam perdoados; 3) quem guarda rancor contra o próximo e dele não se compadece, quando pedir perdão de seus pecados não será atendido; 4) lembrar-se que um dia iremos morrer e prestar contas a Deus; 5) pensar na aliança que Deus fez conosco e não levar em conta a falta alheia (Evangelho). – Jesus inclui o pedido de perdão na oração do Pai-nosso.

Salmo responsorial: Sl 102

O Senhor é bondoso, compassivo e carinhoso.

2 Segunda leitura: Rm 14,7-9

Quer vivamos, quer morramos, pertencemos ao Senhor.

Paulo está tratando da convivência numa comunidade cristã mista, composta por judeus e pagãos convertidos. Um judeu-cristão, por exemplo, sentia-se livre para comer carne vendida no mercado, antes sacrificada a ídolos pagãos. Tinha uma consciência esclarecida e "forte", pois para ele deuses pagãos simplesmente não existiam. Mas um pagão recém-convertido, que antes costumava comer carne procedente de sacrifícios oferecidos aos deuses, abstinha-se de comê-la numa refeição cristã. Em **respeito à consciência "fraca"** do pagão convertido, o judeu-cristão também deve deixar de comer tal carne, para não escandalizar o irmão "fraco" (cf. 1Cor 8,1-13). O importante, diz Paulo, é que tanto quem come de tudo como quem se abstém de algum alimento, ambos devem dar graças a Deus (Rm 14,6).

No texto hoje lido (v. 7-9), Paulo reforça o **essencial que une a todos os cristãos**: nossa união em **Jesus Cristo**. "Vivos ou mortos pertencemos a Cristo". A afirmação "ninguém vive para si mesmo ou morre para si mesmo" destaca a existência humana em seu aspecto social, comunitário, familiar e religioso. O ser humano não é indivíduo solitário, mas existe enquanto se relaciona com seus semelhantes. Não vive para si mesmo, mas se realiza na medida em que se doa e serve aos irmãos, superando as diferenças culturais e sociais. Cristo não só viveu e morreu por nós, mas também ressuscitou "para ser o Senhor dos mortos e dos vivos".

Aclamação ao Evangelho

Eu vos dou este novo mandamento, nova ordem, agora, vos dou; que, também, vos ameis uns aos outros como eu vos amei, diz o Senhor.

3 Evangelho: Mt 18,21-35

Não te digo perdoar até sete vezes, mas até setenta vezes sete.

O Evangelho deste Domingo faz parte do assim chamado "sermão da comunidade" de Mateus. A passagem começa com o perdão das ofensas (v. 21-22) e continua com a parábola do devedor cruel (v. 23-35); são parábolas exclusivas de Mateus. É Pedro que, em nome dos discípulos, introduz a questão com uma pergunta: "Senhor, quantas vezes devo perdoar, se meu irmão pecar contra mim? Até sete vezes?" No judaísmo rabínico o limite máximo para o perdão fraterno era de até quatro vezes. Na pergunta, Pedro amplia o imperativo do perdão para sete vezes, número considerado perfeito. Na resposta, **Jesus amplia**, de certa forma, **o imperativo do perdão até o infinito**: "Não te digo até sete vezes, mas até setenta vezes sete". Porque **o perdão de Deus é gratuito, fruto de seu amor infinito**. O amor de Deus é a medida do amor ao próximo e também do perdão, dado ou recebido: "Se perdoardes as ofensas dos outros, vosso Pai também vos perdoará" (Mt 6,14).

O perdão é gratuito, mas supõe por parte do ofensor a disposição de pedir e acolher o perdão oferecido por Deus, pois perdoando ao próximo Deus nos perdoa. É isso que pedimos na Oração do Senhor: "Perdoai-nos as nossas ofensas, assim como nós perdoamos a quem nos têm ofendido". É o que Jesus nos ensina na parábola do devedor cruel. Um homem devia ao seu patrão uma enorme fortuna, simplesmente impagável. No acerto de contas, o patrão mandou que o empregado fosse vendido, com mulher e filhos e com tudo que possuía, para pagar ao menos parte da dívida. O empregado, porém, prostrado aos pés do patrão, suplicava: "Dá-me um tempo e eu te pagarei tudo!" O patrão, cheio de compaixão, perdoou tudo o que o empregado lhe devia e mandou soltá-lo. Este, porém, logo que saiu, foi cobrar uma insignificante dívida de seu companheiro; agarrou-o e quase sufocando-o dizia: "Paga-me o que deves". O pobre do companheiro lhe suplicava: "Dá-me um tempo e te pagarei tudo". Mas o empregado não quis saber e mandou jogá-lo na prisão, até que pagasse a dívida. Ao saber disso, o patrão, cheio de indignação mandou chamar o empregado cruel e lhe disse: "Eu te perdoei tudo porque me suplicaste. Não devias também tu ter compaixão de teu companheiro como eu tive de ti?" E o empregado foi entregue aos torturadores até que pagasse tudo.

Na minha relação com o próximo sou mais parecido com o patrão misericordioso ou com o empregado mesquinho e cruel? O perdão que pedimos e o perdão que damos aos outros são a melhor preparação para celebrarmos dignamente a Eucaristia.

25º Domingo do Tempo Comum

Oração: "Ó Pai, que resumistes toda a Lei no amor a Deus e ao próximo, fazei que, observando o vosso mandamento, consigamos chegar um dia à vida eterna".

1 Primeira leitura: Is 55,6-9

Meus pensamentos não são como os vossos pensamentos.

O texto que ouvimos foi escrito antes de 540 a.C. por um profeta anônimo, discípulo do grande profeta Isaías (séc. VIII a.C.), quando terminava o império da Babilônia e começava o império dos persas. O profeta convoca os exilados a buscar o Senhor "enquanto pode ser achado" e invocar "enquanto ele ainda está perto". Buscar o Senhor com sinceridade já era o apelo do profeta Amós (5,4-7). É o momento de invocar o Senhor; é a hora da conversão, pois Deus está pronto para perdoar. Ele não abandonou seu povo no exílio, como muitos pensavam. Pelo contrário, está bem próximo de seu povo e pode ser encontrado. Para que isso aconteça, o pecador deve buscar o Senhor, invocar seu santo nome e abandonar o mau caminho, pois ele é generoso no perdão. Agora é o momento histórico para que isso aconteça: Ciro, o rei persa, vai permitir o retorno dos exilados à Terra Prometida. O que parece humanamente impossível acontecer (vossos pensamentos, vossos caminhos...) – diz Deus – é possível para Deus (meus caminhos, meus pensamentos). Ele está acima dos reinos e impérios e controla a história.

Nossa existência neste mundo é o tempo da conversão e da graça divina da salvação. Basta abandonar os maus caminhos e voltar-se a ele para acolher sua graça. Deus não quer a morte de ninguém, mas convida todos à conversão (cf. Ez 18,32).

Salmo responsorial: Sl 144(145)

O Senhor está perto da pessoa que o invoca!

2 Segunda leitura: Fl 1,20c-24.27a

Para mim, o viver é Cristo.

A comunidade de Filipos era formada por alguns judeus e simpatizantes do judaísmo e, sobretudo, por muitos pagãos convertidos. É a primeira comunidade cristã da Europa, fundada por Paulo durante a segunda viagem missionária, pelos anos 49-50. Tornou-se a comunidade mais querida do Apóstolo, que a visitou mais duas outras vezes (em 57-58). Paulo escreve da prisão em Éfeso. É uma carta muito pessoal, na qual procura confortar e animar os cristãos. Nela expressa também seus sentimentos na perspectiva de uma possível condenação à morte. Nestas circunstâncias, Paulo se pergunta o que lhe seria melhor: morrer para estar definitivamente com Cristo – o que lhe seria vantajoso – ou viver para continuar servindo à comunidade? Em outras palavras, sem Cristo a vida não teria sentido para Paulo. O importante para ele é estar unido a Cristo, seja morrendo, seja vivendo pela causa do Evangelho (Segunda leitura do 24º Domingo). "Mas para vós é mais necessário que eu continue minha vida neste mundo" – diz o Apóstolo – a fim de que os filipenses possam ter a mesma experiência de união com Cristo, como Paulo teve. Para os cristãos o centro da vida cristã é Jesus Cristo.

Aclamação ao Evangelho

Vinde abrir o nosso coração, Senhor; ó Senhor, abri o nosso coração, e, então, do vosso Filho a palavra poderemos acolher com muito amor.

3 Evangelho: Mt 20,1-16a

Estás com inveja porque eu estou sendo bom?

O texto do Evangelho é conhecido como a "parábola dos trabalhadores da vinha", ou melhor, "parábola do bom patrão". Nesta parábola Jesus parte da realidade dura do trabalho no campo, de todos conhecida. Na lei judaica previa-se que o valor da diária, por 12h de trabalho devia ser pago no fim do dia. Era uma espécie de salário-mínimo. No costume romano, o valor da diária era uma moeda de prata, considerado o mínimo suficiente para alimentar uma família de seis pessoas por um dia. Na época das colheitas, os homens que esperavam ser contratados reuniam-se, desde a madrugada, numa praça. Os patrões se dirigiam à praça, bem cedo, uma só vez, e iam escolhendo os mais fortes e saudáveis; assim, os mais fracos e doentes ficavam sobrando, às vezes, sem conseguirem trabalhar; com isso, a família ficava sem comida no final do dia. **O bom patrão** da parábola dirige-se várias vezes à praça e **contrata os que "sobraram"**. Com os primeiros combina, como diária, uma moeda de prata; **aos outros promete pagar o que fosse justo**, que, no costume de então, seria o proporcional às horas trabalhadas. No final do dia, o bom patrão começa a pagar pelos trabalhadores da última hora e lhes paga uma moeda de prata, o suficiente para sustentar uma família. Os contratados da primeira hora, vendo que os últimos ganhavam uma moeda de prata, esperavam ganhar mais de uma moeda de prata (valor combinado), e por isso reclamam. O bom patrão (Deus) responde que eles receberam o que foi combinado (justiça humana: "**vossos pensamentos**", Primeira leitura), mas ele tinha direito de dar a mesma paga aos contratados nas últimas horas, pois levava em consideração a necessidade de suas famílias (**justiça divina**: "**meus pensamentos**"). Na resposta aos trabalhadores das primeiras horas, o patrão se justifica com três perguntas, que nos convidam a refletir no sentido da parábola: 1) "Não combinamos uma moeda de prata?" 2) Por acaso não tenho o direito de fazer o que quero com aquilo que me pertence?" 3) "Ou **estás com inveja, porque eu estou sendo bom?**"

A salvação trazida por Jesus Cristo não é um "direito" reservado aos judeus e fariseus (trabalhadores da primeira hora), que se consideravam perfeitos na observância da Lei. Pelo contrário, é oferecida a todos, incluindo pecadores e pagãos, trabalhadores da última hora. É assim que funciona a justiça de Deus. Ele oferece gratuitamente a salvação a todos, seus filhos e suas filhas.

26º Domingo do Tempo Comum

Oração: "Ó Deus, que mostrais vosso poder sobretudo no perdão e na misericórdia, derramai sempre em nós a vossa graça, para que, caminhando ao encontro das vossas promessas, alcancemos os bens que nos reservais".

1 Primeira leitura: Ez 18,25-28

Quando o ímpio se arrepende da maldade que praticou,
conserva a própria vida.

Ezequiel foi o único profeta que atuou entre os judeus exilados na Babilônia. Fez parte do primeiro grupo de exilados, em 597 a.C. Dez anos depois, quando Jerusalém foi destruída, novos grupos de judeus foram levados para a Babilônia, engrossando a colônia de exilados já existente. Ezequiel era da classe sacerdotal, vivia entre os deportados e sofria junto com eles, longe de sua terra e do templo, com saudades de Sião (cf. Sl 137). Ainda antes de Jerusalém ser destruída, Ezequiel sentiu-se chamado por Deus para profetizar em seu nome aos companheiros de exílio. Procurava de todos os modos mostrar ao povo que eles estavam sofrendo pelos pecados cometidos contra Deus e injustiças praticadas contra o próximo. Apelava para a conversão, animando a esperança de salvação e de um próximo retorno a Jerusalém.

O exílio foi um tempo de reflexão e revisão de vida. Longe de sua terra, **os exilados sentiam-se injustamente punidos por Deus** pela culpa de seus pais e diziam: "Os pais comeram uvas verdes e os dentes dos filhos ficaram embotados" (Ez 18,2). O Profeta responde que **Deus não pune a culpa dos pais nos seus filhos**, mas **cada um é responsável pelo seu próprio pecado**. A solução não é acusar os outros, mas examinar o próprio coração, reconhecer os próprios pecados e arrepender-se para obter vida. Deus não deseja a morte de ninguém (18,32).

Ele é misericordioso, sempre disposto a perdoar a quem se arrepende e muda de conduta.

A pandemia do Coronavírus ceifou inúmeras vidas, impôs a milhões de pessoas o desemprego e a fome, e paralisou a economia. Tornou inadiável a necessidade de rever nossas relações humanas perturbadas e sociais perversas. É hora de transformar o sistema liberal do capitalismo que produz morte em um novo sistema que gere vida. A prioridade que se impõe é a vida humana digna para todos, numa sociedade justa e solidária com todos os seres vivos da Terra.

Salmo responsorial: Sl 24
Recordai, Senhor meu Deus, vossa ternura e compaixão!

2 Segunda leitura: Fl 2,1-11

Tende entre vós o mesmo sentimento que existe em Cristo Jesus.

Paulo escreve da prisão. Mesmo assim, sua carta é perpassada de alegria que brota de sua união com Cristo. Com esse espírito, exorta a comunidade a viver em harmonia, a fé e o amor fraterno. Não querendo ser o maior, mas o menor entre os irmãos. Jesus Cristo não buscava o próprio interesse, mas o dos outros (Fl 2,1-5). **Como Filho de Deus**, podia ter escolhido o caminho do poder, mas, esvaziou-se de sua condição divina e assumiu a condição de servo. Colocou-se no mesmo chão em que nós vivemos. Mais ainda: Apresentou-se como quem é "manso e humilde de coração" (cf. Mt 11,29), pondo-se a serviço de todos: "Eu estou no meio de vós como quem serve" (cf. Lc 22,27). Não se identificou com os poderosos, mas com a maioria das pessoas sujeitas à dominação, exploradas, desprezadas e marginalizadas; **tornou-se solidário com todos os "crucificados" da história humana**. Como o Servo do Cântico de Isaías, foi obediente até a morte de cruz. Por isso o Pai o ressuscitou dos mortos. O caminho de Cristo tornou-se o caminho do cristão. **Paulo convida os cristãos a imitar o seu modelo, Jesus Cristo.** Quando escrevia esta carta, Paulo contava com a possibilidade de ser condenado à morte; por isso, **o texto que ouvimos é uma espécie de testamento espiritual.**

Aclamação ao Evangelho: Jo 10,27

Minhas ovelhas escutam a minha voz, minha voz estão elas a escutar; eu conheço, então, minhas ovelhas, que me seguem, comigo a caminhar.

3 Evangelho: Mt 21,28-32

Arrependeu-se e foi. Os cobradores de impostos e as prostitutas vão entrar antes de vós no Reino dos Céus.

Jesus estava discutindo com os **sumos sacerdotes e anciãos**. Eles vieram questionar sua autoridade por ter armado uma "confusão" com os vendedores no templo. Neste contexto, **Jesus lhes conta a parábola dos dois filhos**. O pai tinha uma vinha, isto é, um sítio onde se plantavam cereais e fruteiras como a oliveira, a figueira e a videira. O sítio precisava de cuidados e o pai pediu ao primeiro filho: "Filho, vai trabalhar hoje na vinha!" Mas o filho respondeu com grosseria "não"; depois arrependeu-se e foi trabalhar. Pediu a outro filho a mesma coisa e ele logo disse: "Sim, Senhor, eu vou!" Mas não foi. Quando Jesus perguntou aos adversários qual foi o filho que fez a vontade do pai, a resposta era evidente: "O primeiro". – O primeiro filho pecou por falta de educação, mas arrependeu-se e cumpriu a vontade do pai. O segundo filho foi até educado com o pai, mas não cumpriu sua vontade. É **sobre o segundo filho que se concentra o foco da parábola**, que Jesus aplica aos seus adversários: "As prostitutas e os cobradores de impostos vos precedem no Reino dos Céus". Porque elas ouviram os apelos de conversão de João Batista e se converteram, o que não aconteceu com os adversários de Jesus (cf. M7 3,7-12). No sermão da montanha Jesus disse: "Nem todo aquele que me diz 'Senhor, Senhor', entrará no Reino dos Céus, mas aquele que faz a vontade de meu Pai que está nos céus" (Mt 7,21).

27º Domingo do Tempo Comum

Oração: "Ó Deus eterno e todo-poderoso, que nos concedeis no vosso imenso amor de Pai mais do que merecemos e pedimos, derramai sobre nós a vossa misericórdia, perdoando o que nos pesa na consciência e dando-nos mais do que ousamos pedir".

1 Primeira leitura: Is 5,1-7

A vinha do Senhor dos exércitos é a casa de Israel.

O profeta Isaías vivia na capital Jerusalém e conhecia de perto os maus costumes e as injustiças praticadas pela corte e pela classe dominante. O Profeta investe contra estas práticas injustas e abomináveis. Para se fazer ouvir, utiliza uma canção de amor na qual se canta o amor não correspondido de uma noiva para com seu noivo. **A vinha** era já conhecida **como símbolo do povo de Israel** no seu relacionamento com Deus (Salmo responsorial). Na canção, a vinha, cuidada com muito carinho, tornou-se uma decepção para o seu dono e ele decide abandoná-la e destruí-la. Quando o Profeta diz: "Não deixarei as nuvens derramar a chuva sobre ela", todos perceberam qual era o significado simbólico da parábola: O "amigo" ou dono da vinha é Deus e a vinha é o seu povo, como é explicado no v. 7: em vez de frutos de justiça e bondade que Deus esperava colher do povo de Judá, só encontrou maldade e injustiça. A canção de amor é uma parábola, símbolo do amor de Deus não correspondido por seu povo Israel.

Em minha vida cristã, estou correspondendo com os frutos de justiça e amor que Deus de mim espera?

Salmo responsorial: Sl 79
A vinha do Senhor é a casa de Israel.

2 Segunda leitura: Fl 4,6-9

Praticai o que aprendestes, e o Deus da paz estará convosco.

Paulo está na expectativa da vinda iminente do Senhor em sua glória (cf. Mt 26,64). Na Primeira Carta aos Tessalonicenses, convicto que a vinda do Senhor aconteceria em breve, Paulo descreve como ela acontecerá: "Os que morreram em Cristo ressuscitarão primeiro. Depois nós, os vivos, que estamos aqui na vida terrena, seremos arrebatados juntamente com eles para as nuvens, ao encontro do Senhor nos ares" (1Ts 4,16-17). Hoje, na carta aos cristãos de Filipos recomenda que **não fiquem ansiosos com a vinda do Senhor, mas vivam em paz na presença de Deus**. Nas súplicas, recomenda aos filipenses que **exponham confiantes suas necessidades diante de Deus e sejam agradecidos. Preocupem-se com o que vale a pena**, isto é, com "o que é verdadeiro, justo, puro e amável", como Paulo lhes ensinou. Lembra-lhes as palavras de Jesus: "Não vos preocupeis com vossa vida [...] vosso Pai celeste sabe que necessitais de tudo isso. Buscai, em primeiro lugar, o Reino de Deus e sua justiça [...]" (Mt 6,25-32). Enfim, não importa saber quando virá o Senhor em sua glória, mas como ele nos encontrará.

Aclamação ao Evangelho

Eu vos escolhi, foi do meio do mundo, a fim de que deis um fruto que dure. Eu vos escolhi, foi do meio do mundo. Amém! Aleluia, Aleluia!

3 Evangelho: Mt 21,33-43

Arrendou a vinha a outros vinhateiros.

Na Primeira leitura a vinha simbolizava o povo de Israel que, segundo a ameaça do Profeta, seria rejeitado por Deus por causa de sua infidelidade. Na parábola que Jesus conta sobre a vinha, quem é rejeitado não é a vinha, mas os vinhateiros homicidas que rejeitam o dono da vinha, matam os seus servos e seu próprio filho que lhes envia. Com a pergunta: "O que fará o dono da vinha, quando voltar, com esses vinhateiros?" Jesus arranca da boca dos próprios sumos sacerdotes e escribas a sentença: "O dono da vinha fará perecer de morte horrível os malfeitores e arrendará a vinha a outros lavradores que lhe deem os frutos a seu tempo". Sentença que o próprio Jesus confirma: "**O Reino de Deus** será tirado de vós e **será dado a um povo que produza os devidos frutos**" (v. 43). São eles que criticaram Jesus por não ter proibido as crianças de o aclamarem no Templo: "Hosana ao Filho de Davi" (21,14-17). **Rejeitam**, portanto, **Jesus como Messias**. Com isso **rejeitam também o Reino de Deus**, anunciado por Jesus e acolhido com alegria pelos pecadores e pobres e, mais tarde, pelos pagãos. Estes serão os novos arrendatários da vinha. E deles – isto é, também de nós – Deus espera colher os frutos de justiça e santidade. Nós temos o privilégio de sermos os novos escolhidos para trabalhar na vinha do Senhor. Esta escolha do Senhor, porém, gera responsabilidade: "A quem muito foi dado, dele muito será exigido" (cf. Lc 12,48).

Da história do cristianismo podemos tirar lições para nossos dias: A promessa de um Messias salvador pertencia aos judeus, mas os governantes religiosos não acolheram Jesus de Nazaré como o Messias esperado. Então, os que creram em Jesus Cristo como Salvador tornaram-se os herdeiros da promessa. O cristianismo, florescente (até o séc. VI) no norte da África, no Oriente Médio e na Ásia Menor, foi varrido pela invasão dos seguidores de Maomé. Na Europa atual, a Igreja Católica e as Igrejas Evangélicas tradicionais estão perdendo rapidamente sua importância. O mesmo poderá acontecer com o cristianismo, sobretudo católico, no Brasil e na América Latina, se não anunciarmos e não vivermos com fidelidade a mensagem de Cristo.

28º Domingo do Tempo Comum

Oração: "Ó Deus, sempre nos preceda e acompanhe a vossa graça para que estejamos sempre atentos ao bem que devemos fazer".

1 Primeira leitura: Is 25,6-10a

*O Senhor dará um banquete e enxugará as lágrimas
de todas as faces.*

O texto da Primeira leitura faz parte do assim chamado "pequeno apocalipse" do livro de Isaías (cap. 24–27). São textos elaborados por discípulos do Profeta após o exílio da Babilônia. A leitura de hoje é precedida por um hino que ilustra a destruição por ação divina (25,1-5) de uma cidade anônima, símbolo da violência; e é seguida por um canto de ação de graças no qual Israel glorifica a realeza de Deus (25,9-12). Deus não perdeu o controle dos acontecimentos históricos. Pelo contrário, armou o braço de Ciro, rei dos persas, que pôs fim ao domínio dos babilônios e permitiu o retorno dos exilados à sua terra. Israel voltou a "este monte" (três vezes!), isto é, ao monte Sião, símbolo de Jerusalém e de seu templo que estavam sendo reconstruídos. O Profeta anima os que voltaram do exílio a **colaborar neste algo novo que Deus planejou para todos os povos, a partir do monte Sião**. O símbolo deste novo é o banquete esplêndido que Deus prepara para todos os povos e vai celebrar "neste monte" sagrado de Sião. No monte, **Deus vai presentear os convidados com dois presentes**: O primeiro é o próprio **Deus que se** revela a todos os povos como o único Deus e rei universal, ao retirar o véu que os cobria na ignorância. O segundo presente é mais maravilhoso ainda: **não haverá mais morte nem lágrimas e a vergonha de Israel acabará**. **E todos reconhecerão a Deus como salvador**: "Este é o nosso Deus, esperamos nele, até que nos salvou; este é o Senhor, nele temos confiado até que nos salvou: vamos alegrar-nos e exultar por nos ter salvo". O banquete divino é um símbolo do projeto divino de salvação que se estende a todos os povos. Ele é o "Deus conosco".

Nos tempos difíceis em que estamos vivendo **renovemos nossa fé e esperança em Jesus Cristo, nosso Salvador.**

Salmo responsorial: Sl 22
Na casa do Senhor habitarei eternamente.

2 Segunda leitura: Fl 4,12-14.19-20
Tudo posso naquele que me dá força.

Nos últimos três domingos a Segunda leitura foi extraída da Carta de Paulo aos Filipenses, comunidade muito querida de Paulo e a primeira por ele fundada na Europa. O Apóstolo está encarcerado por causa do Evangelho que pregava. O Apóstolo retoma o que já havia falado no capítulo 1 (25º Domingo) e reafirma seu modo de evangelizar, vivendo de seu próprio trabalho (cf. At 18,1-4; 1Cor 4,12). Mas na prisão estava impossibilitado de trabalhar. Paulo sabe viver na abundância e na miséria porque Cristo o fortalece: "Tudo posso naquele que me conforta". No entanto, mostra-se grato pelo gesto solidário dos filipenses, inclusive financeiro. Em outras palavras: "Não precisava!" Mas "fizestes bem em compartilhar nas minhas dificuldades". E conclui com um "Deus lhes pague": "O meu Deus proverá esplendidamente com sua riqueza as vossas necessidades, em Cristo Jesus". No presente recebido Paulo reconhece o dom de Deus, que une a todos os cristãos no mesmo amor (Primeira leitura). Por isso glorifica a Deus: "Ao nosso Deus e Pai a glória pelos séculos dos séculos".

Aclamação ao Evangelho: Ef 1,17-18

Que o Pai do Senhor Jesus Cristo nos dê do saber o Espírito; conheçamos assim a esperança à qual nos chamou como herança.

3 Evangelho: Mt 22,1-14

Convidai para a festa todos os que encontrardes.

Jesus está em Jerusalém para celebrar a Páscoa com seus discípulos. Na entrada triunfal em Jerusalém foi aclamado pela multidão como o Messias esperado: "Hosana ao Filho de Davi" (21,1-11). Purificou o Templo, derrubando as mesas dos cambistas e as cadeiras dos vendedores de pombas. No dia seguinte Jesus volta ao Templo e continua ensinando; mas é contestado pelos sumos sacerdotes e anciãos do povo por causa do incidente do dia anterior. Eles o interpelam: "Com que autoridade fazes estas coisas? Quem te deu este direito?" E Jesus lhes diz: se vocês me responderem de onde vinha o batismo de João Batista: "do céu ou dos homens?", eu lhes darei a resposta sobre minha autoridade (v. 18-27).

Na parábola deste Domingo, Jesus compara o Reino dos Céus a um rei que preparou a festa para o casamento de seu filho. Mandou que os escravos chamassem os convidados, mas eles não quiseram vir. Mandou novamente os escravos, que repetiram o convite com mais insistência: "Está tudo pronto para o banquete, vinde para a festa". Mas não lhes deram ouvidos; ao contrário, agarraram os escravos, bateram neles e os mataram. O rei ficou indignado e mandou incendiar a cidade destes convidados (alusão à destruição de Jerusalém no ano 70). Como o banquete estava pronto, o rei mandou chamar para o banquete todos que encontrassem pelos caminhos e encruzilhadas, bons e maus. E a sala ficou repleta de convidados. – **Na parábola o rei simboliza Deus e o seu filho noivo é Jesus**; curiosamente, quando Jesus responde aos sumos sacerdotes que contestavam sua autoridade, Mateus cita João Batista (Mt 21,23-27), que considera Jesus como o noivo da festa e ele é apenas o amigo do noivo (Jo 3,22-30; Mt 9,15). No passado, Israel perseguiu os profetas (Mt 5,12) e até matou alguns deles (Mt 23,29-37). Agora, os chefes religiosos da Judeia perseguem a Jesus e planejam condená-lo à morte. Assim como os convidados à festa de casamento do filho do rei se excluíram do banquete, agora os judeus que não creem no Filho de Deus se excluem do Reino de Deus, anunciado por Jesus. Os novos convidados para a festa, bons e maus, são recolhidos nas praças, ruas e encruzilhadas, representam os pagãos (Primeira leitura). Isso, porém, não lhes garante a participação definitiva no Reino dos Céus, o que é expresso pelo homem expulso do banquete por não vestir as vestes adequadas.

29º Domingo do Tempo Comum

Oração: "Deus eterno e todo-poderoso, dai-nos a graça de estar sempre ao vosso dispor, e vos servir de todo o coração".

1 Primeira leitura: Is 45,1.4-6

Tomei Ciro pela mão direita, para que submeta os povos ao seu domínio.

Por volta do ano 550 a.C., Ciro, rei dos persas, conquistou a Babilônia, pondo fim ao Império Babilônico. Surge uma nova esperança entre os judeus deportados, residentes junto ao rio Eufrates. Ciro, o novo rei dos persas, é saudado pelo profeta como o ungido do Senhor, como eram chamados os reis de Israel (1Sm 24,7). Chamar alguém de ungido do Senhor é dizer que Ciro, apesar de ser pagão, foi escolhido por Javé para uma missão especial: permitir o retorno do povo de Deus para a Terra Prometida. A missão de Ciro é submeter os povos a seu domínio, dobrar o orgulho dos reis e abrir um caminho não só para os persas, mas para o Senhor, o Deus de Israel (Is 40,3-5). Os babilônios foram um instrumento nas mãos de Deus para punir o povo infiel; agora, Ciro é o instrumento nas mãos de Deus, "escolhido a dedo" – "tomei-o pela mão" – para cumprir os seus planos de salvação. Para o profeta, Javé, o Deus de Israel, é o único e verdadeiro **Deus** que **conduz a história política universal**: "Eu sou o Senhor, e fora de mim não existe outro".

Você acredita que Deus conduz a história conturbada do povo brasileiro, e a do mundo inteiro, para o bem e a salvação de todas as pessoas de boa vontade? O que estamos aprendendo de bom com a pandemia, com a violência, com a fome e a miséria? Uma senhora sábia, falando dos acontecimentos da vida, dizia: "Deus escreve direito por linhas tortas. O pior é que a gente não sabe ler". É preciso ler os acontecimentos a fim de perceber a mão de Deus agindo.

Salmo responsorial: Sl 95(96)

Ó família das nações, dai ao Senhor poder e glória!

2 Segunda leitura: 1Ts 1,1-5b

Recordamo-nos sem cessar da vossa fé,
da caridade e da esperança.

A Segunda leitura é o início da mais antiga carta do apóstolo Paulo (pelo ano 51 d.C.), enviada à comunidade de Tessalônica. Ao chegar a uma cidade, Paulo primeiro procurava a sinagoga judaica local. Em Tessalônica permaneceu cerca de três meses. Durante três sábados foi à sinagoga para anunciar Jesus de Nazaré, crucificado e ressuscitado ao terceiro dia, como o Cristo esperado pelos judeus (At 17,1-15). Vendo que Paulo fazia muitos adeptos, alguns judeus provocaram um tumulto e Paulo teve que sair às pressas da cidade. Por isso logo procurou comunicar-se com a nova comunidade por meio de cartas. Na saudação percebemos que **Paulo trabalhava** na evangelização **em equipe**, com Silvano e Timóteo. A Carta lembra as **virtudes cardeais** que animam a comunidade e unem a Cristo: **fé**, **caridade** e **esperança**. Os tessalonicenses, em parte de origem pagã, são os **escolhidos em Deus Pai e no Senhor Jesus Cristo**. Constata que **a comunidade cresce pela ação do Espírito Santo**, mais do que por suas palavras. Paulo e seus companheiros são apenas instrumentos da ação da graça divina. Eles anunciam o Evangelho por palavras, mas quem forma e congrega a comunidade é o Espírito Santo.

Aclamação ao Evangelho

Como astros no mundo vós resplandeceis, mensagem de vida ao mundo anunciando, da vida a Palavra, com fé, proclameis, quais astros luzentes no mundo brilheis.

3 Evangelho: Mt 22,15-21

Dai, pois, a César o que é de César e a Deus o que é de Deus.

A pergunta feita a Jesus pelos discípulos dos fariseus, na presença dos soldados de Herodes Antipas (herodianos), era uma armadilha de caráter político. Para captar a simpatia de Jesus eles fazem um elogio: Jesus é verdadeiro, ensina o caminho de Deus e não julga pelas aparências: "É lícito ou não pagar imposto a César?" Se Jesus respondesse "sim", estaria do lado dos herodianos, que apoiavam os romanos. Neste caso, perderia a confiança do povo, que abominava pagar impostos aos dominadores pagãos. Mas, se respondesse "não", poderia ser acusado como subversivo. Foi esta a acusação feita contra Jesus diante de Pilatos: "Encontramos este homem subvertendo a nação. Proíbe pagar impostos a César [...]" (cf. Lc 23,2). Ao fazer os adversários verem a imagem e a inscrição na moeda, Jesus os obriga a reconhecer que César era quem mandava no país. Uma vez que aceitavam usar sua moeda, deveriam também aceitar as regras do jogo político: "Dai a César o que é de César [...]". Mas, ao acrescentar "Dai a Deus o que é de Deus", Jesus está sugerindo que, todos, fomos criados à imagem e semelhança de Deus. A ele devemos o tributo do louvor e da adoração. Pelos gestos e pela mensagem de Jesus seus adversários deviam reconhecer a presença de Deus e a vinda de seu Reino, anunciado por Jesus. No contexto da pergunta de caráter político, **Jesus dá uma resposta que abrange a vida política e religiosa.**

Jesus nos ensina a sermos coerentes nas coisas políticas, pagando também os devidos impostos. Mas não podemos esquecer as exigências de Deus. Deus não cobra de nós impostos. Pede, sim, o nosso coração: "Amarás o Senhor teu Deus de todo teu coração e a teu próximo como a ti mesmo". Jesus nos propõe a partilha com os pobres. Isso não significa que "o padre deve ficar na sacristia", nem que o leigo cristão fique escondido na igreja. Por isso: "Dai a Deus o que é de Deus", e "Buscai primeiro o Reino de Deus e a sua justiça". Somos imagem e semelhança do Criador. A ele cabe nosso tributo de gratidão, honra e louvor.

30º Domingo do Tempo Comum

Oração: "Deus eterno e todo-poderoso, aumentai em nós a fé, a esperança e a caridade e dai-nos amar o que ordenais para conseguirmos o que prometeis".

1 Primeira leitura: Ex 22,20-26

Se fizerdes algum mal à viúva e ao órfão, minha cólera se inflamará contra vós.

Após a destruição de Samaria e a anexação do reino de Israel pela Assíria (722 a.C.), muitos israelitas refugiaram-se em Judá, especialmente, em Jerusalém. Quando Samaria foi destruída, os refugiados do reino de Israel tornaram-se "**estrangeiros**" em Judá, e passaram a receber a mesma proteção que já recebiam as viúvas e os órfãos. Neste contexto surge a Lei que os protege. O **motivo** para este gesto de solidariedade é que também vós "**fostes estrangeiros na terra do Egito**". Tanto em Judá como em Israel havia a crença de que Javé (o Senhor) libertou o povo hebreu da escravidão do Egito, onde viviam como estrangeiros, e fez com eles uma Aliança. O mesmo **Deus libertador apresenta-se como o defensor da viúva e do órfão**. Por isso quem pertence ao **povo da Aliança deve** também **proteger** "**o estrangeiro, o órfão e a viúva**" (Dt 14,28-29; 16,11-14; 24,19-21). **Motivo: "porque sou misericordioso**", isto é, Deus sofre junto com os mais pobres. Jesus dirá: "Sede misericordiosos como vosso Pai é misericordioso" (Lc 6,36). Jesus coloca o amor ao próximo como a si mesmo como o segundo maior mandamento (Evangelho).

Salmo responsorial: Sl 17 (18)

Eu vos amo, ó Senhor, sois minha força e salvação.

2 Segunda leitura: 1Ts 1,5c-10

Vós vos convertestes, abandonando os falsos deuses, para servir a Deus, esperando o seu Filho.

Paulo se alegra com os cristãos de Tessalônica, que acolheram "**a Palavra com a alegria do Espírito Santo**". Abandonaram os falsos deuses e se converteram à mensagem do Evangelho, "**para servir o Deus vivo e verdadeiro**". Em meio às perseguições que sofriam, tornaram-se imitadores de Paulo e do próprio Cristo. O que os anima é a fé na ressurreição dos mortos e a esperança na vinda próxima do Senhor. A vivência nesta vida de **fé** e **esperança** fez deles um belo exemplo, conhecido de todos na região. Era uma comunidade fervorosa, um modelo para outras comunidades na difusão do Reino de Deus. Acolheram com alegria a Palavra e colocaram-se a serviço de Jesus Cristo e dos irmãos.

Nos tempos difíceis que estamos passando, o texto nos convida a manter firme nossa fé e esperança, servindo com amor a Deus e ao próximo.

Aclamação ao Evangelho

Se alguém me ama, guardará a minha palavra, e meu Pai o amará, e a ele nós viremos.

3 Evangelho: Mt 22,34-40

Amarás ao Senhor teu Deus sobre todas as coisas e ao teu próximo como a ti mesmo.

A pergunta dos fariseus reflete o embaraço que eles mesmos sentiam diante das 248 prescrições e 365 proibições em que especificavam as obrigações da Lei de Moisés. Em meio a tantas prescrições perguntam a Jesus: "Qual é o maior mandamento da Lei?" Para responder, Jesus se baseia na oração "Escuta, Israel" (*Shemá Yisrael*), oração que o judeu devia recitar duas vezes ao dia: "**Amarás o Senhor teu Deus de todo o teu coração**, de toda a tua alma, de todo o teu entendimento" (Dt 6,4-5). Jesus diz que é o primeiro e o maior mandamento. Mas logo acrescenta o segundo maior mandamento, "semelhante ao primeiro": "Amarás o teu próximo como a ti mesmo" (Lv 19.8). Destes dois grandes mandamentos, diz Jesus, dependem toda a Lei e os Profetas.

Em Mc 12,32-34 um doutor da Lei confirma o modo como Jesus resume toda a Lei em dois mandamentos. E o texto paralelo de Lucas termina com a pergunta do fariseu: "E quem é o meu próximo?", pois em Lv 19,8 o próximo é alguém do próprio povo. E Jesus lhe responde com a parábola do bom samaritano: o próximo é aquela pessoa da qual eu me aproximo porque precisa do meu cuidado,

Mateus, ao dizer "o segundo mandamento é semelhante ao primeiro", equipara os dois mandamentos. Com ele concorda a Primeira Carta de João: "**Quem não ama o seu irmão, a quem vê, não pode amar a Deus, a quem não vê**" (1Jo 4,20). É uma contradição dizer "eu amo a Deus" se não amar meu próximo!

31º Domingo do Tempo Comum

Oração: "Ó Deus de poder e misericórdia, que concedeis a vossos filhos e filhas a graça de vos servir como devem, fazei que corramos livremente ao encontro das vossas promessas".

1 Primeira leitura: Ml 1,14b–2,1-2.8-10

Abandonastes o caminho e fostes para muitos pedra de tropeço na observância da lei.

O texto da Primeira leitura é tirado do último livro do Antigo Testamento. O título do livro em hebraico é "meu mensageiro". Como os profetas são mensageiros de Deus, o título tornou-se o nome do livro, "Malaquias". O livro, escrito por volta do ano 450 a.C., é subdividido em seis pequenos blocos que envolvem controvérsias relacionadas à vida religiosa da comunidade pós-exílica. O profeta adverte as autoridades religiosas e civis para estarem preparadas para o "Dia do Senhor". Trata-se do dia em que o Senhor virá para julgar todos os que cometeram infidelidades contra Deus e injustiças contra o próximo e salvar os que lhe foram fiéis. **O trecho lido neste Domingo critica a corrupção no culto por parte dos sacerdotes.** Logo de início, Deus se apresenta como o grande Rei, o temível juiz entre as nações. O mesmo Deus que libertou Israel da escravidão do Egito, com prodígios e sinais terríveis, puniu as infidelidades de seu povo com o exílio e o trouxe de volta à Terra Prometida, porque é misericordioso. Ele é rei, pois Israel não tem mais os reis do passado. Agora a responsabilidade de conduzir o povo cabe aos seus sacerdotes. O templo já estava reconstruído, mas **os sacerdotes que deveriam instruir o povo** na observância da Lei não cumpriam as obrigações assumidas, próprias de seu ofício. Até na hora de exercer as funções do culto **faziam discriminação entre os ricos e os pobres**, apesar de todos terem sido criados pelo único e mesmo Deus (cf. Ne 5,1-5; Tg 2,1-7). Em vez de darem bom exemplo ao povo, tornaram-se um escândalo (pedra de tropeço), desviando-o do bom caminho. Por isso, o profeta os ameaça com a maldição divina. Deus não faz distinção de pessoas (cf. At 10,34; Ne 5,1-5). Quem foi colocado no alto da comunidade será rebaixado, caso não se corrigir.

Salmo responsorial: Sl 130
Guardai-me, ó Senhor, convosco, em vossa paz.

2 Segunda leitura: 1Ts 2,7b-9.13

Desejávamos dar-vos não somente o Evangelho de Deus,
mas até a própria vida.

Bem diferente do relacionamento dos sacerdotes com o povo, criticado por Malaquias (Primeira leitura), é a relação carinhosa de Paulo com a comunidade por ele fundada. Embora fosse apóstolo de Cristo, apresentou-se aos tessalonicenses como mãe que acalenta os filhos (v.7b-9) e ao mesmo tempo como pai que anima, admoesta e corrige para viverem de maneira digna diante de Deus (v.10-12). Tanto amor lhes tinha que não só anunciava o Evangelho de Deus, mas desejava dar até sua vida por eles. Como era seu costume, trabalhava como fabricante de tendas para sustentar-se (cf. At 18,2-4), a fim de não ser pesado a ninguém. Paulo agradece a Deus pela boa acolhida que os tessalonicenses deram à Palavra de Deus. O anúncio do Evangelho está produzindo bons frutos por ser Palavra de Deus e não palavra do apóstolo. É **o Espírito de Cristo**, a Palavra de Deus que se fez carne, que **produz maravilhosos frutos na comunidade**.

Aclamação ao Evangelho

Só um é o vosso Pai, o vosso Pai celeste. Um só é o vosso Guia, Jesus Cristo, o Messias!

3 Evangelho: Mt 23,1-12

Eles falam, mas não praticam.

No Evangelho, Jesus se dirige às multidões e aos discípulos. O texto divide-se em duas partes: v. 3-7 e v. 8-12. Inicia com **críticas aos mestres da Lei** (escribas) **e aos fariseus**. As críticas giram, sobretudo, em torno do **comportamento destas lideranças judaicas**: 1) Dizem e não fazem (v. 3). 2) Amarram cargas pesadas sobre os ombros dos outros, mas não os ajudam nem com o dedo mínimo (v. 4). 3) Fazem boas obras para serem vistos pelos outros (v. 5). 4) Escolhem os primeiros lugares nos banquetes e nas sinagogas (v. 6). 5) Gostam de aplausos nas praças públicas e de serem chamados de "Mestre" (v. 7).

Após este quadro negativo, na segunda parte (v. 8-12), em contraponto aos discípulos dos fariseus, Mateus apresenta uma imagem de

como devem ser as comunidades cristãs para as quais escreve: 1) Na comunidade dos discípulos de Jesus ninguém deseje ser chamado de Mestre, pois há um só Mestre, Cristo Jesus e todos são irmãos. 2) Na terra, ninguém seja chamado pai, pois há um só Pai, somente Deus. 3) Ninguém deve ser chamado guia, pois temos um só guia, Jesus Cristo. 4) **Na comunidade cristã ninguém é maior do que o outro**, pois todos são servos uns dos outros. 5) Por fim, **o modelo para o cristão é Cristo**, que é "manso e humilde de coração". Ele carregou o fardo dos humildes sobre seus ombros (Mt 11,28-30) e foi exaltado: "Quem se exaltar será humilhado, e quem se humilhar será exaltado" (cf. Primeira e Segunda leituras).

32º Domingo do Tempo Comum

Oração: "Deus de poder e misericórdia, afastai de nós todo obstáculo para que, inteiramente disponíveis, nos dediquemos ao vosso serviço".

1 Primeira leitura: Sb 6,12-16

A sabedoria é encontrada por aqueles que a procuram.

Sabedoria é o último livro do Antigo Testamento, escrito no Egito, entre os anos 30 a.C. e 40 d.C. Nos capítulos 6 a 9 o autor personifica a sabedoria, fala dela como se fosse uma pessoa viva e atuante na história de Israel e dos povos. O texto de hoje se dirige aos "reis e juízes dos confins da terra" (Sb 6,1). Na realidade, dirige-se a todas as pessoas que procuram ser sábias e justas, ou têm cargos de responsabilidade. **A sabedoria** pode ser facilmente contemplada por todos. Ela não é inacessível (cf. Dt 30,11-14). **Basta amá-la e procurá-la.** Ela mesma se antecipa, dando-se a conhecer "por aqueles que a procuram". **Cheia** de amor, a **sabedoria sai à procura de quem nela pensa e medita**. Quem a busca desde a madrugada, vai encontrá-la já sentada à sua porta. É uma atração, uma procura mútua, como a da amada pelo amado, no livro Cântico dos Cânticos. A **sabedoria é o próprio Deus** que procura o ser humano e a ele se revela. É o Deus misericordioso que espera ser procurado: "Buscai o Senhor, enquanto se deixa encontrar, invocai-o enquanto está perto" (Is 55,6). E Tiago nos exorta: "Aproximai-vos de Deus e ele se aproximará de vós" (cf. Tg 4,8a; cf. Evangelho). E Paulo identifica a sabedoria com Cristo, "sabedoria de Deus".

Salmo responsorial: Sl 62
A minha alma tem sede de vós e vos deseja, ó Senhor.

2 Segunda leitura: 1Ts 4,13-18

Deus trará de volta, com Cristo, os que através dele entraram no sono da morte.

O apóstolo Paulo e a comunidade dos cristãos de Tessalônica consideravam a segunda vinda do Senhor muito próxima e a esperavam com fervor. O evento escatológico da manifestação do Senhor, no fim dos tempos (parusia), poderia acontecer enquanto eles estivessem ainda vivos (1Ts 1,10). Por ocasião da morte de algum membro da comunidade pode ter surgido então a pergunta: **O que haveria de acontecer no dia da manifestação do Senhor com os cristãos já falecidos**? Para alguns a alegria da esperança da vinda do Senhor era perturbada pela tristeza: Os parentes falecidos haveriam de permanecer na morada dos mortos, enquanto eles mesmos haveriam de ressuscitar? Na resposta, Paulo quer reavivar a fé e a esperança na ressurreição, abaladas por esta dúvida. Primeiro **Paulo reafirma a fé na ressurreição dos mortos**: Se Cristo morreu e ressuscitou, Deus fará ressuscitar com Cristo também os que morreram em Cristo. Mas os que forem deixados em vida para a vinda do Senhor não levarão vantagem em relação aos que morreram. Pois quando o Senhor vier, primeiro ressuscitarão os que morreram em Cristo. Depois, os ainda vivos serão arrebatados para estarem todos juntos com Cristo ressuscitado. Por fim, Paulo convida a todos os cristãos a se consolarem uns aos outros com as palavras que lhes escreveu.

Com as palavras de Paulo podemos confortar e animar-nos uns aos outros, feridos pela dor da separação de tantas pessoas queridas, vítimas da epidemia, da violência, das catástrofes climáticas ou de enfermidades.

Aclamação ao Evangelho

É preciso vigiar e ficar de prontidão; em que dia o Senhor há de vir, não sabeis não.

3 Evangelho: Mt 25,1-13

O noivo está chegando. Ide ao seu encontro.

Os três últimos domingos do Ano Litúrgico ocupam-se com o destino final do ser humano e do universo. A Primeira leitura tem em comum com o Evangelho o **tema do encontro**: encontro com a **sabedoria** (Sb 6,12-16), isto é, o **encontro com Cristo**, o Esposo escatológico (Mt 25,6). A parábola das dez virgens nos fala deste encontro escatológico com Cristo Jesus. A mensagem da parábola baseia-se na imagem de uma festa de casamento. Era costume naqueles tempos de o noivo, acompanhado por seus amigos (cf. Jo 3,26-29), dirigir-se até a casa da noiva para buscá-la e introduzi-la como esposa na sua casa. Por sua vez, a noiva, acompanhada pelas suas amigas, aguardava a vinda do noivo para acompanhá-lo, em cortejo com suas amigas, até a nova moradia. As amigas da noiva eram dez "virgens", isto é, moças solteiras. Todas deviam estar preparadas para receber o noivo e acompanhar a noiva, quando ele viesse. Cansadas de esperar, todas acabaram cochilando. De repente alguém grita: "O noivo está chegando! Ide ao encontro do noivo!" Todas estavam preparadas, mas nem todas estavam prevenidas. Cinco delas eram imprudentes e não trouxeram uma reserva de óleo consigo. As que trouxeram óleo não puderam dividir, porque poderia faltar óleo e todas ficariam no escuro. E recomendaram que as jovens imprudentes fossem comprar óleo. As jovens prudentes entraram com os noivos e a sala foi fechada. Quando chegaram as jovens imprudentes e bateram na porta pedindo para entrar na sala, o noivo diz: "Não vos conheço".

O que nos diz a parábola? O **importante é o encontro do noivo (Cristo) com a noiva** (Israel e os cristãos). O **óleo fez a diferença** entre as **jovens desprevenidas** que não trouxeram uma reserva de óleo consigo, e as **prevenidas** que tinham a sua reserva. Quando o evangelho de Mateus foi escrito, parte do povo de Israel não acolheu Jesus Cristo como o Messias esperado e foi excluída da festa de casamento. Por outro lado, havia cristãos que deixaram de "vigiar" e não estavam preparados para a segunda vinda do Senhor. Daí a conclusão da parábola: "Portanto, **ficai vigiando, pois não sabeis qual será o dia, nem a hora**". – Estejamos preparados, "vigiando" com a **lâmpada da fé acesa e o óleo das boas obras em nossas mãos**, para receber a Jesus Cristo quando ele vier.

33º Domingo do Tempo Comum

Oração: "Senhor nosso Deus, fazei que nossa alegria consista em vos servir de todo o coração, pois só teremos felicidade completa servindo a vós, o criador de todas as coisas".

1 Primeira leitura: Pr 31,10-13.19-20.30-31

Com habilidade trabalham as suas mãos.

O livro dos Provérbios, em vários capítulos, simboliza a Sabedoria na figura da mulher. No último capítulo louva a mulher real, que teme a Deus e cuida de sua família com amor. A leitura de hoje extrai 7 dos 22 versos que compõem o poema, suficientes para exaltar a mulher que faz valer seus talentos. O poema exalta não tanto a beleza física da mulher, e sim os talentos e a habilidade de suas mãos operosas. Ela compra a lã e o linho e os trabalha com a destreza de suas mãos. Como a tecelã, estende a mão para a roca e com os dedos segura o fuso. **Com o trabalho de suas mãos veste a si mesma, veste o marido, os filhos, empregados e empregadas**, e ainda estende as mesmas mãos para os **necessitados e pobres**. Tal mulher é mais preciosa do que todas as joias. Em sua feminilidade ela realiza-se como mulher, como esposa e como mãe porque gera a vida, alimentando e protegendo-a "como quem serve", para a felicidade de toda a família (cf. Lc 22,27). O poema conclui-se dizendo que a beleza e a formosura da mulher são passageiras. Mas a **mulher** que teme a Deus, **pelo cuidado** que manifesta em sua vida, merece ser louvada porque **encarna o amor**, a generosidade e a providência divina. A mulher sábia é como uma artesã que "sustenta a criação deste mundo", como diz o Eclesiástico (cf. 38,34a).

Salmo responsorial: Sl 127

Felizes os que temem o Senhor e trilham seus caminhos!

2 Segunda leitura: 1Ts 5,1-6

Que esse dia não vos surpreenda como um ladrão.

O trecho hoje lido continua as considerações de Paulo aos cristãos de Tessalônica sobre a ressurreição dos mortos e a segunda vinda do

Senhor (Segunda leitura do 32º Domingo). De início, o Apóstolo declara não poder acrescentar nada ao que Jesus já havia dito: "Quanto a esse dia e essa hora, ninguém sabe, nem os anjos do céu, nem o Filho, mas somente o Pai" (cf. Mt 24,36). Quando tudo parece estar em "paz e segurança", o dia do Senhor virá, de repente, como um ladrão de noite. O que fazer, então, como se comportar? Na admoestação final aos cristãos (v. 4-6) Paulo espera estar entre os vivos quando acontecer a vinda do Senhor (cf. 1Ts 4,13-18). Continuemos vigilantes e sóbrios – diz Paulo – para não sermos surpreendidos por esse dia. Iluminados por Cristo, somos filhos da Luz e não das trevas. Em outras palavras, os cristãos são convidados a **viver na tensão escatológica da vinda do Senhor, mantendo sempre viva a fé e a esperança**, e os seus **compromissos** do dia a dia.

Aclamação ao Evangelho

Ficai em mim, e eu em vós hei de ficar, diz o Senhor; quem em mim permanece, esse dá muito fruto.

3 Evangelho: Mt 25,14-30

Como foste fiel na administração de tão pouco, vem participar de minha alegria.

A parábola dos talentos é a continuidade da parábola das dez virgens (32º Domingo). Tanto a parábola das dez jovens como a parábola dos talentos estão relacionadas com a segunda vinda do Senhor. Havia, sobretudo na Galileia, pessoas ricas que eram donas de pequenos latifúndios. O patrão tinha empregados para cuidar das plantações de trigo ou cevada, oliveira e vinhedos. Segundo a parábola, o patrão viajou para o estrangeiro, talvez para Roma. Antes de se ausentar, chamou seus empregados para lhes confiar a administração das riquezas que havia acumulado. "A um deu cinco talentos, a outro dois e ao terceiro, um; a cada qual de acordo com sua capacidade". Um talento era uma medida de peso com valor aproximado de 34kg. Tratava-se de peso em ouro ou prata. O primeiro trabalhou com os cinco talentos e lucrou mais cinco. Da mesma forma, o segundo que recebeu dois talentos, lucrou outros dois. Os dois primeiros foram ousados, até com o risco de perderem tudo, mas dobraram a quantia recebida. O terceiro, que recebeu apenas um talento, com medo de perder o valor recebido, enterrou seu talento até que o patrão viesse.

Após muito tempo, o patrão voltou da viagem e chamou os empregados para prestarem conta dos talentos recebidos. Os dois primeiros apresentaram-se com alegria por terem dobrado o valor recebido com seu trabalho. A esses o patrão diz: "Muito bem, servo bom e fiel! Como foste fiel na administração de tão pouco, eu te confiarei muito mais. Vem participar da minha alegria". O terceiro empregado trouxe apenas o talento que havia enterrado e o devolveu ao patrão, desculpando-se porque tinha medo dele, pois era um homem severo e explorador do trabalho dos empregados. O patrão o chamou de "servo mau e preguiçoso" e mandou tirar dele o talento para entregar ao empregado que dobrou os cinco talentos. Sob o ponto de vista humano a parábola dos talentos poderia levantar críticas ao procedimento do patrão. Considerando, porém, que a parábola fala do Reino de Deus, a lógica é outra. Deus confiou a cada um de nós talentos, dons e qualidades para serem colocados a serviço da família, do próximo, da comunidade e da sociedade (Primeira leitura).

A parábola nos leva a uma **revisão de vida. Com qual dos três empregados eu mais me assemelho?** Na minha comunidade escondo os talentos que tenho, ou faço render a serviço do próximo as boas qualidades que Deus me deu? Procuro imitar a mulher sábia, colocando meus talentos em benefício da família e da comunidade?

34º Domingo do Tempo Comum – Solenidade de Nosso Senhor Jesus Cristo, Rei do Universo

Oração: "Deus eterno e todo-poderoso, que dispusestes restaurar todas as coisas no vosso amado Filho, Rei do Universo, fazei que todas as criaturas, libertas da escravidão e servindo à vossa majestade, vos glorifiquem eternamente".

1 Primeira leitura: Ez 34,11-12.15-17

Quanto a vós, minhas ovelhas, farei justiça entre uma ovelha e outra.

No texto que ouvimos, o profeta Ezequiel junta sua voz crítica à dos profetas Isaías, Miqueias e Jeremias que o precederam. A imagem do rei-pastor já é antiga. Os reis do Egito e da Mesopotâmia consideravam sua função como a do pastor no cuidado da segurança e do bem-estar de seu povo. Os pastores contra os quais Ezequiel levanta sua voz são, sobretudo, os reis de Israel e Judá; mas a crítica vale também para os dirigentes religiosos, como sacerdotes, profetas e juízes. Eles não cumpriram seu ofício de pastor porque não cuidaram do bem-estar físico nem espiritual do povo de Deus. Por culpa destes maus pastores, parte da população foi levada pelos babilônios para o exílio, entre os quais estava Ezequiel. Outros ficaram sem liderança no território ocupado pelo inimigo ou se dispersaram pelos países vizinhos. Mas, para Ezequiel, a história do povo de Deus não terminou e o profeta aponta um futuro de esperança: Como **rei-pastor, Deus promete** cassar o ofício dos maus pastores e **tomar conta** das ovelhas desgarradas. Vai **recolher** as dispersas, **cuidar** daquelas feridas, **fortalecer** as doentes e fracas. Vai **defendê-las** das ovelhas mais gordas e fortes, **julgando o rebanho como juiz**, segundo o direito. Deus vai devolver a saúde a seu povo, vai trazer a salvação às ovelhas no exílio e às dispersas nos países vizinhos. Vai reunir seu povo disperso na terra prometida, como o pastor reúne suas ovelhas.

O que vemos hoje é maus governantes dispersando o povo que deveriam cuidar. O rei Hamurabi da Babilônia (1728-1686 a.C.) apresenta-se como pastor de seu povo, escolhido pelos deuses "para fazer surgir a justiça na terra, eliminar o mau e o perverso, para que o forte não oprima o fraco [...]. Eu sou Hamurabi, o pastor, chamado por Enlil". Um exemplo para os nossos governantes.

Salmo responsorial: Sl 22
O Senhor é o pastor que me conduz; não me falta coisa alguma.

2 Segunda leitura: 1Cor 15,20-26.28

Entregará a realeza a Deus Pai, para que Deus seja tudo em todos.

Paulo explica em que consistirá o convite que o Rei fará aos justos: "Vinde, benditos de meu Pai! Recebei como herança o Reino que meu Pai vos preparou..." (cf. Mt 25,34). Se formos solidários com Cristo em nossa vida ("tudo o que fizerdes ao menor dos meus irmãos..."), o seremos também na sua morte e ressurreição. Como Cristo ressuscitou, hão de ressuscitar também os que lhe pertencem. Assim que vencer tudo o que se lhe opõe – pois **"o último inimigo a ser destruído é a morte"** –, **Cristo entregará o Reino ao Pai, para que Deus seja tudo em todos** (Prefácio). É esta participação no reino dos ressuscitados que nós esperamos. Reino, planejado pelo Pai "desde a criação do mundo (Evangelho). A herança preparada pelo Pai é a participação na alegria do Senhor (33º Domingo): "Não será a alegria inteira que entrará nos que se alegram" (Santo Agostinho), mas, "os que se alegram entrarão inteiros nesse gozo" (Santo Tomás).

Aclamação ao Evangelho
É bendito aquele que vem vindo, que vem vindo em nome do Senhor; e o Reino que vem, seja bendito; ao que vem e a seu Reino, o louvor!

3 Evangelho: Mt 25,31-46

Ele se assentará em seu trono glorioso e separará uns dos outros.

No antigo Oriente Médio, os reis se apresentavam como pastores de seu povo, com a tarefa de cuidar, defender e julgar os seus súditos. Na Primeira leitura vimos que **os reis de Israel não cuidaram do povo de Deus**. Por isso, Deus prometeu cuidar, ele próprio, de seu povo. E o fez, enviando seu Filho Unigênito a este mundo. Jesus é o Bom Pastor que deu sua vida para nos salvar. No Evangelho ele aparece como Filho do Homem, como pastor messiânico, rei do universo e juiz escatológico. **O critério** último **para julgar bons e maus será a solidariedade, o amor compassivo** que tivermos praticado **com os mais necessitados**. Os justos não sabiam que os pobres, dos quais cuidavam, representavam o próprio Rei, que os julgava e acolhia no Reino preparado pelo Pai celeste, desde a criação do mundo: "Todas as vezes que fizestes isso a um dos menores de meus irmãos, foi a mim que o fizestes" (v. 40). – "Quem não ama a seu irmão, a quem vê, não pode amar a Deus, a quem não vê" (cf. 1Jo 4,20).

Termina nesta semana o Ano Litúrgico A. Durante este ano nos acompanhou o evangelho de Mateus, o evangelho da Igreja como comunidade que procura viver o Reino de Deus. Muito aprendemos com Mateus sobre como viver em comunidade. Mas **o Reino de Deus não se limita aos que seguem Jesus Cristo**. Na hora do julgamento final não **seremos perguntados** se fomos seus discípulos, mas **pelo que fizemos ao próximo**, incluindo todas as pessoas amadas por Deus.

Lembremo-nos dos profissionais da saúde, de todos aqueles que arriscaram suas vidas para salvar a vida de milhões de pessoas da pandemia de covid-19. Centenas, milhares deles foram vítimas da mesma epidemia. Eles foram e são o Evangelho vivo de nosso tempo, exemplo a ser seguido por todos nós. Para todos eles Cristo diz: "Vinde, benditos de meu Pai! Recebei como herança o Reino que meu Pai vos preparou desde a criação do mundo [...] pois eu estava doente e cuidastes de mim [...]". Combatestes com Cristo o bom combate para que o último inimigo a ser vencido seja a morte (cf. 1Cor 15,26).

Ano B

Tempo do Advento

1º Domingo do Advento

Oração: "Ó Deus todo-poderoso, concedei a vossos fiéis o ardente desejo de possuir o reino celeste, para que, acorrendo com as boas obras ao encontro do Cristo que vem, sejamos reunidos à sua direita na comunidade dos justos".

1 Primeira leitura: Is 63,16b-17.19b; 64,2b-7

Ah! Se rompesses os céus e descesses!

Essa linda oração, que se dirige a Deus chamando-o de Pai, brotou do coração da comunidade de judeus, exilados na Babilônia há mais de 50 anos. As promessas de um retorno à Terra Prometida, feitas pelo profeta Ezequiel e um discípulo do profeta Isaías (Is 40–55) pareciam demorar demais para se cumprirem. Por isso, **a oração expressa certa impaciência e, ao mesmo tempo, confiança filial**, porque se dirige a Deus como "nosso Pai". A oração é um misto de lamentação penitencial e de súplica ardente. É um pedido a Deus para que apresse sua intervenção libertadora, prometida pelos profetas: "Ah! Se rompesses os céus e descesses!" O profeta Ezequiel contou uma visão que teve na Babilônia. Dizia que Deus seria novamente adorado no templo de Jerusalém e, como um pastor cuida de suas ovelhas, ele mesmo tomaria conta do seu povo disperso no exílio (Ez 34). E um discípulo do profeta Isaías dizia que, ainda que uma mãe pudesse esquecer seu filho, Deus jamais haveria de esquecer seu povo (Is 40,14-15). Mas na leitura de hoje, extraída dos capítulos 63 e 64 de Isaías, o profeta pede em sua oração que Deus rompa o silêncio e comece a cumprir as promessas: "**Tu és nosso oleiro e nós todos somos obra de tuas mãos**". É um veemente apelo, um pedido cheio de fé e esperança em **Deus** que **cria e renova a história de seu povo**. A figura do oleiro lembra Deus como oleiro, capaz de refazer um vaso que se estragou (Jr 18,1-10), que do barro formou o ser humano frágil e limitado (Gn 2,7) e com dedos de artista modelou o sol, a lua e as estrelas (Sl 8,4). É um apelo do povo pecador a **Deus que cria um novo céu e uma nova terra** (Is 66,22). E Deus nos responde pelo seu Filho Jesus Cristo: "Eis que faço novas todas as coisas" (Ap 21,5). O clamor do povo pede que Deus "volte atrás", "arrependa-se" do mal causado ao seu povo. Por outro lado, o povo está consciente que deve **arrepender**-se de seus maus caminhos e **voltar a ser fiel ao seu Deus, praticando com alegria a justiça**.

Salmo responsorial: Sl 79

Iluminai a vossa face sobre nós, convertei-nos para que sejamos salvos.

2 Segunda leitura: 1Cor 1,3-9

Esperamos a revelação de Nosso Senhor Jesus Cristo.

Paulo, ao escrever à comunidade dos coríntios, alegra-se com a graça que Deus lhes concedeu pela sua pregação do Evangelho. Era uma pregação animada pela **fé e esperança na vinda próxima do Senhor**. Deus é fiel e salvará quem ele chamou a viver em comunhão com seu Filho, Jesus Cristo. Paulo reza para que eles perseverem firmes na fé, até a revelação plena de Jesus Cristo, por ocasião de sua segunda vinda.

Aclamação ao Evangelho

Mostrai-nos, ó Senhor, vossa bondade; e a vossa salvação nos concedei!

3 Evangelho: Mc 13,33-37

Vigiai. Não sabeis quando o dono da casa vem.

Domingo passado, com a Solenidade de Cristo Rei do Universo encerrou-se o ciclo A do Ano Litúrgico. Com o 1º Domingo do Advento entramos no ciclo B do Ano Litúrgico. No Ano B as leituras do Evangelho serão, em geral, tiradas do evangelho de Marcos. Como Mateus, também Marcos conclui as narrativas da atividade de Jesus com o discurso escatológico (cf. Mt 24–25; Mc 13,1-37). Hoje ouvimos a parábola sobre a vigilância que, diante da hora incerta em que virá o Filho do Homem, encerra o discurso escatológico de Jesus em Mc 13,33-37. Jesus estava com seus discípulos no alto do monte das Oliveiras e um deles disse: "Mestre, olha que pedras e que construções!" E Jesus comentou: "Vês estas grandes construções? **Não ficará aqui pedra sobre pedra; tudo será destruído**". Outros discípulos lhe pediram: "Dize-nos **quando** será isso e **qual é o sinal** de que tudo isso vai acabar?" Na resposta de Jesus misturam-se o tema da destruição do Templo e o do fim do mundo. Mas sobre o quando do fim do mundo, Jesus diz: "Quanto a esse dia e essa hora, **ninguém sabe, nem os anjos do céu, nem o Filho, mas somente o Pai**" (Mc 13,32).

Uma vez que ninguém sabe quando acontecerá o fim do mundo, Jesus ensina com uma pequena parábola **o que devemos fazer enquanto aguardamos a vinda do Senhor**. Na parábola o patrão se ausenta por tempo indeterminado. Por isso escolhe o porteiro para vigiar a porta e distribuir tarefas para cada um dos **empregados**. Durante sua ausência (cf. a parábola dos talentos e a parábola das dez virgens), eles **devem cumprir as tarefas que lhes foram confiadas** pelo patrão, e **ficar atentos** porque não sabem quando o patrão voltará. O que não pode acontecer é o patrão os encontrar dormindo. O que Jesus disse aos seus discípulos, Marcos lembra que vale o mesmo para o seu tempo, para todos os tempos: "**O que vos digo, digo a todos: Vigiai!**"

O tempo da ausência do patrão é o tempo entre a primeira vinda de Cristo (Natal) e a segunda vinda, no fim dos tempos, como juiz dos vivos e dos mortos. É o que lembramos na profissão de fé: "Subiu aos céus, está sentado à direita de Deus Pai [...], donde há de vir a julgar os vivos e os mortos". Vigilantes, esperamos com alegria a celebração da primeira vinda do Salvador (Primeira leitura), mas também sua segunda vinda como juiz (Segunda leitura). – Na celebração da Eucaristia, ao final da consagração, o sacerdote diz: "Eis o mistério da fé!" E os fiéis respondem: "Anunciamos, Senhor, a vossa morte e proclamamos a vossa ressurreição. Vinde, Senhor Jesus!" – Esta é a nossa fé.

2º Domingo do Advento

Oração: "Ó Deus todo-poderoso e cheio de misericórdia, nós vos pedimos que nenhuma atividade terrena nos impeça de correr ao encontro do vosso Filho, mas, instruídos pela vossa sabedoria, participemos da plenitude de sua vida".

1 Primeira leitura: Is 40,1-5.9-11

Preparai o caminho do Senhor.

Com a leitura que hoje ouvimos começa o chamado "Livro da Consolação", isto é, a segunda parte do profeta Isaías (Is 40–55). Um discípulo de Isaías fala agora em Babilônia, pelo final do exílio (587-538 a.C.). Os profetas anteriores (Amós, Oseias, Isaías, Jeremias e Ezequiel) denunciavam o pecado e anunciavam o castigo. Agora a palavra de ordem é: "Consolai o meu povo [...] porque recebeu [...] em dobro por todos os seus pecados" (Is 40,1-2). A palavra é dirigida aos que estavam no exílio e aos habitantes da Jerusalém destruída. Deus parecia ter esquecido Jerusalém em ruínas: "Mas Sião reclama: 'O Senhor me abandonou, meu Deus me esqueceu" (Is 49,14).

Nesse contexto, na Babilônia levanta-se uma voz profética e grita aos exilados: "**Preparai no deserto o caminho do Senhor**", um caminho reto e plano **para que Deus possa reconduzir seu povo a Jerusalém**. "Ele vem com poder", não com o poder de um general à frente de seu exército, mas **com o domínio suave de um pastor sobre seu rebanho**. Ele reunirá as ovelhas dispersas, por culpa de maus pastores (cf. Ez 34,1-24). Como pastor, o Senhor **cuidará de suas ovelhas com carinho maternal**; levará ao colo os cordeirinhos, conduzindo mansamente as ovelhas mães, promessas de vida. O profeta deve anunciar a boa-nova também em Sião. Jerusalém precisa estar preparada para receber festivamente as ovelhas conduzidas pelo próprio Deus-Pastor: "**Eis o vosso Deus**". O Deus-Pastor é a Boa-nova, o Evangelho que esperamos. No Advento esperamos com alegria o nascimento do Filho de Deus. Como estamos nos preparando? Que montes ou colinas devemos rebaixar e quais vales precisamos nivelar?

Salmo responsorial: Sl 84
Mostrai-nos, ó Senhor, vossa bondade; e a vossa salvação nos concedei!

2 Segunda leitura: 2Pd 3,8-14

O que nós esperamos são novos céus e uma nova terra.

Um discípulo do apóstolo Pedro adverte os cristãos de seu tempo, e a nós também, sobre o **foco principal em nossa vida**, que é o encontro com o Senhor que vem. O tema é, portanto, a segunda vinda do Senhor. Ela ainda não aconteceu porque o Senhor é paciente e está dando um tempo para nossa conversão. Na parábola do Domingo passado vimos que o patrão se ausentou, sem marcar a data do retorno, deu tarefas a cada empregado e mandou o porteiro vigiar. A palavra **vigiar** é agora trocada pelas palavras **converter-se, esperar** com ansiedade, "para que ele nos encontre numa **vida pura, sem mancha e em paz**". Esse é o **caminho que devemos preparar** entre a primeira e a segunda vinda do Senhor.

Aclamação ao Evangelho

Preparai o caminho do Senhor, endireitai suas veredas. Toda a carne há de ver a salvação de nosso Deus.

3 Evangelho: Mc 1,1-8

Endireitai as estradas do Senhor.

O tema do Evangelho deste Domingo está voltado para a primeira vinda do Senhor, mais precisamente, para a atividade de João Batista. "Endireitai as estradas do Senhor" (Primeira leitura) é o lema de um discípulo do profeta Isaías, na Babilônia, que agora João retoma. Não se trata de endireitar uma estrada física, mas de entrar no caminho sinalizado pelo "batismo de conversão para o perdão dos pecados", para que **"nada nos impeça de correr ao encontro do Filho de Deus"** (oração). Aquele pastor prometido pelo profeta está próximo: "Depois de mim virá alguém mais forte do que eu [...]. Ele vos batizará com o Espírito Santo"; ele é o pastor que reúne seu rebanho, carrega os cordeirinhos em seus braços e tange as ovelhas (Primeira leitura). O caminho para **correr ao encontro do Salvador** que vem é o **caminho da conversão e do perdão dos pecados**. Então, sim, ele nos mostrará a sua bondade e nos concederá a sua salvação (Salmo responsorial).

3º Domingo do Advento

Oração: "Ó Deus de bondade, que vedes o vosso povo esperando fervoroso o Natal do Senhor, dai chegarmos às alegrias da salvação e celebrá-las sempre com intenso júbilo na solene liturgia".

1 Primeira leitura: Is 61,1-2a.10-11

Exulto de alegria no Senhor.

O anúncio cheio de **esperança** de um profeta anônimo foi dado quando os exilados retornaram da Babilônia. O profeta de Is 61 (3º Isaías) tem a experiência do Espírito e se considera um ungido, uma pessoa escolhida pelo Senhor para anunciar a **Boa-nova aos pobres** (Evangelho). **Esta missão seria desdobrada em três ações:** a) curar as feridas da alma; b) pregar a redenção para os cativos e a liberdade aos que estavam presos; c) e proclamar o tempo da graça do Senhor, o ano do perdão. As feridas da alma são as que mais doem: Israel era um povo humilhado, oprimido pelos dominadores, uma sociedade dividida e com os laços de fraternidade rompidos. Havia muita gente presa, especialmente os empobrecidos por não conseguirem pagar suas dívidas e, por isso, perderam suas terras e até a família. Havia um conflito entre a população local que não foi exilada e os que voltaram do exílio. Era preciso **restaurar a Lei do perdão das dívidas** (ano da graça), quando cada um podia voltar à sua propriedade, confiscada por dívidas (Lv 25) e recuperar a liberdade. Era preciso **recompor a comunidade do povo de Deus**. Com a mensagem de Is 61, Jesus explica sua ação missionária aos conterrâneos de Nazaré, donde é expulso (Lc 4,16-30). Como o profeta de Is 61 também Jesus é impulsionado pelo Espírito do Senhor (cf. Lc 3,21-22; 4,1.16-21), para trazer uma alegre notícia aos pobres, humilhados e sofredores.

Salmo responsorial: Lc 1,46-48.49-50.53-54

A minha alma se alegra no meu Deus.

2 Segunda leitura: 1Ts 5,16-24

Vosso espírito, vossa alma e vosso corpo sejam conservados para a vinda do Senhor.

As palavras de Paulo fazem parte de uma grande ação de graças pelo fato de os cristãos serem participantes da **salvação integral** (espírito, alma, corpo), trazida por Cristo. A Carta de Paulo aos Tessalonicenses respira a esperança da próxima vinda de Cristo (segunda vinda). *O que fazer enquanto esperamos a vinda do Senhor?* – Rezar e agradecer continuamente a Deus; não criar obstáculos à ação do Espírito em nós; esperar o Senhor com grande alegria. Paulo pede **que Deus santifique os cristãos em tudo que são** (espírito, alma e corpo) e os conserve sem mancha para a vinda do Senhor. Pois "aquele que vos chamou é fiel; ele mesmo realizará isso". Os conselhos continuam válidos para nós, que vivemos entre a primeira vinda de Cristo (Natal) e a segunda vinda, no fim dos tempos.

Aclamação ao Evangelho: Is 61,1 (Lc 4,18)

O Espírito do Senhor sobre mim fez a sua unção; enviou-me aos empobrecidos a fazer feliz proclamação.

3 Evangelho: Jo 1,6-8.19-28

No meio de vós está aquele que vós não conheceis.

João Batista, precursor de Jesus, tinha discípulos que o seguiam. Dois deles tornaram-se mais tarde discípulos de Jesus (Jo 1,40). Muitos, no entanto, pensavam que João Batista fosse o Messias esperado por Israel. Por isso os **fariseus enviaram de Jerusalém sacerdotes e levitas para perguntar a João quem ele era**; se era o Messias, ou o profeta Elias, que devia voltar, ou algum profeta. João negou tudo e declarou: "Eu sou a voz que clama no deserto: preparai o caminho do Senhor!"

O Evangelho de hoje explica que a missão de João era ser testemunha da verdadeira Luz, que é Jesus, o Messias esperado. A missão do Batista consistia em preparar o povo para a fé em Jesus Cristo (Jo 1,7; cf. At 19,4). E para as autoridades de Jerusalém, que o questionaram por estar batizando, João disse: "Eu batizo com água; mas **no meio de vós está aquele que vós não conheceis**". Sim, o Messias tão esperado já estava presente, no meio do povo; era ainda desconhecido, mas já causava uma grande alegria. E a missão do Batista era alertar o povo para que preparasse o caminho do Senhor, porque a grande Luz já estava brilhando. Era tornar conhecido o Messias Salvador, já presente no meio do povo. – Na Aclamação ao Evangelho o próprio Jesus se apresenta como o Messias esperado, o Ungido pelo Espírito do Senhor para anunciar a Boa-nova aos pobres.

4º Domingo do Advento

Oração: "Derramai, ó Deus, a vossa graça em nossos corações para que, conhecendo pela mensagem do anjo a encarnação do vosso Filho, cheguemos, por sua paixão e cruz, à glória da ressurreição".

1 Primeira leitura: 2Sm 7,1-5.8b-12.12.14a.16

O teu reino será estável para sempre diante de mim, diz o Senhor.

Deus é totalmente livre nas suas escolhas. No passado escolheu Abraão para ser o portador da promessa de salvação para todos os povos. Depois escolheu Moisés para libertar um povo, escravizado do Egito; com ele fez uma Aliança no Sinai e lhe deu uma terra para seu povo habitar. O rei Davi havia construído para si um palácio em Jerusalém e queria edificar também uma "casa"; isto é, um templo para Javé, o Deus libertador do Egito. Mas, por meio do profeta Natã, Deus rejeitou uma "casa" de pedra e madeira. Em vez disso, **tomou a iniciativa de escolher Davi**, prometendo-lhe construir uma "casa" (família, dinastia real). Deus fez uma aliança com Davi: "Eu serei para ele um pai, e ele será para mim um filho (2Sm 7,14), pois da família de Davi haveria de nascer o Messias Salvador, Jesus Cristo, concebido do Espírito Santo no seio da Virgem Maria.

Deus não **precisa** de templos materiais para morar no meio de seu povo. Precisa, sim, de **corações que o acolham com fé, como o fez Maria**: "Eis a serva do Senhor; cumpra-se em mim a tua palavra" (Evangelho).

Salmo de aclamação: Sl 88

Ó Senhor, eu cantarei eternamente o vosso amor!

2 Segunda leitura: Rm 16,25-27

O mistério mantido em sigilo desde sempre agora foi manifestado.

A Carta de Paulo aos Romanos conclui-se com um hino de louvor a Deus que, finalmente, revelou em Jesus Cristo o mistério da salvação. As "eleições" de Abraão, de Israel e de Davi não visavam apenas à salvação do povo de Israel. Mas **o povo de Israel foi escolhido como o portador de um "mistério", escondido no passado e agora revelado**: O Messias esperado, descendente de Davi, veio para trazer a salvação não apenas para Israel, mas para todos os povos. Este mistério era "o meu Evangelho" de Paulo na sua pregação; era uma mensagem de salvação aberta a todas as nações, sem distinção de raça, povo, língua ou nação. Na vida prática, Paulo primeiro tentou anunciar o Evangelho aos judeus. Mas rejeitado pelos judeus, dedicou-se inteiramente a anunciar o Evangelho da salvação para os pagãos, a fim de trazê-los todos "à obediência da fé".

Aclamação ao Evangelho

Eis a serva do Senhor; cumpra-se em mim a tua palavra!

3 Evangelho: Lc 1,26-38

Eis que conceberás e darás à luz um filho.

A promessa feita a Davi de uma "casa" estável – isto é, de uma dinastia permanente – cumpre-se hoje no Evangelho que acabamos de ouvir. Maria é noiva de José, descendente da família real de Davi (Primeira leitura). Naquele tempo, mesmo antes do casamento, o noivado já tinha força jurídica. Por isso, quando o anjo Gabriel lhe anuncia que será mãe de um filho a quem dará o nome de Jesus, Maria responde que não "conhece homem algum"; isto é, ainda não convivia maritalmente com seu noivo José. O anjo então lhe explica que será pela força do Espírito Santo que irá conceber: "O Espírito virá sobre ti e o poder do Altíssimo te cobrirá com sua sombra". O anjo comunica a Maria que sua prima Isabel, considerada estéril, já estava no sexto mês de sua gravidez, porque **"para Deus nada é impossível"**. Então Maria se põe inteiramente à disposição do plano divino: **"Eis aqui a serva do Senhor; faça-se em mim segundo a tua palavra"**.

No diálogo com Maria o anjo dá as indicações sobre a identidade e missão de seu Filho: O nome Jesus significa Salvador; ele será chamado Santo, Filho do Altíssimo e Filho de Deus; "receberá o trono de seu pai,

Davi; reinará para sempre sobre os descendentes de Jacó e seu reino não terá fim".

O modo como se realizará o reinado de Jesus será surpreendente: Sua mensagem principal será anunciar o Reino de Deus, um reino de justiça, de amor e de paz, mas isso o levará a morrer crucificado, sentenciado como "Rei dos Judeus".

Tempo do Natal

Natal – Missa da noite

Como no Ano A, p. 43s.

Natal – Missa do dia

Como no Ano A, p. 45s.

Sagrada Família

À exceção do Evangelho, seguir o Ano A, p. 48s.

3 Evangelho: Lc 2,22-40

O menino crescia cheio de sabedoria.

Cumpridos os quarenta dias após o nascimento de Jesus, José e Maria levaram o menino ao Templo para apresentá-lo ao Senhor, cumprindo os ritos previstos pela Lei. Segundo a Lei, todo o primogênito menino pertencia ao Senhor e devia ser resgatado por um sacrifício cruento. Quando o casal era pobre bastava oferecer um par de rolas ou dois pombinhos. Foi o que Maria e José fizeram. Na ocasião, havia no Templo um velhinho muito piedoso, chamado Simeão. Ele dizia que não morreria antes de ver o Messias Salvador, a "**Consolação de Israel**". Quando **Simeão** viu José e Maria com o menino, inspirado pelo Espírito Santo, tomou-o nos braços e louvou a Deus, dizendo: "Agora, ó Senhor, conforme a tua promessa, podes deixar teu servo partir em paz". Na Anunciação, o anjo Gabriel comunicava a Maria quem seria o filho que iria conceber: Filho do Altíssimo, filho de Davi (Messias prometido) e Filho de Deus. Agora, Simeão louva o Senhor e reconhece que a promessa de ver o Salvador se cumpria antes de ele morrer. Cumpria-se também a promessa a Israel, porque nasceu "a luz para iluminar as nações e glória do teu povo Israel". Maria e José ficaram admirados com as palavras de Simeão e disse a Maria: O menino "será um **sinal de contradição**"; isto é: seria acolhido por uns e rejeitado por outros. Maria haveria de sofrer por causa disso: "uma espada te traspassará tua alma". Na ocasião, uma mulher chamada **Ana** também se aproximou e **começou a louvar a Deus e falar "a todos que esperavam a libertação de Israel"**.

Solenidade da Santa Mãe de Deus, Maria

Como no Ano A, p. 51s.

Epifania do Senhor

Como no Ano A, p. 54s.

Batismo do Senhor

À exceção do Evangelho, seguir o Ano A, p. 57s.

3 Evangelho: Mc 1,7-11

Eu batizei com água, ele vos batizará com o Espírito.

Marcos é o mais antigo Evangelho. Diferente de Mateus e Lucas, não fala da infância de Jesus. O Evangelho de Jesus Cristo, Filho de

Deus (v. 1), inicia com seu batismo. Aparece João Batista no deserto, "batizando e pregando um batismo de conversão, para o perdão dos pecados". Vinha gente da Judeia e de Jerusalém confessar seus pecados e João os batizava no rio Jordão (v. 2-6).

O texto de hoje divide-se em duas cenas. Na primeira cena o Batista diz ao povo que ele não é o Messias esperado e aponta para alguém mais forte e mais digno: "Eu vos batizei com água, mas ele vos batizará com o Espírito Santo" (v. 7-8). Na segunda cena o mais importante é o batismo de Jesus (v. 9-11). Nem se diz que João o batizou. Jesus é que vem de Nazaré, como um anônimo, para ser batizado por João. Logo que sai da água Jesus vê os céus se abrindo e o Espírito Santo descendo sobre ele como uma pomba. E a voz do Pai confirma: "Tu és o meu Filho amado, em ti ponho meu bem-querer". Jesus é o Filho de Deus que nos batizará com o Espírito Santo, como anunciava João. Se na festa da Epifania Jesus se manifesta como o Salvador da humanidade, no batismo é o Pai que apresenta seu Filho Jesus como o Messias esperado por Israel. No evangelho de Marcos o segredo de Jesus vai se revelando aos poucos. Pedro o confessa como Cristo/Messias e o oficial romano como o Filho de Deus (Mc 8,29; 15,39).

Tempo da Quaresma

Quarta-feira de Cinzas

Como no Ano A, p. 61s.

1º Domingo da Quaresma

Oração: "Concedei-nos, ó Deus onipotente, que, ao longo desta Quaresma, possamos progredir no conhecimento de Jesus Cristo e corresponder a seu amor por uma vida santa".

1 Primeira leitura: Gn 9,8-15

Aliança de Deus com Noé, salvo das águas do dilúvio.

O livro do Gênesis faz a sua releitura do mito babilônico do dilúvio, que assolou a humanidade primordial. Na versão bíblica, o dilúvio é visto como um castigo de Deus, que "se arrepende" de ter criado os seres humanos, pois "seus corações tendiam unicamente para o mal" (Gn 6,5-6). A maldade e a violência humanas contaminaram toda a terra, como um vírus mortal. Por isso, Deus decide exterminar a humanidade, junto com os animais que vivem sobre a terra (Gn 6,7). E o texto apresenta o motivo: "Decidi pôr fim a toda criatura mortal, pois a **terra está cheia de violência** por sua causa (da humanidade corrompida). Ao mesmo tempo Deus escolhe Noé, um homem justo, e lhe ordena construir uma grande barca (arca) para salvar sua família e um casal de todas as espécies de animais. Terminado o dilúvio, Noé oferece um sacrifício a Deus. Então, Deus promete nunca mais exterminar homens e animais com um dilúvio, "pois a tendência do coração humano é má desde a infância" (Gn 8,21-22). Deus toma a iniciativa de fazer uma aliança com Noé e seus descendentes e com todos os animais. Sem exigir nada em troca, promete nunca mais exterminar a vida sobre a terra com um dilúvio. Compromete-se a manter a regularidade das estações do ano e um clima propício para a vida de homens e animais sobre a terra: "Enquanto a terra durar, semeadura e colheita, frio e calor, verão e inverno, dia e noite jamais hão de acabar" (Gn 8,22). **Da parte de Deus, a continuidade da vida sobre a terra está garantida** pela aliança que estabelece com a humanidade e com todos os seres vivos. Se o arco-íris tem a função de lembrar a Deus o seu compromisso com a vida (Gn 9), é também um sinal para os seres humanos que Deus os colocou como cuidadores de toda a vida na Terra (Gn 1,27-31). As **águas purificadoras do dilúvio lembram as águas do nosso batismo** pelo qual assumimos a tarefa de cuidar com carinho da criação de Deus.

Hoje, as **mudanças climáticas**, provocadas por nossa civilização consumista, **são um alerta para cuidarmos melhor de nosso planeta**. É urgente diminuir o uso de combustíveis de origem fóssil (carvão, petróleo, gás), e adotar o uso de fontes de energia renovável (eólica e solar). Assim poderemos interromper o derretimento das geleiras e calotas polares e evitar um possível novo dilúvio, causado pelo aumento do nível dos mares.

A **liturgia** da Quaresma **inicia uma grande catequese batismal**. Liga as águas do dilúvio, do qual surgiu a nova humanidade, com os novos tempos da Boa-nova do Reino de Deus. Dele participamos pelo batismo, recebendo "uma boa consciência" e a vida divina (Segunda leitura).

Salmo responsorial: Sl 24

Verdade e amor são os caminhos do Senhor.

2 Segunda leitura: 1Pd 3,18-22

O batismo agora vos salva.

A **catequese batismal** da leitura que ouvimos **transmite alguns elementos do Credo**: Cristo morreu por nossos pecados, desceu à morada dos mortos (3,18-19), ressuscitou e "recebeu vida nova pelo Espírito" (3.18.21), subiu ao céu e foi exaltado à direita de Deus (3,22), donde virá a julgar os vivos e os mortos (4,5). O batismo purifica a consciência e nos orienta para onde Cristo nos quer levar. Ao morrer, Cristo desceu à morada dos mortos para salvar também os que não foram salvos por ocasião do dilúvio (Primeira leitura).

Aclamação ao Evangelho

Louvor e glória a ti, Senhor, Cristo, Palavra de Deus.

3 Evangelho: Mc 1,12-15

Foi tentado por Satanás, e os anjos o serviam.

Após ser batizado por João Batista, Jesus é conduzido pelo Espírito ao deserto, onde permanece em oração durante quarenta dias. É tentado por Satanás, mas vence as forças do mal. Refaz a caminhada de Israel infiel no deserto (40 anos), mas permanece fiel ao Pai. Vive entre os animais selvagens, um sinal que a era messiânica anunciada por Isaías está começando (11,6-8). Tudo parece indicar que em Jesus veio o novo Adão, que corrige o pecado do primeiro Adão.

Marcos lembra que, no momento do batismo de Jesus, os céus se abriram e o Espírito Santo desceu sobre ele. A missão de João Batista termina quando ele é preso e começa a de Jesus, que retoma a pregação de João: "O tempo já se completou e o Reino de Deus está próximo. Convertei-vos e crede no Evangelho" (Quarta-feira de Cinzas). João preparou a vinda do Reino de Deus. O anúncio de Jesus não é mera continuação da pregação do Batista. Com Jesus temos a plenitude da Boa-nova. A vinda do Reino de Deus exige conversão, mudança de atitude, como é proposto pela liturgia da Quaresma. **Práticas que sinalizam a conversão neste tempo são a esmola, o jejum e a oração.** Que estas práticas nos ajudem a tornar realidade o que pedimos na oração do dia: "Ao longo da Quaresma, possamos progredir no conhecimento de Jesus Cristo e corresponder a seu amor por uma vida santa".

2º Domingo da Quaresma

Oração: "Ó Deus, que nos mandastes ouvir o vosso Filho amado, alimentai nosso espírito com a vossa palavra, para que, purificado o olhar de nossa fé, nos alegremos com a visão da vossa glória".

1 Primeira leitura: Gn 22,1-2.9a.10-13.15-18

O sacrifício de nosso pai Abraão.

Abraão nos é apresentado não apenas como o antepassado do povo judeu, mas como **exemplo de fé confiante e inabalável em Deus**. Deixa uma terra em que morava, porque acreditou na promessa que Deus lhe daria uma nova terra e uma numerosa descendência. Abraão morreu antes de ganhar esta terra prometida. Apenas no fim de sua vida conseguiu comprar um pedacinho de chão, a fim de sepultar sua esposa Sara. Sara, por sua vez, era estéril; por isso cedeu a Abraão a escrava Agar, para ao menos adotar Ismael, o filho de sua escrava Agar. Mas não era esse o herdeiro prometido. Finalmente, cumpre-se a promessa divina e nasce Isaac, filho de Sara.

Tudo corria bem e Isaac crescia saudável e feliz. Isaac era o único herdeiro que Abraão tinha. Podemos imaginar o conflito que explode na alma de Abraão quando Deus exige que lhe ofereça seu **filho único** em sacrifício (a palavra "filho" ocorre sete vezes no texto!). O dramático silêncio durante a viagem até o monte Moriá é rompido apenas pela pergunta de Isaac: "Pai, temos o fogo e a lenha, mas onde está o cordeiro para o holocausto?" E Abraão responde: "Deus providenciará o cordeiro para o holocausto, meu filho". No momento, porém, que Abraão ia sacrificar seu filho o anjo do Senhor grita do céu: "Abraão! Abraão! **Não estendas a mão contra teu filho [...]. Agora sei que temes a Deus, pois não me recusaste teu filho único**".

Era um costume cananeu sacrificar o filho primogênito, mas em Israel o sacrifício do filho era substituído por um cordeiro. No entanto, Deus "não poupou seu próprio Filho" (Segunda leitura), porque pela morte de Jesus quis nos ganhar com seu amor. "Ninguém tem maior amor do que aquele que dá sua vida pelos seus amigos" (Jo 15,13).

Salmo responsorial: Sl 115
Andarei na presença de Deus, junto a ele na terra dos vivos.

2 Segunda leitura: Rm 8,31b-34

Deus não poupou seu próprio Filho.

Paulo espanta-se com o **insondável amor de Deus para conosco**, uma âncora segura de nossa salvação. Por isso exclama: "Se Deus é por nós, quem será contra nós? **Em Deus podemos confiar, porque não poupou seu próprio filho, mas o entregou por todos nós**". Entregou à morte seu Filho Jesus Cristo, que morreu por nós, ressuscitou ao terceiro dia e está junto do Pai. Ou melhor, o Filho do Homem, Jesus de Nazaré, entregou sua vida por nós, fez-se obediente ao Pai até à morte numa cruz (cf. Fl 2,5-8). Agora, Cristo está junto do Pai não como juiz para condenar, e sim como nosso intercessor: "Ninguém tem maior amor do que aquele que dá a vida por seus amigos" (cf. Jo 15,13). Quem crê no mistério da morte e ressurreição do Filho de Deus, nada tem a temer.

Aclamação ao Evangelho
Louvor a vós, ó Cristo, rei da eterna glória. Numa nuvem resplendente fez-se ouvir a voz do Pai: "Eis meu Filho muito amado, escutai-o, todos vós!"

3 Evangelho: Mc 9,2-10
Este é o meu Filho amado.

Pouco antes da transfiguração Jesus dizia aos discípulos: "O Filho do Homem devia sofrer muito, ser rejeitado pelos anciãos, sumos sacerdotes e escribas, devia ser morto e ressuscitar depois de três dias" (Mc 8,31). E convidava os discípulos a seguir o mesmo caminho: "Se alguém quiser vir após mim, renuncie a si mesmo, tome a sua cruz e me siga" (8,34). Jesus estava em viagem para celebrar a Páscoa e anunciava que, em Jerusalém, os anciãos, os sumos sacerdotes e os escribas o rejeitariam e condenariam à morte (Mc 8,31-33). No caminho, subiu a uma alta montanha, levando consigo como testemunhas Pedro, Tiago e João. Enquanto Jesus orava e os discípulos dormiam, transfigurou-se diante deles e suas roupas ficaram brilhantes. Também **Moisés e Elias**, testemunhas da Lei e dos Profetas, apareceram ao lado de Jesus e com ele conversavam. Diante desta visão, Pedro esqueceu a viagem a Jerusalém, onde Jesus previa sua morte, e disse: "Mestre! É bom ficarmos aqui! Vamos fazer três tendas: uma para ti, uma para Moisés e uma para Elias". Mas uma nuvem encobriu a visão e uma voz do céu se fez ouvir: "Este é o meu Filho amado, escutai-o".

O mistério do Filho do Homem, o Servo Sofredor, vai se revelando aos poucos. Mas era uma revelação apenas para os três privilegiados, que foram proibidos de falar disso antes que Jesus ressuscitasse dos mortos. Antes da Transfiguração os discípulos não entendiam por que o Mestre devia morrer e ressuscitar. Também depois da sublime visão, na descida do monte continuavam a se perguntar o que significaria "ressuscitar dos mortos". Os discípulos, porém, descartavam a morte do Mestre. Tinham o plano de proclamá-lo como Messias-Rei durante a celebração da Páscoa. Eles entenderam qual era a missão de Jesus aqui na terra somente após sua ressurreição, com as experiências pascais. O apóstolo Paulo, convertido e iluminado pelo Espírito Santo, entendeu muito bem o mistério da morte e ressurreição de Jesus Cristo (Segunda leitura). Mistério do amor de Deus.

Qual é o Jesus que abraçamos e queremos seguir? Se quisermos abraçar o Cristo da glória precisamos antes abraçar o Cristo da cruz, presente nos pobres que sofrem o abandono e a miséria. Sem esquecer a glória da Transfiguração, devemos descer com ele do monte para o chão da vida prática, cheia de conflitos e contradições (cf. 9,14-29).

3º Domingo da Quaresma

Oração: "Ó Deus, fonte de toda misericórdia e de toda bondade, vós nos indicastes o jejum, a esmola e a oração como remédio contra o pecado. Acolhei esta confissão da nossa fraqueza para que, humilhados pela consciência de nossas faltas, sejamos confortados pela vossa misericórdia".

1 Primeira leitura: Ex 20,1-17

A Lei foi dada por Moisés.

Depois da espetacular passagem pelo mar Vermelho, os hebreus são guiados por Moisés, enfrentam vários perigos (inimigos, falta de água e comida) e chegam aos pés do monte Sinai. Ali celebra-se a aliança de Deus com seu povo. Logo no início, **Deus se apresenta como aquele que libertou seu povo da escravidão do Egito**. Os **mandamentos**, portanto, **visam preservar esta liberdade**, para que Israel nunca mais volte a ser um povo de escravos, mas sirva, adore e ame unicamente o Deus libertador. O 1º mandamento restringe-se ao v. 3, que é uma afirmação do monoteísmo, no meio de uma civilização politeísta. O que seria o 2º mandamento original, os v. 4-6 foram omitidos na catequese do cristianismo por motivos práticos; referem-se à proibição de fazer e adorar imagens de outros deuses. Já que Deus é um só, não existem outros deuses e suas imagens nada mais representam. Os v. 9-11 também foram omitidos, pois especificam apenas o mandamento do sábado (v. 8). Por sua vez, o 10º mandamento foi subdividido em dois: não desejar a mulher do próximo (adultério), nem cobiçar os bens do próximo. Esta divisão já aparece em Dt 5,21. Por isso, no Catecismo da Igreja Católica, o v. 14 (não cometer adultério) foi mudado para "não pecar contra a castidade". Os três primeiros mandamentos falam da nossa relação com Deus. Jesus resume os três primeiros mandamentos num único, o maior e **primeiro mandamento**: "Amarás o Senhor teu Deus com todo o coração [...]"; os outros mandamentos, do 4º ao 10º, compõem o **segundo maior mandamento**: "Amarás o teu próximo como a ti mesmo" (cf. Mt 22,36-40).

Salmo responsorial: Sl 18
Senhor, tens palavras de vida eterna.

2 Segunda leitura: 1Cor 1,22-23

Pregamos Cristo crucificado, escândalo para os homens; mas, para os chamados, sabedoria de Deus.

A presença de Paulo em Atenas chamou a atenção dos sábios do Areópago, que o convidaram para lhes falar um pouco mais sobre Jesus e a ressurreição, pensando que ia anunciar uma nova divindade. Mas quando lhes falou de um Deus feito homem, que morreu e ressuscitou, logo rejeitam sua pregação. Por isso, ao chegar a Corinto, Paulo está mais convencido ainda que o diferencial de sua pregação é a sabedoria da cruz. Por isso continua com fervor a anunciar a sabedoria de Deus, que é Cristo crucificado, tanto para os judeus, que "pedem sinais milagrosos", como para os gregos, "que procuram sabedoria". A fé na ressurreição não pode ser separada da cruz de Cristo.

Aclamação ao Evangelho

Glória e louvor a vós, ó Cristo. Tanto Deus amou o mundo, que lhe deu seu Filho único. Quem nele crer terá a vida eterna.

3 Evangelho: Jo 2,13-25

Destruí este templo, e em três dias eu o levantarei.

Quando João escreve seu Evangelho, o Templo já tinha sido destruído. Talvez, por isso, João coloca logo no início de seu Evangelho a cena da expulsão dos vendedores do Templo, enquanto os outros evangelistas situam a cena após a entrada triunfal de Jesus em Jerusalém. **O tema central de hoje é a adoração de Deus, "em espírito e verdade", no Cristo morto e ressuscitado.** O tema já é preparado quando Jesus chama Natanael, e este se espanta por Jesus o ter visto debaixo da figueira. Jesus então diz: "Na verdade eu vos digo: vereis o céu aberto e os anjos de Deus subindo e descendo sobre o Filho do Homem" (Jo 1,51). O lugar privilegiado para o encontro com Deus não será mais o Templo e, sim, Jesus, "o Filho único do Pai", "a Palavra que se fez carne e habitou entre nós" (Jo 1,14). Antecipando a destruição do Templo, com chicote na mão, Jesus expulsa todos os vendedores, junto com bois, ovelhas, pombas e cambistas, dizendo: "Não façais da casa de meu Pai uma casa de comércio".

Quando os judeus o questionam sobre seu gesto e lhe perguntam: "Que sinal nos mostras para agir assim?", Jesus aponta sua futura morte e ressurreição: "Destruí este Templo, e em três dias eu o levantarei". Depois da sua ressurreição os discípulos entenderam que Jesus estava falando do Templo do seu corpo. Paulo lembra que o corpo de cada pessoa que crê em Jesus, bem como a própria comunidade cristã, é um templo vivo onde Deus gosta de morar (1Cor 6,15-20; 12,12-30; Jo 14,23). O que importa para a verdadeira adoração – diz Jesus à samaritana – não é este ou aquele templo, "porque os verdadeiros adoradores hão de adorar o Pai em espírito e verdade; são estes os adoradores que o Pai deseja" (Jo 4,23).

A Quaresma é um tempo privilegiado para fazermos uma faxina em nossa vida, a fim de preparar uma morada digna para Deus em nosso coração.

4º Domingo da Quaresma

Oração: "Ó Deus, que por vosso Filho realizais de modo admirável a reconciliação do gênero humano, concedei ao povo cristão correr ao encontro das festas que se aproximam, cheio de fervor e exultando de fé".

1 Primeira leitura: 2Cr 36,14-16.19-23

*A ira e a misericórdia do Senhor se manifestam pelo
exílio e a libertação do povo.*

Na Bíblia Hebraica, o Segundo livro das Crônicas encerra a lista dos livros considerados canônicos pelo povo judeu. E o texto hoje lido na liturgia conclui-se com palavras cheias de esperança: Ciro, rei dos persas, dirige-se aos exilados da Babilônia, permitindo seu retorno a Jerusalém. São palavras que fecham, com chave de ouro, os livros do Antigo Testamento. Na Bíblia cristã o último livro do Antigo Testamento é do profeta Malaquias. Ele promete a volta do profeta Elias que vai preparar a vinda de Cristo Salvador (Ml 3,22-24; cf. Jo 1,19-23).

A leitura de hoje é uma reflexão teológica sobre a história do povo de Deus. A infidelidade das autoridades e do povo provocaram a ira divina, causando a destruição de Jerusalém e o exílio. O povo de Israel não deu atenção às advertências dos profetas e foi infiel à aliança com seu Deus. Segundo o Deuteronômio, a observância das leis da aliança traz o bem-estar e a proteção divina. A infidelidade, porém, provoca a desgraça (cf. Dt 28), como de fato ocorreu. Mas **Deus quis que no final triunfasse sua misericórdia.** Terminado o domínio dos babilônios, que destruíram a Cidade Santa e levaram as lideranças para o exílio, seguiu-se o regime dos persas. O rei Ciro permitiu o retorno dos exilados a Judá para reconstruir Jerusalém e seu templo. A Bíblia Hebraica termina com **a seguinte mensagem de salvação**: "Assim fala Ciro, rei da Pérsia: O Senhor, Deus do céu, deu-me todos os reinos da terra, e encarregou-me de lhe construir um templo em Jerusalém, que está no país de Judá. Quem, dentre vós todos, pertence ao seu povo? Que o Senhor, seu Deus, esteja com ele, e que se ponha a caminho" (36,23). Domingo passado o Evangelho dizia que esse templo construído foi também destruído, no ano 70. Agora, Jesus morto e ressuscitado é o único templo onde adoramos a Deus.

Salmo responsorial: Sl 136

Que se prenda a minha língua ao céu da boca se de ti, Jerusalém, eu me esquecer.

2 Segunda leitura: Ef 2,4-10

Uma vez mortos para os pecados, pela graça fostes salvos.

Neste texto, **Paulo insiste na gratuidade da salvação em Cristo**. Nele, Deus nos amou, apesar de sermos pecadores. Unidos a Cristo pela fé, Deus nos dá também a vida com Cristo. Como Cristo ressuscitou, unidos a ele, já participamos de certa forma de sua ressurreição. Paulo reafirma que **somos salvos pela fé, como dom da graça divina e não pelas obras que praticamos**. A salvação é fruto da **misericórdia divina**, manifestada em Cristo. Por outro lado, Paulo afirma que **Deus nos criou em Cristo para praticarmos o bem**, para as obras boas que devemos fazer. Como o dono da vinha esperava colher os frutos de sua figueira, Deus espera que produzamos frutos de amor e solidariedade com o próximo. Como cristãos, seguindo o exemplo de Cristo que veio para servir e não para ser servido, podemos diminuir a violência e a desigualdade social em nossa sociedade, praticando o bem.

Aclamação ao Evangelho

Louvor e honra a vós, Senhor Jesus. Tanto Deus amou o mundo, que lhe deu seu Filho único. Todo aquele que crer nele há de ter a vida eterna.

3 Evangelho: Jo 3,14-21

Deus enviou o seu Filho ao mundo para que
o mundo seja salvo por ele.

No diálogo com o fariseu Nicodemos, Jesus recorda um fato ocorrido com Israel, na caminhada pelo deserto. Houve uma praga de serpentes venenosas que picavam os que se revoltaram contra Moisés e contra Deus, de modo que muitos morreram. Moisés intercedeu pelo povo, e Deus mandou que fizesse uma serpente de bronze e a colocasse no alto de um poste. E todos que olhassem para a serpente seriam salvos da morte. Do mesmo modo, diz Jesus, era necessário que ele fosse levantado (exaltado) na cruz para que todo aquele que nele crer ganhe a vida eterna.

Para João, o tema da morte de Jesus na cruz e a consequente exaltação na glória pela sua ressurreição constituem o fundamento de nossa fé. Essa necessidade de ser "levantado" está ligada ao amor de Deus, que "entrega" o seu Filho Unigênito para a salvação dos homens. Para ser salvo é preciso crer no Filho de Deus, aproximar-se dele, da Luz que veio a este mundo (cf. Jo 1,1-13). Deus não quer condenar a ninguém, mas salvar a todos. Quem não crê em Cristo, odeia a Luz e pratica o mal, é que se condena. **Quem crê, aproxima-se de Cristo e pratica as boas obras.** No entanto, **não são nossas boas obras que nos salvam, e sim a fé em Cristo.** As boas obras que praticamos são "realizadas em Deus" e manifestam seu amor neste mundo.

5º Domingo da Quaresma

Oração: "Senhor nosso Deus, dai-nos por vossa graça caminhar com alegria na mesma caridade que levou o vosso Filho a entregar-se à morte no seu amor pelo mundo".

1 Primeira leitura: Jr 31,31-34

Concluirei uma nova aliança, e não mais lembrarei o seu pecado.

Jeremias já era profeta quando, em 622, o rei Josias, apoiado pelos sacerdotes e os anciãos, renovou a aliança com Deus, centralizou o culto no templo de Jerusalém e proibiu o culto a outros deuses. Mas esta aliança logo foi rompida pelos patrões que se haviam comprometido a libertar seus escravos, mas, quando os babilônios levantaram temporariamente o cerco de Jerusalém, tornaram a escravizá-los. Pouco depois, porém, os babilônios voltaram e conquistaram Jerusalém, levando milhares de judeus para o exílio da Babilônia.

Em nosso texto, **Jeremias promete que Deus fará uma nova aliança**, diferente da antiga aliança do Sinai, tantas vezes violada. A nova aliança incluirá os sobreviventes do reino de Israel, destruído pelos assírios, e do reino de Judá, pelos babilônios. Os **termos da aliança** não serão mais escritos em pedra, como a aliança do Sinai, mas **gravados no coração de cada pessoa**. Deus vai arrancar o coração de pedra para substituir por um coração de carne, humano e sensível, capaz de receber o Espírito do Senhor (cf. Ez 36,26-27). **A Lei não precisará mais ser ensinada, mas será vivida** porque todos "conhecerão" a Deus, **terão a experiência de seu amor misericordioso**, que tudo perdoa.

Salmo responsorial: Sl 50
Criai em mim um coração que seja puro.

2 Segunda leitura: Hb 5,7-9

Aprendeu a obediência e tornou-se causa de salvação eterna.

O texto da presente leitura é uma **interpretação da cena da agonia de Jesus** no horto das Oliveiras, descrita pelos evangelistas. O autor não esconde a angústia de Jesus frente à morte, parte integrante da vida humana, nem as preces, súplicas e lágrimas para que o Pai o livrasse desta hora (Evangelho: "Pai, livra-me desta hora"). Destaca, porém, que **Jesus aprendeu a ser obediente, tornando-se** assim **causa de salvação para os que o imitam na obediência**. É o que confirma a Carta aos Hebreus: "Ao entrar no mundo, Cristo diz: *Não quiseste sacrifícios nem oblações, mas preparaste-me um corpo [...].Eis-me aqui, ó Deus,* *venho para fazer a tua vontade"* (Hb 10,5-7). Afirma que **a oração de Jesus foi atendida pelo Pai,** sem livrá-lo da morte (5,7), mas glorificando-o pela ressurreição (cf. Fl 2,5-11; Is 52,13–53,12).

Aclamação ao Evangelho

Glória a vós, ó Cristo, verbo de Deus. Se alguém quer me servir, que venha atrás de mim; e onde eu estiver, ali estará meu servo.

3 Evangelho: Jo 12,20-33

Se o grão de trigo cair na terra e morrer produzirá muito fruto.

Alguns judeus de origem grega se dirigiram a Filipe e André porque "queriam ver a Jesus". Ambos eram de Betsaida, a região da Galileia onde havia mais pagãos. André fazia parte dos seguidores de João Batista e, encaminhado pelo Batista, é o primeiro a seguir a Jesus. Por outro lado, segundo João, Filipe é o primeiro e único discípulo que Jesus chama diretamente para segui-lo. André havia chamado seu irmão Simão Pedro para conhecer a Jesus (Jo 1,40-42). Filipe, por sua vez, chamou Natanael para conhecer Jesus de Nazaré (Jo 1,45-51). Filipe e André vão até Jesus e expõem o pedido dos gregos. Jesus, porém, lhes dá uma resposta que inicia uma virada no evangelho de João. Conclui a primeira parte do Evangelho (Jo 1,19–12,50: o "Livro dos Sinais") e dá início ao "Livro da Exaltação (13–20): "Chegou a hora em que o Filho do Homem vai ser glorificado". Várias vezes Jesus havia falado desta sua "hora" (Jo 2,4; 4,21.23; 5,25.28; 7,30; 8,20). É a hora da glorificação do Filho do Homem. Esta glorificação coincide com sua exaltação e morte na cruz, e culmina com a ressurreição. A chegada desta "hora" é comunicada por Filipe e André, em primeiro lugar, aos gregos que desejavam ver Jesus. No "Livro dos Sinais" Jesus se dirige, sobretudo, aos judeus. Chegando a "hora" de sua exaltação dirige-se a todos, especialmente, aos gregos: "É necessário que o Filho do Homem seja levantado para que **todos os que nele crerem tenham a vida eterna**", também os pagãos (Evangelho do 4º Domingo). O Filho do Homem entrega sua vida por todos, morre como o grão de trigo, para produzir muito fruto.

Para estar com Jesus o discípulo deve ter a mesma disposição do Mestre: "Quem se apega à sua vida, perde-a; mas quem faz pouca conta de sua vida neste mundo, conserva-a para a vida eterna". **Estar com Jesus é estar com ele em sua agonia** (cf. Mt 26,36-46).

O evangelho de João vê Jesus através de sua glorificação, mas não esconde o drama humano de sua existência (cf. Segunda leitura).

Domingo de Ramos

À exceção do Evangelho, seguir o Ano A, p. 79s.

3 Evangelho: Mc 15,1-39

"Tu és o rei dos judeus?" Respondeu Jesus: "Tu o dizes."

A narrativa da paixão mais longa inclui o capítulo 14. Ali os sumos sacerdotes e os mestres da Lei tramavam a morte de Jesus (v. 1-2). Jesus participa de uma ceia de despedida na casa de Simão o leproso (v. 3-9). Durante a ceia uma mulher unge a cabeça de Jesus com um perfume muito caro. Alguns que estavam à mesa criticam a mulher pelo desperdício. Jesus, porém, diz: "Ela fez o que podia: derramou perfume em meu corpo, preparando-o para a sepultura". Judas acerta com os sumos sacerdotes a traição (v. 10-11). Segue a preparação da ceia, na qual é denunciado o traidor e é instituída a Eucaristia (v. 12-25). Resumindo, pode-se dizer que a narrativa da Paixão segundo Marcos é marcada pela entrega traiçoeira (R. Ruijs). Judas entrega Jesus ao Sinédrio; o

Sinédrio entrega Jesus a Pilatos e este o entrega aos soldados, que o entregam à morte. Na agonia do horto das Oliveiras Jesus clama ao Pai: "Afasta de mim este cálice, mas não seja o que eu quero, senão o que tu queres" (14,36). Não foram os adversários que o entregaram à morte; foi **Jesus que se entregou livremente à vontade do Pai. Durante a ceia, Jesus já se entregou nos sinais do pão e do vinho,** na doação livre de sua vida, de seu corpo e de seu sangue, pela nossa salvação.

Na leitura mais breve de hoje, depois de ter sido condenado pelo Sinédrio, sob a acusação de querer destruir o templo e de se fazer Messias, Filho de Deus, Jesus é apresentado a Pilatos para o julgamento. Agora, a acusação é de caráter político, como se vê na pergunta de Pilatos: "Tu és o rei dos judeus?" Pilatos sabia que os sumos sacerdotes entregaram Jesus por inveja, mas depois de interrogá-lo considera-o inocente. Propõe, então, libertar um prisioneiro, como era seu costume por ocasião da Páscoa. Apresentou dois prisioneiros, para que o povo escolhesse quem devia ser libertado e quem devia morrer: Barrabás (um assassino) ou Jesus, que era chamado de Messias. Instigado pelos sumos sacerdotes, o povo escolhe Barrabás e rejeita o próprio Messias, o Servo do Senhor. Apesar de reconhecer que Jesus era inocente, Pilatos manda então açoitar Jesus, para entregá-lo à morte. Traído por Judas, negado por Pedro e abandonado pelos discípulos, na cruz, Jesus clama ao Pai: "Meu Deus, meu Deus, por que me abandonaste?" Jesus em agonia, manifesta profunda confiança (Segunda leitura) no Pai, pois seu clamor é a primeira frase de um salmo de lamentação e confiança que estava rezando (Sl 21). Vendo Jesus expirar, o oficial do exército romano (pagão) faz a confissão de fé cristã: "Na verdade, este homem era o Filho de Deus!"

Tríduo santo e Tempo Pascal

Quinta-feira Santa – Missa da Ceia do Senhor

Como no Ano A, p. 83s.

Domingo da Páscoa

Como no Ano A, p. 86s.

2º Domingo da Páscoa

Oração: "Ó Deus de eterna misericórdia, que reacendeis a fé do vosso povo na renovação da festa pascal, aumentai a graça que nos destes. E fazei que compreendamos melhor o batismo que nos lavou, o espírito que nos deu nova vida, e o sangue que nos redimiu".

1 Primeira leitura: At 4,32-35

Um só coração e uma só alma.

Nos Atos dos Apóstolos, Lucas dirige-se de modo especial aos cristãos de origem pagã, que viviam fora da Palestina, depois do ano 80. Jerusalém já tinha sido destruída no ano 70, mas, para Lucas, a **comunidade** que ali vivia depois de Pentecostes continuava sendo um modelo para os cristãos da segunda geração. Era uma **comunidade mo-**

vida pela fé no Cristo ressuscitado e animada pelo Espírito Santo, sobre ela derramado. Viviam em **comunhão fraterna**, eram ouvintes assíduos no ensinamento dos apóstolos, nas "**reuniões em comum, no partir do pão e nas orações**", e na partilha dos bens com os mais pobres, esperando que Cristo voltasse logo (At 2,42-45). Para viver esta **partilha de bens com os necessitados,** havia os que vendiam até suas propriedades e depositavam o valor aos pés dos apóstolos. Luca cita o exemplo de Barnabé, que será o futuro companheiro de Paulo nas viagens missionárias. Chega a exagerar, dizendo que "não havia necessitados entre eles". Sabemos, porém, que havia muitos pobres em Jerusalém; para socorrê-los foram então escolhidos sete diáconos, para melhor atender os cristãos de língua grega (6,1-7). Mais tarde, por ocasião de uma grande seca, a comunidade de Antioquia enviou auxílio à de Jerusalém (11,27-30) e Paulo fez coletas para socorrer os pobres da Igreja-mãe (2Cor 8–9). Com isso Lucas quer dizer que **os primeiros cristãos colocavam o amor fraterno em primeiro lugar** e não os bens deste mundo. Por causa disso os apresenta como modelo. Quem se coloca no "caminho" da vida cristã transforma a sua vida, para viver em comunidade a vida fraterna e o Reino de Deus sonhado por Jesus.

Salmo responsorial
Dai graças ao Senhor, porque ele é bom; eterna é a sua misericórdia.

2 Segunda leitura: 1Jo 5,1-6

Todo aquele que nasceu de Deus vence o mundo.

O cristão é convidado a viver a comunhão de amor com Deus e com os irmãos. **O critério para saber se estamos em comunhão com Deus é o amor vivido com os irmãos** (4,19-21). No presente texto, o autor da Carta afirma que o amor vivido com Deus e com os irmãos é um dom do próprio Deus. Amamos a Deus porque, pelo batismo, nascemos de Deus. Este amor nasce da fé em Jesus, o Messias e Filho de Deus (cf. Jo 20,30-31). A fé nos torna filhos de Deus e nos leva a observar os seus mandamentos, especialmente o mandamento do amor (cf. Jo 13,14-15.34-35).

Aclamação ao Evangelho

Aleluia, Aleluia, Aleluia! Acreditaste, Tomé, porque me viste. Felizes os que creram sem ter visto.

3 Evangelho: Jo 20,19-31

Oito dias depois, Jesus entrou.

O Evangelho de hoje fala de duas aparições do Ressuscitado, no "primeiro dia da semana". Foi a partir deste dia que começou a fé em Cristo ressuscitado. Desde então, a vida pública de Jesus, seus ensinamentos aos discípulos e os "sinais" (milagres) em favor dos doentes, pobres e pecadores ganharam um novo sentido. As manifestações do Ressuscitado acontecem quando os discípulos estão reunidos. Por isso, este dia passou a ser chamado "dia do Senhor", *dies Domini*, ou Domingo, dia preferido para as celebrações eucarísticas em que se comemora a ressurreição do Senhor Jesus (cf. At 20,7-12; 1Cor 16,2; Ap 1,10). A presença de Jesus ressuscitado "invade" a reunião dos discípulos, ainda com medo dos judeus, e lhes comunica a paz. Jesus, de certa forma, reconcilia-se com os discípulos que o abandonaram e lhes perdoa a infidelidade. A **paz comunicada por Jesus é fruto do perdão divino**, que reconcilia a pessoa consigo mesma, com o próximo e com Deus. **Concede-lhes o Espírito santo e o poder de perdoar os pecados em nome de Jesus.** Jesus não restringe este poder aos dirigentes da Igreja. **Concede-o a cada cristão,** conforme o pedimos: "Perdoai-nos as nossas ofensas assim como nós perdoamos aos que nos têm ofendido". Um dos principais dons que Deus nos concede é o perdão de nossos pecados. A comunidade pós-pascal é uma comunidade reconciliada com Deus e com os irmãos. É uma comunidade onde reina o amor e a paz, fruto da fé no Ressuscitado a ser comunicada aos outros. Por isso Jesus os envia em missão: "Recebei o Espírito Santo" [...]. "A quem perdoardes os pecados, eles lhes serão perdoados [...]".

Tomé, porém, não estava presente na primeira manifestação do Ressuscitado e permanecia incrédulo aos que lhe diziam: "Vimos o Senhor!" Só acreditarei, dizia Tomé, se puder tocar as chagas de suas mãos, dos pés e do lado. **Oito dias depois**, de novo, Jesus se põe no meio dos discípulos reunidos, comunica-lhes a paz, e convida Tomé a tocar suas chagas. Tomé reconhece a Jesus e o adora: "**Meu Senhor e meu Deus!**" Jesus o repreende: "Acreditaste porque me viste?" Assim, Tomé começou a fazer parte das testemunhas privilegiadas da ressurreição do Senhor; são testemunhas porque puderam ver e tocar o Ressuscitado, e comer com ele.

Mas **João**, no final do primeiro século, escreve para cristãos que não conheceram o Jesus histórico, nem ouviram as testemunhas privilegiadas da ressurreição, que já tinham morrido. Mesmo assim creram. A estes cristãos, e a nós, Jesus diz: "**Bem-aventurados os que creram sem terem visto**". Felizes somos também nós, que cremos em Cristo ressuscitado, sem tê-lo visto.

3º Domingo da Páscoa

Oração: "Ó Deus, que vosso povo sempre exulte pela sua renovação espiritual, para que, tendo recuperado agora com alegria a condição de filhos de Deus, espere com confiança o dia da ressurreição".

1 Primeira leitura: At 3,13-15.17-19

Vós matastes o autor da vida, mas Deus o ressuscitou dos mortos.

Depois que Pedro e João curaram o **paralítico**, este os acompanhava por toda parte; isso atraiu muita gente para ver o maravilhoso acontecimento (At 3,1-10). Então Pedro tomou a palavra para explicar o acontecido. Não foram eles que o curaram, e sim o nome de Jesus. Este Jesus, que o povo e as autoridades haviam rejeitado diante de Pilatos. Preferiram que lhes soltasse Barrabás, um assassino, e condenasse à **morte Jesus, o "Santo e Justo", o próprio "Autor" ou princípio "da vida", por meio do qual Deus concede a Israel a conversão e o perdão dos pecados** (cf. 5,31). Escolheram um assassino, que tira a vida, e rejeitaram a Jesus, aquele que dá a vida. Os diferentes títulos dados a Jesus, e outros mais, fazem parte da pregação dos primeiros cristãos. Mais **importante**, porém, é **o anúncio da ressurreição de Jesus**, rejeitado "por ignorância" pelo seu povo. Pedro explica que, assim, Deus quis cumprir o sofrimento do Messias, anunciado pelos profetas. Ao dizer que Jesus foi rejeitado pelo seu povo "por ignorância", Pedro coloca-se no mesmo nível do povo que acusa. Talvez se lembrasse que, no tribunal judaico, ele próprio havia negado conhecer Jesus; no entanto, arrependeu-se e foi perdoado. Experimentou a **misericórdia divina** e, por isso, exorta os ouvintes: "Arrependei-vos e convertei-vos, para que vossos pecados sejam perdoados".

No Domingo passado (Jo 20,19-31) Jesus perdoou os discípulos que o abandonaram; deu-lhes também o Espírito Santo para perdoarem os pecados. Hoje, **Pedro coloca-se como pecador perdoado**, que anuncia aos seus ouvintes a **boa-nova do perdão** e da **reconciliação**.

Salmo responsorial: Sl 4

Sobre nós fazei brilhar o esplendor de vossa face!

2 Segunda leitura: 1Jo 2,1-5a

Ele é a vítima de expiação pelos nossos pecados e também pelos pecados do mundo inteiro.

Com palavras paternais, o autor da Carta **exorta os cristãos** do final do primeiro século **a não pecarem**. Sabe que as pessoas podem tornar-se infiéis à primeira conversão, **quando abraçaram a fé cristã e receberam o perdão dos pecados**. Lembra, contudo, que, se alguém pecar, pode confiar em Jesus Cristo, o intermediário junto ao Pai, e ser novamente perdoado. Mas quem experimenta a misericórdia do perdão de Deus é convidado a observar os seus mandamentos, de modo especial o mandamento do amor, a fim de que nele e por meio dele se realize o seu amor divino.

Aclamação ao Evangelho

Senhor Jesus, revelai-nos o sentido da Escritura. Fazei o nosso coração arder, quando nos falardes.

3 Evangelho: Lc 24,35-48

Assim está escrito: o Messias sofrerá e ressuscitará dos mortos ao terceiro dia.

Lucas fala de três manifestações de Jesus ressuscitado: Na primeira algumas **mulheres,** que seguiram Jesus desde a Galileia (Lc 23,55-56; 24,1-7), **visitam o túmulo e o encontram vazio.** E dois anjos explicam o que aconteceu: "Ele não está aqui, mas ressuscitou como havia prometido". Elas não veem a Jesus. Mesmo assim, comunicam a notícia aos apóstolos, mas eles não acreditam (24,1-12). Depois, Jesus se manifesta a dois discípulos no caminho de Emaús. Quando estes voltam a Jerusalém e comunicam o acontecimento aos onze e aos discípulos reunidos, estes também confirmam o fato: **"O Senhor ressuscitou de verdade e apareceu a Simão"** (24,13-35). Por fim, no Evangelho de hoje (v. 36-48), enquanto os apóstolos ouviam o relato dos discípulos de Emaús, Jesus aparece e os saúda: "A paz esteja convosco!" Mas eles se assustam, pensando ver um fantasma. Para tirar-lhes as dúvidas e confirmar que ressuscitou "de verdade", Jesus mostra-lhes as mãos e os pés chagados. Apesar da alegria e surpresa, alguns ainda duvidavam. Então Jesus lhes pede algo para comer e come diante deles (cf. At 10,41). Para crer na ressurreição, não basta um túmulo vazio. Agora eles têm **provas que confirmam a identidade do Cristo ressuscitado com Jesus de Nazaré**, que conviveu com seus discípulos na vida pública e morreu na cruz. Além dessas provas, o próprio Jesus recorda o que havia dito sobre sua morte e ressurreição e abre-lhes a inteligência para compreenderem o que as Escrituras dele falavam. Por fim, aponta-lhes a futura missão: Como **testemunhas qualificadas, deverão anunciar em seu nome a conversão e o perdão dos pecados a todas as nações**, começando por Jerusalém (cf. At 1,8).

A fé na ressurreição de Cristo nos convoca a uma vida nova de cristãos reconciliados com Deus e com os irmãos, capacitados a dar testemunho de sua fé por palavras e obras.

4º Domingo da Páscoa

Oração: "Deus eterno e todo-poderoso, conduzi-nos à comunhão das alegrias celestes, para que o rebanho possa atingir, apesar de sua fraqueza, a fortaleza do Pastor".

1 Primeira leitura: At 4,8-12

Em nenhum outro há salvação.

Domingo passado ouvimos a narrativa sobre o paralítico, curado em nome de Jesus Cristo por intermédio dos apóstolos Pedro e João. Pedro, em seu discurso, acusava o povo e as autoridades em geral, dizendo: "Vós matastes o Autor da vida, mas Deus o ressuscitou dos mortos". Pedia, então, a conversão e anunciava o perdão dos pecados. Em consequência destes acontecimentos aumentava o número de cristãos; por isso, Pedro e João são conduzidos ao Sinédrio para serem interrogados pelos sumos sacerdotes: "Com que poder ou em nome de quem fizestes isso?" Pedro explica que o paralítico foi curado em nome de Jesus e volta a acusar: Aquele que vós crucificastes, Deus ressuscitou dos mortos. Ele o faz diante do Sinédrio, o supremo tribunal dos judeus que condenou Jesus à morte. E citando o Sl 117,22 afirma que, **ao ressuscitar Jesus dentre os mortos, Deus o transformou em pedra de salvação para toda a humanidade**. Não é mais a Lei, mas Jesus é quem salva.

Salmo responsorial: Sl 117

Aleluia! Aleluia! A pedra que os pedreiros rejeitaram tornou-se agora a pedra angular.

2 Segunda leitura: 1Jo 3,1-2

Veremos a Deus tal como ele é.

O autor desta Carta aprofunda o que se diz no Evangelho de hoje: Ao entregar sua vida por nossa salvação, o Filho de Deus nos comunica a vida do próprio Deus. Deus não apenas nos criou à sua imagem e semelhança, mas assumiu nossa humanidade, deu sua vida por nós e nos introduz no mistério da vida divina. O autor da Carta fica maravilhado somente ao pensar no inaudito presente do amor de Deus: **Não somos apenas chamados filhos de Deus, mas o somos de fato**. Essa dignidade ainda não se manifestou. Mas quando Jesus se manifestar no fim dos tempos, "seremos semelhantes a ele, porque o veremos tal como ele é". Seremos plenamente o que Deus planejou ao criar a humanidade à sua imagem e semelhança: seremos filhos e filhas de Deus, no seu Filho Unigênito. É como diz Paulo: "Nem o olho viu, nem o ouvido ouviu, nem jamais penetrou no coração humano o que Deus preparou para os que o amam" (1Cor 2,9).

Aclamação ao Evangelho

Eu sou o bom pastor, diz o Senhor; eu conheço minhas ovelhas e elas me conhecem.

3 Evangelho: Jo 10,11-18

O bom pastor dá a vida por suas ovelhas.

Cada ano do ciclo litúrgico (anos A, B e C), no 4º Domingo da Páscoa, medita-se uma parte da alegoria do Bom Pastor de Jo 10. No Ano A, meditamos a primeira parte (v. 1-10), onde apareciam duas imagens: a) a porta do curral pela qual entra o verdadeiro pastor, enquanto o falso pastor pula o muro para roubar as ovelhas; b) Jesus é identificado com a porta, isto é, a única entrada que dá acesso ao Pai (salvação). A **porta** significa **liberdade** para as ovelhas, guiadas pelo seu pastor, saírem em busca de água e pastagens. Significa também **segurança** e vida plena quando o pastor as recolhe ao curral. O Evangelho do 4º Domingo da Páscoa do Ano A concluía-se com a frase: "Eu vim para tenham vida e a tenham em abundância" (v. 10).

No Evangelho de hoje **Jesus** identifica-se com o **bom pastor**. Ao contrário do mercenário, que na hora do perigo procura salvar sua vida sem se importar com as ovelhas que não são suas, Jesus dá sua própria vida, **Jesus se entrega** pelas suas ovelhas para que todos (v. 16) tenham vida em abundância. Esta vida em abundância é o próprio Jesus. De fato, ele deu sua vida por nós na cruz. Ele não entrega apenas sua vida física; mas, ao perder a sua vida por nós, comunica-nos a vida do próprio Deus. **Essa doação da vida, por nós e para nós, é fruto da livre-decisão do amor de Deus**: "Ninguém tira a minha vida, eu a dou por mim mesmo; tenho o poder de entregá-la e [...] de recebê-la novamente" (10,17).

O que Jesus diz de si mesmo vale também para seus discípulos: "Quem ama sua vida vai perdê-la; mas quem não se apega à sua vida neste mundo vai guardá-la para a vida eterna" (cf. Jo 12,25; Mc 8,35). O amor de Deus "derramado em nossos corações pelo Espírito Santo" (Rm 5,5) nos introduz no mistério do amor do próprio Deus: "Conheço as minhas ovelhas, e elas me conhecem, assim como o Pai me conhece e eu conheço o Pai" (Jo 10,14-15).

5º Domingo da Páscoa

Oração: "Ó Deus, Pai de bondade, que nos redimistes e adotastes como filhos e filhas, concedei aos que creem no Cristo a liberdade verdadeira e a herança eterna".

1 Primeira leitura: At 9,26-31

Contou-lhes como tinha visto o Senhor no caminho.

Domingo passado ouvimos o discurso de Pedro, explicando ao povo que o paralítico foi curado em nome de Jesus de Nazaré, "aquele que vós crucificastes e que Deus ressuscitou dos mortos". Na leitura de hoje Lucas apresenta-nos Paulo, o futuro evangelizador dos gentios. Paulo, que antes aprovava o apedrejamento de Estêvão e perseguia os cristãos, agora volta a Jerusalém. Convertido a Jesus Cristo, procura juntar-se à comunidade cristã. Mas em Jerusalém é visto com desconfiança. Barnabé, de origem grega como Paulo, apresentou-o então aos apóstolos e "contou-lhes que Paulo tinha visto o Senhor no caminho" e falou de sua "coragem em anunciar o nome Jesus em Damasco". Então Paulo foi acolhido pela comunidade de Jerusalém e começou a pregar com entusiasmo aos judeus de origem grega; estes, porém, queriam matá-lo, como o fizeram com Estêvão. Mas os irmãos de fé o puseram a salvo, encaminhando-o a Cesareia Marítima e, depois, a Tarso, sua cidade natal. Lucas quer assim **mostrar Paulo** como alguém que está **em comunhão com a Igreja-mãe de Jerusalém**. A versão de Paulo sobre sua conversão e missão entre os pagãos é um pouco diferente (Gl 1,18-21). Ele diz que, em Jerusalém, "viu" apenas Pedro. Com isso afirma que sua maneira de pregar o Evangelho era aprovada pelo chefe dos apóstolos. **Paulo**, portanto, **estava unido à Igreja-mãe**, como o ramo que produz fruto está unido à videira (Evangelho, v. 5). Por isso, seu trabalho missionário rendeu muitos frutos para a Igreja nascente.

Salmo responsorial: Sl 21
Senhor, sois meu louvor em meio à grande assembleia!

2 Segunda leitura: 1Jo 3,18-24
Este é o seu mandamento: que creiamos e nos amemos uns aos outros.

O autor desta carta insiste no que é **essencial da vida cristã: nossa fé em Jesus Cristo** e a **vivência do amor fraterno**. Nisto se resumem os mandamentos que devemos observar para agradar a Deus (Evangelho). Não basta dizer que amo a Deus. Como posso dizer "eu amo a Deus", a quem não vejo, se não amo a meu próximo? É preciso concretizar esse amor, amando de verdade os irmãos: "Não amemos só com palavras e de boca, mas com ações e de verdade!" O que nos liga a Deus é a vivência da fé em Cristo e a observância do amor fraterno: "Quem guarda os seus mandamentos permanece com Deus e Deus permanece com ele". Assim, como os ramos ligados à videira de Deus (Evangelho), produziremos muitos frutos.

Aclamação ao Evangelho

Ficai em mim, e eu em vós hei de ficar, diz o Senhor; quem em mim permanece, esse dá muito fruto.

3 Evangelho: Jo 15,1-8

Quem permanece em mim, e eu nele, produz muito fruto.

Na **alegoria da videira**, o Evangelho **explicita a união de Jesus com o Pai** e **nossa união com Deus**, enquanto estamos unidos com Jesus. No Antigo Testamento Israel é comparado à videira, que, apesar de bem-cuidada por Deus, não produziu os frutos dela esperados (cf. Is 5,1-7). Aqui, Jesus se compara à videira verdadeira que pertence a Deus, o agricultor, e Jesus é o Filho de Deus. Dele são também os ramos, isto é, os fiéis, enquanto ligados a Jesus. Pela palavra de Jesus (v. 3), o Pai como agricultor faz a limpeza da vinha, podando-a; corta fora os ramos sem vida e limpa os ramos que têm seiva, para que produzam mais frutos. O cristão produz bons frutos enquanto recebe a seiva da videira, isto é, deixa-se conduzir pelas palavras de Jesus. Por isso, para produzir bons frutos é necessário estar ligado a Cristo: "Aquele que permanece em mim, e eu nele, esse produz muito fruto, porque sem mim nada podeis fazer". **Permanecendo em Jesus** e nas suas palavras (o mandamento do amor), **tornamo-nos seus discípulos** e glorificamos o Pai. Ele é o agricultor que se alegra com os bons frutos produzidos pelos ramos ligados à videira, que é seu Filho Jesus. **O fruto que o Pai espera de nós é a fé**, que nos liga a Cristo, **e a observância do mandamento do amor**, que nos une a Cristo e aos irmãos. A alegoria da videira e seus ramos expressa muito bem nossa união com Deus pelo amor: "Permanecei no meu amor" (Jo 15,9).

6º Domingo da Páscoa

Oração: "Deus todo-poderoso, dai-nos celebrar com fervor estes dias de júbilo em honra do Cristo ressuscitado, para que nossa vida corresponda sempre aos mistérios que celebramos".

1 Primeira leitura: At 10,25-26.34-35.44-48

O dom do Espírito Santo também foi derramado sobre os pagãos.

Nos Atos dos Apóstolos, Lucas descreve como o Evangelho foi anunciado depois de Pentecostes, primeiro aos judeus (At 2). Depois, o diácono Estêvão começa a pregar o Evangelho aos judeus de língua grega e é apedrejado na presença de Paulo (At 6–7). Em seguida, o diácono Filipe prega aos samaritanos, separados do judaísmo oficial, e ao camareiro etíope, um pagão simpatizante do judaísmo (At 8). Domingo passado, Lucas nos falava de Paulo, que antes havia apoiado o apedrejamento de Santo Estêvão, mas tornou-se um convertido à fé cristã. Depois que Barnabé o apresentou aos apóstolos, Paulo começou a pregar em Jerusalém aos judeus de língua grega (At 9).

Na leitura de hoje, porém, Lucas quer mostrar que a iniciativa de Paulo, ao pregar o Evangelho aos judeus de língua grega e aos pagãos, teve o apoio dos apóstolos e do próprio Pedro, chefe dos apóstolos. Levado pelo Espírito Santo, também Pedro começou a pregar a fé em Cristo ressuscitado aos pagãos. Quando é acolhido pelo comandante romano Cornélio, Pedro conta-lhe a visão que teve em Jope. Cornélio, por sua vez, explica que o havia chamado para conhecer melhor a

Jesus Cristo. Pedro, então, reconhece que "**Deus não faz distinção de pessoas**", **mas acolhe qualquer pessoa de qualquer nação, que teme a Deus e pratica a justiça**. Enquanto Pedro falava, o Espírito Santo desceu sobre todos os ouvintes, assim como havia acontecido no Cenáculo no dia de Pentecostes. Ao ver o fenômeno, os judeu-cristãos que o acompanhavam ficaram perplexos e Pedro mandou que toda a família fosse batizada em nome de Jesus Cristo. Não havia como não serem batizados, pois o próprio Espírito Santo já havia sido derramado sobre eles, como em Pentecostes. O espanto dos acompanhantes foi motivo de crítica em Jerusalém à iniciativa de Pedro, e ele teve que se explicar aos judeu-cristãos de Jerusalém (cf. At 10–11). Lucas dá amplo espaço a esta narrativa pela importância que o evento teve ao abrir uma nova fase para a difusão do cristianismo entre os pagãos. Com essa abertura ao mundo grego, aos poucos vai se concretizando o plano traçado por Jesus ressuscitado, antes de sua Ascensão ao céu: "Sereis minhas testemunhas em Jerusalém, em toda a Judeia e Samaria, até os confins da terra" (At 1,8). A missão de pregar aos pagãos foi confiada depois pela Igreja ao apóstolo Paulo (cf. At 13,1-3).

Uma Igreja em saída é a novidade que o Espírito Santo nos propõe pelo papa Francisco.

Salmo responsorial: Sl 97

O Senhor fez conhecer a salvação e revelou sua justiça às nações.

2 Segunda leitura: 1Jo 4,7-10

Deus é amor.

A Primeira Carta de João, desde o início, é perpassada pelo tema do amor. Também o trecho que acabamos de ouvir é marcado pelo mesmo tema. Em apenas quatro versículos, as palavras "amar" ou "amor" aparecem dez vezes. O próprio apóstolo João dirige-se aos irmãos de fé com palavras carinhosas, como "filhinhos", "caríssimos" – isto é, muito amados. A comunhão de amor entre os cristãos expressa a comunhão de amor entre o Pai e seu Filho Jesus Cristo, na união com o Espírito Santo. Somente quando vivemos o amor fraterno entre nós, podemos dizer que conhecemos a Deus e dele nascemos. Assim nos tornamos seus filhos, "pois Deus é amor". Não fomos nós que tomamos a iniciativa deste diálogo de amor. Foi Deus, a fonte do Amor, quem nos amou por primeiro, "enviando seu Filho único ao mundo para que tenhamos vida por meio dele". Para receber esta vida o Filho único de Deus entregou sua própria vida por nós, morrendo "pelos nossos pecados".

Aclamação ao Evangelho

Quem me ama realmente guardará minha palavra, e meu Pai o amará, e a ele nós viremos.

3 Evangelho: Jo 15,9-17

Ninguém tem maior amor do que aquele
que dá a vida pelos amigos.

O Evangelho que ouvimos é uma explicitação da alegoria da videira e seus ramos, meditada no Domingo passado. Antes Jesus dizia: "Permanecei em mim e eu permanecerei em vós"; somente assim poderemos produzir os frutos que Deus de nós espera. Hoje nos é explicado o que significa este "permanecer" em Cristo e produzir fruto. É a nossa ligação contínua a Cristo e ao Pai pelo amor: "Como **meu Pai me amou, assim também eu vos amei. Permanecei no meu amor**". O amor recebido do Pai por meio de Jesus Cristo e simbolizado pela relação agricultor-videira-ramos não é uma conquista nossa, mas uma livre-escolha e dom de Deus, que nos amou primeiro: "Não fostes vós que me escolhestes, mas **fui eu que vos escolhi** [...] **para que produzais fruto e o vosso fruto permaneça**". Jesus está se despedindo dos discípulos, após a última ceia; por isso podemos pedir o que quisermos e nos será concedido. Jesus, porém, nos deixa o mandamento do amor: "**Amai-vos uns aos outros, como eu vos amei**". Esta é a condição para que nossa oração seja atendida.

Domingo da Ascensão

À exceção do Evangelho, seguir o Ano A, p. 104s.

3 Evangelho: Mc 16,15-20

Foi levado ao céu e sentou-se à direita de Deus.

Nos manuscritos mais antigos, o Evangelho atribuído a Marcos termina em 16,8: Na manhã do primeiro dia da semana, as mulheres visitam o túmulo e encontram-no aberto. Um anjo lhes explica que Jesus não estava mais ali, porque havia ressuscitado. O anjo, então, lhes ordena que avisem aos **discípulos** e a Pedro sobre o ocorrido e que eles **devem ir à Galileia, onde verão o Ressuscitado**. Mas elas fogem apavoradas sem dizer nada a ninguém. Este era o final original de Marcos, como consta nos códices manuscritos mais antigos. A síntese dos relatos sobre as aparições do Ressuscitado (v. 9-14), o relato da missão dada aos apóstolos e a ascensão de Jesus ao céu (v. 15-20), hoje proclamados, são tardios. Foram acrescentados mais tarde (segundo século), valendo-se das narrativas de outros evangelhos, sobretudo, de João e Lucas, até mesmo dos Atos dos Apóstolos.

O autor deste acréscimo lembra a aparição de Jesus a Maria Madalena, mas os discípulos não lhe dão crédito. O mesmo acontece quando os discípulos de Emaús lhes contam que tinham visto Jesus ressuscitado. A insistência na incredulidade dos discípulos é uma advertência a nós que **somos convidados a crer nas testemunhas da ressurreição**, sem que tenhamos visto pessoalmente o Senhor (cf. Jo 20,25.29). Como em Mt 20,16-20, **Jesus repreende a incredulidade dos onze**; mesmo assim, **os envia em missão**: "Ide por todo o mundo, proclamai o Evangelho a toda criatura". Aponta como caminho da salvação a fé em Jesus Cristo e o batismo, e confere aos apóstolos o poder de fazer milagres. Por fim, lembra **a ascensão de Jesus** ao céu e como os discípulos cumpriram sua missão, com a assistência do Senhor, que confirmava com milagres a Palavra anunciada. O autor não fala diretamente do Espírito Santo, mas supõe sua ação permanente na missão da Igreja. **A ascensão de Jesus ao céu marca o fim de sua missão aqui na terra e o começo da missão de seus discípulos** (cf. Elias e Eliseu: 2Rs 2,9-18). Os anjos perguntavam aos apóstolos: "Por que ficais aqui, parados, olhando o céu?" Sejamos uma Igreja em permanente saída para a missão, nos pede o papa Francisco.

Pentecostes

Como no Ano A, p.107s.

Solenidades do Senhor

Santíssima Trindade

Oração: "Ó Deus, nosso Pai, enviando ao mundo a Palavra da verdade e o Espírito santificador, revelastes o vosso inefável mistério. Fazei que, professando a verdadeira fé, reconheçamos a glória da Trindade e adoremos a Unidade onipotente".

1 Primeira leitura: Dt 4,32-34.39-40

O Senhor é o Deus lá em cima no céu e cá embaixo na terra, e não há outro além dele.

O texto que ouvimos é uma **meditação sobre a história da relação de Israel com seu Deus** e, ao mesmo tempo, **uma catequese** para o momento presente. O contexto é o do exílio, visto como uma punição devida às infidelidades cometidas pelo povo. Longe do Templo e da terra prometida, Israel toma consciência de suas ingratidões e percebe melhor a presença de Deus ao longo de sua história. A meditação atribui a Javé, Deus de Israel, **a criação do ser humano**. O Deus criador é um só: "O Senhor é o único Deus... e não há outro além dele". Foi este **Deus** que **escolheu Israel dentre as nações como seu povo e com ele fala.** Israel recorda como Deus intervém em sua história nos momentos de crise, e o salva. Em resposta a seu amor, Deus pede que Israel observe seus mandamentos (cf. Dt 5,6-21), resumidos num só: "Amarás o Senhor teu Deus com todo teu coração, com toda a tua alma, com todas as tuas forças" (6,5). Jesus acrescentará: "E a teu próximo como a ti mesmo" (cf. Mt 22,35-40). Deus nos envolve com seu amor e espera de nós uma resposta de amor, para vivermos felizes.

Salmo responsorial: Sl 32

Feliz o povo que o Senhor escolheu por sua herança.

2 Segunda leitura: Rm 8,14-17

Recebestes um espírito de filhos, no qual todos nós clamamos: Abba, ó Pai!

A sociedade greco-romana era escravagista. Em Roma, com cerca de um milhão de habitantes, mais de um terço da população era de escravos. Paulo escreve à comunidade de Roma, composta de judeus e pagãos convertidos. Pelo batismo, diz ele, os judeus deixam de ser escravos da Lei; e os pagãos, de seus ídolos e da cultura escravagista (cf. Carta a Filêmon). Pelo batismo nos tornamos filhos adotivos – linguagem que os romanos entendiam – e somos introduzidos na família de Deus, que é Trindade e Comunhão. Pelo batismo recebemos o Espírito e Deus nos acolhe como filhos e filhas, a exemplo de Jesus ao ser batizado: "Tu és meu filho amado" (Mc 1,11). Podemos clamar a Deus: *Abba*/Papai – como diziam os judeus a seu pai carnal. Sendo filhos adotivos, somos também herdeiros de Deus e co-herdeiros de Cristo. Sofrendo com ele, seremos também glorificados como ele. Deixemo-nos conduzir pelo Espírito Santo: "Todos aqueles que se deixam conduzir pelo Espírito de Deus são filhos de Deus".

Aclamação ao Evangelho

Glória ao Pai e ao Filho e ao Espírito Divino, ao Deus que é, que era e que vem, pelos séculos. Amém.

3 Evangelho: Mt 28,16-20

Batizai-os em nome do Pai e do Filho e do Espírito Santo.

No evangelho de Mateus, após a última ceia, Jesus anuncia que todos os discípulos o abandonariam. Pedro, então, jurou que jamais o haveria de abandonar e os outros discípulos diziam o mesmo. Apesar de tudo, Jesus prometeu-lhes que, após sua ressurreição, os precederia na Galileia para reunir-se com eles (26,30-35). A dolorosa morte do Mestre fez com que todos se esquecessem da promessa. No primeiro dia da semana duas mulheres vão visitar o túmulo e encontram-no vazio. Um anjo explica que Jesus havia ressuscitado e que elas comunicassem aos discípulos para se dirigirem à Galileia, onde os encontraria.

Atendendo à mensagem das mulheres, os discípulos vão para a Galileia até "o monte que Jesus lhes havia indicado". Em Mateus, o monte é o lugar apropriado para uma revelação divina. No sermão da montanha (Mt 5–7) temos a síntese da doutrina de Jesus; na Transfiguração (Mt 17,1-13) o Filho do Homem se revela maior que Moisés e Elias. Agora, a missão que Jesus dá aos discípulos também acontece num monte. Na Galileia, Jesus começou o anúncio do Reino dos Céus (4,12-17) e chamou os primeiros discípulos. É também na Galileia que se despede dos discípulos e lhes confere a missão de irem pelo mundo inteiro, ensinando e fazendo discípulos de Jesus a todos os povos. Isso acontece pelo batismo em nome da Santíssima Trindade. Pelo batismo somos incluídos no mistério do Deus uno e trino e envolvidos em seu amor. Através da **catequese** somos introduzidos nas práticas do Reino dos Céus ensinadas por Jesus. Este mandato deixado à sua Igreja tem a chancela do poder do Filho de Deus: "Toda a autoridade me foi dada". A **missão** recebida pelos apóstolos é acompanhada pela promessa da **presença permanente do Deus conosco** (Emanuel), nascido da Virgem Maria (1,23): "Eis que estarei convosco todos os dias, até o fim do mundo" (28,20). Os discípulos são enviados para anunciar o Evangelho e batizar todos os povos em nome de Deus, pois o batismo nos insere no mistério da Santíssima Trindade.

Corpo e Sangue de Cristo

Oração: "Senhor Jesus Cristo, neste admirável sacramento nos deixastes o memorial da vossa paixão. Dai-nos venerar com tão grande amor o mistério do vosso corpo e do vosso sangue, que possamos colher continuamente os frutos da vossa redenção".

1 Primeira leitura: Ex 24,3-8

Este é o sangue da aliança que o Senhor fez conosco.

A manifestação de Deus no monte Sinai está ligada à aliança que ele faz com seu povo escolhido. A aliança é justificada pelas promessas e pelos inúmeros benefícios que Deus fez no passado aos patriarcas, culminando com a libertação da escravidão do Egito. **A aliança é acompanhada por mandamentos** e leis que o povo deverá observar: "Eu sou o Senhor teu Deus, que te libertou do Egito, lugar de escravidão" (Ex 20,2). E seguem os dez mandamentos e as leis que os especificam (Ex 20,3–23,17).

O texto descreve **como foi concluída a aliança** (24,3-8). Moisés é apresentado de repente. Não se sabe de onde "veio", talvez do monte Sinai. Primeiro, ele comunica ao povo, oralmente, "todas as palavras do Senhor e todos os decretos". E o povo confirma que vai obedecer: **"Faremos tudo o que o Senhor nos disse"**. Depois, escreve tudo o que antes havia dito em nome do Senhor. Em seguida constrói com doze pedras um altar ao pé do monte, simbolizando as doze tribos de Israel, e manda uns jovens imolar holocaustos e sacrifícios pacíficos ao Senhor. –

No holocausto a vítima é totalmente queimada no altar em honra da divindade. Nos sacrifícios pacíficos ou de **comunhão**, uma parte da carne era oferecida a Deus e queimada no altar, junto com a metade do sangue; outra parte era consumida pelos sacerdotes e o povo, celebrando a união com o Senhor numa refeição comum. – Depois, **Moisés leu as cláusulas da aliança** diante do povo e o povo mais uma vez confirmou: "**Faremos tudo o que o Senhor fez conosco e obedeceremos**". Com a outra metade do sangue Moisés aspergiu o povo e falou: "**Este é o sangue da aliança que o Senhor fez conosco**". Assim foi celebrada a aliança de **comunhão do povo com Deus** (Evangelho).

Salmo responsorial: Sl 115
Elevo o cálice da minha salvação, invocando o nome santo do Senhor.

2 Segunda leitura: Hb 9,11-15

O sangue de Cristo purificará a nossa consciência.

O capítulo 9 da Carta aos Hebreus apresenta Jesus Cristo como sumo sacerdote, superior ao sumo sacerdote do Antigo Testamento. O sumo sacerdote entrava uma vez por ano na parte mais santa do santuário, com sangue de animais, para expiar os pecados do povo e os próprios. Na realidade, a oferta deste sangue realiza "apenas uma pureza ritual dos corpos", sem purificar a consciência. Este sacrifício era um sinal do sacrifício único e definitivo de Cristo. "Ele **entrou no santuário** como sumo sacerdote dos bens futuros, **com seu próprio sangue** [...] uma vez por todas, obtendo uma redenção eterna." Mateus sinaliza este evento definitivo ao dizer que no momento da morte de Jesus rompeu-se o véu do santuário, onde só o sumo sacerdote entrava uma vez por ano (Mt 27,51). Agora, sim, o sangue de Jesus nos purifica para servirmos ao Deus vivo e verdadeiro (cf. 1Ts 1,9). Cristo é o mediador da nova aliança e por meio dele recebemos como herança a vida eterna (cf. Lc 18,18-22).

Aclamação ao Evangelho

Eu sou o pão vivo descido do céu; quem come deste pão sempre há de viver!

3 Evangelho: Mc 14,12-16.22-26

Isto é o meu corpo. Isto é o meu sangue.

A última ceia é uma refeição pascal celebrada em família. A nova família de Jesus são seus discípulos (Mc 3,31-35). Dois discípulos apresentaram-se a Jesus e perguntaram: "Onde queres que façamos os preparativos para comeres a Páscoa?" Jesus os enviou à cidade de Jerusalém. Lá eles deviam seguir um homem que carregava um cântaro na cabeça, até à casa onde ele entrasse e perguntar ao dono da casa: "O Mestre pergunta: Onde está a sala em que vou comer a Páscoa com os meus discípulos?" E o dono indicou-lhes uma sala no andar de cima, já bem-arrumada. Ali os dois discípulos prepararam a ceia da Páscoa.

De tarde, Jesus e os discípulos dirigiram-se a esta casa e puseram-se a comer a ceia da Páscoa, como os judeus costumavam fazer (cf. Ex 12,1-27). A certa altura da ceia, Jesus tomou o pão e "pronunciou a bênção", isto é, uma oração de louvor a Deus pelo pão, como no ofertório da missa: "Bendito sejais, Senhor Deus do universo, pelo pão [...]". Depois **partiu o pão** e o entregou aos discípulos, dizendo: "Tomai, isto é o meu corpo". Em seguida, tomou o cálice, rendeu graças a Deus pelo vinho, "entregou-lhes o cálice e todos beberam dele". E Jesus lhes disse: "**Isto é o meu sangue**, o sangue da **aliança**, que é **derramado** em favor de muitos". Desta parte da ceia Jesus não come. Ele mesmo se entrega como alimento aos discípulos; no pão que é seu corpo, isto é, sua existência humano-divina, atuante neste mundo; e no vinho, que é seu sangue por nós derramado, em meio aos tormentos de uma morte violenta e indesejada (Mc 14,34-36). Por fim, Jesus diz: "Não beberei mais do fruto da videira, até o dia em que beberei o vinho novo no Reino de Deus". **É o vinho novo da nova aliança, que arrebenta os odres velhos da antiga aliança** (Mc 2,21-22). É o vinho do banquete preparado por Cristo, para ser servido no Reino de Deus que ele veio trazer a este mundo. Participamos deste banquete de comunhão com Deus quando celebramos a Eucaristia (Mc 4,1-34).

Sagrado Coração de Jesus

Oração: "Concedei, ó Deus todo-poderoso, que, alegrando-nos pela solenidade do Coração do vosso Filho, meditemos as maravilhas do seu amor e possamos receber, desta fonte de vida, uma torrente de graças".

1 Primeira leitura: Os 11,1.3-4.8c-9

Meu coração comove-se no íntimo.

A Primeira leitura apresenta o Senhor (Javé) como um Deus "apaixonado", que ama Israel (Efraim) com a ternura de uma mãe. Chamou seu filho Efraim – personificação do povo de Israel – quando o libertou da escravidão do Egito. Em troca, porém, recebeu a ingratidão deste seu filho primogênito (cf. Ex 4,22-23). Deus era para Israel como a mãe que leva seu filho ao colo para alimentá-lo e o ensina a dar os primeiros passos, mas não reconheceram que Deus cuidava deles com amor. Israel era como um filho rebelde e incorrigível que os pais podiam levar ao tribunal (cf. Dt 21,18-21; Is 1,2-3). Podia eliminá-lo como o fez com Sodoma e Gomorra, as cidades pervertidas. Aliás, o verbo usado para destruir as cidades (*hafak*) é o mesmo para "meu coração se comove no íntimo e arde de compaixão" (*hafak*). Houve uma convulsão de sentimentos, uma reviravolta no coração de Deus que extinguiu toda possibilidade de punir Israel. E o Senhor se define: "Eu sou Deus, e não homem". **Nem a ingratidão, nem o pecado humano podem vencer a misericórdia divina.** Esse imenso amor de Deus revelou-se no coração transpassado de Jesus, para nossa salvação.

Salmo responsorial: Is 12

Com alegria bebereis do manancial da salvação.

2 Segunda leitura: Ef 3,8-12.14-19

Conhecer o amor de Cristo, que ultrapassa todo conhecimento.

Paulo apresenta-se como o último de todos os santos. Aqui o termo "santo" indica alguém escolhido por Deus, separado para a missão especial de anunciar o Evangelho aos pagãos, como o foram Paulo e Barnabé (At 13,1-3). Considera-se o "último" porque não conheceu a Jesus em sua vida pública, mas, por graça divina, Cristo ressuscitado lhe apareceu alguns anos após sua morte (1Cor 15,8-9). O mistério de Cristo é o Evangelho que Paulo anuncia, chamado por ele "meu Evangelho" (Gl 1,1; Rm 16,25). Ou seja, foi-lhe revelado que tanto judeus como pagãos serão salvos pela fé em Cristo e não pelas obras da Lei. O mistério escondido desde sempre em Deus, criador do universo, é o seu imenso amor, agora revelado por seu Filho Jesus Cristo. É o amor que envolve a salvação de judeus e não judeus. Paulo se prostra em adoração diante de Deus Pai, e Filho e Espírito Santo. E pede que os cristãos possam compreender e experimentar a infinita grandeza do amor de Cristo.

Aclamação ao Evangelho

Tomai sobre vós o meu jugo e de mim aprendei, que sou manso e humilde de coração.

3 Evangelho: Jo 19,31-37

*Um soldado abriu-lhe o lado com uma lança e logo
saiu sangue e água.*

O Evangelho de hoje descreve, em poucas palavras, o que aconteceu logo após a morte de Jesus na cruz. João coloca a condenação e morte de Jesus numa sexta-feira. Para os judeus, o sábado começa logo após o pôr do sol de sexta-feira. Os judeus tinham pressa para que os corpos não ficassem expostos na cruz, porque aquele sábado coincidia com a festa solene da Páscoa. Caso contrário, estariam impuros para a ceia pascal. Pediram, então, a Pilatos que mandasse quebrar as pernas dos crucificados. Os soldados quebraram as pernas dos dois ladrões, mas, chegando a Jesus, viram que ele já estava morto. Para tirar dúvidas, "**um soldado abriu-lhe o lado com um golpe de lança e logo saiu sangue e água**". E o evangelista insiste em dizer que ele viu isso acontecer e que seu testemunho é verdadeiro, "para que vós também acrediteis".

Por que este testemunho é importante? O **evangelista identifica-se** como um dos dois discípulos de João Batista. Certo dia, viu Jesus passando e disse: "Eis o cordeiro de Deus". Desde então os dois discípulos deixaram João Batista e seguiram a Jesus (Jo 1,29-40). Esteve aos pés da cruz com Maria, mãe de Jesus, Maria de Cléofas e Maria Madalena. Antes de morrer, Jesus entregou sua mãe a seus cuidados (19,25-27). Foi também o primeiro a crer na ressurreição de Jesus, por causa das Escrituras, antes de Jesus se manifestar aos apóstolos (Jo 20,1-10). **Ele viu o soldado traspassando o lado de Jesus** e a chaga aberta em seu peito. A mesma chaga que Tomé insiste em tocar para acreditar que o Mestre crucificado era o mesmo que os apóstolos viram ressuscitado (Jo 20,19-29). É o mesmo evangelista que escreveu:

"Tendo amado os seus que estavam no mundo, amou-os até o fim" (Jo 13,1b; 19,28-30). Jesus é o Cordeiro de Deus, morto na cruz por nosso amor e teve o coração transpassado, como o cordeiro pascal.

O mistério de Cristo no Tempo da Igreja
Tempo Comum

2º Domingo do Tempo Comum

Oração: "Deus eterno e todo-poderoso, que governais o céu e a terra, escutai com bondade as preces do vosso povo e dai ao nosso tempo a vossa paz".

1 Primeira leitura: 1Sm 3,3b-10.19

Fala, Senhor, que teu servo escuta.

Após a festa do Batismo do Senhor retomamos os domingos do Tempo Comum. A leitura de hoje fala da **vocação e missão** do profeta Samuel (cf. Evangelho). Seus pais, Elcana e Ana, eram estéreis. Por ocasião de uma visita ao santuário de Javé em Silo, Ana prostra-se diante do Senhor e, entre lágrimas, faz uma promessa: Se me deres um filho homem "eu o entregarei ao Senhor por toda a vida". Deus atendeu sua súplica e Ana deu à luz a Samuel. Depois de desmamado, Samuel foi entregue aos cuidados do sacerdote Eli, para servir ao Senhor como um futuro sacerdote (1Sm 1,1-28). A Primeira leitura de hoje nos fala da vocação de Samuel para ser profeta. Samuel morava com o sacerdote Eli, como uma espécie de aprendiz ou "coroinha" do sacerdote. Numa das noites, enquanto dormia perto da arca da aliança, lugar onde Deus se encontrava com seu povo (cf. Ex 29,42-43), Samuel é despertado três vezes por uma voz misteriosa: "Samuel, Samuel!" A cada chamado, o menino ia até o sacerdote Eli, e dizia: "Tu me chamaste, aqui estou!"

Mas Eli não o tinha chamado e mandava Samuel dormir. Na terceira vez, entendendo que era o Senhor que chamava o menino, Eli disse: "Volta a deitar-te e, se alguém te chamar, responderás: **Fala, Senhor, que teu servo escuta!**" Foi o que Samuel fez. O texto conclui: "**Samuel crescia, e o Senhor estava com ele. E não deixava cair por terra nenhuma de suas palavras**". Na resposta de Samuel ele mesmo se define: é um servo que escuta a Deus e, como futuro sacerdote, escuta os sofrimentos e angústias do povo de Israel. Por isso, "não deixava cair por terra nenhuma de suas palavras".

Deus tem um plano a respeito de cada um de nós. Descobrir a própria vocação é descobrir o plano divino a nosso respeito. Por isso, precisamos estar sempre atentos à voz de Deus; fazer silêncio em nosso coração a fim de poder ouvi-lo falar.

Salmo responsorial: Sl 39
Eu disse: "Eis que venho, Senhor! Com prazer faço a vossa vontade".

2 Segunda leitura: 1Cor 6,13c-15a.17-20
Vossos corpos são membros de Cristo.

Corinto era uma cidade grega localizada no istmo de Corinto, a noroeste do Peloponeso. Sua fundação remonta ao século VII a.C. Foi destruída em 146 a.C. pelos romanos e reconstruída também por eles em 44 a.C. Dispunha de dois portos, um no lado oriental voltado para Atenas, no mar Egeu; outro do lado ocidental, no mar Adriático, voltado para a Itália. Era uma cidade cosmopolita, famosa pela prática da prostituição, no templo de Afrodite. Os diferentes povos ali presentes possuíam seus santuários e os judeus tinham uma sinagoga. Paulo fundou a comunidade de Corinto e conhecia as tentações a que eram submetidos os pagãos recém-convertidos a Cristo. Na exortação que hoje lemos o Apóstolo mostra-se preocupado em **afastar os cristãos da prostituição**, tentação tão frequente em ambientes portuários. Fala a respeito de **dois corpos**: a **Igreja-comunidade** que forma **um só corpo em Cristo**, e o **corpo de cada fiel, membro do corpo de Cristo**. A palavra corpo ocorre sete vezes nesta exortação, o que exalta sua sacralidade. Resumindo: 1) O corpo do cristão é membro do corpo de Cristo; quem se une com uma prostituta ofende o seu corpo e o de Cristo; 2) O corpo é para a ressurreição; 3) O corpo é santuário do Espírito Santo; 4) Recebemos de Deus **nosso corpo** e com ele devemos glorificá-lo. Em outras palavras, o ser humano é mais do que simplesmente um corpo que tem alma. **É morada do Espírito Santo**, destinado a glorificar a Deus nesta vida e a participar da glória de Cristo pela ressurreição. Por isso Paulo diz: "Fostes comprados, e por preço muito alto (a morte de Cristo). Então **glorificai a Deus com o vosso corpo**".

Aclamação ao Evangelho

Encontramos o Messias, Jesus Cristo; de graça e verdade ele é pleno. De sua imensa riqueza, graças sem fim recebemos.

3 Evangelho: Jo 1,35-42

Foram ver onde Jesus morava e permaneceram com ele.

A Primeira leitura fala da vocação de Samuel para ser profeta. A Segunda leitura trata da vocação do cristão a ser morada do Espírito Santo. O Evangelho fala da vocação dos primeiros discípulos de Jesus, na perspectiva do evangelista João. João Batista dizia: Eu não sou o Messias; sou apenas a voz que clama no deserto "endireitai o caminho do Senhor". João tinha discípulos que o seguiam, porque pensavam ser ele o Messias esperado. Certo dia, depois de ter batizado Jesus, João estava com dois de seus discípulos. **Vendo Jesus passar, João lhes disse:**

"**Eis o cordeiro de Deus**". E os dois **seguiram a Jesus**. Jesus percebeu que o seguiam e lhes perguntou: "**O que estais procurando?**" Eles responderam: "Mestre, **onde moras?**" E Jesus respondeu: "**Vinde ver**". E os dois discípulos **ficaram com Jesus** aquele fim de tarde. André era um dos discípulos e logo foi contar a seu irmão Simão Pedro, e o apresentou a Jesus. Eis o **processo de uma vocação**: **procurar** o Messias; ver a Jesus, **ouvir** o anúncio de João, **ouvir** a pergunta de quem está sendo procurado, **aceitar** seu convite e **permanecer** com Jesus para conhecê-lo melhor. Depois de conhecer a pessoa que se procura, convidar outros a conhecê-la como fez André. Era assim que os cristãos agiam uns 60 anos depois da morte e ressurreição de Jesus.

3º Domingo do Tempo Comum

Oração: "Deus eterno e todo-poderoso, dirigi a nossa vida segundo o vosso amor, para que possamos, em nome do vosso Filho, frutificar em boas obras".

1 Primeira leitura: Jn 3,1-5.10

Os ninivitas afastaram-se do mau caminho.

Durante o exílio da Babilônia, Israel aprendeu a conviver com povos de culturas e religiões diferentes. Como povo vencido, nesta convivência eram tentados a considerar o deus Marduk dos babilônios mais poderoso do que o Deus de Israel, Javé, também vencido. Por isso os profetas (Is 40–55) pregavam que o único Deus verdadeiro era o Senhor (Javé), o Deus de Israel, criador do céu e da terra, salvador apenas de Israel. Surgiu até certo desprezo pelos povos pagãos. No entanto, o livro de Jonas critica a pretensa superioridade dos judeus em relação a outros povos. O autor do livro conta uma história, ou parábola. O profeta Jonas foi enviado por Deus aos habitantes da grande cidade de Nínive, a fim de pregar a conversão a seus habitantes. Caso contrário, Nínive, a capital do Império Assírio seria destruída. Os assírios eram odiados porque destruíram o reino de Israel e dominaram por dezenas de anos o reino de Judá. Jonas, a contragosto, aceitou a missão. Nínive era tão grande que eram necessários três dias para atravessá-la a pé. Em nome do Senhor, o profeta anunciou o castigo para Nínive: "Ainda quarenta dias, e Nínive será destruída". Bastou um dia de pregação e todos os habitantes se converteram e, por isso, Deus os perdoou e suspendeu o castigo. Israel e Judá, porém, tiveram muitos profetas que pediam a conversão do povo e não foram atendidos. Por isso os dois reinos foram destruídos e o povo levado para o exílio.

Deus quer a conversão e a salvação de todos os povos. Não somos melhores do que outros povos por terem uma religião diferente da nossa. O que importa é fazer a vontade de Deus (cf. Mt 12,41; Lc 11,29-30). Converter-se como os ninivitas fizeram.

Salmo responsorial: Sl 24

Mostrai-me, ó Senhor, vossos caminhos. Vossa verdade me oriente e me conduza!

2 Segunda leitura: 1Cor 7,29-31

A figura deste mundo passa.

Paulo vivia na expectativa da parusia iminente, ou seja, a vinda do Senhor no fim dos tempos. Em vista disso, as diferentes situações da vida não deviam ser supervalorizadas. Vivendo como casados ou solteiros, alegres ou tristes, devemos **usar honestamente dos bens deste mundo, sem perder o foco central de nossa vida, que é o nosso encontro definitivo com o Cristo ressuscitado**, nosso juiz e Salvador. Jesus também diz: "Buscai o Reino de Deus e as outras coisas vos serão dadas de acréscimo" (cf. Mt 6,33). Quem encontra um tesouro escondido no campo ou uma pérola preciosa faz todo o possível para adquiri-los.

Aclamação ao Evangelho

O Reino dos Céus está perto! Convertei-vos, irmãos, é preciso! Crede todos no Evangelho!

3 Evangelho: Mc 1,14-20

Convertei-vos e crede no Evangelho!

O profeta Jonas começou sua pregação anunciando o juízo divino em Nínive, capital do Império Assírio. Todos os habitantes de Nínive, ouvindo a pregação de Jonas, logo se converteram e escaparam do castigo. Jesus inicia sua pregação na periferia, isto é, na Galileia. Não anuncia desgraças como Jonas, mas a boa-nova do Reino de Deus. João Batista pedia a conversão e batizava para o perdão dos pecados. Jesus anuncia a boa-nova de Deus, "o Evangelho de Deus"; isto é, a irrupção do Reino de Deus: "Completou-se o tempo, e o Reino de Deus está próximo". Pedia a conversão e a fé: "**Convertei-vos e crede no Evangelho**". A conversão que Jesus pede é acolher com alegria o Evangelho, isto é, a boa-nova do Reino de Deus. A conversão dos ninivitas se expressava pelo jejum e pelas cinzas; **a conversão para o Reino de Deus pede um seguimento generoso de Jesus**. O **anúncio do Reino era urgente** e deve ter causado grande impacto. Se o Reino de Deus está próximo, Jesus não podia pregar sozinho. Por isso, como auxiliares nesta inadiável missão, Jesus chama os primeiros discípulos, duas duplas de irmãos pescadores: Simão (Pedro) e seu irmão André, e os filhos de Zebedeu, Tiago e João. E pede-lhes para mudarem de profissão: "Segui-me e eu farei de vós pescadores de homens". Abertos para o **novo, eles largaram tudo e seguiram a Jesus.**

4º Domingo do Tempo Comum

Oração: "Concedei-nos, Senhor nosso Deus, adorar-vos de todo o coração, e amar todas as pessoas com verdadeira caridade".

1 Primeira leitura: Dt 18,15-20

Farei surgir um profeta e porei em sua boca as minhas palavras.

Quando Deus se manifestou (teofania) no monte Sinai, o povo assustado com os trovões e o fogo no alto da montanha, disse que não queria mais ouvir Deus falando-lhes desse jeito. Pediram a Moisés que ele próprio lhes falasse, como intermediário de Deus. E Deus os atendeu. Mas Moisés morreu no deserto, antes de o povo entrar em Canaã. No texto que acabamos de ouvir, Moisés promete que Deus enviará no futuro um profeta como ele mesmo, a quem todos deveriam escutar. A continuidade da missão de intermediário entre Deus e o povo foi exercida pelos **profetas**, que **falaram em nome do Senhor**. O judaísmo interpretou este profeta como o futuro Messias. Em Jo 6,14 o povo identifica Jesus com o profeta prometido por Moisés. Na Transfiguração Jesus aparece entre Moisés e o profeta Elias, enquanto uma voz do céu se fazia ouvir: "Este é o meu Filho amado, escutai-o" (cf. Mc 9,2-8), confirmando que Jesus é o Messias.

Salmo responsorial: Sl 94

Não fecheis o coração, ouvi hoje a voz de Deus!

2 Segunda leitura: 1Cor 7,32-35

A jovem solteira se ocupa com as coisas do Senhor, para ser santa.

Como vimos no Domingo anterior, Paulo vivia na expectativa da vinda iminente do Senhor (parusia). Por isso, em qualquer situação em que o cristão vivesse, como solteiro, casado, viúvo ou trabalhando, não deveria perder o foco da expectativa da vinda próxima do Senhor. O que importa é viver o amor a Deus e ao próximo em qualquer estado de vida, casado ou solteiro. Hoje Paulo explica que o **estado celibatário dá mais liberdade para melhor servir ao Senhor**. Não proibiu o casamento, mas pessoalmente escolheu o celibato porque lhe dava mais liberdade de servir ao Senhor, em suas andanças missionárias.

Aclamação ao Evangelho

O povo que jazia nas trevas viu brilhar uma luz grandiosa; a luz despontou para aqueles que jaziam nas sombras da morte.

3 Evangelho: Mc 1,21-28

Ensinava como quem tem autoridade.

No evangelho de Marcos, Jesus é apresentado como alguém que tem autoridade. Autoridade manifestada nas palavras e ações. É a autoridade que Deus dá ao Filho do Homem. É uma autoridade que põe fim ao reino de Satanás e instaura o reinado de Deus. Com esta autoridade Jesus perdoa os pecados, cura os enfermos, expulsa os demônios e os vendilhões do Templo. O Evangelho que acabamos de ouvir põe em destaque a **autoridade de Jesus para ensinar** e o seu **poder sobre os espíritos maus**: "Todos ficavam admirados com seu ensinamento, pois ensinava como quem tem autoridade". Quando Jesus expulsa o espírito mau de um endemoninhado, o povo exclama: "Que é isto? Um **ensinamento novo dado com autoridade**: Ele **manda até nos espíritos maus**, e eles obedecem". Aqui se destaca o caráter profético da atividade de Jesus. Moisés falava ao povo em nome de Deus e, depois dele, também os profetas (Primeira leitura). Jesus é o profeta anunciado por Moisés: "O Senhor teu Deus fará surgir em teu favor do meio dos irmãos um profeta que deverás ouvir" (Dt 18,15). Na transfiguração de Jesus, aparecem Moisés e Elias, os que falavam em nome de Deus. Mas a voz do céu diz: "Este é o meu Filho amado, escutai-o!" (Mc 9,7). Acentua-se também a **novidade da doutrina de Jesus** em relação à **doutrina dos mestres da Lei**. O povo devia escutar os que falavam com autoridade divina, como Moisés e os profetas. A cena da Transfiguração nos ensina que, como no passado o povo devia escutar Moisés e os profetas, **agora devemos escutar o que Jesus fala**, por suas palavras e ações, pois tem autoridade divina.

A novidade do ensinamento de Jesus, que anuncia o Reino de Deus, e sua luta contra os espíritos maus (antirreino) acompanharão as narrativas do evangelho de Marcos neste Ano B.

5º Domingo do Tempo Comum

Oração: "Velai, ó Deus, sobre a vossa família, com incansável amor; e, como só confiamos na vossa graça, guardai-nos sob a vossa proteção".

1 Primeira leitura: Jó 7,1-4.6-7

Encho-me de sofrimento até ao anoitecer.

Jó foi atingido pelas desgraças, perdeu todos os filhos, os bens e a própria saúde. É visitado por três amigos, que tentam consolá-lo e convencê-lo que Deus o castiga por causa de seus pecados. Mas eles não conseguem consolar a Jó em seu sofrimento e, muito menos, que é pecador. Jó considera-se inocente, e injusto o modo de Deus agir com ele. Lamenta-se e amaldiçoa até o dia em que nasceu. Revoltado contra Deus, Jó busca uma resposta para seu sofrimento. Mas é em meio ao seu sofrimento que **Jó**, pela primeira vez, **se dirige** diretamente **a Deus**

como a um Tu, diante do qual se lamenta e a quem dirige sua súplica: "Lembra-te de que minha vida é apenas um sopro e meus olhos não voltarão a ver a felicidade". Jó percebe sua limitação quando cai na desgraça, lamenta-se diante de Deus e **pede a graça de ser feliz**. O **sofrimento de Jó** não afasta, mas **aproxima-o ainda mais de Deus**. No diálogo com Deus, reconhece e louva a sabedoria de Deus manifestada nas obras da criação.

Na pandemia do Coronavírus também sentimos o quanto somos limitados. Nossos planos de vida ficaram como que congelados. Tivemos que alterar nossa rotina diária. Talvez tenhamos perguntado: "Por que tanta morte e sofrimento? Onde está Deus em tudo isso?" Os caminhoneiros, acostumados a imprevistos, formularam um provérbio: "Eu dirijo, Deus me guia". Deixemo-nos guiar por Deus. A verdadeira resposta ao problema do sofrimento está em Jesus Cristo, o Servo Sofredor. Ele foi solidário com os sofredores, assumiu o próprio sofrimento e foi obediente até a morte de cruz. Essa solidariedade e compaixão podemos assumir para com nossos irmãos e irmãs feridos pela pandemia. A exemplo do Salmo responsorial podemos dirigir a Deus com toda a confiança.

Salmo responsorial: Sl 146
Louvai a Deus, porque ele é bom e conforta os corações.

2 Segunda leitura: 1Cor 9,16-19.22-23

Ai de mim se eu não pregar o Evangelho.

Jesus podia ter voltado a Cafarnaum para receber aplausos do povo e ficar por ali mesmo. Mas ele leva os discípulos a outras aldeias para **anunciar também ali o Evangelho**. Paulo também sabe que é urgente continuar pregando o Evangelho em toda parte: "**Ai de mim se eu não

pregar o Evangelho". É uma missão que recebeu do próprio Cristo. Recebeu esta missão por graça divina. Por isso, ele prega de graça, sem esperar salário ou alguma recompensa. Tinha como princípio viver do trabalho de suas mãos, pois era fabricante de tendas. Assim ele sentia-se livre em relação a todos e podia **ser solidário com os mais pobres**. Fez-se "fraco, para ganhar os fracos" e levar a todos a salvação em Cristo.

Aclamação ao Evangelho

O Cristo tomou sobre si nossas dores, carregou em seu corpo as nossas fraquezas.

3 Evangelho: Mc 1,29-39

Curou muitas pessoas de diversas doenças.

O Evangelho de hoje é a continuação de um "dia de atividade" de Jesus em Cafarnaum: De **manhã** Jesus está na sinagoga porque era sábado. Depois entra numa casa, onde cura a sogra de Pedro. À **tarde**, quando termina o sábado para os judeus, cura "muitos doentes e possuídos pelo demônio" que lhe são trazidos pelo povo, pois "a cidade inteira se reuniu em frente da casa". De **madrugada** Jesus vai a um lugar deserto para rezar. Quando Pedro e os discípulos o encontram, querem que Jesus volte a Cafarnaum, pois "todos estão te procurando", dizem eles. Jesus, porém, convida-os a irem com ele a outras aldeias onde também devia anunciar o Reino de Deus. Jesus não veio para colher aplausos. Ao contrário de Jó e seus amigos, não discute o sofrimento e suas causas. No livro de Jó, o ser humano se aproxima do mistério de Deus. **Jesus**, porém, aproxima-se dos sofredores, **assume o sofrimento**, cuida (*curare*) dos doentes e sofredores, curando-os. É claro que Jesus não curou todos os enfermos, mas os que dele se aproximavam com fé. Os milagres de Jesus são sinais do Reino de Deus, uma antecipação da vida definitiva, da ressurreição. Sinalizam também o que nós, como Igreja, devemos fazer: **assumir o sofrimento do próximo, cuidando dele**, como o fez o bom samaritano. Jesus não só tornou-se solidário com os sofredores, mas assumiu o sofrimento e a morte de cruz por nosso amor a fim de nos trazer a salvação.

Tem sido admirável o exemplo de amor e dedicação dos profissionais de saúde, que arriscaram suas vidas para salvar a vida de inúmeras pessoas contaminadas pela covid-19. Eles e elas tornaram presente o amor de Deus, manifestado por Jesus para com os enfermos e pobres. Curar é cuidar, e cuidar é amar.

6º Domingo do Tempo Comum

Oração: "Ó Deus, que prometestes permanecer nos corações sinceros e retos, dai-nos, por vossa graça, viver de tal modo, que possais habitar em nós".

1 Primeira leitura: Lv 13,1-2.44-46

O leproso deve ficar isolado e morar fora do acampamento.

O livro do Levítico reserva dois capítulos (Lv 13–14) para tratar da "lepra", doença que nem sempre era a nossa conhecida hanseníase, mas incluía qualquer doença da pele. Hoje a hanseníase é tratável e curável. Nos tempos bíblicos, a pessoa suspeita de ter contraído "lepra" era submetida a rigorosos exames feitos pelos sacerdotes. Uma vez "confirmada" a doença, a pessoa era segregada do convívio familiar e da comunidade. Se o leproso tivesse que entrar ou passar por um núcleo habitacional devia avisar por meio de algum ruído ou gritar "impuro! Impuro!" Em caso de ter sido curada a doença de pele, o paciente devia reapresentar-se aos sacerdotes e passava por novos exames que comprovassem a cura e, por meio de ritos e sacrifícios, era readmitido ao convívio da família e da comunidade. Havia, portanto, cuidado com os "leprosos" por motivos sanitários e religiosos. Hoje, pensamos logo nos preconceitos de origem racial, social, de gênero, religiosa ou ideológica, talvez até maiores do que os preconceitos contra hansenianos e portadores do HIV etc.

Com a pandemia do Coronavírus estamos aprendendo a cuidar mais de nossa saúde e a do próximo. Os leprosos dos tempos bíblicos eram isolados socialmente. Em nossos dias, recomenda-se o distanciamento social, uso de máscara, lavar as mãos e usar álcool em gel. Os protocolos exigidos e assumidos são gestos de amor e responsabilidade para se evitar a contaminação de pessoas queridas e do próximo em geral. Negar-se a tomar a vacina contra a covid-19, agora disponível, é no mínimo uma falta de respeito ao convívio social.

Salmo responsorial: Sl 31
Sois, Senhor, para mim, alegria e refúgio.

2 Segunda leitura: 1Cor 10,31–11,1

Sede meus imitadores, como também eu o sou de Cristo.

A linda exortação de hoje conclui as respostas que Paulo dá às perguntas dos cristãos de Corinto: Pode-se participar ou não de banquetes religiosos pagãos, que eram também festas civis? (1Cor 8). Pode-se comer carnes de animais sacrificados aos ídolos e vendidas no mercado? (1Cor 10,23-30). Paulo estabelece dois princípios: como os ídolos não existem, o cristão é livre de comer ou não tal carne; mas nunca deve escandalizar um cristão que pensa diferente, que tem "consciência fraca", não esclarecida. E estabelece um princípio geral: "Quer comais, quer bebais, quer façais qualquer outra coisa, fazei tudo para a glória de Deus". Isso não acontecerá se com minha liberdade escandalizo o meu irmão. **Paulo apresenta-se como exemplo: em tudo o que ele próprio faz não procura o bem próprio, mas o dos outros, para que todos sejam salvos.**

Aclamação ao Evangelho

Um grande profeta surgiu; surgiu e entre nós se mostrou. É Deus que seu povo visita; seu povo, meu Deus visitou!

3 Evangelho: Mc 1,40-45

A lepra desapareceu e o homem ficou curado.

Em Israel, quem sofria de "lepra" era duplamente discriminado: pela própria doença e pela exclusão da comunidade prevista pela Lei (Primeira leitura). Quando possível, os leprosos viviam em grupos (cf. Lc 17,11-19) e eram alimentados pelos parentes ou por pessoas bondosas. Ninguém podia tocá-los para não se tornar "impuro". Portanto, eram vítimas de uma dura discriminação.

Ao aproximar-se de Jesus, o leproso viola a Lei. Não suportava mais o isolamento e a exclusão social. Queria ser reintegrado na família e na comunidade. Mas para isso devia provar que estava curado, como exigia a Lei. Tinha, porém, uma profunda confiança em Jesus, que possuía o poder de curá-lo. Por isso, ajoelhado aos pés de Jesus, suplica-lhe: "**Se queres, tens o poder de curar-me**". O leproso deu o primeiro passo, transgredindo a Lei. Jesus, por sua vez, também transgrediu a Lei para usar de seu poder de curar o leproso. Movido pela compaixão, Jesus toca o leproso com a mão (gesto proibido) e transforma em realidade o desejo do leproso: "**Eu quero, fica curado!**" Jesus, porém, proíbe-lhe de fazer propaganda. A proibição faz parte do "segredo messiânico" de Marcos, pois o Cristo vai se revelando aos poucos; revela-se plenamente apenas pela cruz e a ressurreição. Ao mesmo tempo, Jesus ordena que o leproso curado se apresente aos sacerdotes, conforme o exigido pela Lei. Somente eles podiam reconhecer oficialmente a cura e readmitir a pessoa no seio da família e da comunidade. Mas o fato de o leproso curado retornar à comunidade tornou sem efeito a proibição de não divulgar a cura. Todo mundo ficou sabendo do fato milagroso. Jesus, porém, procura retirar-se para lugares desertos. Mesmo assim, o povo o procurava.

A palavra do leproso "se queres" e a resposta de Jesus "quero" são um convite a rever as atitudes de discriminação e exclusão que praticamos, às vezes, sem o perceber. Por outro lado, na pandemia do Coronavírus fomos forçados ao isolamento social para evitar o contágio e preservar a vida de outras pessoas. A relação é mútua: Somos todos passíveis de uma contaminação invisível e perigosa. A pandemia tornou insustentável a escandalosa desigualdade entre uma minoria de ricos e a imensa maioria de pobres e excluídos. Deus quer que todos tenham uma vida mais saudável sob o ponto de vista físico, social e espiritual. **Cabe a nós querer o que Deus quer:** "Eu vim para que tenham vida em abundância" (cf. Jo 10,10).

7º Domingo do Tempo Comum

Oração: "Concedei, ó Deus todo-poderoso, que, procurando conhecer sempre o que é reto, realizemos vossa vontade em palavras e ações".

1 Primeira leitura: Is 43,18-19.21-22.24b-25

Eu cancelo tuas culpas por minha causa.

Estamos na segunda parte do livro de Isaías (40–55). Jerusalém havia sido destruída há mais de 40 anos e o povo de Judá permanecia no exílio, na Babilônia, ou disperso em outros países. Um profeta anônimo, discípulo de Isaías (séc. VIII a.C.), levanta sua voz de esperança e reanima os exilados. O discurso está em primeira pessoa porque o profeta fala em nome de Deus. Pelos anos passados no exílio, Israel já pagou em dobro as culpas pelos pecados cometidos (40,2). Longe de sua terra, Israel se lamentava e sentia-se abandonado por Deus: "O Senhor me abandonou, meu Deus me esqueceu" (49,14). No passado Deus sempre foi um "sim" para seu povo, foi fiel à sua aliança; agora parece ter esquecido seu "sim" e, também, o povo (Segunda leitura). Logo antes de nosso texto (43,16-17) o profeta lembra o êxodo do Egito, quando Deus abriu um caminho no mar Vermelho para libertar seu povo. Mas não basta lembrar os grandes feitos do Senhor no passado, como fazia Gedeão (Jz 6,11-13). **Deus** continua presente no meio de seu povo, diz o profeta, e **fará coisas novas**. Abrirá uma estrada no deserto e fará nascer rios para matar a sede de seu povo e trazê-lo de volta são e salvo a sua terra. Segue uma lamentação divina pelo amor não correspondido. No primeiro êxodo e na aliança no Sinai, Deus criou Israel para si, esperando dele gratidão e louvores. Mas Israel deixou de invocar o nome do Senhor, "cansou-se" de quem o libertou do Egito. Pelas maldades cometidas, "cansou" até o seu Deus (cf. Ex 14,11-19). Deus, porém, não é um homem para se vingar das infidelidades do povo (cf. Os 11,8-9). Em Deus, a misericórdia e o perdão sempre triunfam sobre o pecado (Ex 34,6-7). Por isso **cancela a culpa e perdoa o pecado**, a fim de **recomeçar uma vida nova**, de amor e fidelidade mútuas, com o povo que escolheu (Evangelho).

Salmo responsorial: Sl 40

Curai-me, Senhor, pois pequei contra vós.

2 Segunda leitura: 2Cor 1,18-22

Jesus nunca foi "sim-e-não", mas somente "sim".

Paulo fundou a Igreja de Corinto, onde permaneceu um ano e meio. Os coríntios afeiçoaram-se a ele e esperavam uma nova visita à comunidade para resolver alguns problemas surgidos entre eles. O Apóstolo prometeu visitá-los, mas mudou os planos por razões pastorais. Os coríntios acusaram-no de ser uma pessoa inconstante e até desleal com eles (1,15-17). Paulo se defende, invocando Deus como testemunha fiel, que sua vida e o ensinamento dado aos coríntios foram sempre coerentes, nunca ambíguos, "sim-e-não". Tanto **ele** como seus companheiros **Silvano** e **Timóteo nunca foram "sim-e-não" ao falar de Jesus Cristo, mas somente "sim"**. Sempre anunciaram Cristo crucificado e ressuscitado. Cristo, por sua vez, cumpriu em tudo as promessas de Deus, tornando-se o "sim" definitivo na obra da salvação. Deus nos ungiu com o Espírito Santo "derramado em nossos corações". Por meio dele confirmamos a verdade de nossa fé quando dizemos "Amém" (sim), na conclusão das orações litúrgicas.

Aclamação ao Evangelho

Foi o Senhor que mandou boas notícias anunciar; ao pobre a quem está no cativeiro, libertação eu vou proclamar!

3 Evangelho: Mc 2,1-12

O Filho do Homem tem na terra o poder de perdoar pecados.

Na cena anterior (Mc 1,40-45), Jesus havia curado um leproso e proibiu-o de falar do acontecido. Mas o homem não parava de anunciar e divulgar a **notícia** (palavra), de modo que Jesus precisou ocultar-se. Alguns dias depois voltou para "casa", em Cafarnaum. Era a casa da família de Pedro, onde Jesus sentia-se "em casa", desde que chamou Pedro como discípulo e curou sua sogra (1,29-31). Logo que o povo soube da notícia, muita gente reuniu-se nessa **casa** e **Jesus lhes anunciava a Palavra**, uma palavra que tinha **autoridade** (Mc 1,27). Ouvindo a notícia, quatro homens trouxeram um paralítico numa maca. Não podendo entrar pela porta da casa, abriram um buraco no telhado e desceram a maca em que o paralítico estava deitado. Jesus ficou admirado com a fé desses homens. Todos esperavam que o homem fosse logo curado. Mas Jesus dirigiu-se ao paralítico e disse: "**Filho,** os teus pecados estão perdoados". Havia ali alguns mestres da Lei sentados, observando escandalizados, porque somente Deus podia perdoar pecados. Jesus, lendo o pensamento deles, perguntou se era mais fácil dizer ao paralítico "teus pecados estão perdoados", ou dizer "levanta-te, toma tua cama e anda"? E continuou: "Para que saibais que o **Filho do Homem tem, na terra, poder de perdoar pecados** – disse ao paralítico – "levanta-te, pega tua cama e vai para tua casa!"

O que nos ensina esse texto? O Filho de Deus, assumindo nossa carne, gosta de chamar-se "Filho do Homem". Sente-se "em casa" quando uma família o acolhe, como a de Pedro. Os mestres da Lei consideravam-se "puros" e desprezavam os pecadores, os "impuros". Achavam que o paralítico devia estar pagando por algum pecado, dele ou da família (cf. Jo 9,2). Segundo Jesus, todos nós somos pecadores, necessitados do perdão divino.

Quando temos fé, Deus nos acolhe como filhos e filhas, perdoa nossos pecados e nos recebe em "sua casa", envolvendo-nos em seu amor misericordioso. O Pai-nosso nos ensina que também nós devemos perdoar os pecados daqueles que nos ofendem.

8º Domingo do Tempo Comum

Oração: "Fazei, ó Deus, que os acontecimentos deste mundo decorram na paz que desejais, e vossa Igreja vos possa servir, alegre e tranquila".

1 Primeira leitura: Os 2,16b.17b.21-22

Eu te desposarei para sempre.

Oseias é o único profeta escritor do reino de Israel, onde profetizou entre os anos 755 e 725 a.C. Não conheceu a teologia da aliança do Sinai para expressar a relação de Deus com seu povo Israel. Para falar da relação entre Deus e seu povo, recorreu ao amor matrimonial como símbolo, muito mais humano, pessoal e profundo. Nesta relação, Deus aparece sempre como o esposo e Israel como a esposa. Enquanto peregrinava pelo deserto, Israel permaneceu fiel a seu Deus. Mas ao entrar em Canaã começou a adotar os costumes cananeus e adorar os seus deuses, especialmente a Baal. Oseias considera a idolatria como prostituição. Israel traiu o amor de sua juventude, prometido ao Senhor que conheceu no deserto. O profeta anuncia que o povo de Israel será punido com a ruína total e o exílio.

Em nosso texto, porém, abre-se a possibilidade de o marido traído buscar a reconciliação com Israel, a esposa infiel. Javé, por sua vez, espera que Israel, sentindo-se abandonada pelos ídolos (Os 2,1-15), volte arrependida ao amor de sua juventude. Este é o tema de nosso texto. Qual é o plano do Senhor (Javé)? "Eu mesmo a seduzirei – texto cortado na liturgia! –, a conduzirei ao deserto e lhe falarei ao coração." Deus não desiste de seu amor por Israel. Ele é sempre fiel, jamais abandona seu povo (11,8-9). Israel (a esposa) correu atrás dos ídolos e esqueceu o Senhor que a libertou da escravidão. Deus espera que a conversa com sua esposa infiel, na solidão do deserto, lhe toque o coração. Espera que Israel corresponda ao seu primeiro amor, "como nos dias de sua saída do Egito". Mas **a promessa renovada de casamento inclui condições** para que a relação seja estável: Será "**para sempre**"; terá a **justiça** e o **direito** como bases legais; será sustentado pelo **amor** e pela **ternura**, selados pela fidelidade. Tudo isso para que Israel se mantenha fiel e viva na intimidade de seu Deus.

Salmo responsorial: Sl 102

O Senhor é bondoso e compassivo.

2 Segunda leitura: 2Cor 3,1b-6

Sois uma carta de Cristo redigida por nosso intermédio.

Era costume entre os cristãos escrever cartas de recomendação, por este ou aquele motivo (At 18,27; Rm 16,1-2). Algumas comunidades cristãs até exigiam carta de recomendação para receberem algum pregador de fora, por medo de doutrinas estranhas. Numa carta, alguns da comunidade de Corinto criticaram Paulo, acusando-o de buscar a própria glória. O Apóstolo defende-se dizendo que, para comunicar-se com os cristãos de Corinto, não precisava de nenhuma carta de recomendação, pois todos o conheciam muito bem. Não receberam a mensagem de Cristo por escrito, mas ao vivo. Mantendo-se na imagem da carta escrita, Paulo afirma que **a comunidade de Corinto,** como tal, é a **"nossa carta, gravada em nossos corações"**, conhecida e lida por todos que dela ouviam falar. Paulo sente-se membro desta comunidade muito querida, pois o mesmo Cristo está no coração dele e dos coríntios. A **melhor carta de recomendação é o exemplo de vida dos cristãos de Corinto**, admirado por todos e digno de ser imitado. Eles são uma **carta de Cristo** que Paulo apenas redigiu. Foi **escrita** não com tinta, nem gravada em tábuas de pedra como o Decálogo, mas **com o Espírito de Deus vivo**; foi **gravada em tábuas de carne** nos corações dos coríntios (cf. Ex 34,27-28; Jr 31,31-34; Ez 36,26-28). Foi **Deus** quem **preparou Paulo para exercer o ministério da nova aliança**, não mais pela letra da Lei, mas pelo Espírito que comunica a vida.

Aclamação ao Evangelho: Tg 1,18

Deus, nosso Pai, nesse seu imenso amor, foi quem gerou-nos com a palavra da verdade; nós, as primícias de seu gesto criador.

3 Evangelho: Mc 2,18-22

O noivo está com eles.

O Evangelho de hoje deixa claro que Jesus e seus discípulos constituem uma novidade dentro do judaísmo, e a novidade mexe com as velhas estruturas (Primeira leitura). Os fariseus costumavam jejuar duas vezes por semana e os discípulos de João Batista também jejuavam, seguindo a vida austera de seu mestre (Mc 1,6-8). E um fariseu perguntou a Jesus: "Por que os teus discípulos não jejuam?" Pouco antes, os fariseus haviam criticado Jesus por comer com cobradores de impostos e pecadores. E Jesus respondeu que não veio para salvar os justos, mas os pecadores (Mc 2,13-17). Agora, a **resposta de Jesus na questão do jejum surpreende**: Ele é o noivo da festa de casamento, e os convidados para a festa são os pecadores que veio salvar. É claro que, enquanto o noivo estiver com eles, os convidados não podem jejuar. Mas quando o noivo for tirado do meio deles, então seus discípulos jejuarão. Jesus já estava prevendo sua futura morte. Pouco depois, os discípulos foram vistos colhendo espigas de trigo, em dia de sábado e os fariseus os acusaram de violar o descanso sabático. Então, os **fariseus** reuniram-se com os **soldados de Herodes Antipas** e **decidiram matar Jesus** (Mc 2,23–3,6).

As **novas práticas de Jesus** foram vistas pelas autoridades civis e religiosas como ofensa aos costumes judaicos e uma violação da Lei de Moisés. Compreende-se que Marcos tenha acrescentado duas **comparações relacionadas com a novidade trazida por Jesus**: Remendo de pano novo em roupa velha, rasga a roupa velha. E vinho novo em odres velhos, arrebenta os odres velhos. O Evangelho, a **Boa-nova de Jesus, não cabe mais nas velhas estruturas do judaísmo**. Renovar-se e criar o novo são um constante desafio para a Igreja em nossos dias.

Sem dúvida, a dolorosa experiência das "quarentenas", impostas pela pandemia da covid-19, forçou as famílias, a sociedade e a Igreja a inovar comportamentos e a rever estruturas obsoletas. Cresceu a solidariedade com os desempregados, com os pobres e famintos. As crianças e os idosos tornaram-se o centro das atenções. Tornou-se escancarada a desigualdade entre ricos e pobres. O modo de ser e agir de Jesus, optando pelos pobres e excluídos da sociedade, aponta claramente o caminho a seguir.

9º Domingo do Tempo Comum

Oração: "Ó Deus, cuja providência jamais falha, nós vos suplicamos humildemente: afastai de nós o que é nocivo, e concedei-nos tudo o que for útil".

1 Primeira leitura: Dt 5,12-15

Lembra-te de que foste escravo no Egito.

A Primeira leitura deste Domingo tem como tema a observância do sábado. No Evangelho, Jesus dá uma nova interpretação da Lei do sábado. A observância do sábado em Israel já é atestada no século VIII a.C. (Is 1,14; Am 8,5). Mais tarde, Jeremias critica os judeus que carregavam pesados pesos no próprio Templo em dia de sábado (Jr 17,21-27). No exílio e entre os judeus dispersos pelos países o sábado era respeitado como dia de descanso e dia de culto ao Senhor. Tornou-se um preceito que distinguia o povo judeu de outros povos que não tinham este costume.

O tema da leitura de hoje é o terceiro dos dez mandamentos da Lei. Sobre o sábado fala também Ex 20,8-11, onde a motivação para guardar o sábado remete à obra da criação em seis dias e no sétimo dia Deus "descansa" (Gn 2,2-3). "Por isso o Senhor abençoou o dia do sábado e o santificou." O ser humano foi colocado por Deus como o guarda/cuidador da criação divina. Durante seis dias o homem trabalha, mas no sétimo dia é convidado a santificar o sábado; interrompe seu trabalho para bendizer (abençoar) a Deus pelo dom da criação e pelos frutos de seu trabalho. Esta motivação do sábado ligada ao culto é da tradição sacerdotal. Na leitura que acabamos de ouvir, o **motivo para observar o sábado liga-se à libertação de Israel do Egito**. Israel servia ao Faraó como escravo, "mas de lá o Senhor teu Deus te fez sair com mão forte e braço estendido". Israel deixa de "servir" ao Faraó para servir a Deus como povo libertado, porque "o sétimo dia é o sábado, o **dia de descanso dedicado ao Senhor**". O mandamento do sábado se dirige ao "tu, marido e mulher" e inclui todos os que pertencem a "casa", isto é, à **família**: filhos, escravos e animais. O estrangeiro é mencionado depois dos animais porque não faz parte da família. O **estrangeiro** também precisa descansar. **Não pode ser tratado como escravo**, conforme aconteceu aos filhos de Israel, que foram estrangeiros no Egito. O texto não exclui a santificação do sábado, embora tenha um caráter mais social, ligado ao trabalho e ao descanso.

Somos livres, não somos escravos do trabalho. Somos livres e podemos nos liberar do trabalho um dia por semana para descansar, louvar e bendizer a Deus, nosso criador e salvador (cf. Salmo responsorial).

Salmo responsorial: Sl 80
Exultai no Senhor, nossa força!

2 Segunda leitura: 2Cor 4,6-11

A vida de Jesus seja manifestada em nossos corpos.

Paulo foi escolhido por Cristo para ser o evangelizador dos pagãos. Isso lhe trouxe muitos sofrimentos, seja da parte de judeus como de alguns cristãos da comunidade de Corinto por ele fundada. No texto que acabamos de ouvir o apóstolo fala na primeira pessoa do plural, em seu nome e em nome dos cristãos. **Paulo** não faz uma simples lamentação, mas **recorda os sofrimentos que a pregação do Evangelho impõe** a quem foi escolhido por Cristo e decidiu seguir sua doutrina. O Apóstolo alegra-se porque Deus, que fez brilhar a sua luz na criação ("faça-se a luz!"), agora faz brilhar a mesma luz no coração daqueles que receberam a fé. **A fé é uma nova criação!** Assim conhecemos de modo claro a glória de Deus na face de Cristo. Trazemos o tesouro da fé em frágeis vasos de barro, diz Paulo, para reconhecer que não agimos por nossa força, mas pelo poder de Deus. Esse poder nos dá forças para enfrentar os sofrimentos e perseguições que o próprio Jesus sofreu, "para que também **a vida de Jesus se manifeste em nossa natureza mortal**". Paulo vivia a **mística do seguimento de Jesus Cristo** (cf. Mc 8,34-35): "Estou crucificado com Cristo. Já não sou eu que vivo, é Cristo que vive em mim. Minha vida presente na carne eu a vivo pela fé no Filho de Deus, que me amou e se entregou por mim" (cf. Gl 1,19-20).

Aclamação ao Evangelho

Vossa Palavra é a verdade; santificai-nos na verdade.

3 Evangelho: Mc 2,23–3,6

O Filho do Homem é Senhor também do sábado.

O Evangelho apresenta duas cenas e duas discussões de Jesus com os fariseus sobre a **observância do sábado**. Uma cena acontece no campo (2,23-28) e outra na sinagoga (3,1-6). Na primeira cena os discípulos são vistos pelos fariseus, colhendo espigas de trigo e debulhando-as para comer os grãos. Em questão não está o mandamento de não roubar, pois era permitido a quem tivesse fome colher grãos, mas apenas o suficiente para matar a fome. Os fariseus criticam a Jesus porque seus discípulos colhiam espigas de trigo em dia de sábado e assim violavam o descanso sabático. Jesus os defende – e com isso também a todos os famintos – citando o caso de Davi. Ele e seus companheiros fugiam das iras do rei Saul e refugiaram-se num pequeno santuário, onde havia pães oferecidos a Deus. Famintos como estavam, Davi e os companheiros comeram estes pães, o que só aos sacerdotes era permitido comer. **Deus é mais glorificado quando os famintos conseguem se alimentar:** "A glória de Deus é o ser humano vivo; e a vida do ser humano é a visão de Deus" (Santo Irineu). Portanto, a vida das pessoas é mais importante do que observar a Lei. E Jesus acrescentou: "O sábado foi feito para o homem, e não o homem para o sábado".

Logo em seguida Jesus entrou numa sinagoga e viu ali um homem com a mão seca. Sabendo que os fariseus o observavam, Jesus disse ao **homem da mão seca:** "Levanta-te e fica aqui no meio!" Muitos viram apenas um homem aleijado. Jesus, porém, viu um homem, pai de família que não podia mais trabalhar e teve compaixão; colocou-se no lugar dele e perguntou: "É permitido no sábado fazer o bem ou fazer o mal? Salvar uma vida ou deixá-la morrer?" Mas ninguém respondeu. Jesus olhou para os que estavam presentes, triste e irritado porque eram duros de coração, isto é, sem compaixão. Depois disse ao homem: "Estende a mão", e o homem ficou curado. Os fariseus e os partidários de Herodes começaram a tramar a morte de Jesus. **Jesus defende a vida enquanto seus adversários tramam sua morte.**

As perguntas de Jesus questionam também a nós, que observamos o Domingo. Para Jesus a vida de uma pessoa estava acima da observância de uma lei, como a do sábado. Curar uma pessoa era considerado uma violação do descanso sabático. Jesus escolheu salvar a vida do homem da mão paralisada, o que lhe custou a perseguição e a morte.

10º Domingo do Tempo Comum

Oração: "Ó Deus, fonte de todo o bem, atendei ao nosso apelo e fazei-nos, por vossa inspiração, pensar o que é certo e realizá-lo com vossa ajuda".

1 Primeira leitura: Gn 3,9-15

Porei inimizade entre a tua descendência e
a descendência da mulher.

Em Gn 2–3, o **ser humano** foi criado por Deus como **um ser comunitário**; homem e mulher são "auxílio necessário" um para o outro, a fim de viverem em comunhão de amor, planejada pelo Criador. Havia harmonia entre homem e mulher, harmonia entre o ser humano e as demais criaturas da terra (jardim do Éden) e harmonia com o Criador. Este é o projeto de Deus. Em Gn 2, porém, Deus não diz que "tudo que havia feito era muito bom", como em Gn 1,31, pois esta harmonia é algo por ser ainda buscado. Na realidade ela foi quebrada quando homem e mulher, por sugestão da "**serpente**" (símbolo do mistério do mal, Satanás, adversário), comem do fruto proibido, que os faria ser "como deuses, conhecedores do bem e do mal". Em vez de se tornarem "como deuses", percebem que estão nus; essa nudez significa não tanto o pudor, mas a limitação e carência do ser humano diante de Deus. Por isso se escondem. Deus, porém, visita o jardim, não apenas para punir a desobediência do ser humano, mas para socorrê-lo em sua carência e limitação. No interrogatório, Deus pergunta ao homem por que está se escondendo e ele responde que estava com medo porque estava nu. Deus o acusa de ter desobedecido ao comer do fruto proibido e ele responde, acusando de certo modo, a Deus: "**Foi a mulher que me deste por companheira**". E **a mulher** ao ser interrogada joga a culpa na serpente, também uma criatura de Deus, como os outros animais (Gn 2,18-20). **No fundo, a explicação da origem do mal recai sobre Deus.** No livro da Sabedoria (2,24) o diabo é identificado com a serpente. Assim também em Jo 8,44; Ap 12,9; 20,2. Tiago, porém, adverte: "Ninguém, ao ser tentado, diga: 'É Deus que me tenta'. Pois **Deus não pode ser tentado para o mal, nem tenta ninguém. Cada um é tentado pelo próprio mau desejo que alicia e seduz**" (cf. Tg 1,13-14).

Constatada a desobediência, a serpente é punida e deverá arrastar-se pelo chão; a mulher é punida pela dominação que o marido sobre ela exerce e pelos sofrimentos de sua gravidez; o homem é punido pela dureza do trabalho na produção de alimentos. **Começa a desarmonia** entre Deus e o ser humano, entre homem e mulher e entre o homem e a terra.

Deus nos deu a liberdade para podermos amá-lo. Seremos sempre atraídos pelo Sumo Bem e tentados para o mal. Mas os descendentes de "Eva" sempre poderão esmagar a cabeça da serpente, com Maria, a "nova Eva", e com Jesus Cristo, seu grande descendente (v. 15).

Salmo responsorial: Sl 129
No Senhor, toda graça e redenção.

2 Segunda leitura: 2Cor 4,13–5,1
Nós também cremos e, por isso, falamos.

Paulo está engajado, de corpo e alma, na luta da pregação do Evangelho. A pregação do Evangelho e a vida cristã são sustentadas pela fé no Cristo ressuscitado. Paulo tem consciência de sua limitação humana, pois tudo é graça, é dom de Deus. É movido pela esperança da vitória final sobre o mal e a morte: "Aquele que ressuscitou o Senhor Jesus nos ressuscitará também com Jesus e nos colocará ao seu lado, juntamente convosco", isto é, os cristãos de Corinto. Porque "**o último inimigo a ser reduzido a nada será a morte**" (1Cor 15,26). Segundo Paulo, a vida cristã é dinâmica, pois, à medida que nosso "homem exterior vai se arruinando, o nosso homem interior [...] vai se renovando". É da fé em Jesus Cristo que brota a esperança da ressurreição.

Aclamação ao Evangelho
O príncipe deste mundo agora será expulso; e eu, da terra levantado, atrairei todos a mim.

3 Evangelho: Mc 3,20-35

Satanás será destruído.

A luta permanente entre a humanidade e a serpente, entre o Bem e o Mal (Primeira leitura), concretiza-se na vida pública de Jesus. A intensa atividade de Jesus, andando pelas aldeias, anunciando a boa-nova do Reino de Deus, curando os enfermos e aleijados, expulsando os demônios deixava seus parentes e adversários preocupados, mas por razões diferentes. Os parentes de Jesus, preocupados com sua saúde física e psíquica, queriam tirá-lo do meio do povo, pensando que ele "estava fora de si"; isto é, possuído por um espírito, ou que estava "estressado" – diríamos nós. De fato, a atividade de Jesus e dos discípulos era tão intensa que eles "não tinham nem tempo para comer", diz Marcos (3,20). De Jerusalém vêm os mestres da Lei para examinar o caso e desautorizam Jesus, acusando-o de expulsar demônios em nome de Belzebu, o chefe dos demônios. Aos mestres da Lei Jesus responde que, ao expulsar os demônios, está combatendo o Satanás; por isso, o Reino de Deus que anuncia vai acabar com o reino do Mal. **Aos seus familiares Jesus responde que agora tem uma nova família,** isto é, seus discípulos e o povo que o acompanham. Olhando para eles, Jesus diz: "Aqui estão minha mãe e meus irmãos. Quem faz a vontade de Deus, esse é meu irmão, minha irmã e minha mãe". A urgência de anunciar a boa-nova do Reino de Deus exigiu de Jesus a opção radical de deixar sua própria mãe. Jesus exige o mesmo daqueles que desejam abraçar sua missão: "Quem ama o pai ou a mãe mais do que a mim, não é digno de mim" (cf. Mt 10,37). Assumir a vida em família também tem suas exigências: "Por isso o homem deixará o pai e a mãe e se unirá à sua mulher e se tornarão uma só carne" (Gn 2,24). **Fazer a vontade de Deus é assumir a nova família de Jesus, como suas práticas.**

11º Domingo do Tempo Comum

Oração: "Ó Deus, força daqueles que esperam em vós, sede favorável ao nosso apelo, e como nada podemos em nossa fraqueza, dai-nos sempre o socorro da vossa graça, para que possamos querer e agir conforme vossa vontade, seguindo os vossos mandamentos".

1 Primeira leitura: Ez 17,22-24

Elevo a árvore baixa.

Em Ez 17 temos a alegoria do frondoso cedro (a monarquia de Judá). Uma águia, o rei da Babilônia, arrancou a copa do cedro e a levou para o exílio (o rei Joaquin, chamado também Jeconias) e substituiu-a com um galho deste tronco, o rei Sedecias. Este, porém, tornou-se infiel ao rei da Babilônia e foi punido. Assim, a **monarquia de Judá foi** praticamente **aniquilada**. Mas o profeta anuncia que Deus vai intervir nos planos do poder babilônico: Tomará um galho da copa deste cedro e o plantará de novo na terra de Israel (retorno do exílio). Assim como arrancou a copa do vigoroso cedro (monarquia de Judá), agora vai abater o poderio da águia e exaltar o galho do cedro (árvore baixa), transformando-o num "majestoso cedro".

É como diz o provérbio popular: "Eu dirijo, Deus me guia". **Os reis tentaram dirigir a história, mas Deus é quem guia a história dos homens.** Ele é capaz de transformar um simples galho numa frondosa árvore. A parábola do grão de mostarda retoma a imagem profética de Ezequiel, para falar do misterioso crescimento do Reino de Deus (Evangelho).

Salmo responsorial: Sl 91

Como é bom agradecermos ao Senhor.

2 Segunda leitura: 2Cor 5,6-10

Quer estejamos no corpo, quer já tenhamos deixado esta morada, nos empenhamos em ser agradáveis ao Senhor.

Paulo nos traz sua experiência de vida cristã, baseada no Evangelho que prega. Paulo é ao mesmo tempo um grande semeador do Reino de Deus e o terreno onde a **boa semente** do Evangelho foi lançada. Caminhando neste mundo, "na fé e não na visão clara", Paulo e todos nós que cremos somos animados pela confiança (v. 6 e 8). Esperamos comparecer diante do tribunal de Cristo no juízo final, para receber o prêmio da vida eterna, isto é, participar da ressurreição do Senhor. O que importa, no momento presente, é **praticar as boas obras para sermos agradáveis a Deus**.

Aclamação ao Evangelho

Semente é de Deus a Palavra; o Cristo é o semeador; todo aquele que o encontra, vida eterna encontrou.

3 Evangelho: Mc 4,26-34

É a menor de todas as sementes e se torna maior do que todas as hortaliças.

Em Mc 4 são recolhidas três parábolas de Jesus: a parábola do semeador (4,3-20), a **parábola da semente que cresce** (4,26-29) e a **parábola do grão de mostarda** (4,33-34). O Evangelho de hoje nos convida a meditar sobre as duas últimas parábolas. Por trás das três parábolas está a experiência de Jesus que anuncia o Reino de Deus, e da Igreja que hoje anuncia o seu Evangelho. O **semeador semeia porque espera colher bons frutos**, mas o resultado nem sempre é aquilo que esperava. Ele pode ter a alegria de fazer uma boa colheita, mas também a frustração com os resultados negativos. Se não tivesse **fé** na qualidade da semente, **confiança** no terreno e **esperança** de uma boa colheita, o semeador nem sairia para semear.

As duas últimas parábolas se concentram, sobretudo, **na fé e na confiança**, tanto na semente como no terreno. A parábola da semente que cresce por si mesma revela o dinamismo escondido na semente. Quando é lançada na terra, germina e cresce sem o agricultor preocupar-se com isso. A parábola do grão de mostarda chama atenção para a força escondida na pequenina semente de mostarda que, uma vez lançada na terra, torna-se uma grande hortaliça, onde até os passarinhos vêm fazer o seu ninho. As três parábolas da semente têm algo em comum: 1) Podemos confiar na semente, que é a Palavra de Deus, mas os resultados dependem também do tipo de terreno que a acolhe, ou seja, depende também de nós. 2) Uma vez lançada a semente na terra, desencadeia-se nela um dinamismo interno (um "programa"), que a faz funcionar por si só. 3) O Reino de Deus pode ter um início ínfimo, pequenino como o da semente de mostarda, mas tende a crescer e expandir-se, tornando-se "a maior das hortaliças" (Primeira leitura).

O que pedem de nós estas duas parábolas?

12º Domingo do Tempo Comum

Oração: "Senhor, nosso Deus, dai-nos por toda a vida a graça de vos amar e temer, pois nunca cessais de conduzir os que firmais no vosso amor".

1 Primeira leitura: Jó 38,1.8-11

Aqui cessa a arrogância de tuas ondas.

O livro de Jó discute, à luz da sabedoria, a teologia do livro do Deuteronômio, baseada na Aliança do Sinai, predominante na época pós-exílica. Segundo essa teologia, **Deus pune com sofrimentos quando não obedecemos a Lei e recompensa com bênçãos quando a observamos**. A figura de Jó representa uma pessoa que observa a Lei e recebe a recompensa correspondente da parte de Deus: grande família, saúde e vida longa, além de muitas riquezas. De repente, por sugestão de Satanás, Jó perde a família (sete filhos e três filhas), todos os bens e até mesmo a saúde. Inicialmente, mesmo coberto de úlceras, Jó se conforma sem reclamar contra Deus: "Se aceitamos de Deus os bens, não deveríamos aceitar também os males?" Mas depois se revolta e chega até a amaldiçoar o dia de seu nascimento.

Recebe, então, a visita de três amigos que tentam consolá-lo. À luz da teologia do Deuteronômio, os amigos procuram explicar a origem do sofrimento de Jó. Segundo eles, **Jó está sofrendo porque pecou**. Mas **Jó se defende, afirma que é inocente e Deus é injusto em puni-lo**, pois sempre praticou o bem. Os amigos não conseguem convencê-lo sobre a origem de seu sofrimento e Jó continua revoltado contra Deus. Por fim, apela para o próprio Deus: "Oh, se houvesse quem me ouvisse [...]. Que me responda o Todo-poderoso!" (Jó 31,35). No **texto que ouvimos, Deus dá a resposta que Jó pedia**: Quem somos nós para contestar o Criador? Nele podemos sempre confiar, como diz o salmista: "O que é o ser humano para que dele te ocupes? Tu o fizeste um pouco inferior a um ser divino, tu o coroaste de glória e honra" (Sl 8,5-6). Deus confiou ao ser humano o cuidado de seu jardim, o planeta Terra. No entanto, é ele quem tudo governa e estabelece os limites. Em meio ao sofrimento, **Jó aprende** que **o Criador se preocupa** não apenas com ele, mas **com todos os seres vivos**. A leitura não dá uma resposta clara ao motivo do sofrimento de Jó, mas, no contexto da desgraça, aproxima-nos do mistério do Deus vivo e verdadeiro. **Jó aprendeu a se relacionar com Deus** como um "tu" pessoal, com quem ele podia conversar e se questionar. Pelo sofrimento aprendeu a ser solidário, a **preocupar-se com os pobres** e a protestar contra as injustiças que eles sofrem.

Salmo responsorial: Sl 106

Dai graças ao Senhor, porque ele é bom; porque eterna é a sua misericórdia.

2 Segunda leitura: 2Cor 5,14-17

Tudo agora é novo.

Pelo batismo formamos um só corpo com Cristo (1Cor 12,12-31; Rm 12,4-5). Cristo morreu por nós. Por isso não devemos viver para nós, mas para ele, que por nós morreu e ressuscitou. Em Rm 14,8 Paulo reforça este pensamento: "Se vivemos, é para o Senhor que vivemos, e se morremos, é para o Senhor que morremos". É o amor de Cristo que nos impulsiona a vivermos como **criatura nova**. Porque **tudo se torna novo a quem está em Cristo**.

Aclamação ao Evangelho: Lc 7,16

Um grande profeta surgiu; surgiu e entre nós se mostrou; é Deus que seu povo visita; seu povo, meu Deus visitou.

3 Evangelho: Mc 4,35-41

Quem é este a quem até o vento e o mar obedecem?

Marcos apresenta Jesus como alguém que tem autoridade para ensinar, tem poder de expulsar demônios, curar as pessoas e perdoar pecados. No Evangelho de hoje vemos Jesus acalmando uma tempestade. É que Jesus tem o poder também sobre a natureza. Jesus não faz milagres para provar sua divindade, mas para socorrer as pessoas doentes e necessitadas. Os milagres supõem e exigem a fé das pessoas. Jesus, por exemplo, repreende os discípulos que o acompanham pela falta de fé:

"**Ainda não tendes fé?**" (4,40). Diante de um milagre, alguns reagem com entusiasmo, como o homem de quem Jesus expulsou uma legião de demônios, que insistia em segui-lo (5,18). Outros apenas tocavam com fé a Jesus e ficavam curados (5,34); outros, ainda, reagiam com ironia (5,40) ou incredulidade (6,5-6). Mas precisamos ler também nas entrelinhas de uma narrativa de milagre, para perceber o que ela ensina. Quando sobrevém a tempestade, **Jesus,** após um dia de intensa atividade, **dormia** tranquilamente sobre um travesseiro. Na sua *humanidade*, **tinha fé no Pai e nele confiava.** Os discípulos, cheios de medo, o acordam e o repreendem: "Mestre, **estamos perecendo e tu não te importas?**" Jesus dá uma ordem ao vento e ao mar e acalma a tempestade. Os discípulos, apesar da presença de Jesus, ainda não tinham fé em sua divindade. A repreensão que recebem é um convite a terem fé em Jesus e a fé que Jesus tem no Pai.

Vivemos em tempos de incertezas, ameaçados pelo aquecimento global que nós mesmos provocamos, por crises econômicas e políticas, desemprego, violência ou abalados pela pandemia da covid-19. Talvez surja o pensamento: Será que Deus se importa com tudo isso? É o momento de renovar nossa fé e clamar a Deus Pai. Ele está conosco no mesmo barco, desde que se fez homem em Jesus de Nazaré. Não tenhamos medo de **passar para a outra margem.** Com Cristo **podemos criar um mundo novo, o Reino de Deus** por ele anunciado.

13º Domingo do Tempo Comum

Oração: "Ó Deus, pela vossa graça nos fizestes filhos da luz. Concedei que não sejamos envolvidos pelas trevas do erro, mas brilhe em nossas vidas a luz da vossa verdade".

1 Primeira leitura: Sb 1,13-15; 2,23-24

Foi por inveja do diabo que a morte entrou no mundo.

O livro da Sabedoria é o último livro escrito do Antigo Testamento. Não é aceito como livro inspirado pelos judeus e pelos protestantes, mas é considerado livro inspirado pela Igreja Católica e pelas antigas Igrejas cristãs, como a Ortodoxa. O texto hoje lido divide-se em duas partes, tiradas de dois capítulos diferentes, que se complementam. Todo ser humano consciente algum dia se perguntará: Por que tudo que vive, morre? Haverá vida após a morte? Se existe um Criador de "todas as coisas visíveis e invisíveis", terá ele algum plano após a morte, ao menos para nós? O autor sagrado tenta responder a estas perguntas e outras mais, colocando em xeque a teologia pós-exílica baseada no Deuteronômio, que dizia: quem observa a Lei é abençoado por Deus; quem não a observa é punido. No entanto, Deus e a morte não combinam, Deus e a vida, sim. Já no Antigo Testamento o Deus de Israel é chamado o "Deus vivo" (Sl 42,2; Is 37,4; Jr 10,10). Para Jesus, **Deus não é Deus dos mortos, mas dos vivos** (cf. Mc 12,27). A resposta do autor é clara: **Deus não é o autor da morte, ele está sempre do lado da vida que cria.** Deus cria todas as coisas para que existam e sejam saudáveis. Ao completar a obra da criação, "Deus viu que tudo era muito bom" (Gn 1,31). Suas criaturas não têm veneno de morte, pois "o Senhor fez sair da terra os remédios, e o homem sensato não os rejeita" (cf. Eclo 38,4-8). Mas, então, por que as criaturas morrem e o ser humano também?

O autor responde com uma afirmação de fé: "**Deus criou o homem para a imortalidade, porque o fez à imagem de sua própria natureza**" (cf. Gn 1,26-28). Este é o plano de Deus a nosso respeito. A morte entrou no mundo por inveja do diabo, que seduziu os primeiros pais à desobediência e os fez pecar (cf. Gn 3,1-24). Deus não quer a morte do pecador, mas que ele se converta e viva (cf. Ez 33,11). Segundo o texto, **Deus nos fez para a vida, não para a morte**. Somos todos mortais, mas o "Deus vivo" tem um plano de vida eterna para todos nós. Eis o que esperamos!

Salmo responsorial: Sl 29

Eu vos exalto, ó Senhor, pois me livrastes e preservastes minha vida da morte.

2 Segunda leitura: 2Cor 8,7-9.13-15

A vossa fartura supra a penúria dos pobres.

Paulo dedica parte da Segunda Carta aos cristãos de Corinto para motivar uma coleta em favor da comunidade de Jerusalém, onde os cristãos passavam por necessidades em razão de uma severa seca. A coleta estava sendo promovida em várias comunidades fundadas por Paulo. No trecho hoje lido, o Apóstolo elogia os carismas que distinguiam a comunidade de Corinto, como a fé, a eloquência, a dedicação e o amor recíproco que com eles mantinha. Eram boas qualidades para serem também generosos na coleta, como outras comunidades já o foram. Como modelo aponta a generosidade de Jesus Cristo, que, sendo rico, se fez pobre para enriquecer-nos com sua pobreza. Paulo sabia que na comunidade havia pessoas bastante pobres (1Cor 1,26). Por isso diz: Não se trata de empobrecer os coríntios e enriquecer os cristãos de Jerusalém, mas de suprir a penúria deles com a fartura dos cristãos de Corinto, para que haja mais igualdade entre as comunidades. **Generosidade não empobrece, mas gera laços de fraternidade.** Vale mais a boa vontade do que a quantidade.

Paulo tem consciência que todos os batizados das diferentes comunidades formam um só corpo em Cristo (1Cor 12,27-31). Se um membro do Corpo de Cristo sofre, todo o corpo também sofre. Por isso a insistência na partilha de bens entre as comunidades cristãs.

Aclamação ao Evangelho

Jesus Cristo, Salvador, destruiu o mal e a morte; fez brilhar, pelo Evangelho, a luz e a vida imperecíveis.

3 Evangelho: Mc 5,21-43

Menina, levanta-te!

Domingo passado, Jesus acalmou a tempestade e repreendeu a **falta de fé** dos discípulos. Hoje são narrados dois episódios que mostram a **importância da fé** na experiência do milagre na vida das pessoas. **No centro está Jesus,** que traz de volta para a vida uma menina tida como morta, e devolve a saúde a uma mulher sofredora. Jesus atravessa o lago de barco e chegando à margem encontra uma multidão que o esperava. Enquanto a multidão o envolvia, o **chefe da sinagoga**, chamado **Jairo**, prostrou-se aos pés de Jesus e suplicava pela sua **única filha** de 12 anos (cf. Lc 8,42), que estava morrendo: "Vem e põe as **mãos** sobre ela, para que ela **sare e viva**". Cercado pela multidão, Jesus imediatamente acompanhou o pai aflito. No meio da multidão, uma mulher que sofria de hemorragia há doze anos conseguiu tocar as vestes de Jesus e ficou curada. Jesus percebeu que uma força saiu dele e perguntou: "Quem me tocou?" Muitos da multidão tocavam em Jesus, mas **esta mulher tocou suas vestes com fé** e atingiu o coração misericordioso do Filho de Deus. Ela, tremendo de medo, aproximou-se, caiu aos pés de Jesus e contou a verdade. Jesus lhe disse: **"Filha, a tua fé te curou!"** Já próximos da casa de Jairo, alguém lhe disse: "Não incomodes mais o Mestre, tua filha morreu!" Jesus escutou e disse a Jairo: "Não tenhas medo. **Basta ter fé!**" Ao chegarem à casa de Jairo viram muita gente chorando. Jesus mandou que todos saíssem. Acompanhado dos pais da menina e de Pedro, Tiago e João, Jesus entrou no quarto da menina, **pegou sua mão** e disse: **"Menina, levanta-te!"** Ela levantou-se e começou a caminhar, e Jesus mandou que lhe dessem de **comer**.

Na Primeira leitura vimos que Deus está sempre do lado da vida que criou e cria. Quer que todas as suas criaturas sejam saudáveis. Deus nos criou para a imortalidade. Na Segunda leitura Paulo nos revela que o cristão está do lado do "Deus vivo" quando se preocupa com o bem-estar e a vida de outros que estão em perigo. No Evangelho, Jesus é um exemplo do cuidado pela vida das pessoas.

Na pandemia, médicos, enfermeiros e todo o setor responsável pela saúde foram e são um exemplo de amor e cuidado pela vida dos enfermos. Cuidemos de nossa saúde e da saúde do nosso próximo que passa fome. Esse milagre podemos fazer.

14º Domingo do Tempo Comum

Oração: "Ó Deus, que pela humilhação do vosso Filho reerguestes o mundo decaído, enchei os vossos filhos e filhas de santa alegria, e dai aos que libertastes da escravidão do pecado o gozo das alegrias eternas".

1 Primeira leitura: Ez 2,2-5

São um bando de rebeldes, e ficarão sabendo que houve entre eles um profeta.

Ezequiel conta em primeira pessoa sua experiência do chamado de Deus para ser seu profeta. Outros profetas como Amós (7,15), Jeremias (1,7) e Isaías (6,8-11) também contam sua vocação profética. Ezequiel narra como foi arrebatado em visão pelo espírito divino. Deus como que invade sua pessoa (3,12.24; 8,3) e toma conta de sua fala (3,1-3). E o profeta torna-se assim o porta-voz de Deus, mas continua livre em acolher ou rejeitar o chamado divino. Por outro lado, o profeta tem consciência de estar falando em nome de Deus. Os ouvintes têm a liberdade de acreditar, ou não, que Ezequiel fala em nome de Deus. Por isso Deus adverte Ezequiel sobre as dificuldades da missão: "**Eu te envio aos israelitas, nação de rebeldes,** que se afastaram de mim [...] **filhos de cabeça dura e coração de pedra**". O profeta tinha que falar em nome de Deus a um povo rebelde e agressivo, que o cercava como se fossem espinhos e escorpiões (v. 6-7). Não obstante a rebeldia, o Deus misericordioso continua falando a Israel porque são seus **filhos**. Mas, caso persistirem endurecendo seu coração, sobrevirá o **silêncio de Deus**, como diz o profeta Amós: "Enviarei fome ao país, não uma fome de pão, nem uma sede de água, mas de ouvir as palavras do Senhor. Andarão cambaleando de um mar a outro, do Norte até o Oriente, procurando a palavra do Senhor, mas não a encontrarão" (8,11-12).

Ouçamos hoje a voz do Senhor! O que ele nos fala?

Salmo responsorial: Sl 122

Os nossos olhos estão fitos no Senhor. Tende piedade, ó Senhor, tende piedade!

2 Segunda leitura: 2Cor 12,7-10

*Eu me gloriarei das minhas fraquezas para que a
força de Cristo habite em mim.*

Ezequiel teve que enfrentar a dureza de coração de seus opositores. Deus o animou a não temer os adversários, "mesmo que espinhos te cerquem e estejas assentado sobre escorpiões" (Ez 2,6). Jesus foi expulso pelos doutores da Lei e fariseus não só de Nazaré, mas também da sinagoga (Evangelho). Da mesma forma o apóstolo Paulo teve de enfrentar tanto inimigos externos como adversários dentro do próprio cristianismo. Eram cristãos de linha judaica, que contestavam seu apostolado porque Paulo defendia a liberdade frente à Lei de Moisés. Na

Segunda Carta aos Coríntios (cap. 10–12) Paulo defende seu modo de pregar o Evangelho e a autoridade de seu apostolado, do qual tinha orgulho. No texto que ouvimos **reconhece**, porém, **suas fraquezas. Paulo fala de um "espinho na carne"** que o atormentava (doença, prisões, tentações, oposição de judeu-cristãos ou remorso de seu passado?), para que não se orgulhasse dos dons e das revelações recebidas de Cristo. Reconhece que a **força de seu ministério vem de Cristo**: "Basta-te a **minha graça**, pois é na fraqueza que a força se manifesta".

Aclamação ao Evangelho: Lc 4,18

O Espírito do Senhor sobre mim fez a sua unção; enviou-me aos empobrecidos a fazer feliz proclamação.

3 Evangelho: Mc 6,1-6

Um profeta só não é estimado em sua pátria.

Depois de ser batizado por João e tentado pelo demônio no deserto, Jesus iniciou sua atividade nas aldeias em torno do lago de Genesaré. A fama de seus milagres e de sua pregação já havia chegado até Nazaré. De fato, seus parentes o haviam procurado em Cafarnaum para tirá-lo de circulação (10º Domingo, Ano B), pois pensavam que estava ficando louco (3,21.31-35). Mas a pregação de Jesus sobre a boa-nova do Reino de Deus nem sempre tinha sucesso. Sua mensagem dividia o auditório. Havia os que o seguiam, na esperança de serem beneficiados por algum milagre. Outros o seguiam para ouvir sua mensagem; outros, ainda, o seguiam apenas para contestar suas palavras e criticar suas ações. Jesus exemplifica as diferentes respostas dos ouvintes na parábola do semeador (Mc 4,1-20). No entanto, diante dos aparentes fracassos, Jesus continuava confiante na semente da Palavra que semeava (cf. Mc 4,26-32).

Com esta confiança Jesus chega à aldeia de Nazaré, onde foi criado. Quando Jesus entra na sinagoga podemos imaginar que a expectativa de ouvi-lo falar era enorme. Logo, porém, da admiração pelos milagres e sabedoria de seu ensinamento os ouvintes passam para a desconfiança e o desdém. Desautorizaram a Jesus porque não estudou a Lei junto aos mestres da Lei em Jerusalém. Jesus não passava de um filho do carpinteiro José, um trabalhador braçal. Todo mundo conhecia sua mãe e seus familiares. Jesus ficou admirado da falta de fé de sua gente e disse: "Um profeta só não é estimado em sua pátria entre seus parentes e familiares". Diante da incredulidade dos conterrâneos, Jesus "curou apenas alguns doentes". A primeira vez que Jesus entra numa sinagoga de Cafarnaum para ensinar **todos reconhecem sua autoridade**: "O que é isso? Uma doutrina nova dada com autoridade!" (1,27). Em Marcos, a última vez que Jesus ensina numa sinagoga é **na sua terra natal e dela sai desautorizado** (6,29). Mesmo assim, continua ensinando nos povoados dos arredores e curando os doentes. **O Evangelho deve ser anunciado,** "quer te escutem, quer não" (Primeira leitura). Na parábola do semeador Jesus dizia: "Quem tem ouvidos para ouvir, que ouça" (Mc 4,9).

15º Domingo do Tempo Comum

Oração: "Ó Deus, que mostrais a luz da verdade aos que erram para retomarem o bom caminho, dai a todos os que professam a fé rejeitar o que não convém ao cristão, e abraçar tudo que é digno desse nome".

1 Primeira leitura: Am 7,12-15

Vai profetizar para meu povo.

Hoje ouvimos o relato biográfico da vocação do profeta Amós. Amós era um pastor de Técua, uma localidade no reino de Judá, 20km ao sul de Jerusalém. Como pastor, Amós circulava pelo reino de Judá e, também, no reino de Israel em busca de pastagens. Frequentava o templo de Jerusalém e o santuário de Betel, em Israel, próximo à fronteira de Judá, onde podia participar do culto e vender suas ovelhas. Em suas andanças, Amós percebeu a gravidade da violação dos direitos humanos básicos, praticada pelos que detinham o poder político e religioso. Sentiu que Deus o chamava para ser seu profeta (3,8): "Um leão rugiu, quem não temerá? O Senhor Deus falou, quem não profetizará?" Ele dizia que as práticas cultuais eram uma mentira (4,4-5; 5,4-6.21s.). **Deus não se agradava das festas religiosas**, dos sacrifícios, da música e dos cantos **sem a prática da justiça**. Antes preferia ver "o **direito** correndo como água e a **justiça** como rio caudaloso" (5,21-25). Preocupado com as críticas de Amós, o sacerdote Amasias de Betel denunciou-o junto ao rei como conspirador: "O país já não pode suportar todas as suas palavras". Pior ainda, Amós anunciava que o rei morreria na guerra e o povo de Israel seria deportado "para longe de sua terra" (7,10-11). Por outro lado, para evitar que o rei mandasse matar Amós, o sacerdote Amasias expulsou-o do santuário de Betel. **Amasias proibiu Amós de falar em Betel e o expulsou**, porque era o santuário do rei e não devia usar este púlpito para fazer ameaças contra o reino de Israel e ganhar ali o seu pão. O profeta não devia intrometer-se na política do Estado. Amós respondeu-lhe que não falava ali para ganhar seu sustento. Para isso tinha duas profissões, era pastor e agricultor. Foi Deus que o tirou do cuidado das ovelhas para falar em seu nome ao povo de Israel. **Amós**, como profeta, **era o porta-voz de Deus para o povo**. Era também **a voz do povo injustiçado junto às autoridades**. Era ainda o **porta-voz do povo junto a Deus**: era solidário com o povo sofredor e por ele suplicava (7,1-6).

Salmo responsorial: Sl 84

Mostrai-nos, ó Senhor, vossa bondade, e a vossa salvação nos concedei!

2 Segunda leitura: Ef 1,3-14

Em Cristo, ele nos escolheu antes da fundação do mundo.

O início da Carta aos Efésios começa com um hino de louvor, que resume a história de nossa salvação. É uma "bênção" dirigida a Deus ("Bendito seja Deus...") e uma bênção recebida "do seu Espírito, em virtude de nossa união com Cristo". Trata-se de uma meditação com o tema "Deus em Cristo e nós em Deus". Os motivos desta "bendição" são nossa eleição e **predestinação em Cristo** desde toda a eternidade, a **redenção** pelo sangue de Jesus, a **adoção como filhos de Deus em Cristo**, o **perdão dos pecados** e o **dom do Espírito Santo**.

Aclamação ao Evangelho: Ef 1,17-18

Que o Pai do Senhor Jesus Cristo nos dê do saber o Espírito; conheçamos, assim, a esperança à qual nos chamou como herança.

3 Evangelho: Mc 6,7-13

Começou a enviá-los.

Segundo Marcos, **depois de expulso da sinagoga** (14º Domingo), Jesus nunca mais voltou a pregar em sinagogas. Jesus ganha agora o espaço público, as ruelas e praças das aldeias. Jesus já havia escolhido **os Doze** "para ficarem em sua companhia e para enviá-los a pregar" (Mc 3,14). Mas, na realidade, não os enviou logo em missão. Eram ainda aprendizes. Faltava-lhes qualificação para pregarem ao povo. Agora que Jesus não entra mais numa sinagoga para pregar e os discípulos estão mais bem-preparados, "começa a enviá-los dois a dois". **Recebem a missão de pregar a todos a conversão, preparando-os para a boa-nova do Reino de Deus**. A pregação é confirmada com o **poder** de **expulsar demônios e curar** os "doentes, ungindo-os com óleo". Devem fazer o que Jesus fazia. Mas Jesus os previne sobre as **dificuldades** da missão: Deviam levar apenas um cajado de peregrino e sandálias nos pés, para enfrentar as longas caminhadas. **Se Jesus não foi bem recebido em Nazaré, o mesmo poderia acontecer com eles**.

O papa Francisco nos pede que sejamos uma Igreja em saída; que saiamos do aconchego de nossas comunidades para estarmos mais junto do povo sofredor, a fim de curar suas feridas, as do corpo e as da alma. O apelo do Papa dirige-se não só aos sacerdotes, mas também aos religiosos e leigos. Todos somos uma Igreja em saída.

16º Domingo do Tempo Comum

Oração: "Ó Deus, sede generoso para com os vossos filhos e filhas e multiplicai em nós os dons da vossa graça, para que, repletos de fé, esperança e caridade, guardemos fielmente os vossos mandamentos".

1 Primeira leitura: Jr 23,1-6

Reunirei o resto de minhas ovelhas.
Suscitarei para elas pastores.

No Antigo Oriente Médio o pastoreio de ovelhas e cabras era quase tão importante como a agricultura. O rebanho exigia do pastor cuidados especiais. Era ele que conduzia seu rebanho nas regiões áridas, em busca de pastagens e de água. Devia proteger as ovelhas contra ladrões ou animais ferozes. Por isso os reis gostavam de ser chamados pastores de seu povo, ou seja, protetores do povo. Mas, em Jeremias e Ezequiel, o termo "pastores" não se refere exclusivamente aos reis. Inclui também juízes, sacerdotes e, enfim, todos os que detêm o poder civil, econômico ou religioso, com a obrigação de cuidar do povo. O profeta critica explicitamente o rei Joaquim. Dominado pelo Egito, o reino de Judá foi obrigado a pagar ao faraó Necao um tributo de 34.400kg de prata e 34kg de ouro. Enquanto obrigava todos os proprietários de terra a saldar a dívida (2Rs 23,33-35), o rei construía um luxuoso apartamento de cobertura no seu palácio, sem pagar o salário aos trabalhadores (Jr 22,13). Os sacerdotes e os juízes fecharam os olhos e omitiram-se em denunciar as injustiças, dando assim apoio ao rei Joaquim. Diante disso, **Jeremias acusa os maus "pastores"** (rei, sacerdotes e juízes) **como os responsáveis pela invasão estrangeira e pelo sofrimento do povo:** "Dispersastes minhas ovelhas [...] e não cuidastes delas". Por isso – diz Jeremias – **Deus vai cassar o ofício destes pastores** e ele mesmo vai reunir as ovelhas dispersas (exílio) e tomar conta do rebanho. **Escolherá novos pastores que cuidem bem das ovelhas**, em paz e tranquilidade. Fará surgir um novo Davi, o qual reinará com sabedoria e "fará valer a justiça e a retidão".

Para nós cristãos, este novo rei é **Jesus**, filho de Davi, que se compadece do povo (Evangelho). **Ele é o Bom Pastor**. Alimenta e protege seu rebanho; é capaz de dar sua vida pelas ovelhas (cf. Jo 10,11).

Salmo responsorial: Sl 22

O Senhor é o pastor que me conduz. Felicidade e todo bem hão de seguir-me!

2 Segunda leitura: Ef 2,13-18

Ele é a nossa paz; do que era dividido, fez uma unidade.

Domingo passado ouvimos o início da Carta aos Efésios, um hino de "bendição" a Deus pela bênção recebida "do seu Espírito, em virtude de nossa união com Cristo". Os motivos do louvor e ação de graças eram nossa eleição e predestinação em Cristo, a redenção pelo seu sangue, a adoção como filhos de Deus, o perdão dos pecados e o dom do Espírito Santo. O texto que acabamos de ouvir se concentra no **dom principal da morte redentora de Cristo: por ele nos veio a paz**, paz com Deus e a paz entre os homens. Em Jo 20,19-23 a paz que o Ressuscitado deseja aos apóstolos é fruto do perdão por nós recebido de Deus e que damos uns aos outros, como irmãos em Cristo. **O perdão é fruto do Espírito Santo e gera a paz**: "Recebei o Espírito Santo: a quem perdoardes os pecados, serão perdoados..." (Jo 20,23). No texto de hoje, **o Apóstolo fala quatro vezes da paz**. Esta paz é proposta para "os que estão perto", isto é, para judeus convertidos, e "para os que estão longe", pagãos convertidos. Por sua morte Jesus derrubou o muro de separação entre judeus e pagãos, "para formar um só homem novo, estabelecendo a paz". Dando sua vida por nós, destruiu em seu corpo a inimizade, reconciliou-nos com Deus e fez de nós um só corpo.

É isso que nos diz a fé. Mas a realidade em que vivemos é bem outra. **Muros de separação continuam dividindo a humanidade**, entre países do Norte (ricos) e países do Sul (pobres). Muros de caráter político, ideológico e religioso que nos dividem; muros de intolerância às minorias, por motivo de cor, opção sexual etc. Muito ainda temos que caminhar para que nasça este homem novo e se estabeleça a paz.

Aclamação ao Evangelho

Minhas ovelhas escutam minha voz, minha voz estão elas a escutar. Eu conheço, então, minhas ovelhas, que me seguem comigo a caminhar.

3 Evangelho: Mc 6,30-34

Eram como ovelhas sem pastor.

Depois de ser expulso da sinagoga de Nazaré, Jesus enviou os discípulos em missão para cuidarem da alma e do corpo do povo, curando enfermos e expulsando demônios. No Evangelho de hoje ouvimos a continuação da narrativa do envio. Os discípulos voltam muito animados de seu estágio pastoral e contam a Jesus "tudo o que tinham feito e ensinado". No envio Jesus lhes tinha dado apenas o poder de expulsar demônios e curar os doentes, mas eles começam também a ensinar. No retorno devem ter trazido muita gente até Jesus. Jesus percebe que estavam cansados e que precisava fazer com eles uma revisão. Convida-os, então, a tomar um barco para descansar num lugar deserto e afastado. De fato, Marcos comenta que era tanta gente que procurava a Jesus que "não tinham tempo nem para comer" (3,20). Porém, nada de descanso! Quando chegam ao lugar, encontram uma multidão que já os esperava. Muitos perceberam para onde Jesus se dirigia e "correram a pé e chegaram lá antes deles". Ao ver aquela multidão, **Jesus se compadece** "porque eram como ovelhas sem pastor" e **põe-se a ensinar-lhes** "muitas coisas". Jesus não vai mais à sinagoga para ensinar, mas vai ao encontro das pessoas e elas também o procuram. Cuida da alma, ensinando, e cuida do corpo, curando. Sacia primeiro o coração, mas em seguida cuidará do corpo, como no milagre da divisão dos pães (próximo Domingo).

17º Domingo do Tempo Comum

Oração: "Ó Deus, sois o amparo dos que em vós esperam e, sem vosso auxílio, ninguém é forte, ninguém é santo; redobrai de amor para conosco, para que, conduzidos por vós, usemos de tal modo os bens que passam, que possamos abraçar os que não passam".

1 Primeira leitura: 2Rs 4,42-44

Comerão e ainda sobrará.

O profeta Eliseu era discípulo do grande profeta Elias. Quando Elias no final de sua missão foi arrebatado ao céu, Eliseu tornou-se o sucessor e passou a conviver com três grupos de "filhos de profeta", isto é, seguidores de seu mestre Elias (2Rs 2,1-8). Eram pobres e viviam no meio dos pobres, em tempos de guerra, sofrimento e muita pobreza. Eles ajudavam o povo na luta pela sobrevivência, animando-os a permanecer fiéis ao Deus de Israel e recebiam esmolas para sobreviver. Em tempos de crise e guerras, são sempre os mais pobres que mais sofrem, mas também têm mais facilidade de partilhar os frutos de seu trabalho com seus irmãos do que os ricos. Assim aconteceu com o camponês da Primeira leitura deste Domingo. Para agradecer a Deus pela boa colheita, ele ofereceu os primeiros pães para a comunidade pobre de Eliseu. Eram **vinte pães de cevada** (pão dos pobres) e podiam matar a fome dos cinquenta profetas de Eliseu. De repente, vieram mais cinquenta "filhos de profeta" de uma comunidade vizinha, também famintos. E **Eliseu mandou servir os pães, primeiro aos visitantes** – como o fazem os povos indígenas do Alto Rio Negro (AM). Um discípulo reclamou com Eliseu e disse: "Como vou distribuir tão pouco para cem pessoas?" Mas Eliseu insistiu: "**Dá ao povo para que coma; pois assim diz o Senhor: Comerão e ainda sobrará**" (Evangelho). – Os pobres têm muita confiança em Deus e nos ensinam a partilhar (cf. Mt 6,25-34; Lc 12,22-34).

Salmo responsorial: Sl 144
Saciai os vossos filhos, ó Senhor!

2 Segunda leitura: Ef 4,1-6

Há um só corpo, um só Senhor, uma só fé, um só batismo.

O apóstolo Paulo escreve esta Carta quando está preso por anunciar Jesus Cristo. Mesmo assim, continua pregando da prisão por meio de cartas. Considera-se chamado por Deus, assim como os efésios, e exorta-os a caminharem firmes na fé em Cristo. O que interessa é **viver a fé no amor**

e na paciência, unidos por meio de Cristo como um único corpo, onde cada membro tem a sua função. Unidos como Cristo, com o Espírito Santo e o Pai. Quando estamos reunidos em nome da Trindade Santíssima, Deus "reina sobre nós, age por meio de nós e permanece em todos".

Aclamação ao Evangelho

Um grande profeta surgiu, surgiu e entre nós se mostrou; é que Deus seu povo visita, seu povo meu Deus visitou.

3 Evangelho: Jo 6,1-15

Distribuiu-o aos que estavam sentados, tanto quanto queriam.

A narrativa de Jo 6,1-58 contém um "**sinal**" (v. 1-15) – a multiplicação/divisão dos pães – seguido de um discurso que explica o **significado deste sinal**. João não fala de milagres de Jesus, mas de **sinais que apontam para um sentido mais profundo**. O Evangelho deste Domingo nos conta apenas o sinal. Jesus vai para o outro lado do mar (lago) de Tiberíades e **o povo o segue** pela margem, **por causa das curas** que ele fazia. **Jesus** está sentado num monte com os discípulos e **vê uma grande multidão** vindo ao seu encontro. Era um povo sedento dos ensinamentos de Jesus, mas também cansado e faminto. Dois discípulos entram em cena. Jesus sabia o que ia e devia fazer, e provoca a Filipe: "Onde **vamos comprar** pão para que eles possam comer?" – No evangelho de João, Filipe é o único discípulo que Jesus chamou pessoalmente (Jo 1,43-44). Quando Jesus vê a multidão e pergunta como dar de comer a essa gente, está perguntando e provocando a mim e a você. Filipe calculou e disse: "Nem duzentas moedas de prata – mais de seis meses do ganho de um diarista – bastariam para dar um pedaço de pão para cada um". Nisso, André informou: "Está aqui um menino com cinco pães de cevada e dois peixes. Mas **o que é isso para tanta gente?**" – Jesus mandou todo mundo sentar-se na grama, pegou os pães e os peixes que o menino oferecia, agradeceu a Deus e **começou a dar** aos que estavam sentados, "tanto quanto queriam"; e fez o mesmo com os peixes. Eram cinco mil homens que comeram, sem contar mulheres e crianças. Vendo isso, o povo dizia que Jesus era o Profeta esperado (Primeira leitura) e logo queriam proclamar Jesus como rei; mas ele se retirou.

O que você faria se Jesus lhe perguntasse: "Onde vamos comprar pão para que eles (a multidão) possam comer?" Iria fazer cálculos, como Filipe, para saber quanto dinheiro seria preciso para comprar o pão? Ou, como André, procuraria alguém que tivesse pão? Ou faria como o menino que apresentou a Jesus cinco pães e dois peixes? Jesus não veio para resolver sozinho o problema do pão, como pensava o povo, querendo proclamá-lo como rei. Jesus nos ensina a ver o problema do pão com os olhos de Deus. Provoca-nos a buscar a solução juntos, em comunidade; por isso diz "onde **vamos** comprar pão". Filipe colaborou do seu jeito, calculando quanto dinheiro seria necessário, mas ninguém tinha esse dinheiro. André procurou pão entre o povo e encontrou o pobre menino com cinco pães e dois peixinhos, mas achava que com isso seria impossível saciar a fome de tanta gente. O menino, na sua inocência, **deu** os pães a Jesus e Jesus os dividiu, todos comeram e ainda sobraram doze cestas cheias dos restos que sobraram. Será que as mães não trouxeram pão para seus filhos? O que você acha?

A **proposta de Jesus é a partilha do pão**. Esse é o milagre que juntos devemos e podemos fazer, como vimos durante a pandemia.

18º Domingo do Tempo Comum

Oração: "Manifestai, ó Deus, vossa inesgotável bondade para com os vossos filhos e filhas que vos imploram e se gloriam de vos ter como criador e guia, restaurando para eles a vossa criação, e conservando-a renovada".

1 Primeira leitura: Ex 16,2-4.12-15

Eu farei chover para vós o pão do céu.

O livro do Êxodo ocupa-se da libertação dos hebreus do Egito (Ez 1–15), descreve as dificuldades da caminhada do povo no deserto (Ex 15,24–18,27); por fim, aos pés do monte Sinai, fala como Deus escolhe Israel como seu povo, faz aliança com ele e estipula as leis que deve observar (Ex 19–40). Na caminhada pelo deserto, Deus testa a fidelidade de seu povo eleito. O deserto, por um lado, é visto como o tempo ideal das relações de Deus com Israel (cf. Os 11,1-4; 2,16-17; Jr 2,1-3). Por outro lado, o **deserto é o lugar das tentações e murmurações onde a fé é provada.**

Neste texto, a **reclamação se dirige contra Moisés e Aarão**, no entanto põe em dúvida a bondade do projeto divino de libertação. O povo acusa Moisés e Aarão de os terem enganado. Em vez da "terra onde corre leite e mel" (Ex 3,8), encontraram apenas um deserto inóspito, "um lugar terrível, cheio de escorpiões e de serpentes venenosas" (Dt 8,15). Moisés e Aarão se defendem dizendo que o projeto de libertação não é deles, é de Deus. Quando Deus atender às reclamações do povo, providenciando carne e pão, todos saberão que foi o Senhor que os libertou do Egito. E assim aconteceu: De tarde, um bando de codornas pousou em torno do acampamento e pela manhã o povo encontrou "uma coisa miúda", provavelmente resina de tamareira, de alto valor nutritivo. "Este é o pão que o Senhor vos deu como alimento" – explica Moisés. A tradição posterior refere-se ao maná como o pão descido do céu (Sl 105,40). No **Evangelho** de hoje Jesus se **apresenta como o verdadeiro pão do céu, enviado pelo Pai para dar vida ao mundo.** Os hebreus no deserto duvidaram do plano divino de libertação. Mas Jesus sai vitorioso das tentações no deserto porque confia no Pai: "Não só de pão vive o homem, mas de toda palavra que sai da boca de Deus" (cf. Mt 4,4).

Salmo responsorial: Sl 72

O Senhor deu a comer o pão do céu.

2 Segunda leitura: Ef 4,17.20-24

Revesti do homem novo, criado à imagem de Deus.

A comunidade de Éfeso era formada, sobretudo, por pagãos convertidos. Paulo lhes lembra a necessidade de uma mudança radical no estilo de vida: precisavam despir o homem velho (pagão) para vestir o homem novo (cristão). Deviam converter-se dos ídolos "para servir ao Deus vivo e verdadeiro" (cf. 1Ts 1,9). O cristão deve aprender de Cristo, que morreu por nós e ressuscitou. Deve ouvir o que dele falam os pregadores, acolher o que lhe é ensinado "porque a verdade está em Jesus". O cristão deve identificar-se com Cristo, vestindo "o homem novo, criado à imagem de Deus". Assim o cristão poderá dizer como Paulo: "Já não sou eu que vivo, é Cristo que vive em mim" (Gl 2,20).

Aclamação ao Evangelho

O homem não vive somente de pão, mas vive de toda palavra que sai da boca de Deus.

3 Evangelho: Jo 6,24-35

Quem vem a mim não terá mais fome, e quem crê em mim nunca mais terá sede.

O Evangelho de hoje explica o **significado do "sinal do pão"** (Domingo passado). Após o milagre da divisão dos pães e peixes o povo queria proclamar Jesus como rei. Jesus, porém, retirou-se para estar a sós com Deus na montanha, enquanto os discípulos se dirigiram de barco para Cafarnaum. A noite já ia adiantada quando Jesus, para o espanto dos discípulos, alcançou-os caminhando sobre as águas agitadas.

Ao encontrá-lo na cidade, os judeus se admiraram que tenha partido sem que o percebessem. Jesus responde que eles o procuram apenas porque comeram pão e ficaram satisfeitos e não porque entenderam o sinal da divisão do pão. Não deveriam procurá-lo por causa de um alimento perecível, mas "pelo **alimento que permanece até a vida eterna**" e que ele, o Filho do Homem, lhes poderia dar. A **obra** que eles deveriam fazer **não é apenas observar a Lei, mas crer em Cristo**: "A obra de Deus é que acrediteis naquele que ele enviou". Não é Moisés que dá o pão que vem do céu. O maná e a Lei apontam apenas para o verdadeiro pão que vem do Pai; **Jesus é o pão que "desce do céu e dá a vida ao mundo"**. A samaritana havia pedido a Jesus água viva (Jo 4,15); os judeus pedem o pão que dá vida. E Jesus se apresenta: "Eu sou o pão da vida. Quem vem a mim não terá mais fome e quem crê em mim nunca mais terá sede".

Na celebração da missa, Cristo **nos alimenta pela Eucaristia e pela sua Palavra**: "Nem só de **pão** vive o homem, mas de toda **palavra** que sai da boca de Deus (cf. Dt 8,3; Mt 4,4).

19º Domingo do Tempo Comum

Oração: "Deus eterno e todo-poderoso, a quem ousamos chamar de Pai, dai-nos cada vez mais um coração de filhos, para alcançarmos um dia a herança que prometestes".

1 Primeira leitura: 1Rs 19,4-8

Com a força que lhe deu aquele alimento caminhou
até o monte de Deus.

O profeta Elias atuou no reino de Israel na primeira metade do século IX a.C. Enfrentou o rei Acab e sua esposa a rainha Jezabel, que promoviam a religião de Baal, uma divindade pagã dos cananeus. Seguir a Baal era tornar-se infiel a Javé, o Deus que libertou os hebreus da escravidão do Egito. Elias combatia o programa oficial idolátrico e com isso atraiu as iras da rainha Jezabel, que jurou matá-lo. Apavorado com as ameaças, Elias foge para o deserto ao sul de Judá, cujo rei, Josafá, era então aliado de Acab. Na fuga, Elias refaz de modo inverso a caminhada de Israel pelo deserto rumo à Terra Prometida. No deserto, Israel murmurava contra os líderes, Moisés e Aarão, mas Deus na sua bondade providenciou água para o povo beber e o maná – "o pão descido do céu" – como alimento. Elias, por sua vez, chega ao deserto desanimado, a ponto de pedir a morte. Cansado de lutar em defesa do Deus da Aliança, deita-se à sombra de uma pequena árvore e adormece. **Mas um anjo desperta Elias** e, por duas vezes, **oferece-lhe pão e água e diz: "Levanta-te e come! Ainda tens um caminho longo a percorrer"**. Revigorado por esse alimento providencial, andou quarenta dias e noites até o monte de Deus, Horeb. Sentiu-se atraído para esse lugar sagrado, onde Deus havia selado um pacto de amor e fidelidade com Israel.

Para quem tem fé, Jesus é o pão do céu enviado pelo Pai, pão que sustenta na caminhada da vida cristã e garante a vida eterna (Evangelho).

Salmo responsorial: Sl 33
Provai e vede quão suave é o Senhor.

2 Segunda leitura: Ef 4,30–5,2
Vivei no amor, a exemplo de Cristo.

Domingo passado, o apóstolo Paulo nos convidava a despir o homem velho e vestir o homem novo, identificando-se assim com Cristo. Na exortação de hoje mostra como esta identificação com Cristo pode acontecer. Em primeiro lugar, **não causar tristeza ao Espírito Santo**, selo de amor com que fomos marcados no batismo. Em segundo lugar, **evitar toda espécie de maldade** que possa causar amargura, gritaria ou injúria às pessoas com as quais convivemos. Em terceiro lugar, **ser**

bondoso, compassivo e perdoar a exemplo de Cristo, que nos amou a ponto de dar sua vida por nós. Assim, como filhos amados por Deus, seremos seus imitadores e discípulos (Evangelho).

Aclamação ao Evangelho

Eu sou o pão vivo descido do céu; quem deste pão come, sempre há de viver.

3 Evangelho: Jo 6,41-51

Eu sou o pão que desceu do céu.

No Domingo passado Jesus se apresentava aos judeus como o verdadeiro pão do céu, que dá vida ao mundo. Junto com o Pai dará este pão aos que nele crerem. Então os judeus pediram: "Dá-nos sempre desse pão". Em resposta, Jesus questionava a fé deles porque não reconheciam que ele veio de Deus. A vontade do Pai é que todos os que creem no Filho ressuscitem e tenham a vida eterna.

No texto de hoje, **os judeus** parecem ter entendido o sentido simbólico do pão. Mas **põem em dúvida que Jesus veio de Deus**, pois todos o conheciam como o filho de José e conheciam sua mãe. Jesus responde que, para terem a vida eterna (ressurreição), é necessário que o Pai os atraia. No entanto, para ser atraído pelo Pai é preciso conhecê-lo, e os judeus não reconhecem que Jesus veio de Deus. Em princípio, Deus quer atrair todas as pessoas, porque "**todos serão ensinados por Deus**". O caminho para isso é tornar-se discípulo a fim de ser ensinado por Jesus, pois ele é quem revela a face do Pai: "Se conhecêsseis a mim, conheceríeis também a meu Pai" (Jo 8,19). **Ser atraído pelo Pai, portanto, é conhecer a Jesus e segui-lo como discípulo**: "Conheço as minhas ovelhas e elas me conhecem, assim como o Pai me conhece e eu conheço o Pai" (10,14-15). Os hebreus que comeram o maná no deserto, todos morreram. Mas quem comer desse pão descido do céu jamais morrerá. Por fim, Jesus identifica-se com esse pão que ele mesmo dará: "Eu sou o pão vivo descido do céu... E **o pão que eu darei é minha carne dada para a vida do mundo**". Essa frase aponta para a Eucaristia e será o início do Evangelho do próximo Domingo. Portanto, o Filho de Deus encarnado é o pão vivo que nos alimenta pela sua Palavra e pela Eucaristia. Na celebração da missa, fazemos a memória da morte de Jesus pela nossa salvação e, ao mesmo tempo, a memória do que ele fez durante sua vida pública. "Fazei isto em memória de mim."

20º Domingo do Tempo Comum

Oração: "Ó Deus, preparastes para quem vos ama bens que nossos olhos não podem ver; acendei em nossos corações a chama da caridade para que, amando-vos em tudo e acima de tudo, corramos ao encontro das vossas promessas que superam todo o desejo".

1 Primeira leitura: Pr 9,1-6

Vinde todos comer do meu pão e beber do vinho que misturei.

Na Bíblia, a Lei é um dom de Deus que libertou os hebreus da escravidão do Egito e fez uma aliança com o povo no monte Sinai. A iniciativa, portanto, vem de Deus. Os livros sapienciais, ao contrário, formaram-se a partir do chão da vida e do convívio humano, na família, no clã, na tribo e nas sociedades mais evoluídas. A partir da experiência e observação humana, nesses diferentes espaços, formulam-se princípios, sentenças, provérbios, conselhos e poemas. Os provérbios, fáceis de guardar na memória, visam proporcionar uma vida feliz na convivência humana. A relação básica é a familiar, pais e filhos. Um exemplo: "Meu filho, escuta minhas palavras..." (Pr 4,1-19). Faze isso e serás feliz, evita aquilo para não caíres na desgraça.

O texto de hoje faz parte do capítulo conclusivo da introdução à leitura do livro dos Provérbios (1–9). A pessoa é colocada diante de uma escolha entre **dois caminhos: Escolher entre a sabedoria e a loucura**. Assim acontece também no Sl 1, que introduz a oração dos Salmos, salmos que brotam do conflito permanente entre o justo e o ímpio. Embora na relação com os filhos apareça a figura do pai que ensina, a mãe não é excluída, como vemos no banquete oferecido pela dona Sabedoria e, depois, pela dona Loucura (9,13-18). A sabedoria como mulher reaparece no final do livro no elogio à mulher sábia que cuida com carinho de sua família e dos empregados (cap. 31). Em nosso texto, a **Sabedoria prepara seu banquete** com carnes escolhidas, pão e vinho fino, e outras iguarias. Preparada a mesa, convida os simples e ingênuos, pois o banquete é um símbolo de uma vida feliz. Na realidade, as iguarias que ela oferece aos simples e ingênuos são os ensinamentos sábios para uma vida feliz (cap. 10–31). Para o cristão, **quem oferece o verdadeiro banquete é Jesus, a sabedoria de Deus por excelência** (1Cor 1,23-24). Ele nos doa sua vida, sua carne (corpo) e seu sangue, para a ressurreição e a vida eterna (Evangelho).

Salmo responsorial: Sl 33
Provai e vede quão suave é o Senhor!

2 Segunda leitura: Ef 5,15-20

Compreendei bem qual é a vontade do Senhor.

O texto é uma exortação dirigida aos cristãos de origem pagã. Foi escrito por um discípulo de Paulo, pelo ano 90, para destinatários da segunda geração cristã. O autor lembra que **pelo batismo o cristão foi**

iluminado por Cristo, tornou-se filho da luz e como tal abandonou o caminho das trevas do paganismo (5,8-14). No texto de hoje o autor exorta os cristãos que já perderam um pouco do primeiro fervor. Nos "dias maus" em que estão vivendo, aconselha-os a **aproveitar bem o tempo presente, enquanto esperam a vinda do Senhor**. Pede mais bom-senso e sabedoria para entender qual é a vontade de Deus. O cristão não se orienta pelo calor do vinho, mas pelo **Espírito do Senhor**. Animados pelo mesmo Espírito, os cristãos se empenhem em **louvar a Cristo** com o cântico de salmos e hinos, **rendendo graças a Deus Pai** em nome de nosso Senhor Jesus Cristo. – Sou agradecido a Deus Trindade que age em minha vida? Como é minha participação nas celebrações dominicais? Participo "de todo o meu coração"?

Aclamação ao Evangelho

Quem come a minha carne, e bebe o meu sangue, em mim permanece e eu vou ficar nele.

3 Evangelho: Jo 6,51-58

Minha carne é verdadeira comida, e o meu sangue,
verdadeira bebida.

João não fala da instituição da Eucaristia na última ceia como os outros evangelhos, mas do lava-pés. Na verdade, o lava-pés explica o que significa o corpo do Filho do Homem doado e seu sague derramado. O mesmo aprofundamento do sentido da eucaristia acontece também na homilia de Jesus (Jo 6,31-58), precedida pelo sinal da divisão dos pães (6,1-21). O texto do Evangelho de hoje é uma pequena parte desta homilia. Após a multiplicação dos pães, os judeus procuram Jesus em Cafarnaum, e ele lhes diz: "Vós me procurais, não porque vistes os sinais, mas porque comestes o pão e ficastes saciados" (6,26).

De fato, os judeus não entenderam a multiplicação dos pães como um sinal de algo muito maior que Jesus lhes podia dar (6,26-27). Pensavam em Jesus como o Messias que haveria de resolver os problemas na área social. Na discussão que segue, os judeus lembram que, no deserto, Moisés deu aos antepassados o pão do céu, isto é, o maná (cf. Ex 16,13-16). Em nosso texto **Jesus se apresenta como o "pão vivo descido do céu"**. Se é vivo, tem corpo vivo e dá vida a quem dele se alimenta; e quem dele se alimenta "viverá eternamente". Se tem corpo, tem carne e sangue. Por isso Jesus acrescenta: "O pão que eu darei é a minha carne para a vida do mundo". Os judeus pensam que é antropofagia. Mas "carne" e "sangue" significa a pessoa toda de Jesus em sua fraqueza humana e divindade oculta, vivida aqui na terra. O **Filho de Deus se entrega a nós, em sua humanidade e divindade.** Ele é a Palavra que se fez carne e habitou entre nós (Jo 1,14). Sendo Cristo o nosso alimento, com sua carne e o seu sangue, nós permanecemos em Cristo e ele em nós.

Na hora da consagração do pão e do vinho o sacerdote diz: "Fazei isto em memória de mim". Não se trata apenas memória da paixão e morte de Cristo, mas engloba toda a sua vida, seus ensinamentos e suas ações. Quando participamos da missa, na Mesa da Palavra nos alimentamos da Palavra que é Cristo, e na Mesa da Eucaristia é o próprio Cristo que nos dá como alimento seu corpo e seu sangue.

21º Domingo do Tempo Comum

Oração: "Ó Deus, que unis os corações dos vossos fiéis num só desejo, dai ao vosso povo amar o que ordenais e esperar o que prometeis, para que, na instabilidade deste mundo, fixemos os nossos corações onde se encontram as verdadeiras alegrias".

1 Primeira leitura: Js 24,1-2a.15-17.18b

Serviremos ao Senhor, porque ele é o nosso Deus.

Terminada a conquista da Terra Prometida, Josué convoca uma grande assembleia no santuário de Siquém. Na presença das doze tribos de Israel, dos anciãos, dos chefes e dos juízes do povo, faz um longo discurso no qual exorta o povo a **servir fielmente a Deus**. Provoca o povo a uma **decisão**: servir aos deuses dos povos conquistados ou servir ao Senhor que os libertou do Egito. **Ele e sua família já decidiram servir** unicamente **ao Senhor**. O povo, lembrado da maravilhosa libertação do Egito, da proteção divina recebida no deserto, da Aliança selada com Deus no Sinai e do dom da terra (Ex 24,3-8), também **decide servir ao Senhor**: "Longe de nós abandonarmos o Senhor, para servir a deuses estranhos... **Nós também serviremos ao Senhor**, porque ele é o nosso Deus". É uma **decisão de fé, fidelidade e amor ao único Deus**, que liberta da escravidão. Assim Josué renovou a aliança do povo com Deus. **Discursos comovem, exemplos de fé e amor a Deus**, como o de Josué e sua família, **arrastam** (Evangelho).

Salmo responsorial: Sl 33

Provai e vede quão suave é o Senhor!

2 Segunda leitura: Ef 5,21-32

Este mistério é grande em relação a Cristo e à Igreja.

A leitura que ouvimos choca nossa sensibilidade, sobretudo a das mulheres, quando Paulo diz: "As mulheres sejam **submissas** aos seus maridos". Fixando nossa atenção apenas nessa frase que choca aos ouvidos modernos, estamos sujeitos a perder a mensagem mais profunda do texto. Basta ouvir a conclusão da frase: "como ao Senhor" – isto é, a Cristo Jesus, o ponto de comparação. Submissão não significa dominação do marido sobre a mulher. Todo o texto é iluminado pela frase inicial: "Vós que temeis a Cristo, **sede solícitos uns para com os outros**". Todos nós que seguimos e amamos a Cristo devemos amar (ser solícito com) uns aos outros. **Ser solícito é sinônimo de amar.** Esta solicitude/amor começa na família, da qual nos fala Paulo. Na cultura de então, o homem era "a cabeça" da família. Hoje os maridos dizem: "Quem manda lá em casa é a mulher..." A comparação é com Cristo, "cabeça da Igreja e o Salvador de seu Corpo", aquele que dá a vida por nós. **Cristo é o modelo de amor/solicitude para a mulher e para o marido.** A Igreja ama a Cristo, porque "cabeça" e corpo estão unidos. Assim, a mulher é solícita em tudo (ama) pelo seu marido. O marido, por sua vez, sendo "a cabeça da mulher", deve amá-la (ser solícito) como Cristo ama a Igreja; isto é, deve ser capaz de dar até sua vida por sua esposa. E o Apóstolo argumenta: **Amar a sua mulher é amar a si mesmo**, porque "o homem deixará seu pai e sua mãe e se unirá à sua mulher, e os dois serão uma só carne". Por isso, conclui Paulo, a união de amor entre homem e mulher é um grande "mistério", um "sacramento" do amor que nos une a Deus. Eles se tornam uma só carne e ninguém odeia sua própria carne, mas ama sua esposa como a si mesmo, a exemplo de Cristo que ama sua Igreja.

Aclamação ao Evangelho
Ó Senhor, vossas palavras são espírito e vida; as palavras que dizeis, bem que são de eterna vida.

3 Evangelho: Jo 6,60-69

A quem iremos? Tu tens palavras de vida eterna.

No texto do Domingo anterior Jesus se apresentava como o pão descido do céu. Para ter a vida eterna é necessário alimentar-se deste pão celestial, comer a sua carne e beber o seu sangue. Cristo nos sustenta na caminhada da vida cristã com a doação de sua própria vida. No Evangelho de hoje temos a reação dos judeus a essas palavras de Jesus, consideradas "duras", difíceis de escutar. Jesus insiste que veio de Deus e para Deus vai "subir". Os **judeus** estão entendendo suas palavras segundo a carne e não segundo o Espírito, por isso **não acreditaram nele**. E Jesus explica: "O Espírito é que dá vida, a carne não adianta nada. **As palavras que eu vos falei são espírito e vida**". E o evangelista comenta: "Jesus sabia... quem eram os que **não tinham fé**".

Diante de Jesus não dá para esconder-se ou ficar neutro. É necessário **escolher** entre **seguir a Cristo com fé ou abandoná-lo**, como muitos o fizeram na história de Israel (Primeira leitura). Quando Jesus pergunta aos discípulos que ainda ficaram com ele se também queriam ir embora, Pedro reafirma sua fé: "A quem iremos, Senhor? **Tu tens palavras de vida eterna. Nós cremos,** firmemente, e reconhecemos que tu és o Santo de Deus" (cf. Mt 16,13-16). A fé que professamos em Cristo é que nos une, num só corpo, como Igreja (Segunda leitura).

22º Domingo do Tempo Comum

Oração: "Deus do universo, fonte de todo bem, derramai em nossos corações o vosso amor e estreitai os laços que nos unem convosco para alimentar em nós o que é bom e guardar com solicitude o que nos destes".

1 Primeira leitura: Dt 4,1-2.6-8

Nada acrescenteis à palavra que vos digo, mas guardai
os mandamentos do Senhor.

O texto que ouvimos foi escrito quando Israel estava no exílio da Babilônia. O povo havia perdido a terra prometida e não havia mais culto em Jerusalém no templo já destruído. Apesar de viverem no meio de "um povo de fala estranha e língua pesada" (Ez 3,5), era grande a tentação de adorar os deuses locais e abandonar o Deus libertador do Egito. Mas havia **a Lei da Aliança** (Ex 20,1–23,19), reapresentada no livro do Deuteronômio, que, mesmo no exílio, podia **conservar a unidade e identidade do povo de Israel**. Israel devia cumprir as leis e decretos que Moisés havia ensinado para ser **abençoado** e poder **viver em paz na sua terra**. Por isso, a exaltação da Lei de Moisés. Se os babilônios e outros povos têm sua sabedoria e suas leis, Israel tem uma sabedoria superior, porque vem de Deus. São leis que garantem a liberdade, a unidade e a paz para o povo. A Lei do Senhor é como o sol, que "ilumina os olhos" e mostra o caminho a seguir para ser feliz (cf. Sl 19).

Salmo responsorial: Sl 14
Senhor, quem morará em vossa casa e no vosso monte santo habitará?

2 Segunda leitura: Tg 1,17-18.21b-22.27
Sede praticantes da Palavra.

Tiago faz uma bela exortação aos cristãos de seu tempo, que continua válida para nossos dias. Lembra que tudo é graça, é dom de **Deus**, o **"Pai das luzes"**. Pela **Palavra da verdade** ele nos gerou no batismo, para a vida de filhos e filhas de Deus. Esta Palavra é a **fé em Jesus Cristo** e a mensagem do Evangelho, que em nós "foi implantada". **A Palavra foi implantada para ser cultivada, colocada em prática a fim de produzir frutos.** Por isso, o Apóstolo nos convida: "Sede praticantes da Palavra e não meros ouvintes". A religião cristã autêntica, que agrada a Deus Pai, são os bons frutos que ela produz: evitar a contaminação pelo mundo e **cuidar com amor dos pobres** e sofredores, expressado no amor aos órfãos e viúvas.

Aclamação ao Evangelho

Deus, nosso Pai, nesse seu imenso amor, foi quem gerou-nos com a palavra da verdade, nós, as primícias do seu gesto criador!

3 Evangelho: Mc 7,1-8.14-15.21-23

*Vós abandonais o mandamento de Deus para seguir
a tradição dos homens.*

Deus deu os mandamentos e as leis para um povo libertado da escravidão do Egito. Praticando o que as leis prescreviam, Israel mostrava a fidelidade e o amor ao Deus que o escolheu como seu povo: "Amarás o Senhor teu Deus com todo o coração, com toda a alma, com todas as forças. E trarás no teu coração todas estas palavras que hoje te ordeno" (Dt 6,5-6). No tempo de Jesus, porém, os mestres da Lei multiplicaram as interpretações da Lei, chegando a formular 613 preceitos, muitos deles relacionados com "pureza" e "impureza", sobretudo, de caráter cultual. Os fariseus consideravam-se modelos da fiel observância desses preceitos. Eles eram os "puros" e desprezavam os trabalhadores do campo, os saduceus, os samaritanos e os pagãos, considerados todos impuros.

Os fariseus e mestres da Lei vieram de Jerusalém para fiscalizar a não observância da "tradição dos antigos" por parte de Jesus e seus discípulos: "Por que os teus discípulos não seguem a tradição dos antigos, mas comem o pão sem lavar as mãos?" Na resposta, **Jesus os acusa** de praticarem uma **falsa religião**, baseada em preceitos humanos, que os afasta de Deus e do próximo. Eles abandonam o mandamento de Deus para seguir a tradição dos homens. Para Jesus, a pureza vem do coração humano sincero: "Bem-aventurados os puros de coração, porque verão a Deus" (Mt 5,8). Estes, sim, estão próximos de Deus. Longe de Deus estão os que planejam todo tipo de maldade em seu coração e a põem em prática. É por isso que Jesus cita Isaías: "Este povo me honra com os lábios, mas seu coração está longe de mim". Este princípio valia na antiga aliança e vale para quem segue a Jesus: "Nem todo aquele que me diz 'Senhor, Senhor', **entrará no Reino dos Céus**, mas **quem fizer a vontade de meu Pai** que está nos céus" (Mt 7,21).

23º Domingo do Tempo Comum

Oração: "Ó Deus, pai de bondade, que nos redimistes e adotastes como filhos e filhas, concedei aos que creem no Cristo a verdadeira liberdade e a herança eterna".

1 Primeira leitura: Is 35,4-7a

Os ouvidos do surdo se abrirão e a boca do mudo gritará de alegria.

A primeira parte do livro de Isaías (1–39) denuncia os pecados de Judá e anuncia a salvação. Anuncia também o julgamento das nações vizinhas, que oprimiram o povo eleito. Depois do julgamento divino do reino vizinho de Edom (cf. Is 35), um profeta pós-exílico anuncia mais uma vez a salvação para Israel. Um "apêndice histórico" (Is 36–39) conclui esta primeira parte de Isaías. Nesse texto, o profeta fala a um povo desanimado e sem esperança. Os que ouviram as promessas do profeta anônimo no exílio (Is 40–55) encontraram em Judá uma realidade nada animadora. A estes o profeta reafirma que as promessas divinas continuam válidas. Por isso, não desanimem; ao contrário, confiem na presença de Deus. Ele é o Deus criador que age na história humana. Vê o sofrimento do povo e vem para salvá-lo. **A salvação é descrita com imagens de transformação da natureza**, na qual o que parece errado será corrigido: os cegos tornarão a ver bem, os **surdos** a ouvir, os **mudos** a falar e até no deserto brotarão torrentes de água. Com esta linguagem o profeta procura **recuperar a fé, a esperança e a confiança** do povo no Deus de Israel. Quando João Batista da prisão manda perguntar a Jesus: "És tu aquele que há de vir ou devemos esperar outro?"

(Mt 11,5), Jesus manda dizer-lhe que a profecia de Is 35,5-6 estava se cumprindo em sua missão (Evangelho).

O Salmo responsorial (145,7-10) apresenta oito ações salvadoras de Deus, que transformam a vida humana. Elas se tornam evidentes na pregação e na ação de Jesus em favor dos pobres e injustiçados. Jesus nos convida a agirmos da mesma forma como Deus age. Então nossa vida será um sincero louvor a Deus.

Salmo responsorial: Sl 145,7-10
Bendize, ó minha alma ao Senhor. Bendirei ao Senhor por toda a vida!

2 Segunda leitura: Tg 2,1-5

Não escolheu Deus os pobres deste mundo para serem herdeiros do Reino?

O Apóstolo conhecia as comunidades cristãs e percebia que alguns **comportamentos não condiziam com a fé em Jesus Cristo**. Como exemplo cita a **discriminação** de pessoas na comunidade. Fiéis ricos e bem-vestidos recebiam um lugar de destaque, enquanto os pobres deviam ficar de pé ou sentar-se no chão. Todo ser humano possui a mesma dignidade, tem os mesmos direitos e merece ser tratado com igual respeito (Dt 16,19). Tanto mais o cristão, discípulo de Cristo, o revelador da face amorosa do Pai, deve evitar a discriminação no trato com os irmãos de fé. **O modelo é o próprio Deus**, que "**escolheu os pobres** deste mundo para serem **ricos na fé e herdeiros do Reino** que prometeu aos que o **amam**". **O critério último** no relacionamento com os irmãos de fé é **o amor de Deus**.

Aclamação ao Evangelho
Jesus Cristo pregava o Evangelho, a boa notícia do Reino, e curava seu povo doente de todos os males, sua gente!

3 Evangelho: Mc 7,31-37

Aos surdos faz ouvir e aos mudos falar.

O Evangelho de hoje conta-nos o **milagre da cura de um surdo-mudo**. Antes deste episódio, Jesus havia curado numerosos enfermos que eram trazidos até o caminho por onde ele passaria. Era tanta a **fé** das pessoas a ponto de lhe pedirem que as deixasse ao menos tocar-lhe as vestes. Depois, Jesus discutiu com os fariseus e mestres da Lei sobre a questão da pureza. Em seguida, a pedido de uma mulher cananeia, curou sua filha. Segue, então, o Evangelho que acabamos de ouvir. Jesus acabava de voltar à terra dos judeus, vindo da terra pagã de Tiro e Sidônia. Imediatamente trouxeram um surdo-mudo para que lhe impusesse as mãos. Sabiam que **Jesus curava as pessoas tocando-as com as mãos, deixando-se tocar por elas** ou, simplesmente, **porque tinham fé**. Jesus não queria dar um espetáculo. Por isso, afasta-se da multidão, para **dar atenção pessoal ao necessitado**. Jesus não olha para nós como multidão. **Olha para cada um de nós como pessoa**, com suas necessidades e limitações. Olha para cada um de nós com os olhos de Deus. **Toca** com os dedos os ouvidos e a língua do surdo-mudo com sua saliva, **olha para o céu, suspira** e diz: "**Abre-te!**" Jesus repete os **gestos do Criador** quando modela com os seus dedos o barro para formar o ser humano. O **suspiro** de Jesus lembra o sopro divino da criação (cf. Gn 2,7; Sl 8; 104,29-30). É também o **suspiro** de alguém **solidário** com os deficientes e sofredores. Por isso o povo exclama: "Ele tem feito bem todas as coisas: Aos surdos faz ouvir e aos mudos, falar". Jesus devolve à sociedade um homem novo, capaz de comunicar-se, de ouvir e ser ouvido, condição básica para conviver com os outros, para acolher e proclamar a fé. No batismo, o toque nos ouvidos e na boca do recém-batizado lembra que a fé é comunicada pela palavra, para ser professada pela palavra. Jesus também queria "**abrir**" os **ouvidos de seus discípulos** e provocar neles a **profissão de fé** (cf. 8,14-38) e prepará-los para **a missão evangelizadora**.

O que Jesus quer dizer para mim com este milagre? Jesus tocou nossos ouvidos pela sua palavra; agora quer tocar nosso coração na celebração da Eucaristia, a fim de curar nossos males e fortalecer-nos na fraqueza.

24º Domingo do Tempo Comum

Oração: "Ó Deus, criador de todas as coisas, volvei para nós o vosso olhar e, para sentirmos em nós a ação do vosso amor, fazei que vos sirvamos de todo o coração".

1 Primeira leitura: Is 50,5-9a

Ofereci minhas costas aos que me batiam.

A Primeira leitura é o terceiro dos quatro cânticos do Servo do Senhor, inseridos na segunda parte do livro de Isaías (40–55). **O Servo apresenta-se como discípulo**, preparado pelo próprio Deus para falar palavras de conforto aos judeus desanimados na Babilônia. Cada manhã **Deus abre os ouvidos do Servo** para que possa acolher sua mensagem e comunicá-la ao povo. O Servo tem os ouvidos abertos para obedecer ao Senhor e acolher sua mensagem. É **um discípulo obediente**, sempre atento à mensagem divina. Por isso recebeu "uma língua de discípulo" (v. 4), capaz de transmitir palavras de conforto aos exilados. **O Servo** obediente não faz resistência à mensagem que Deus lhe pede para anunciar. Também não recua diante do desprezo, das humilhações e agressões sofridas por parte dos que se opõem à sua mensagem. Não recua diante dos opositores porque **confia em Deus**, seu **Auxiliador**. O profeta percebe Deus como um "auxílio" sempre bem próximo, pronto para socorrê-lo; mais próximo do que Adão e Eva, criados por Deus como "auxílio" necessário um para o outro (Gn 2,18). A Palavra que ouvimos inspira **confiança** e uma atitude de **discípulo, obediente** à vontade do Senhor, frente à violência e ao desprezo sofridos.

Salmo responsorial: Sl 114
Andarei na presença de Deus, junto a ele, na terra dos vivos.

2 Segunda leitura: Tg 2,14-18

A fé, se não se traduz em obras, por si só está morta.

Em suas cartas Paulo fala da fé como dom de Deus, condição para nos tornarmos filhos de Deus. Pelas nossas boas obras, diz Paulo, jamais poderemos "comprar" ou merecer este dom. **Tiago fala para cristãos que já receberam o dom da fé e são filhos de Deus**. Havia nas comunidades cristãs pessoas que interpretavam mal as palavras de Paulo, como se bastasse ter fé em Cristo, sem as boas obras. Para estes, Tiago lembra que não basta ter fé em Deus e em Cristo Jesus para ser salvo. A **fé que não se traduz em obras**, diz Tiago, **por si só está morta**. É preciso que a **fé** dos que são filhos de Deus **brilhe pelas boas obras** que praticam. Mateus deixa isso claro: "Vós sois a luz do mundo [...] assim que deve brilhar vossa luz diante das pessoas, para que vejam vossas boas obras e glorifiquem vosso Pai que está nos céus" (Mt 5,14-16).

Aclamação ao Evangelho
Eu de nada me glorio, a não ser da cruz de Cristo; vejo o mundo em cruz pregado e para o mundo em cruz me avisto.

3 Evangelho: Mc 8,27-35

Tu és o Messias... O Filho do Homem deve sofrer muito.

Domingo passado vimos como Jesus curou um surdo-mudo, tocando-lhe com saliva os ouvidos e a língua. Tirou o surdo-mudo de seu isolamento. Agora ele podia ouvir e ser ouvido. Apesar da proibição de divulgar o fato, o homem não parou de falar. Jesus curava cegos, surdos, mudos, coxos e leprosos, mas estava preocupado com os discípulos. Ainda antes do Evangelho que acabamos de escutar, Jesus curou um cego em Betsaida (Mc 8,22-26). Havia bastante tempo que os discípulos seguiam a Jesus, no entanto continuavam surdos e cegos diante de seus ensinamentos e de sua pessoa. Jesus estava impaciente e queria curar a cegueira e a surdez dos próprios discípulos: "Tendo olhos, não vedes e tendo ouvidos não ouvis?" (8,18). Por isso retirou-se com os discípulos para Cesareia de Filipe, junto às nascentes do rio Jordão. Era hora de esclarecer qual era a sua missão. Queria saber o que o povo pensava a seu respeito. Eles responderam: "Alguns dizem que és João Batista; outros que és Elias, outros ainda, que és um dos profetas". Então Jesus perguntou: "**E vós, quem dizeis que eu sou?**" Nesse momento os apóstolos devem ter posto os olhos em Pedro... Ele, então, tomou a palavra e disse: "**Tu és o Messias**". Chegamos assim ao **núcleo central da fé** cristã, isto é, que Jesus é o Messias esperado, o Cristo, o Ungido do Senhor. Jesus, porém, proibiu que falassem disso aos outros. Precisava antes esclarecer que tipo de Messias ele era, para não alimentar mais ainda falsas expectativas. Pedro, provavelmente, pensava num Messias "filho de Davi", guerreiro e libertador da opressão estrangeira. Jesus queria tirar essa imagem de Messias que estava na cabeça de Pedro e de seus companheiros. Por isso "**começou a ensiná-los**" em que sentido ele era o Messias. Jesus nunca disse ser ele o Messias, mas se identificava como o **Filho do Homem**. Como tal, devia sofrer e ser rejeitado pelos chefes do povo; devia morrer, mas ressuscitaria após três dias. Pedro, percebendo que seu projeto de fazer de Jesus um "filho de Davi" guerreiro caía por terra, tenta corrigir o Mestre, deixando claro qual era o Messias que eles esperavam. Jesus olhou para os discípulos e chamou Pedro de "satanás"; isto é, adversário, alguém que tenta desviar Jesus do projeto de Deus, e ordenou que se colocasse atrás dele. Jesus é o mestre que **ensina e mostra o caminho**. Como discípulo, Pedro devia **seguir o mestre e o caminho do Servo Sofredor** (Primeira leitura), escolhido por Jesus. Por fim, Jesus convida os discípulos e a multidão (todos) a segui-lo pelo mesmo caminho: Quem quiser **tornar-se discípulo de Jesus**, deve renunciar-se a si mesmo, tomar a sua cruz e o seguir pelo mesmo caminho. Renunciar-se a si mesmo é saber "perder a sua vida", por causa de Cristo e do Evangelho, a fim de poder ganhá-la.

Jesus continua sofrendo com os pobres e abandonados. Continua sofrendo com as vítimas da pandemia da covid-19, com os desempregados e famintos. Alegra-se, porém, quando vê médicos, enfermeiras e tantas outras pessoas arriscando suas vidas para cuidar e salvar a vida dos outros. Certamente, Jesus louva o Pai quando vê tantas pessoas socorrendo os enfermos ou **auxiliando** a quem passa fome.

25º Domingo do Tempo Comum

Oração: "Ó Pai, que resumistes toda a Lei no amor a Deus e ao próximo, fazei que, observando o vosso mandamento, consigamos chegar um dia à vida eterna".

1 Primeira leitura: Sb 2,12.17-20

Vamos condená-lo à morte vergonhosa.

O livro da Sabedoria é contemporâneo a Jesus Cristo e foi escrito na diáspora dos judeus de Alexandria. É um verdadeiro tratado de "teologia política", uma crítica sapiencial aos governantes. A comunidade judaica sofria perseguições, opressão e discriminação por parte das autoridades gregas e romanas, apoiadas por judeus que abandonaram a fé. O texto descreve o conflito entre os ímpios – judeus que renegaram sua fé – e os justos, isto é, judeus piedosos, observantes da Lei. Este conflito está também presente no livro dos Salmos (cf. Sl 1). **Mais do que as palavras, a própria vida dos justos condena as ações destes judeus ímpios**, que imitavam o comportamento dos pagãos. Os ímpios sentem-se incomodados pela fé e pelas práticas dos justos e ficam indignados que se considerem "filhos de Deus". Por isso, tramam todo tipo de ofensas e torturas, atentam contra a própria vida dos justos, para ver se Deus virá para socorrê-los e libertá-los de suas mãos. As injúrias dos ímpios contra os justos lembram os insultos que Jesus sofreu na cruz (cf. Mc 9,30-37 e Mt 20,18-19; 27,38-44).

Salmo responsorial: Sl 53
É o Senhor quem sustenta minha vida!

2 Segunda leitura: Tg 3,16–4,3

O fruto da justiça é semeado na paz para aqueles
que promovem a paz.

Tiago critica a **falta de coerência dos cristãos** de seu tempo. Eram comunidades divididas por rixas, inveja, rivalidades e injustiças; comunidades carentes de paz e necessitadas de amor. Faltava-lhes a "sabedoria que vem do alto", a **sabedoria do Evangelho**. Tiago faz o elogio desta sabedoria: Ela é pura, pacífica, modesta e conciliadora; é misericordiosa, imparcial e sincera. Era, exatamente, esta sabedoria do Evangelho que faltava a esses cristãos. O apóstolo Paulo resumia a sabedoria do Evangelho nos dons do Espírito Santo, entre os quais sobressaem a **fé**, a **esperança** e a **caridade**/amor (cf. 1Cor 13). Quando Tiago escreve, alguns **cristãos perdiam o foco de sua vida, que é a pessoa de Jesus Cristo e sua mensagem** (Evangelho). Até nas orações pediam coisas supérfluas, menos a "sabedoria que vem do alto".

Aclamação ao Evangelho

Pelo Evangelho o Pai nos chamou, a fim de alcançarmos a glória de Nosso Senhor Jesus Cristo.

3 Evangelho: Mc 9,30-37

O Filho do Homem vai ser entregue... Se alguém quiser ser o primeiro, que seja aquele que serve a todos.

Estamos no bloco central do evangelho de Marcos (8,27–10,52). Nesta parte, Pedro confessa que Jesus é o Messias, o Ungido do Senhor. Jesus, por sua vez, ensina e explica em que sentido ele é o Cristo/Messias. Ele não é o filho de Davi que vai tomar conta do poder político e religioso em Jerusalém, mas o Servo Sofredor. Ensina também que o discípulo deve seguir o caminho do Mestre, como já vimos no Domingo passado. Também no Evangelho de hoje **Jesus continua ensinando**, sempre a **caminho** de Jerusalém. Mais uma vez anuncia aos discípulos que ele, o Filho do Homem, será entregue nas mãos dos homens e será morto, mas após três dias ressuscitará. Os discípulos, porém, tinham medo de pedir ao Mestre que lhes explicasse as dúvidas. Para Jesus, foi mais fácil curar o surdo-mudo (7,31-37) e o cego, mesmo em dois tempos (8,22-26), do que curar a cegueira e a surdez dos discípulos. Eles pressentiam o perigo nas palavras do Mestre e tinham medo sobre a verdade de suas palavras; faziam como o avestruz, que enterra a cabeça na areia para ignorar o perigo. Na realidade, não queriam desistir do projeto de fazer de Jesus um Messias-Rei. Por isso, já estavam distribuindo os cargos neste novo reino e **discutiam entre si quem deles seria o maior** (9,33-37). Nas discussões acaloradas deve ter crescido o ciúme e a rivalidade entre eles. Ao chegarem a Cafarnaum, Jesus perguntou o que estavam discutindo no caminho. Eles ficaram calados. **Jesus senta-se**, então, **como Mestre, para lhes ensinar o caminho do discípulo**: "Quem quiser ser o primeiro, que seja o último de todos e aquele que serve a todos".

Essa é a postura do Mestre na última ceia: "Se eu, Mestre e Senhor, vos lavei os pés, também vós deveis lavar os pés uns dos outros" (Jo 13,14; cf. Lc 22,24-30). Os discípulos queriam ser os primeiros, os maiores, e disputavam entre si um lugar de honra no imaginado reinado de Jesus em Jerusalém. Para estes "maiores", Jesus, sentado, continua ensinando. Pegou uma criança, colocou-a no meio, junto de si, abraçou-a e disse: "Quem acolher em meu nome uma destas crianças, é a mim que está acolhendo". **Jesus se faz pequeno para abraçar todos os pequenos**, os pobres e os sofredores e **nos convida a fazermos o mesmo**. Fazendo assim, acolhemos o próprio Deus, que se identifica com os pobres, os pequenos e famintos, nus e presos injustamente (Mt 25,31-46). **Eis o "caminho" do discípulo**, neste mundo repleto de sofredores em que estamos vivendo.

26º Domingo do Tempo Comum

Oração: "Ó Deus, que mostrais vosso poder sobretudo no perdão e na misericórdia, derramai sempre em nós a vossa graça, para que, caminhando ao encontro das vossas promessas, alcancemos os bens que nos reservais".

1 Primeira leitura: Nm 11,25-29

Tens ciúmes por mim? Quem dera que todo o povo do
Senhor fosse profeta.

O texto que ouvimos retoma a questão da **partilha do poder como serviço**, em vista do bem do povo (Ex 18,13-27). Na caminhada pelo deserto, o povo queixava-se que no Egito tinham alimentos em abundância, e no deserto, apenas o maná. Moisés, cansado de ouvir as reclamações, recorre a Deus. Não queria mais bancar a babá do povo, que não era seu, mas de Deus. Em resposta, na leitura de hoje Deus manda escolher **70 homens, líderes do povo**, para ajudá-lo. Moisés convocou os 70 anciãos e colocou-os em volta da tenda de reunião. **Deus retirou um pouco do espírito de Moisés e o deu aos anciãos**. Então eles começaram a profetizar, mas logo pararam. Enquanto isso acontecia na tenda, dois homens estavam profetizando no acampamento, fora da tenda. Josué, servo e possível sucessor de Moisés, protestou porque eles não estiveram na tenda de reunião entre os 70. E Moisés respondeu: "**Quem dera que todo o povo do Senhor fosse profeta**".

O relato mostra que o espírito não é monopólio de Moisés, e sim um dom de Deus, parte do qual ele retira e distribui aos anciãos. O **espírito de Deus não pode ser monopolizado pelo poder humano**, nem por Moisés, nem pelo grupo dos 70. O espírito do Senhor é como o vento, sopra onde e quando quer (cf. Jl 3,1-2). O espírito é um dom de Deus, um carisma partilhado como serviço para o bem de todo o povo. O dom de Deus é concedido não para dividir, mas para unir a comunidade. Paulo diz muito bem que os dons do Espírito unificam a Igreja num só corpo, pelo vínculo do amor (cf. 1Cor 12–13). **Uma Igreja fechada em sua tenda apaga o espírito** (Evangelho).

Salmo responsorial: Sl 18

A Lei do Senhor Deus é perfeita, conforto para a alma.

2 Segunda leitura: Tg 5,1-6

Vossa riqueza está apodrecendo.

Tiago já havia criticado a discriminação entre ricos e pobres na comunidade cristã (2,1-5). Na leitura deste Domingo, mais uma vez, tece duras **críticas contra alguns cristãos ricos** de seu tempo. Para esses anuncia o iminente **juízo de Deus**: De que serve o acúmulo de bens se

a riqueza vai apodrecer, as roupas luxuosas serão carcomidas pelas traças, o ouro e a prata irão enferrujar? E denuncia a riqueza amontoada à custa de **salários não pagos**, a **justiça que se vende** e acaba **condenando os pobres à morte**. Enfim, um cristão rico, que se fecha em suas riquezas, não vive a proposta do Reino de Deus, pregada por Jesus: "Não podeis servir a Deus e às riquezas" (Mt 6,24). E Lucas diz: "Como é difícil para os que têm riquezas entrar no Reino de Deus!" (Lc 18,24). Entrar no Reino de Deus, seguir a Jesus Cristo como discípulo, exige arrancar o "olho grande" para as riquezas e cego para com os pobres (Evangelho). É um convite para olharmos os pobres com os olhos de Jesus. Bilhões de dólares viram cinza no jogo especulativo das bolsas. A riqueza não partilhada com os pobres vira em pó e cinza.

Aclamação ao Evangelho
Vossa Palavra é verdade, orienta e dá vigor; na verdade, santifica vosso povo, ó Senhor!

3 Evangelho: Mc 9,38-43.45.47-48
Quem não é contra nós é a nosso favor. Se tua mão te leva a pecar, corta-a!

Domingo passado Jesus explicava aos discípulos que sua missão como Messias era a do Servo Sofredor. Não veio para ser servido nem cortejado como rei, mas para servir aos mais pobres e dar a vida por todos. Enquanto isso, os discípulos discutiam quem deles seria o maior no reino, em Jerusalém. Jesus lhes ensinou que o maior deve tornar-se o menor, colocar-se a serviço dos pobres e necessitados. Deve acolher a todos, especialmente os pequenos e pobres, como Jesus fazia, ao abraçar uma criança.

Parece que os discípulos ainda não haviam entendido a mensagem de Jesus. Porque, no Evangelho de hoje, João avisa a Jesus que alguém, não pertencente ao grupo, estava expulsando demônios em seu nome. "Nós o proibimos", informava João com certo orgulho (cf. Primeira leitura). – Quem era João e por que protesta? João e seu irmão Tiago queriam os primeiros lugares ao lado de Jesus no futuro reino em Jerusalém. Junto com Pedro, eram os mais achegados a Jesus. Estão com ele na Transfiguração, no jardim do Getsêmani e quando ressuscita a filha do chefe da sinagoga (Mc 5,35-43). João queria manter o controle de fazer o bem (milagres) como privilégio do grupo dos apóstolos. – Jesus responde: "Não o proibais, pois ninguém faz milagres em **meu nome** para depois falar mal de mim. Quem não é contra nós é a nosso favor". Fazer milagres em nome de Jesus é fazer o bem aos necessitados, sem buscar vantagens pessoais. Jesus significa "Deus salva", aquele que salva a vida das pessoas, e nos salva para a vida eterna. Todas as pessoas que fazem o bem ao próximo, mesmo não cristãos, agem como Jesus, mostrando a face bondosa de Deus Pai. Nos ditos seguintes, Jesus esclarece que até um copo d'água que um pagão dá a um cristão terá sua recompensa. Por outro lado, quem escandaliza (leva a pecar) um cristão ("os pequeninos que creem") – seja ele pagão ou cristão – não merece participar da Vida. Para entrar na Vida pelo caminho de Cristo é preciso cortar/podar tudo que nos leva a pecar e nos desvia do seguimento de Jesus (Segunda leitura).

27º Domingo do Tempo Comum

Oração: "Ó Deus eterno e todo-poderoso, que nos concedeis no vosso imenso amor de Pai mais do que merecemos e pedimos, derramai sobre nós a vossa misericórdia, perdoando o que nos pesa na consciência e dando-nos mais do que ousamos pedir".

1 Primeira leitura: Gn 2,18-24

E eles serão uma só carne.

Na Bíblia temos duas narrativas da criação do **ser humano** (*Adam*). A primeira (Gn 1), chamada sacerdotal, coloca no sexto dia a criação dos animais e do ser humano, coroando toda a obra da criação (Gn 1,24-31). A criação do ser humano é descrita com solenidade: "Façamos o ser humano à nossa imagem e semelhança. [...] Deus criou o ser humano à sua imagem, à imagem de Deus o criou, **macho e fêmea** ele os criou" (v. 26-28). **Em vista da procriação** o ser humano é especificado como "macho e fêmea"; por isso recebe a bênção divina para procriar (v. 28). A segunda narrativa (Gn 2) não se preocupa com a criação do mundo, mas com o ser humano e sua relação com as demais criaturas criadas no sexto dia, ligadas ao mesmo chão (Gn 1,24-31). O ser humano e os animais são feitos da terra, da terra brotam as árvores do jardim plantado por Deus, e da terra nascem os rios que a fertilizam. A preocupação da narrativa é mostrar que, no projeto divino, **o ser humano convive em harmonia** no mesmo ambiente, com as plantas e os animais e com Deus. Com as plantas e os animais, bebe da mesma água, onde os peixes vivem. Com os seres vivos respira o mesmo ar, por onde as aves e pássaros voam; assim participa do mesmo "ecossistema". Apesar disso, Deus diz: "**Não é bom que o ser humano esteja só**. Vou fazer-lhe uma auxiliar que lhe corresponda" (v. 18). De fato, embora feitos da mesma terra, os animais não são a companhia adequada para o ser humano. Deus coloca, então, o ser humano em profundo sono, tira-lhe uma costela e a transforma em mulher. Depois, apresenta-a ao ser humano. E ele exclama: "Desta vez, sim, **é osso dos meus ossos e carne de minha carne!**" A expressão indica parentesco. Desde então, **o ser humano é visto como "homem"** e **"mulher"**, ele com ela, numa comunhão de vida e de amor. Diante dela, o ser humano se reconhece como "homem", e ela como "mulher". Ambos, ele e ela, se complementam, são um auxílio necessário um para o outro. Esta comunhão de amor, homem-mulher, é até mais forte do que a união com os pais: "Por isso o homem deixará seu pai e sua mãe e se unirá à sua mulher, e eles serão uma só carne".

Salmo responsorial: Sl 127
O Senhor te abençoe de Sião cada dia de tua vida.

2 Segunda leitura: Hb 2,9-11

Tanto o Santificador quanto os santificados descendem do mesmo ancestral.

O autor escreve para judeu-cristãos e pagãos convertidos. Os cristãos eram discriminados e perseguidos por parte de pagãos e de judeus. Os sofrimentos e o adiamento da segunda vinda do Senhor abalavam a fé em Cristo e a esperança na sua vinda. Aos desanimados o autor lembra que o Filho de Deus, ao assumir a natureza humana, tornou-se um pouco menor do que os anjos. Solidarizou-se com os seres humanos, criados um pouco abaixo dos anjos (cf. Sl 8,6). **Tornou-se assim nosso irmão**, pois o "Santificador e os santificados" têm os mesmos antepassados. O "Santificador" Jesus, nosso irmão, morreu por nós e foi glorificado, para "conduzir muitos filhos à glória" (cf. Fl 2,5-11). São palavras que ainda hoje reanimam nossa fé e reavivam a esperança, dando-nos a força do Espírito para vivermos com alegria o testemunho da vida cristã.

Aclamação ao Evangelho: 1Jo 4,12
Se amarmos uns aos outros, Deus em nós há de estar; e o seu amor em nós se aperfeiçoará.

3 Evangelho: Mc 10,2-16

O que Deus uniu o homem não separe.

Enquanto está a **caminho** de Jerusalém, Jesus **continua ensinando** a multidão que o **segue**. Os fariseus aproveitam a ocasião para provocá-lo e perguntam-lhe se é permitido ao homem **divorciar-se** de sua mulher. Ao perguntar-lhes "O que Moisés vos **ordenou?**", eles respondem: "Moisés **permitiu** escrever uma certidão de divórcio e despedi-la". Referiam-se a Dt 24,1-4, um texto casuístico, no qual se determina o que fazer no caso de uma separação existente. Escrever uma certidão de divórcio, por um lado, significava uma declaração de falência de um matrimônio; por outro, declarava que a mulher estava livre para voltar à casa paterna, e casar-se com outra pessoa. Na resposta Jesus diz que **Moisés permitiu** escrever a carta **por causa da** "**dureza de vosso coração**". Jesus remete para outra parte da Lei atribuída a Moisés, ao livro do Gênesis, onde se fala do ser humano criado à imagem e semelhança de Deus, como "homem e mulher" – literalmente "macho e fêmea" (cf. Gn 1,28). E Jesus acrescenta: "Por isso, o homem [ele] deixará seu pai e sua mãe e se unirá à sua mulher [ela] e eles serão uma só carne" (cf. Gn 2,24; Primeira leitura). Unindo dois textos, Jesus aponta para a dupla finalidade do matrimônio: para a **geração de filhos** e como **complemento mútuo**. Os dois são o auxílio necessário, um para o outro, do ponto de vista sexual, psicológico e na comunhão de amor entre casal e os filhos. Em casa (de Pedro), Jesus explica aos apóstolos que o divórcio equivale ao adultério.

A cena seguinte, que mostra **Jesus abraçando as crianças, completa o projeto desejado por Deus para a família**; isto é, **a união homem-mulher e filhos**. Diante da falência de muitos matrimônios o Estado pode e deve legislar. A orientação para os católicos, porém, vem da Igreja. O Sínodo dos bispos sobre a família renovou as orientações pastorais na busca da fidelidade ao ideal da família proposto por Jesus.

Recomendou, também, que **os recasados sejam acolhidos na Igreja com misericórdia**.

28º Domingo do Tempo Comum

Oração: "Ó Deus, sempre nos preceda e acompanhe a vossa graça para que estejamos sempre atentos ao bem que devemos fazer".

1 Primeira leitura: Sb 7,7-11

Em comparação com a sabedoria, julguei sem valor a riqueza.

Em todos os povos, culturas e civilizações **o ser humano sempre buscou a felicidade**. O ser humano analisa e reflete sobre os modos de viver que trazem, ou não, a felicidade. A experiência acumulada desta **busca de felicidade chama-se sabedoria**. Ao longo de sua história, Israel aprendeu muito da sabedoria dos povos vizinhos. Acolheu parte dela dentro da própria experiência religiosa. Mas foi na **Lei de Deus** que encontrou a **sabedoria que distingue Israel de outros povos**. Quando os povos conhecerem essas leis, dirão: "Sábia e inteligente é, na verdade, essa grande nação" (Dt 4,6). A sabedoria de Israel está contida nos chamados livros sapienciais da Bíblia. Esse texto é tirado do livro da Sabedoria, o último livro do Antigo Testamento a ser escrito. Apresenta Salomão, rei de Israel, a quem são atribuídos os livros sapienciais, que pede a Deus o dom da sabedoria. Salomão considera a sabedoria preferível às riquezas, honras e à própria saúde, porque "todos os bens me vieram com ela" (Sb 7,11). Na concepção judaica daquele tempo, a **riqueza** era considerada uma **bênção de Deus** dada aos que observam a **Lei de Moisés**, fonte da verdadeira **sabedoria**. No entanto, a **riqueza** por si só **não traz a felicidade**. A felicidade vem do bom relacionamento com Deus, com o próximo e, especialmente, com os irmãos mais necessitados. O **Reino de Deus** trazido por Jesus **não combina com as riquezas**, quando não partilhadas com os mais pobres (Evangelho).

Salmo responsorial: Sl 89
Saciai-nos, ó Senhor, com vosso amor, e exultaremos de alegria.

2 Segunda leitura: Hb 4,12-13
A Palavra de Deus julga os pensamentos
e as intenções do coração.

A Carta aos Hebreus dá um grande destaque à Palavra como comunicação de Deus com os seres humanos. Desde o início lembra que Deus se comunica com seu povo: "Deus falou antigamente a nossos pais pelos profetas. Agora, nos últimos dias, falou-nos pelo Filho [...] por quem criou também o mundo" (Hb 1,1-2). As palavras que usa para qualificar a **Palavra chegam a personificá-la**. Ela é viva, eficaz (cf. 2Tm 3,15-16), cortante, penetra até o mais íntimo de nosso ser e nos julga, e a ela devemos prestar contas. Em João, **a Palavra é o próprio Filho** que o Pai nos enviou: "E a Palavra se fez carne e habitou entre nós" (Jo 1,14). Assim é a Palavra de Deus que ouvimos na celebração da missa. Como essa Palavra nos tocou hoje?

Aclamação ao Evangelho
Felizes os pobres em espírito, porque deles é o Reino dos Céus.

3 Evangelho: Mc 10,17-30
Vende tudo o que tens e segue-me!

Domingo passado ouvimos Jesus respondendo a uma pergunta dos fariseus sobre se é permitido ao marido escrever uma carta de divórcio e despedir sua mulher. Na resposta Jesus remetia ao projeto de Deus para o matrimônio: Deus fez o ser humano à sua imagem e semelhança e os fez homem e mulher, para gerar filhos e para serem um auxílio necessário mútuo, vivendo em comunhão de vida e amor um com o outro. Depois, na casa de Pedro, Jesus explicou aos discípulos que o divórcio equivale ao adultério. Abençoou também as crianças, que merecem amor e não podem ser esquecidas em caso de separação.

Hoje ouvimos que, logo depois desta cena, **Jesus se pôs a caminho de Jerusalém com os discípulos**. Então veio um jovem correndo ao seu encontro, ajoelhou-se aos pés de Jesus e perguntou: "Bom mestre, que devo fazer para ganhar a vida eterna?" Jesus o questiona: "Por que me chamas de bom? **Somente Deus é bom!**" A busca da vida eterna, da felicidade definitiva com Deus, parecia sincera da parte do jovem. Jesus lhe indicou o **caminho da sabedoria da Lei** (Primeira leitura). O jovem respondeu que sempre observou com fidelidade os mandamentos. Olhando para ele com amor, Jesus percebeu que ainda faltava ao jovem alguma coisa para ser seu discípulo. Propôs-lhe, então, um novo **caminho para ganhar a vida eterna**, o caminho do Reino de Deus: "Vai, **vende tudo** o que tens e **dá aos pobres** [...]. Depois vem e segue-me!" O jovem ficou triste e foi embora, "pois era muito rico". E Jesus comentou: "**Como é difícil para os ricos entrar no Reino de Deus!**" Os discípulos se espantaram e Jesus repetiu: "Filhos, como é difícil entrar no Reino de Deus!" É difícil para todos e mais difícil, ainda, para os ricos: "É mais fácil um camelo passar pelo buraco de uma agulha do que um rico entrar no Reino de Deus". Pedro, então, pergunta o que vão ganhar eles, que largaram tudo para segui-lo. Jesus responde: No presente, uma **nova família**, a comunidade cristã que os acolhe; no futuro, a **vida eterna**. O seguimento de Cristo exige uma opção básica: Largar as riquezas e tudo que nos amarra, para **abraçar com generosidade o Reino de Deus** e servir ao próximo, especialmente os irmãos na fé. "Buscai em primeiro lugar o Reino de Deus e sua justiça e todas as coisas vos serão dadas de acréscimo" (cf. Mt 6,33). O jovem rico podia ganhar a vida eterna observando a Lei de Moisés. Os apóstolos ganharão a vida eterna por terem largado tudo para seguir a Jesus. A vida eterna com Deus é a meta tanto do judeu como do cristão. Mas o judeu acreditava receber a vida eterna como recompensa por ter observado a Lei. O cristão, porém, deve abraçar e viver a proposta do Reino de Deus aqui na terra, seguindo o caminho de Jesus, amando a Deus acima de tudo e ao próximo como Jesus o amou. A vida eterna não é um mérito, e sim, um dom gratuito de Deus para aqueles que o amam.

29º Domingo do Tempo Comum

Oração: "Deus eterno e todo-poderoso, dai-nos a graça de estar sempre ao vosso dispor, e vos servir de todo o coração".

1 Primeira leitura: Is 53,10-11

Oferecendo sua vida em expiação, ele terá descendência duradoura.

Na segunda parte do livro de Isaías (40–55) estão inseridos quatro hinos, chamados cânticos do **Servo Sofredor**. O texto do presente Domingo faz parte do quarto cântico, cujo texto integral é lido na Sexta-feira Santa. O **Servo Sofredor** pode representar um indivíduo ou o próprio povo de Israel, exilado na Babilônia. No texto devemos prestar atenção a **três personagens**: **Deus** que tem um plano de salvação, o **Servo Sofredor** que obedece e o executa e os **inúmeros homens justificados**. No mesmo relacionamento estamos nós, enquanto assembleia que que escuta a Palavra de Deus e celebra a Eucaristia. O sofrimento do Servo faz parte do plano de Deus – "o Senhor *quis* macerá-lo com sofrimentos". O Servo, que é *justo*, cumpre a vontade do Senhor. **Oferecendo sua vida** em expiação pelos pecados de outros, "fará **justos inúmeros homens**", "terá uma descendência duradoura" e "alcançará luz e uma ciência duradoura". A figura deste Servo Sofredor é misteriosa. Por isso, com razão o camareiro etíope perguntava ao diácono Filipe sobre o significado desta figura: "Dize-me de quem o profeta está falando? De si mesmo ou de outro?" – E Filipe pôs-se a falar de **Jesus**: Ele é **o Servo do Senhor**, que deu sua vida por nosso amor (cf. At 8,34-35). Nós somos sua descendência duradoura (Evangelho).

Salmo responsorial: Sl 32
Sobre nós venha, Senhor, a vossa graça, pois em vós nós esperamos!

2 Segunda leitura: Hb 4,14-16

Aproximemo-nos, com confiança, do trono da graça.

Domingo passado ouvimos que a Palavra de Deus é viva e eficaz, e penetra o mais profundo do ser humano. Ela se identifica com o próprio Filho de Deus feito homem, pelo qual Deus nos comunica seu amor. No texto de hoje o autor compara Jesus ao sumo sacerdote. No judaísmo o sumo sacerdote tinha como função coordenar os servidores do Templo, supervisionar o culto, oferecer o sacrifício diário e, uma vez por ano, executar os ritos de expiação dos pecados do povo. Era considerado o mediador por excelência entre Deus e seu povo. O sumo sacerdote representava, sobretudo, a relação do povo com Deus, pela oferta de sacrifícios e pela intercessão. O sacerdócio de Jesus, porém, é **superior ao judaico** porque, **como Filho de Deus**, assumiu a natureza humana. Fez-se **solidário** com os homens em tudo, menos no pecado. É capaz de compadecer-se de nossas fraquezas porque foi provado pelo sofrimento. O Filho de Deus **aproximou-se de nós**, por isso **podemos**

nos aproximar dele com toda confiança e obter a graça de sua misericórdia. Com estas palavras o autor visa fortalecer a **confiança** dos judeu-cristãos que fraquejavam na sua fé em Jesus Cristo.

Aclamação ao Evangelho

Jesus Cristo veio servir; Cristo veio dar sua vida. Jesus Cristo veio salvar; viva Cristo, Cristo viva!

3 Evangelho: Mc 10,35-45

O Filho do Homem veio para dar a sua vida
como resgate para muitos.

O texto do Evangelho faz parte do **caminho de Jesus** com os discípulos e o povo, que o seguem rumo a Jerusalém. Nos domingos anteriores, Jesus esclarecia ao longo do caminho sua missão como o Cristo/Messias, filho de Davi, e ensinava como devem agir os discípulos que o seguem. Na cena que precede o presente texto vimos Jesus indo à frente, enquanto **os discípulos** "o **seguiam** apreensivos e apavorados". É que Jesus, pela terceira vez, lhes anunciava que seria condenado à morte pelos sumos sacerdotes e escribas e entregue aos pagãos. Que projeto haveria de se cumprir, o de Jesus ou o de seus discípulos apreensivos? A cena de hoje mostra os **discípulos seguindo fisicamente o Mestre**, mas ainda sem terem acolhido o projeto de Deus a respeito de Jesus enquanto Messias. **Na cabeça deles permanecia o projeto do poder e não o do serviço**, abraçado por Jesus, o Servo Sofredor. Tanto assim que planejavam, para a entrada em Jerusalém, proclamá-lo rei, o Messias descendente de Davi. Tiago e João, por sua vez, ambicionavam uma posição especial ao lado de Jesus neste reino sonhado pelos Doze: "Deixa-nos sentar um à tua direita e outro à tua esquerda, quando estiveres na tua glória". Jesus lhes pergunta se sabiam o que estavam pedindo:

"Podeis beber o cálice que eu vou beber?" E eles respondem: "Podemos". Os dois pensavam no cálice que o servente devia provar antes de oferecê-lo ao rei, para evitar um possível envenenamento. Eles eram até corajosos, pois o cargo ambicionado exigia confiança e, também, risco de vida. Jesus, porém, pensa no cálice do sofrimento (Mc 14,36) e lhes diz: "Vós bebereis o cálice que eu vou beber", mas o lugar de honra ao seu lado já estava reservado para outros. – A propósito, Tiago é o primeiro apóstolo a sofrer o martírio pelo nome de Jesus (At 12,1-2). – Ao saber do pedido de Tiago e João, os outros ficaram indignados. Jesus, então, chamou os Doze para dar-lhes uma lição. A proposta de Jesus não é a do **poder** que os chefes das nações ambicionam e tiranizam os povos. "**Entre vós não deve ser assim!**" Quem quiser ser grande ou o primeiro, deve servir como escravo de todos. O caminho do discípulo deve ser como o do Mestre: "**O Filho do Homem não veio para ser servido, mas para servir e dar a sua vida** como resgate para muitos". O caminho ensinado e vivido por Jesus é o do serviço, a ser abraçado por todo cristão (cf. Jo 13).

30º Domingo do Tempo Comum

Oração: "Deus eterno e todo-poderoso, aumentai em nós a fé, a esperança e a caridade e dai-nos amar o que ordenais para conseguirmos o que prometeis".

1 Primeira leitura: Jr 31,7-9

Os cegos e aleijados, suplicantes, eu os receberei.

O profeta Jeremias era de Anatot, um vilarejo da tribo de Benjamim, perto de Jerusalém, que pertencia ao antigo reino de Israel. Quando sua capital Samaria foi destruída pelos assírios, muitos israelitas foram levados para o exílio, ao norte da Assíria; outros, porém, refugiaram-se no reino de Judá. Cem anos depois, Jeremias foi chamado a ser profeta, quando Josias era rei de Judá. Neste tempo Judá tornou-se um reino independente e reconquistou grande parte do território de Israel até então dominado pelo decadente Império Assírio. À luz desses acontecimentos, em nome de Deus, Jeremias conclama os ouvintes a cantarem um cântico de suplicante **alegria**: "**Salva**, Senhor, teu povo, **o resto de Israel**". Mas é um resto que põe sua **esperança** no socorro divino: Entre eles, por um lado, há **cegos** e **aleijados** que representam um povo abatido, o resto salvo por Deus; por outro lado, **mulheres grávidas e as que já deram à luz**, portanto, promessas de uma vida nova para os sobreviventes do reino de Israel, vivendo agora em Judá. É uma verdadeira multidão, chorando de alegria no retorno à sua terra. Ali os espera **Deus, pai amoroso de Israel**, para abraçá-los como a um **filho primogênito**.

A liturgia de hoje nos apresenta Cristo como o verdadeiro restaurador de Israel, aquele que traz a salvação para todos. A cura do **cego de Jericó** revela o amor de Deus para com todos, especialmente os mais pobres e desprotegidos. Bartimeu representa os "cegos e aleijados" de Jeremias, os pobres ameaçados em sua vida (Evangelho).

Salmo responsorial: Sl 125

Maravilhas fez conosco o Senhor, exultemos de alegria.

2 Segunda leitura: Hb 5,1-6

Tu és sacerdote para sempre, segundo a ordem de Melquisedec.

Domingo passado, a Carta aos Hebreus falava do sacerdócio de Jesus como superior ao do sumo sacerdote judaico. Cristo é o sumo sacerdote, o sumo pontífice por excelência porque faz a ponte entre Deus e a humanidade. O texto de hoje continua o pensamento. Como sumo sacerdote, Jesus tem compaixão de seu povo e se oferece em sacrifício por todos. Foi o próprio Deus que o escolheu como sumo sacerdote ao dizer: "Tu és meu Filho, eu hoje te gerei" (Sl 2,7). O Filho de Deus assumiu a nossa humanidade pela encarnação. Fez-se **solidário** com toda a humanidade em tudo, menos no pecado, por isso é capaz de compadecer-se de nossas fraquezas. Em Jesus de Nazaré é o próprio Filho de Deus que vem até nós, para nos aproximar do Pai e conceder-nos **a graça de sua misericórdia.**

Aclamação ao Evangelho

Jesus Cristo, Salvador, destruiu o mal e a morte; fez brilhar, pelo Evangelho, a luz e a vida imperecíveis.

3 Evangelho: Mc 10,46-52

Mestre, que eu veja!

Acompanhado pelos discípulos e peregrinos da Galileia, Jesus se dirige a Jerusalém para a festa da Páscoa. Chegando a Jericó, quase ao final da viagem, cura **outro cego**. Durante a viagem Jesus falava aos discípulos e ao povo do Reino de Deus como um serviço de amor. Três vezes anunciou que ele, o Filho do Homem, seria preso em Jerusalém e condenado à morte. Os discípulos, porém, discutiam entre si quem deles seria o **maior no reinado de Jesus** em Jerusalém (9,36-37). Permaneciam surdos à mensagem de Jesus e precisavam ser curados de sua cegueira.

O Evangelho nos conta que Jesus, acompanhado pelos "discípulos e uma grande multidão", estava saindo de Jericó para a última etapa da viagem a Jerusalém. Os discípulos **planejavam aclamá-lo como rei, o Messias filho de Davi**. Mas havia um **cego**, chamado **Bartimeu**, pedindo esmolas à beira da estrada. Quando ouviu que Jesus estava passando, pôs-se a gritar com insistência: "**Jesus, filho de Davi, tem piedade de** mim!" As pessoas ao seu redor mandaram que se calasse. Para eles o plano de aclamar Jesus como rei era mais importante. Não podia ser interrompido por um pedinte cego. Jesus, porém, escutou os gritos do cego, parou e mandou chamá-lo. Só então o povo solidarizou-se com Bartimeu e disse: "**Coragem, levanta-te, Jesus te chama!**" E o cego largou o manto de pedinte e deu um pulo até Jesus. Para testar a fé do cego Jesus perguntou: "O que queres que eu te faça?" O cego respondeu: "Mestre, que eu veja!" Como em outros milagres, Jesus disse: "Vai, a **tua fé te curou**". Ao ser curado, Bartimeu experimentou a **misericórdia** de Deus. Sentiu que Jesus o chamava como seu **discípulo** e pôs-se a segui-lo pelo **caminho**. Jesus curou sua cegueira física e abriu-lhe os olhos da fé. Os discípulos, no entanto, continuavam cegos, apesar de todos os ensinamentos recebidos entre as duas curas de cegos (Mc 8,22-26; 10,46-52). Pedro confessou que Jesus era o Cristo, mas continuava cego como seus companheiros. Não entendia Jesus como um Messias, Servo Sofredor. **O cego clamou a Jesus, filho de Davi, e viu nele o Messias Salvador misericordioso, capaz de compadecer-se dos sofredores.**

31º Domingo do Tempo Comum

Oração: "Ó Deus de poder e misericórdia, que concedeis a vossos filhos e filhas a graça de vos servir como devem, fazei que corramos livremente ao encontro das vossas promessas".

1 Primeira leitura: Dt 6,2-6

Ouve, Israel: Amarás o Senhor teu Deus com todo o teu coração.

Este texto, tirado do livro do Deuteronômio, é precedido pelos dez mandamentos (Dt 5,1-21). Os mandamentos resultam da aliança que Deus faz com o povo de Israel, libertado da escravidão do Egito (5,6).

Pela aliança, Israel se compromete a amar, temer e adorar um único Deus (5,7-15) e **amar o próximo como a si mesmo (5,16-21)**. Os mandamentos relacionados ao próximo são aqui formulados em forma negativa – "não farás isso, "não" farás aquilo" –, com exceção do mandamento relacionado aos pais: "Honra teu pai e tua mãe" (5,16). A formulação positiva destes mandamentos se encontra em Lv 19,18: "Amarás o teu próximo como a ti mesmo". Cabia aos pais explicar aos filhos o porquê destes mandamentos: "Nós éramos escravos no Egito e o Senhor nos libertou... para nos conduzir à terra prometida" (Dt 6,20-25). Parte da **leitura de hoje (6,4-6) era rezada nas sinagogas** e, mais tarde, por todo israelita adulto, de manhã e de noite. É o *Xemá Ysrael*, "Escuta, Israel" (Dt 5,4-9; 11,13-21; Nm 15,37-41). É provável que os filhos aprendessem a oração de cor, desde pequenos (Evangelho). O texto inicia com uma exortação ao temor de Deus; é um temor diante do sagrado, que reconhece e ama com fidelidade um único Deus (Javé, o Senhor). Este temor se manifesta no relacionamento com o próximo, praticando a justiça para com todos. A observância dos mandamentos é condição para uma vida feliz e abençoada na terra prometida aos antepassados (v. 2-3). A oração "Escuta, Israel" é a **síntese de toda a teologia** e, na sua formulação, a única do Antigo Testamento: "Amarás o Senhor teu Deus com todo o teu coração, com toda a tua alma e com todas as tuas forças".

Salmo responsorial: Sl 17
Eu vos amo, ó Senhor, porque sois minha força!

2 Segunda leitura: Hb 7,23-28

Cristo, uma vez que permanece para a eternidade, possui um sacerdócio que não muda.

A Carta aos Hebreus foi escrita, provavelmente, antes da destruição de Jerusalém (ano 70), pois supõe o culto do templo ainda funcionando.

O autor é um discípulo anônimo de Paulo, que escreve para cristãos de comunidades mistas, compostas em grande parte por judeus convertidos, mas também por pagãos (cf. Hb 6,1; 9,14). Os judeus convertidos no Egito faziam peregrinações ao templo de Jerusalém, onde ofereciam sacrifícios pelos pecados pela mediação dos sacerdotes. A esses judeus convertidos o autor apresenta Jesus como o único mediador diante de Deus, muito superior aos sacerdotes do templo. Eles eram frágeis, mortais e pecadores e deviam oferecer sacrifícios até pelos próprios pecados. Jesus, ao contrário, "é santo, inocente e sem mancha..., elevado acima dos céus". O sumo sacerdote oferecia a cada ano o sangue de animais como sacrifício de expiação. Cristo é o único mediador entre Deus e o ser humano. Ele ofereceu uma única vez sua vida em expiação de nossos pecados. Por ele temos o perdão e a reconciliação com Deus (Hb 7,19; Rm 5,1-2).

Convém lembrar que os primeiros cristãos ainda não estavam separados do judaísmo oficial. O apóstolo Paulo, antes do ano 70, ainda cumpriu um voto no templo (At 21,15-26). Entendemos por que a Carta aos Hebreus insiste na superioridade de Cristo em relação ao sumo sacerdote, cujas funções os cristãos consideravam já superadas.

Aclamação ao Evangelho

Quem me ama realmente guardará minha palavra.

3 Evangelho: Mc 12,28b-34

Amarás ao Senhor teu Deus. Amarás a teu próximo.

Neste Evangelho Jesus resume os dez mandamentos e toda a Lei de Moisés num único **mandamento do Amor**. Os versos 28b-31 têm paralelo em Mateus (22,34-40) e Lucas (10,25-28). O comentário do mestre da Lei sobre a resposta de Jesus (12,32-34) é próprio de Marcos. Em Mateus e Lucas o mestre da Lei faz a pergunta sobre o maior dos mandamentos, para provocar a Jesus. Em Marcos o mestre da Lei aproxima-se pacificamente de Jesus para conversar com Jesus sobre o mandamento principal. **Quem pergunta é o mestre da Lei e Jesus responde**. O mestre da Lei pergunta pelo primeiro mandamento e Jesus responde que o **primeiro mandamento** é o que diz a oração diária "Escuta, Israel" (Primeira leitura): "O Senhor nosso Deus é o único Senhor. Amarás o Senhor teu Deus de todo o coração, de toda a tua alma, de todo o teu entendimento e com toda a tua força". E acrescenta logo o **segundo mandamento**: "Amarás teu próximo como a ti mesmo" (cf. Lv 19,18). Mas Jesus considera os dois mandamentos como um só: "**Não existe outro mandamento maior do que estes**". Mateus também considera o segundo mandamento "igual" ao primeiro (Mt 22,39). O mestre da Lei confirma a resposta de Jesus, mas acrescenta que observar este mandamento do amor a Deus e ao próximo "é melhor do que todos os holocaustos e sacrifícios" (cf. Mt 9,13; 12,7). Ao ouvir o comentário inteligente do mestre da Lei, Jesus lhe disse: "Tu não estás longe do Reino de Deus". O Reino de Deus pregado por Jesus se resume nos mandamentos do amor a Deus e ao próximo. O mestre da Lei não estava longe. De fato, na parábola do bom samaritano, Jesus explica ao fariseu quem é o próximo (cf. Lc 10,25-37). O próximo não é apenas um judeu, mas toda pessoa necessitada da qual eu me aproximo, a fim de cuidar dela.

32º Domingo do Tempo Comum

Oração: "Deus de poder e misericórdia, afastai de nós todo obstáculo para que, inteiramente disponíveis, nos dediquemos ao vosso serviço".

1 Primeira leitura: 1Rs 17,10-16

A viúva, do seu punhado de farinha, fez um pãozinho e o levou a Elias.

Acab, rei de Israel, tinha se casado com Jezabel, filha de um rei pagão de Tiro e Sidônia. Jezabel promovia a religião de **Baal**, considerado o deus da chuva e da fertilidade, em prejuízo da fé no **Deus de Israel**. Como punição pelo pecado de idolatria, **Elias** anunciou uma seca que duraria até que Javé, Deus de Israel, mandasse chuva. Jurado de morte pela rainha, Elias teve que fugir. Por ordem de Deus, foi hospedar-se na casa de uma **viúva** em Sarepta, região donde viera a rainha. Lá Deus providenciou para o profeta uma hospedagem: "Eu ordenei a uma viúva de lá que te sustentasse" (v. 9). Chegando a Sarepta, o profeta pediu à viúva que lhe trouxesse **água e pão**. Ela **jurou em nome do Senhor, Deus de Israel,** que não tinha pão; na verdade, estava catando alguns gravetos para preparar o último pão para si e seu **filho órfão**, e depois esperariam a morte. Mesmo assim, Elias pediu-lhe que, primeiro, preparasse um pão para ele e só depois para si e seu filho. E prometeu em nome do Senhor, Deus de Israel: **Não faltará farinha nem azeite** até Deus mandar chuva sobre a terra. **Ela acreditou na palavra de Deus** anunciada por Elias. E o pão partilhado com generosidade se multiplicou: "E comeram, ele e ela e sua casa, durante muito tempo" (Evangelho; cf. Mt 14,13-21; Jo 6,9).

A historieta nos ensina que o Deus de Israel protege os pobres, representados pela viúva e o órfão, o que Baal é incapaz de fazer. Também hoje, os pobres confiam em Deus e partilham com mais facilidade o pouco que têm do que os ricos, que confiam nas riquezas (cf. Salmo responsorial).

Salmo responsorial: Sl 145

Bendize, minha alma; bendize ao Senhor!

2 Segunda leitura: Hb 9,24-28

Cristo foi oferecido uma vez para tirar os pecados da multidão.

Cada ano, na festa da Expiação, o sumo sacerdote entrava no santuário para oferecer um sacrifício cruento em expiação de seus pecados e dos pecados do povo. **Jesus ofereceu uma única vez o sacrifício da própria vida** em expiação dos pecados da humanidade toda. Desta forma, aboliu todos os sacrifícios do antigo templo. Jesus ressuscitou e entrou definitivamente no santuário do céu, onde está junto de Deus como **nosso intercessor**. "O destino de todo homem é morrer uma só vez, e depois vem o julgamento" (v. 27). **Cristo voltará uma segunda vez** (juízo final), para **salvar quem lhe for fiel**. Nele podemos confiar, porque já agora intercede por nós junto do Pai.

Aclamação ao Evangelho

Felizes os pobres em espírito, porque deles é o Reino dos Céus.

3 Evangelho: Mc 12,38-44

Esta viúva pobre deu mais do que todos os outros.

Os ensinamentos que Jesus dava aos discípulos e ao povo, desde a viagem da Galileia, terminam com sua entrada triunfal em Jerusalém (cap. 11). No capítulo 12 temos ensinamentos resultantes do confronto de Jesus com seus adversários e concluem-se com o Evangelho que hoje ouvimos. **O texto se divide em duas cenas ligadas pelo tema da viúva.** Na primeira cena Jesus está ensinando o povo na área do Templo e tece críticas aos escribas ou doutores da Lei de Moisés. **Os escribas e fariseus** acusavam Jesus de não observar o sábado e outras prescrições da Lei. Jesus os critica porque **não fazem o que ensinam**: Usam roupas vistosas, exibem-se nas praças e sinagogas, mas, a pretexto de longas orações, "**devoravam as casas das viúvas**". A mesma crítica vale, hoje, aos que ensinam o povo cristão, mas não praticam sua mensagem.

A segunda cena mostra Jesus no Templo, sentado junto ao **cofre das esmolas**. Enquanto observava os mais **ricos** depositando punhados de moedas no cofre, Jesus viu uma **pobre viúva** que do fundo da sua bolsa tirou duas moedinhas, as únicas que possuía, e colocou-as no cofre. Era o cofre das esmolas que serviam para socorrer também os pobres de Jerusalém. Com os olhos de Deus, Jesus viu a cena e disse aos discípulos: "**Esta viúva deu mais do que todos os outros**". De fato, **ela ofereceu tudo o que tinha para viver;** entregou sua **vida** nas mãos de Deus (Primeira leitura), enquanto outros davam apenas o que lhes sobrava.

Jesus deve ter ficado muito feliz com o gesto generoso da viúva. Ela **entregou sua vida nas mãos de Deus**. Em breve **Jesus também iria entregar sua vida para salvar a humanidade** do pecado do egoísmo. Na esmola daquela pobre viúva Jesus viu o Reino de Deus realizando-se no gesto de uma pobre viúva. Viu na prática o que tentava ensinar nas duas divisões dos pães (Mc 6,30-44; 8,1-9). Com seu gesto, a viúva ensinou muito mais que os escribas e fariseus, que não faziam o que ensinavam. Cumpria-se o caminho das bem-aventuranças: "Bem-aventurados os pobres em espírito, porque deles é o Reino dos Céus" (cf. Mt 5,1). A viúva, entregando sua vida nas mãos de Deus, mostrou que o caminho do Reino de Deus era viável para os discípulos: "Quem perder a sua vida por amor de mim e pela causa do Evangelho, há de salvá-la".

33º Domingo do Tempo Comum

Oração: "Senhor nosso Deus, fazei que nossa alegria consista em vos servir de todo o coração, pois só teremos felicidade completa servindo a vós, o criador de todas as coisas".

1 Primeira leitura: Dn 12,1-3

Nesse tempo teu povo será salvo.

O livro de Daniel foi escrito durante o domínio selêucida da Síria, no contexto da revolta dos Macabeus. Os judeus eram, então, oprimidos por pesados tributos pelo rei sírio Antíoco IV; eram proibidos de praticar sua religião e obrigados a práticas religiosas pagãs. Era um tempo de muito sofrimento. Entre os judeus havia os que procuravam ser fiéis à fé dos antepassados; outros, porém, colaboravam com os dominadores e traíam sua fé. O autor projeta o drama de seu tempo (domínio selêucida) para o tempo dos babilônios e persas. Ao descrever suas visões, usa uma linguagem codificada, na qual os governantes são representados como animais ferozes. **A intenção é animar a esperança dos fiéis perseguidos.** No passado, o profeta Ezequiel animava a esperança dos exilados na Babilônia com a fé na ressurreição da nação (Ez 37,1-14). Em **Daniel afirma-se** não só a salvação do povo judeu, mas também **a ressurreição individual dos justos e pecadores**: "Muitos dos que dormem no pó da terra despertarão, uns para a vida eterna, outros para o opróbrio eterno". O caminho do sábio para a salvação é a fiel observância da Lei de Deus. Sábios são os que ensinaram o caminho das virtudes praticadas (observância da Lei), porque "brilharão como estrelas por toda a eternidade".

Salmo responsorial: Sl 15

Guardai-me, ó Deus, porque em vós me refugio!

2 Segunda leitura: Hb 10,11-14.18

Com uma única oferenda, levou à perfeição definitiva os que ele santifica.

O autor continua afirmando a superioridade do sacerdócio e do sacrifício único de Cristo sobre o sacerdócio e os sacrifícios do antigo templo. Os sacrifícios da antiga Aliança eram oferecidos diariamente pelos sacerdotes, sem conseguir apagar os pecados do povo. Pelo sacrifício, oferecido uma única vez por nossos pecados, Cristo alcançou um lugar de honra "à direita do Pai", isto é, como juiz: "donde virá a julgar os vivos e os mortos" (Credo). Pela sua morte e ressurreição garantiu, para todos os que o seguem, o perdão dos pecados e "levou à perfeição definitiva os que ele santifica".

Aclamação ao Evangelho: Lc 21,36

É preciso vigiar e ficar de prontidão; em que dia o Senhor há de vir, não sabeis não!

3 Evangelho: Mc 13,24-32

Ele reunirá os eleitos de Deus de uma extremidade à outra da terra.

O último ensinamento de Jesus, antes da paixão, trata da destruição de Jerusalém e seu Templo, e da segunda vinda do Senhor, no fim dos tempos. Mateus e Lucas têm uma descrição mais ampla destes eventos. Marcos é mais sintético. Conta que, ao sair de Jerusalém, os discípulos chamaram a atenção de Jesus à majestosa construção do Templo. E Jesus lhes respondeu: "Estais vendo tudo isso? [...] Não ficará pedra sobre pedra; tudo será destruído". Ao chegarem ao monte das Oliveiras, Pedro, Tiago, João e André lhe perguntaram em particular **quando** isso haveria de acontecer e **qual seria o sinal**. Antes do texto hoje proclamado, Jesus fala dos sinais que precederão o "quando" (Mc 13,5-13). Haverá guerras, terremotos e fome. Antes que chegue o fim, o Evangelho será anunciado a todas as nações e os cristãos serão perseguidos. Quando o inimigo se instalar em Jerusalém, é hora de os cristãos, os eleitos, fugirem para os montes e não confiarem em falsos cristos e profetas (v. 14-23). Todos esses sinais estão relacionados à destruição de Jerusalém e à vida dos cristãos no Império Romano.

O texto que hoje ouvimos refere-se à **segunda vinda do Senhor** no fim dos tempos, como Juiz. Marcos escreveu seu Evangelho, provavelmente, antes da destruição de Jerusalém no ano 70 d.C., quando se iniciou a guerra judaica. Sinais, como boatos de guerra, terremotos e fome, sempre existiram e existirão. **Jesus, porém, não responde sobre quando** acontecerá a segunda vinda do Filho do Homem: "Quanto a esse dia e à hora, ninguém sabe nem os anjos do céu, nem o Filho, mas somente o Pai". Importa é estar atento aos sinais (exemplo da figueira) e **vigiar**. As obras humanas, impérios e potências mundiais, tendem a desaparecer: "O céu e a terra passarão, mas as minhas palavras não passarão" (cf. Is 40,6-8; 1Pd 1,24-25).

Em vez de nos apavorarmos diante da perspectiva de um fim imaginado como próximo, melhor seria **vigiar, reavivar a fé** na presença de Cristo no meio de nós e **reforçar a confiança na Palavra de Deus**: "Eis que estou convosco, todos os dias, até o fim do mundo" (cf. Mt 28,20). A mensagem é válida para os nossos dias, mas carece de uma atualização. Trata-se dos sinais cada vez mais dramáticos do aquecimento global, causado pela nossa civilização e irresponsabilidade com as futuras gerações: furacões, chuvas e enchentes devastadoras, secas terríveis, derretimento das calotas polares e geleiras, o aumento do nível do mar, as pandemias etc.

Tudo isso é uma convocação urgente para as nações, os povos e as religiões se unirem para salvar a vida de nosso planeta. Ainda é tempo. Nestas circunstâncias, vigiar não significa ficar paralisado e esperar pelo fim. **Vigiar agora significa agir.**

34º Domingo do Tempo Comum – Solenidade de Nosso Senhor Jesus Cristo, Rei do Universo

Oração: "Deus eterno e todo-poderoso, que dispusestes restaurar todas as coisas no vosso amado Filho, Rei do Universo, fazei que todas as criaturas, libertas da escravidão e servindo à vossa majestade, vos glorifiquem eternamente".

1 Primeira leitura: Dn 7,13-14

Seu poder é um poder eterno.

Os profetas preocupavam-se, sobretudo, com o momento presente, pregavam em nome de Deus a conversão e a renovação moral e religiosa dos ouvintes. Daniel, ao contrário, é um livro apocalíptico, preocupado mais com o futuro. Procura desvendar o plano futuro de Deus, a fim de dar conforto ao povo em meio aos sofrimentos do presente. A linguagem é cheia de símbolos e visões (cap. 7–12), que só os iniciados podiam entender. Uma linguagem cifrada para tempos de perseguição. As visões noturnas começam em Dn 7,2 e o texto escolhido para hoje é a sexta visão. Na visão noturna, **Daniel vê entre as nuvens alguém vindo como se fosse filho de homem;** isto é, um ser humano. Ele o vê sendo apresentado a um ancião e recebendo dele poder, glória e realeza. Povos e nações de todas as línguas o servem. Em seu livro o autor descreve como os reinos deste mundo são frágeis e passageiros, sucedendo-se uns aos outros. **O reino que este filho de homem recebe,** porém, **será eterno** e seu reino nunca acabará. Os **reis deste mundo governam, mas quem dirige a história é Deus** (Segunda leitura e Evangelho).

Salmo responsorial: Sl 92

Deus é Rei e se vestiu de majestade. Glória ao Senhor!

2 Segunda leitura: Ap 1,5-8

*O soberano dos reis da terra fez de nós um reino,
sacerdotes para seu Deus e Pai.*

O texto faz parte da saudação às sete igrejas da Ásia Menor que representam todas as comunidades cristãs espalhadas pelo Império Romano. A saudação serve como introdução ao Apocalipse e traz em síntese o que será desenvolvido ao longo do livro. Jesus Cristo é qualificado como "a **Testemunha Fiel**", "o Primeiro a ressuscitar dentre os mortos" (**Primogênito dos mortos**) e "o **Soberano dos reis da Terra**". São os três atributos que indicam o Filho de Deus encarnado, em sua ação salvadora aqui na terra. São o tríplice nome do Filho de Deus no livro do Apocalipse. Como "Testemunha Fiel", Jesus veio implantar aqui na terra o Reino de Deus Pai, um **reino baseado sobre o poder da verdade e do amor**. Logo em seguida é especificada a obra redentora de Jesus: Ele nos ama porque derramou por nós seu sangue na cruz e nos libertou dos pecados. Ele fez de nós um reino de sacerdotes (cf. o Prefácio de hoje), servidores de Deus Pai. Quem tem um reino é rei, e merece reinar com glória e poder por toda a eternidade. Os imperadores romanos estavam sujeitos à morte, ao passo que o reinado de Jesus Cristo, Filho de Deus, dura para sempre. Sem dúvida, uma mensagem de conforto e esperança para os cristãos perseguidos. O **vidente vê Jesus vindo entre as nuvens do céu**, com poder e glória, "**para julgar os vivos e os mortos**" (Credo). Tanto os judeus que o traspassaram na cruz como todos os povos da terra o verão e baterão em seus peitos, arrependidos. Por fim, Deus se apresenta: "Eu sou o Alfa e o Ômega" (A e Z) – Deus é o princípio e o fim de tudo; "aquele que é, que era e que vem" – é o nome de Deus no Apocalipse; "o Todo-poderoso" – título que compete somente ao Deus Trindade dos cristãos, pois o poder dos governantes deste mundo é passageiro.

Aclamação ao Evangelho: Mc 11,9.10

É bendito aquele que vem vindo, que vem vindo em nome do Senhor; e o Reino que vem, seja bendito; ao que vem e a seu Reino, o louvor!

3 Evangelho: Jo 18,33b-37

Tu o dizes. Eu sou rei.

O Evangelho traz uma parte do interrogatório a que Jesus é submetido diante de Pilatos. No evangelho de João, Jesus não é condenado pelo Sinédrio. Apenas o sumo sacerdote Caifás interroga brevemente a Jesus sobre sua doutrina e, depois, o encaminha ao tribunal romano (Jo 18,19-28). O interrogatório e a acusação acontecem diante de Pilatos.

Quando Jesus é entregue a Pilatos, este lhes pergunta sobre a acusação. Eles não haviam formulado nenhuma acusação concreta e disseram: "Se este homem não fosse malfeitor, não o teríamos entregue a ti" (18,30). Pilatos não se intrometia nos assuntos religiosos internos dos judeus. Devia zelar pelos interesses políticos dos romanos. Por isso pergunta a Jesus: "**Tu és o rei dos judeus?**" Pelos outros evangelhos sabemos da expectativa da vinda próxima do Messias, filho de Davi. Portanto, uma figura real que expulsaria os romanos haveria de purificar o culto no Templo. Pilatos queria saber por que o povo e os sumos sacerdotes entregaram Jesus. Então pergunta: "O que fizeste?" Na resposta Jesus abre o jogo: "**O meu reino não é deste mundo**". Se o fosse, meus discípulos lutariam para não ser entregue aos judeus. Interrogado se era rei de fato, Jesus responde: "**Eu sou rei**". E logo explica em que sentido é rei: "**Eu nasci** e vim ao mundo **para dar testemunho da verdade**" (Segunda leitura). A verdade testemunhada por Jesus é que Deus é Amor (Jo 13,1; 14,21). Jesus é o Caminho, a Verdade e a Vida, que nos conduz a este Amor. Na ressurreição do último dia, Cristo entregará o reino a Deus Pai (1Cor 15,24). Então Deus será tudo em todos e nós estaremos com Deus.

Ano C

Tempo do Advento

1º Domingo do Advento

Oração: "Ó Deus todo-poderoso, concedei a vossos fiéis o ardente desejo de possuir o reino celeste, para que, acorrendo com as nossas boas obras ao encontro do Cristo que vem, sejamos reunidos à sua direita na comunidade dos justos".

1 Primeira leitura: Jr 33,14-16

Farei brotar de Davi a semente da justiça.

O livro do profeta Jeremias, após denunciar os pecados dos governantes, sacerdotes e da classe dominante, tem uma parte de oráculos de esperança, chamada "Livro da Consolação" (Jr 30–33). A primeira seção (Jr 30–31) contém promessas de restauração para Israel, o reino do Norte. A segunda seção (Jr 32–33) traz textos de discípulos do Profeta, que atualizaram as promessas de Jeremias depois do exílio e incluíram também Judá.

A leitura de hoje faz parte desta atualização, que renova e especifica as promessas. A promessa que Deus "fará germinar para Davi a semente (ou germe) da justiça" retoma a promessa sobre o futuro rei (Jr 23,5-6) e atualiza as palavras do profeta Isaías: "Um broto sairá do tronco de Jessé", pai de Davi (cf. Is 11,1-5). Esse descendente de Jessé será um rei sábio e justo, cheio do espírito do Senhor. As palavras de nosso texto foram muito bem-escolhidas para o início do Advento. Sete verbos no futuro caracterizam o texto como promessas cheias de esperança, que reanimam a fé e a confiança no Salvador que vem. "**Virão dias**", refere-se à **primeira vinda do Senhor**, no Natal (Advento), que já está **presente no meio de nós,** e cuja segunda vinda aguardamos. Deus **cumprirá a promessa** feita a Israel e Judá, "fará **brotar de Davi a semente da justiça**", um rei que "**fará valer** a lei e **a justiça** na terra". Em consequência, o povo de **Judá será** salvo, Jerusalém terá segurança e a cidade será chamada "O Senhor é a nossa Justiça".

Salmo responsorial: Sl 24
Senhor meu Deus, a vós elevo a minha alma!

2 Segunda leitura: 1Ts 3,17–4,2

Que o Senhor confirme os vossos corações na vinda de Cristo.

Acabamos de ouvir um trecho do mais antigo escrito do Novo Testamento. É Paulo que, pelo ano 50, escreve à comunidade de Tessalônica por ele fundada. Como outros cristãos dos primeiros decênios, Paulo esperava que logo acontecesse a **segunda vinda do Senhor**, como juiz dos vivos e dos mortos. Nesta mesma carta, o Apóstolo **declara como palavra do Senhor**: Quando "**o próprio Senhor descer do céu**, os que morreram em Cristo ressuscitarão primeiro. Depois nós, os vivos, que estamos ainda na terra, **seremos arrebatados** juntamente com eles para as nuvens, **ao encontro do Senhor** nos ares" (1Ts 4,16-17). Paulo não teme a segunda vinda do Senhor. **Espera-a com amor**, porque ama a Cristo e sente-se por ele amado. **Quem espera com amor a vinda do Senhor, procura estar sempre preparado**, vivendo "a santidade sem defeito aos olhos de Deus". O Apóstolo lembra aos cristãos como devem preparar-se para a vinda do Senhor: "Aprendestes de nós como deveis viver para agradar a Deus". São instruções dadas "em nome do Senhor". Reconhece, com alegria, que eles já estão vivendo isso, mas podem progredir sempre mais. Estar bem preparado é viver a fé, a esperança e o amor.

Aclamação ao Evangelho: Sl 84
Mostrai-nos, ó Senhor, vossa bondade, e a vossa salvação nos concedei!

3 Evangelho: Lc 21,25-28.34-36
A vossa libertação está próxima.

No sermão apocalíptico de Marcos, Evangelho escrito antes do ano 70, os discípulos perguntavam sobre o fim de Jerusalém e sobre o fim do mundo (Mc 13,4). Em Lucas, Evangelho escrito depois do ano 70, a pergunta se concentra apenas na destruição de Jerusalém: "Quando *isso acontecerá* e qual o sinal de que *irá começar a acontecer*" (Lc 21,7). O pequeno trecho do sermão de Jesus, que hoje ouvimos, não trata tanto do fim do mundo, mas da segunda vinda do Filho do Homem. Os sinais no céu, na terra e no mar, que abalam todas as forças do céu, são um prenúncio da vida do Filho do Homem. À vista dos sinais pavorosos, os que não creem em Cristo se encherão de angústia e terror. Os que têm fé em Cristo vão esperar, confiantes, a vinda do Senhor: "Quando estas coisas começarem a acontecer, levantai-vos e erguei a cabeça, porque a vossa libertação está próxima".

O cristão deve esperar o Senhor como alguém muito querido e desejado. Quem espera, deve estar preparado, deve vigiar e orar. A esperança da segunda vinda do Senhor não deve paralisar o cristão. De fato, enquanto Jesus subia ao céu, os discípulos ficaram parados, com os olhos fixos no céu. Então dois anjos os acordam e dizem: "Por que estais olhando para o céu? Esse **Jesus, que foi elevado ao céu de vosso meio, voltará** assim como o vistes subir para o céu" (At 1,11). Em vez de ficar olhando para o céu, eles deviam voltar a Jerusalém, aguardar o dom do Espírito Santo e partir em missão.

O Advento prepara-nos para celebrar a primeira vinda do Senhor no Natal. João Batista nos convida à conversão para dignamente celebrarmos o Natal como festa cristã. As festas da Imaculada Conceição (08/12) e de Nossa Senhora de Guadalupe (12/12) convidam-nos a acolher com amor o mistério da encarnação do Filho de Deus como Salvador da humanidade.

2º Domingo do Advento

Oração: "Ó Deus todo-poderoso e cheio de misericórdia, nós vos pedimos que nenhuma atividade terrena nos impeça de correr ao encontro do vosso Filho, mas, instruídos pela vossa sabedoria, participemos da plenitude de sua vida".

1 Primeira leitura: Br 5,1-9

Deus mostrará o seu esplendor.

O autor deste texto é um anônimo do II século a.C., mas o atribuiu a Baruc, secretário do profeta Jeremias. Os destinatários do texto são judeus da diáspora, dispersos por várias nações, que esperavam a restauração de Judá. Para eles Jerusalém continuava sendo o ponto de referência, o símbolo que unia a fé de todos os judeus no Deus salvador. O texto traz palavras que respiram **alegria e esperança**. Nelas manifesta-se a **glória de Deus** e **seu amor fiel** ao povo escolhido. A presença salvadora de Deus ilumina todo o texto. Em nove versículos aparece dez vezes o **nome de Deus**, e mais duas em que é chamado, "o Eterno", "o Santo". O autor retoma as palavras do Segundo Isaías (Is 40–55) dirigidas aos exilados da Babilônia e as atualiza para os inícios da revolta dos Macabeus contra o domínio sírio. Jerusalém cobria--se, então, de vestes de luto e aflição. Era como a esposa abandonada e esquecida pelo marido (cf. Is 49,14: "O Senhor me abandonou, meu Deus me esqueceu"). Como sinal de perdão e reconciliação, o Profeta convida Jerusalém a trocar as roupas de luto pelas vestes luxuosas, trazidas por Deus, seu noivo. **O Eterno coroa Jerusalém como rainha** com um brilhante diadema e cobre-a com um **manto da justiça** para apresentá-la como esplêndida noiva, **portadora da salvação para todas as nações**. Para celebrar a relação com Jerusalém renovada Deus lhe dará um novo nome: "Paz da justiça e glória da piedade". Domingo passado, Jeremias também anunciava um **novo nome de Jerusalém** restaurada: "**O Senhor é a nossa justiça**" (1º Domingo do Advento, Segunda leitura.) A troca de nome significa uma nova etapa da relação com Deus, uma missão que Deus confia à pessoa escolhida. Assim, Abrão passa a ser chamado Abraão quando Deus lhe promete que será pai de muitas nações (Gn 17,5) e João Batista recebe um novo nome para indicar sua missão de precursor do Messias (Lc 1,57-66). Quando acontecer a salvação de Israel, o próprio Deus preparará o caminho do retorno de seu povo. Então a natureza se transformará, "manifestando a **misericórdia** e a **justiça** que dele procedem".

Salmo responsorial: Sl 125
Maravilhas fez conosco o Senhor, exultemos de alegria!

2 Segunda leitura: Fl 1,4-6.8-11
Ficareis puros e sem defeito para o dia de Cristo.

Neste texto, Paulo se dirige à comunidade de Filipos, expressando toda a sua alegria e afeto. É a primeira comunidade fundada por Paulo e Silas na Europa. Era um grupo de judeus e simpatizantes do judaísmo, liderados por uma mulher chamada Lídia, que se reunia aos sábados num "lugar de oração", fora dos muros da cidade (At 16,6-15). Eles acolheram de coração aberto e com alegria a boa-nova de Jesus Cristo. **Paulo anunciava com alegria o Evangelho**, alegria que contagiou a comunidade, **formada**, sobretudo, **por mulheres**. Paulo agradece a Deus o apoio que os filipenses sempre lhe deram na divulgação do Evangelho. Reza para que, enquanto esperam a segunda vinda de Cristo Jesus, cresçam no amor e levem à perfeição a "boa obra" neles iniciada por Deus. Produzam "o fruto da justiça", plantada por Jesus Cristo em seus corações. A comunidade acolhedora de Filipos é um exemplo vivo da "Alegria do Evangelho" que deve brilhar em nossa vida cristã, como escreve o papa Francisco. É pela prática do bem que Deus é por nós louvado e glorificado.

Aclamação ao Evangelho: Lc 3,4.6

Preparai o caminho do Senhor, endireitai suas veredas. Toda a carne há de ver a salvação do nosso Deus.

3 Evangelho: Lc 3,1-6

Todas as pessoas verão a salvação de Deus.

Lucas situa o início da atividade de João Batista **no contexto histórico universal e local** para marcar a importância de seu ministério. Tibério César era então o imperador romano; Pilatos era o governador da Judeia; Herodes Antipas governava a Galileia; Herodes Filipe, a Itureia e Traconítide, e Lisânias, a Abilene; Anás e Caifás eram os sumos sacerdotes. João Batista é apresentado como um profeta do Antigo Testamento, a quem **"a palavra de Deus foi dirigida"** no deserto. O deserto para Israel é o lugar em que Deus se encontra com seu povo. Após libertá-lo da escravidão, faz com ele uma aliança e põe à prova sua fidelidade.

João Batista percorre a região do deserto de Judá ao longo do rio Jordão, prega "um **batismo de conversão para o perdão dos pecados**". Seu lema é tirado do profeta Isaías: "**preparai o caminho do Senhor**", do Senhor **que vem salvar seu povo**. O batismo de conversão exige eliminar os obstáculos que colocamos para a salvação que Deus vem nos trazer. As veredas e caminhos tortuosos a serem endireitados (Primeira leitura) são frutos do pecado que nos desvia e afasta do Senhor. Com Jeremias podemos clamar: "Faze-me voltar e eu voltarei, porque tu és o Senhor meu Deus" (Jr 31,18b). **Endireitar os caminhos tortuosos é abrir o coração para Deus que vem nos trazer a salvação**. A salvação que Deus vem nos trazer é para todos os que por ele são amados (Lc 2,14). A salvação está aberta para todos: "Todas as pessoas verão a salvação de Deus".

Cabe a nós preparar nosso coração para acolher o Senhor que vem nos trazer a Salvação. Preparar-se é buscá-lo de todo o coração. É pedir que nos mostre o caminho para encontrá-lo, como diz Santo Anselmo: "Senhor meu Deus, ensinai a meu coração onde e como vos procurar, onde e como vos encontrar".

3º Domingo do Advento

Oração: "Ó Deus de bondade, que vedes vosso povo esperando fervoroso o natal do Senhor, dai chegarmos às alegrias da Salvação e celebrá-las sempre com intenso júbilo na solene liturgia".

1 Primeira leitura: Sf 3,14-18a

O Senhor, teu Deus, exultará por ti, entre louvores.

A Primeira leitura é tirada do profeta Sofonias, que profetizou durante o início do reinado de Josias (640-609 a.C.). Durante seu reinado, Judá consegue livrar-se do domínio da Assíria, enfraquecida por problemas internos. O profeta convoca Jerusalém, símbolo do povo, a alegrar-se pela salvação que Deus lhe trouxe, libertando Israel do jugo assírio. Logo no primeiro verso percebe-se o tom alegre, dominante do texto: **canta de alegria, rejubila, alegra-te e exulta**. O motivo desta alegria é duplo. Por um lado, "**o Senhor revogou a sentença contra ti**, afastou teus inimigos". O rei da Assíria deixou de oprimir o povo de Israel; o povo não precisa mais temê-lo. Por outro lado, pode confiar sempre no Senhor, o rei de Israel. **Deus não é um rei distante**, que domina com exércitos, mas é **um rei salvador**, que traz segurança porque **está presente** "no meio de ti" (v. 15.17). Ele não só causa alegria a Jerusalém e a seu povo. O mesmo Senhor se alegra com Jerusalém, como um noivo movido de amor por Israel, sua noiva. E ela lhe responde jubilosa, com cantos de louvor e gratidão.

Salmo responsorial: Is 12

Exultai cantando alegres, habitantes de Sião, porque é grande em vosso meio o Deus Santo de Israel!

2 Segunda leitura: Fl 4,4-7

O Senhor está próximo.

Em Filipos, Paulo fundou a primeira comunidade cristã na Europa. Ali, num lugar fora dos muros da cidade, reunia-se em oração um grupo de mulheres de religião judaica (At 16,6-15). **Paulo e Silas foram bem-acolhidos por essa comunidade, que recebeu com grande alegria o anúncio da boa-nova de Jesus Cristo**. Esta mesma **alegria** torna-se visível na exortação de Paulo dirigida aos cristãos de Filipos. É uma **alegria que brota da fé** na pessoa do Senhor Jesus Cristo. Não foram apenas as **palavras dos apóstolos** que contagiaram os filipenses, mas, sobretudo, o **testemunho de amor e de alegria dado por eles.** Por isso, Paulo escreve: "**Alegrai-vos sempre no Senhor!**" E convida os cristãos a testemunharem o amor e a bondade do Senhor diante de todas as pessoas, porque "o Senhor está próximo" (v. 5). Paulo pensava que a segunda vinda do Senhor era iminente (1Ts 4,15-18). No entanto, os cristãos não deveriam inquietar-se com isso e, sim, apresentar suas necessidades a Deus nas orações, nas súplicas e na ação de graças.

Quem coloca o foco de sua vida em Deus estará preparado para o encontro com o Senhor que vem.

Aclamação ao Evangelho
O Espírito do Senhor sobre mim fez a sua unção; enviou-me aos empobrecidos a fazer feliz proclamação.

3 Evangelho: Lc 3,10-18

O que devemos fazer?

O 3º Domingo do Advento é conhecido na liturgia como o **Domingo da alegria** (em latim, *Gaudete*), por causa da proximidade do nascimento de Jesus Cristo. Neste Domingo acende-se a terceira vela da coroa, cor rosa. Duas festas marianas já anteciparam o Domingo da alegria do Natal: A festa da Imaculada Conceição de Maria (8 de dezembro) – a mulher que esmaga a cabeça da serpente (Gn 3,15) com seu Filho Jesus, o Salvador – e a festa de Nossa Senhora de Guadalupe (12 de dezembro), vestida como mulher indígena grávida.

Nesse contesto de preparação para o Natal, a liturgia nos apresenta agora a figura de João Batista, o precursor de Jesus na vida pública. Ele aponta a futura vida pública de Jesus e nos conclama no presente: "**Preparai o caminho do Senhor**, endireitai as suas estradas" (Lc 3,4). Preparar o caminho do Senhor não é apenas vestir-se bem para acolher uma visita importante. Na língua hebraica e aramaica, **caminho do Senhor indica a conduta correta que leva a observar os mandamentos de Deus**, no relacionamento em família e na sociedade. João anunciava o perdão dos pecados, condicionado à **conversão** das pessoas. Converter-se significa abandonar os caminhos injustos e perversos no relacionamento humano e adotar o **caminho da justiça e da solidariedade** com os mais pobres. É mudar de vida e adotar uma nova conduta. As pessoas que vinham escutar João Batista e batizar-se por ele, sem dúvida, entendiam sua mensagem. As multidões lhe perguntavam: "**Que devemos fazer?**" E João apontava o caminho do amor solidário com os pobres: "Quem tiver duas túnicas, dê uma a quem não tem; e quem tiver comida, faça o mesmo!" São recomendações válidas para todos nós.

Também grupos que detinham certo poder diante do povo se questionam diante de João. Os cobradores de impostos lhe perguntavam: "Mestre, que devemos fazer?" E João recomendava que não cobrassem mais do que o estabelecido (cf. Lc 19,1-10: Zaqueu). Aos soldados que perguntavam "o que devemos fazer?" João recomendava não usar a força para cobrar propina ou fazer acusações falsas, mas contentar-se com seu salário.

Muitos se perguntavam se João não era o Messias esperado. E João deixava claro que não era o Messias. Ele batizava apenas com água, em sinal do perdão dos pecados. Depois dele viria alguém mais forte do que ele, isto é, Jesus de Nazaré (Lc 3,21-22). Esse, sim, purificará de verdade o povo de todos os pecados: "**Ele vos batizará no Espírito Santo e no fogo**" (v. 16).

A pergunta dos ouvintes de João "que devemos fazer" e as respostas que lhes dá nos indicam como devemos nos preparar para acolher de coração aberto a Jesus Salvador.

4º Domingo do Advento

Oração: "Derramai, ó Deus, a vossa graça em nossos corações para que, conhecendo pela mensagem do anjo a encarnação do vosso Filho, cheguemos, por sua paixão e cruz, à glória da ressurreição".

1 Primeira leitura: Mq 5,1-4a

De ti há de sair aquele que dominará em Israel.

Miqueias atuou como profeta, junto com Isaías, na segunda metade do século VIII a.C. Era um tempo difícil, marcado pelas invasões dos reis assírios. O reino do Norte e sua capital Samaria foram destruídos em 722 a.C., e Jerusalém chegou a ser cercada pelo exército inimigo (701 a.C.). O texto hoje lido está também presente no livro de Isaías (2,2-5). Quando os magos do Oriente vieram a Jerusalém, perguntavam onde estaria o rei recém-nascido dos judeus. E os sumos sacerdotes e escribas responderam, "em Belém", citando a profecia que acabamos de ouvir (Mt 2,1-6). Em tempos de crise são relidas e se renovam as antigas promessas. Os reis de Israel e de Judá não souberam salvar seu povo por não terem obedecido a Lei da aliança com o Senhor. Por isso o profeta anuncia o nascimento de um novo rei, não em Jerusalém, mas na pequena vila de Belém. Relembra, assim, as origens da monarquia de Israel, na humilde figura de um pastor, Davi filho de Jessé (1Sm 16,1-13; 2Sm 7,8). Antes, porém, "Deus deixará seu povo ao abandono, até ao tempo em que uma mãe der à luz".

O texto apresenta algumas características do menino que vai nascer em Belém: Ele será um **rei que dominará em Israel; apascentará seu povo** "com a força do Senhor e com a majestade do nome do Senhor seu Deus". Então, os **homens viverão em paz**. Com o domínio e com a força de Deus, o novo rei protegerá seu povo. Não será, porém, um rei dominador: "Meu reino não é deste mundo [...] meu reino não é daqui" (cf. Jo 18,33-37; Mt 26,51-54). Jesus escolhe ser um pastor, capaz de dar sua vida por aqueles que ama (Jo 10,1-11). O Salmo responsorial esclarece que tipo de rei será o Messias: Um **rei** que **protege** seu povo e lhe **traz a salvação**. O desejo do rei-pastor é que seu **reino de justiça, de amor e de paz** se estenda "até aos confins da terra". Este deveria ser também o desejo e o compromisso dos filhos e filhas de seu reino.

Salmo responsorial: Sl 79

Iluminai a vossa face sobre nós, convertei-nos para que sejamos salvos!

2 Segunda leitura: Hb 10,5-10

Eis que eu venho para fazer a tua vontade.

No Advento esperamos o Salvador que vem nos salvar. No 4º Domingo do Advento ou vinda do Senhor, a Segunda leitura, tirada da Carta aos Hebreus, explica-nos quem é a pessoa esperada. A mensagem se concentra no mistério da **Encarnação do Filho de Deus. Ele assume um corpo humano**, gerado pelo Espírito Santo no seio da Virgem Maria. No texto hoje lido, Cristo, dialogando em primeira pessoa com Deus, nos dá a resposta: "Tu não quiseste vítima nem oferenda, mas **formaste-me um corpo**". Deus não se agrada de ofertas ou holocaustos pelo pecado quando não representam um coração que lhe é fiel. Por isso Cristo diz: "Eis que eu venho [...]. Eu vim, ó Deus, para **fazer a tua vontade**" (v. 7 e 8). O Filho de Deus assume um corpo humano e apresenta-se para fazer a vontade do Pai. Graças à **obediência** total à vontade do Pai, Jesus Cristo tornou-se causa de **santificação e salvação** para todos os que lhe **obedecem** (Hb 5,7-9).

Nossa sociedade busca um corpo perfeito, saudável e belo. Para embelezar o corpo, fazem-se tatuagens e até cirurgias de risco. Na contramão, o texto nos ensina que todos **recebemos de Deus um corpo** animado pelo seu espírito de vida **para fazermos a sua vontade**. A vontade de Deus é esta: Amar a Deus sobre todas as coisas e ao próximo como a si mesmo. Fazer a vontade de Deus é obedecê-lo. Cristo é o exemplo desta obediência. Por nosso amor, ele se fez obediente até à morte na cruz (cf. Fl 2,5-11).

Aclamação ao Evangelho: Lc 1,38
Eis a serva do Senhor; cumpra-se em mim a tua palavra!

3 Evangelho: Lc 1,39-45

Como posso merecer que a mãe do meu Senhor me venha visitar?

O evangelho de Lucas começa com um prólogo ou prefácio (Lc 1,1-4) e com a história da infância de Jesus. Nesta história coloca em paralelo as narrativas da origem, nascimento e infância de João Batista, o precursor, e de Jesus Cristo, o salvador (Lc 1,5–2,52). Após falar da gravidez de Isabel e de Maria, introduz a cena da visita de Maria à sua prima Isabel. Maria soube que Isabel estava no sexto mês de gravidez quando o anjo Gabriel lhe anunciou que foi escolhida por Deus para ser a mãe do Messias Jesus, o Filho de Deus (Lc 1,26-38). **Como sinal de que Maria será a mãe do Filho de Deus, e "para Deus nada é impossível"**, o anjo lhe dá um exemplo: Tua prima Isabel, idosa e considerada estéril, já está no sexto mês de gravidez. Maria acredita nas palavras do anjo e diz: "Eis aqui a serva do Senhor. Faça-se em mim segundo tua palavra". Maria, guardando o segredo em seu coração, apressa-se a visitar Isabel para servi-la nos últimos meses de sua gravidez. **A visita é marcada pela alegria do encontro das duas mães, grávidas de seus filhos.** As mães já se conheciam, os filhos ainda não. Quando **Isabel** ouve a saudação de Maria, a criança se agita em seu ventre e, cheia do Espírito Santo, Isabel exclama: "Bendita és tu entre as mulheres e bendito é o fruto do teu ventre!" **Reconhece em Maria a mãe de Deus**, da "mãe do meu Senhor".

Como seria bom e desejável que os pais e, especialmente as mães, contassem a seus filhos o verdadeiro sentido da alegria do Natal. Não é o papai Noel que esperamos com seus presentes, mas o nascimento de Jesus, Filho de Deus que nos ama e é nosso irmão. Deus se nos dá como presente. Por isso as crianças recebem presentes.

Tempo do Natal

Natal – Missa da noite

Como no Ano A, p. 43s.

Natal – Missa do dia

Como no Ano A, p. 45s.

Sagrada Família

À exceção do Evangelho, seguir o Ano A, p. 48s.

3 Evangelho: Lc 2,41-52

Jesus foi encontrado por seus pais no meio dos doutores.

No Domingo entre o Natal e o Ano-novo a Igreja nos faz meditar sobre a Sagrada Família. O evangelista Lucas dá algumas pistas para esta meditação. Os primeiros cristãos acreditavam que Jesus de Nazaré era não só o Messias e Salvador prometido, mas o próprio Filho de Deus. Sem dúvida, muitos gostariam de conhecer algo mais sobre a família de Jesus. Lucas, no prólogo de seu Evangelho, diz ter pesquisado sobre isso "desde o início", mas selecionou as informações mais importantes, para os cristãos conhecerem "a firmeza da doutrina em que foram instruídos"

(Lc 1,1-4). Hoje, Lucas satisfaz, em parte, nossa curiosidade ao apresentar um episódio da vida de Jesus quando completou 12 anos de idade.

Aos 12 anos, o menino judeu é considerado "adulto" na fé, capaz de assumir com responsabilidade as práticas religiosas. Com 12 anos completos, pela primeira vez, Jesus acompanhou os pais na peregrinação anual a Jerusalém que se fazia por ocasião da festa da Páscoa. Podemos imaginar Jesus e os meninos de sua idade chegando ao monte das Oliveiras e vendo as maravilhosas construções do templo de Jerusalém. Era uma explosão de gritos de alegria, acompanhados pelo canto do Sl 122: "Que alegria quando ouvi que me disseram: Vamos à casa do Senhor!"

Terminados os dias da festa da Páscoa, seus pais começaram a fazer a viagem de volta. Conforme o combinado, Jesus voltaria com os meninos de sua idade, parentes ou conhecidos. Ao final do primeiro dia de viagem, Maria e José se deram conta que o menino não estava no meio de seu grupo e, aflitos, começaram a procurá-lo. Como não o encontrassem, voltaram a Jerusalém e no terceiro dia o encontraram no Templo. "Estava sentado no meio dos mestres da Lei, escutando e fazendo perguntas". Os que ouviam Jesus ficavam admirados com a sabedoria das respostas que ele dava. Quando seus pais viram o menino, ficaram maravilhados. Maria, porém, disse: "**Meu filho, por que fizeste isso conosco?** Teu pai e eu estávamos aflitos, à tua procura". E Jesus respondeu: "Por que me procuráveis? **Não sabíeis que devo estar na casa de meu Pai?**" Os pais não entenderam o que Jesus queria dizer. Sua mãe, porém, "conservava no coração todas estas coisas". Isto é: refletia sobre tudo que acontecia na infância e na adolescência de Jesus. "E Jesus crescia em sabedoria, estatura e graça, diante de Deus e diante dos homens".

Sem dúvida, a família de Nazaré pode ser um modelo para as famílias de nossos dias. Maria e José aprendiam com Jesus a serem pais, a perceberem o Espírito de Deus agindo nele. Por outro lado, Jesus aprendia com os pais a obedecer e ser um filho responsável. A Sagrada

Família preparou Jesus para descobrir um grande segredo: que ele devia estar na casa do Pai Celeste.

Solenidade da Santa Mãe de Deus, Maria

Como no Ano A, p. 51s.

Epifania do Senhor

Como no Ano A, p. 54s.

Batismo do Senhor

À exceção do Evangelho, seguir o Ano A, p. 57s.

3 Evangelho: Lc 3,15-16.21-22

Jesus recebeu o batismo. E, enquanto rezava, o céu se abriu.

Encerrando o tempo litúrgico do Advento e Natal, a Igreja celebra hoje a festa do Batismo do Senhor. No próximo Domingo já teremos o 2º Domingo do Tempo Comum, ano C. Quando João Batista pregava o Batismo de conversão e anunciava que o Reino de Deus estava próximo, muitos se perguntavam se não seria João o Messias esperado. Mas João deixou claro que ele não era o Messias. Ele batizava apenas com água, em sinal do perdão dos pecados. Depois dele viria alguém com mais poder do que ele, isto é, Jesus de Nazaré. Esse, sim, purificará o povo de todos os pecados, porque "batizará no Espírito Santo e no fogo".

Lucas segue o evangelho de Marcos, com pequenas, mas importantes modificações. No Evangelho e nos Atos dos Apóstolos ele divide a "história da salvação" em três tempos: 1) Tempo da promessa: o Antigo Testamento até o batismo de João; 2) O tempo do cumprimento da promessa, em Jesus de Nazaré, até sua ascensão ao céu; 3) E o tempo da Igreja, animado pela ação do Espírito Santo. Por isso, segundo Lucas, Jesus está no meio do povo e "entra na fila" para se batizar. Depois de batizado, já fora da água, põe-se em oração e o Espírito Santo repousa sobre ele como uma pomba; então é que uma voz do céu se faz ouvir: "Tu és o meu Filho, em ti ponho o meu bem-querer". Assim termina o tempo da promessa e começa o tempo do cumprimento da promessa. Terminada a missão de Jesus aqui na terra (Ascensão), o Espírito Santo repousará sobre os apóstolos e umas 120 pessoas no dia de Pentecostes (At 2), dando início ao terceiro tempo, o da Igreja. Esse é o nosso tempo, tempo de evangelizar e testemunhar nossa fé, numa "Igreja em saída".

Tempo da Quaresma

Quarta-feira de Cinzas

Como no Ano A, p. 61s.

1º Domingo da Quaresma

Oração: "Concedei-nos, ó Deus onipotente, que, ao longo desta Quaresma, possamos progredir no conhecimento de Jesus Cristo e corresponder a seu amor por uma vida santa".

1 Primeira leitura: Dt 26,4-10

Profissão de fé do povo eleito.

No livro do Deuteronômio, Moisés apresenta pela segunda vez a Lei que Israel devia observar, após tomar posse da terra prometida. O texto que hoje ouvimos foi extraído do capítulo 26, que conclui o segundo dos cinco discursos de Moisés que compõe o livro. O texto apresenta o rito seguido quando se ofereciam os primeiros frutos da terra (primícias). Para agradecer a Deus pelo dom da terra, o israelita dirigia-se ao santuário e apresentava ao sacerdote uma cesta com os **primeiros frutos do início de sua colheita**. Nessa ocasião, fazia uma "**profissão de fé**", recordando os grandes feitos do Senhor em favor de seu povo. Esta profissão de fé é por alguns considerada como o "pequeno credo histórico" de Israel. Este credo está focado no êxodo do

Egito, no dom da libertação e nos compromissos que o povo libertado assume. Lembra a eleição divina de Jacó/Israel, a descida ao Egito, o aumento dos filhos de Israel, a opressão do povo, a libertação pela mão poderosa do Senhor; a condução pelo deserto e o dom da terra "onde corre leite e mel". Pronunciada a profissão de fé, o israelita explicava o sentido de sua oferta: "Por isso, agora eu trago os primeiros frutos da terra que tu me deste, Senhor", e prostrava-se em adoração. **O "credo" não cita uma fórmula de verdades abstratas**, mas **lembra os principais atos salvíficos de Deus em favor do povo de Israel**.

A Palavra de Deus ouvida e explicada na homilia é um convite para rezar o "Credo", com o coração agradecido a Deus por tudo que faz em nossa vida e na vida da Igreja.

Salmo responsorial: Sl 90

Em minhas dores, ó Senhor, permanecei junto de mim!

2 Segunda leitura: Rm 10,8-13

Profissão de fé dos que creem em Cristo.

Paulo não fundou a comunidade cristã de Roma, formada por cristãos provenientes da Palestina e da Síria, além de romanos. Entre eles, certamente, havia cristãos de origem judaica. Paulo desejava conhecer esta comunidade florescente, não para ali permanecer, mas como uma ponte para levar a boa-nova de Cristo até a Espanha. Antes de chegar a Roma, na Carta aos Romanos, **Paulo explica à comunidade cristã de Roma o "Evangelho"** que ele costuma pregar nas igrejas por ele fundadas. Segundo seu Evangelho, Cristo Jesus, o Messias esperado, não veio apenas para salvar os judeus. **Em Cristo Jesus, a boa-nova da salvação está aberta a judeus e pagãos**. Não importa a diferença entre judeu e grego; todos têm o mesmo Senhor, que é generoso para com todos os que o invocam. Por isso, observar a Lei de Moisés não é condição para tornar-se cristão. A fé em Cristo, esta sim, é que salva. "Se com tua boca confessares Jesus como o Senhor e, no teu coração, creres que Deus o ressuscitou dos mortos, serás salvo". No entanto, não basta confessar a fé da boca para fora. Somos discípulos de Cristo e ele nos convida a seguir seu exemplo e praticar as obras de misericórdia que ele praticou (cf. Gl 5,13-26; Tg 2,14-26).

Aclamação ao Evangelho: Mt 4,4b
Louvor e glória a ti, Senhor, Cristo, Palavra de Deus.

3 Evangelho: Lc 4,1-13

Jesus, no deserto, era guiado pelo Espírito e foi tentado.

Ao ser batizado por João, **Jesus é apresentado pelo Pai como seu Filho**: "Tu és o meu Filho amado, de ti eu me agrado" (Lc 3,21-22). Logo em seguida, Lucas introduz a genealogia de Jesus. A genealogia de Lucas começa com José e segue em linha ascendente: "Ao iniciar seu ministério, Jesus tinha uns 30 anos; filho, segundo se pensava, de José" (cf. Lc 4,22), passa por Davi, por Abraão e pelos patriarcas, até chegar a Deus: "[...] (filho) de Enós, de Set, de Adão, (filho) de Deus" (3,23-38). Só então segue a narrativa das tentações sofridas por Jesus, que hoje ouvimos (4,1-11). Jesus é levado ao deserto pelo Espírito Santo, que pousou sobre ele após o batismo. É o Filho de Deus que se confronta com o tentador. De fato, nas duas primeiras tentações o diabo chama Jesus de Filho de Deus: "Se és Filho de Deus [...]".

Na **primeira tentação** o diabo sugere a Jesus, que estava com fome, que usasse seu poder divino e transformasse pedras em pão. Jesus responde: "A Escritura diz: **"Não só de pão vive o homem"**. **O Filho de Deus não usa seu poder para ser servido, mas para servir**. Jesus não veio para resolver sozinho o problema do pão. No milagre da "multiplicação" dos pães, Jesus não transformou pedras em pão, mas dividiu os cinco pães e dois peixes, trazidos por um menino pobre, e os partilhou com mais de cinco mil pessoas. Esse é o milagre, que Jesus propõe como desafio a todos nós, é possível quando nos alimentarmos com a Palavra de Deus. Na **segunda tentação** o diabo promete entregar a Jesus todo o poder e glória, todas as riquezas e bens deste mundo, com a condição que, prostrado, o adorasse. Novamente Jesus responde com a Escritura: "**Adorarás o Senhor teu Deus, e só a ele servirás**". Há muita gente que sucumbe a esta tentação. Coloca as riquezas no lugar de Deus, adora-as e torna-se incapaz de partilhá-las com os necessitados: "Não podeis servir a Deus e às riquezas" (Lc 16,13). "Onde estiver vosso tesouro, aí também estará o coração" (Mt 6,21). Deus nos criou para amá-lo e servi-lo de todo o coração, para amar e servir ao próximo como a nós mesmos.

Na **terceira tentação** o diabo levou Jesus ao Templo, onde os judeus cantavam salmos, serviam e adoravam a Deus. Era o lugar sagrado que Jesus, aos 12 anos, chamou de "casa do meu Pai". Mas o tentador coloca Jesus no ponto mais alto do Templo e diz: "Se és Filho de Deus, atira-te daqui para baixo". E cita um salmo de confiança: "Deus ordenará aos seus anjos a teu respeito, que te guardem com cuidado". E Jesus responde: "A Escritura diz: **Não tentarás o Senhor teu Deus**". – O Templo, para Jesus, é o lugar de encontro com Deus, e não um palco para dar espetáculo. O Filho de Deus na sua condição divina não veio para suspender as leis da natureza. Ao contrário, assume a natureza humana em Jesus de Nazaré, para tornar-se solidário com os seres humanos, em tudo, menos no pecado (cf. Fl 2,5-11).

2º Domingo da Quaresma

Oração: "Ó Deus, que nos mandastes ouvir o vosso Filho amado, alimentai nosso espírito com a vossa palavra, para que, purificado o olhar de nossa fé, nos alegremos com a visão da vossa glória".

1 Primeira leitura: Gn 15,5-12.17-18

Deus fez aliança com Abraão, homem de fé.

Abraão chegou até a terra de Canaã com a esperança de ver cumprida a promessa que Deus fez de lhe dar uma terra e uma numerosa descendência (Gn 12,1-3). Após alguns anos renovou a **promessa da terra e da descendência** (13,14-18) e lhe prometeu a proteção contra os inimigos (15,1). Abraão acreditava nas promessas divinas, mas estava cansado de esperar. E queixa-se com Deus: Se continuar assim, o herdeiro do pouco que possuo, será o meu servo, Eliezer de Damasco. Mas Deus reiterou a promessa: "Um de teus descendentes será o herdeiro" (15,2-4).

Hoje ouvimos que Deus toma a iniciativa e conduz Abraão para fora de sua tenda. Habituado a ver apenas seu pequeno mundo (tenda, terra), **Abraão é convidado a sair de si** e **contemplar com os olhos do Criador o mundo por ele criado**: "Olha para o céu e conta as estrelas, se fores capaz! Assim será a tua **descendência**". Deus renova também a promessa da **terra**. Abraão creu no Senhor. Mesmo assim, pergunta: "Como vou saber que vou possuí-la?" Segue, então, o sacrifício que Abraão oferece a pedido do Senhor. Deus aceita o sacrifício sem responder à pergunta de Abraão, mas faz com ele uma **aliança**: "**Aos teus descendentes darei esta terra**". A aliança e a fé não partem do ser humano, mas de Deus, que é fiel ao que promete. "**Abraão teve fé no Senhor**" porque confiou em Deus que é fiel. Ancorou sua fé na fidelidade de Deus.

Salmo responsorial: Sl 26

O Senhor é minha luz e salvação.

2 Segunda leitura: Fl 3,17–4,1

*Cristo transformará o nosso corpo e o tornará semelhante
ao seu corpo glorioso.*

Na carta à comunidade de Filipos, Paulo questiona e anima a fé dos pagãos e judeus recém-convertidos a Cristo. Diz ele: "Muitos se comportam como inimigos da cruz de Cristo". De cristão têm apenas o nome. Continuam a viver as paixões terrenas como se Cristo nada significasse. Paulo vivia e pregava o "Cristo crucificado, escândalo para os judeus e loucura para os gregos" (1Cor 1,23). Por isso, contrapondo-se aos "inimigos de Cristo", apresenta-se como modelo a ser imitado. **O verdadeiro cristão abraça a cruz de Cristo neste mundo**, no entanto **vive com alegria**. Vive **neste mundo**, mas é um "**cidadão do céu**". É uma pessoa cheia de esperança, porque aguarda a vinda do Senhor Jesus Cristo, que transformará o seu corpo humilhado num corpo glorioso como o seu. Este é o Cristo que seguimos? (Evangelho).

Aclamação ao Evangelho

Numa nuvem resplendente fez-se ouvir a voz do Pai: Eis meu Filho muito amado, escutai-o, todos vós!

3 Evangelho: Lc 9,28b-36

Enquanto Jesus rezava, seu rosto mudou de aparência.

O Evangelho de hoje apresenta Jesus como o Filho amado, o Escolhido do Pai, a quem somos convidados a escutar. Nos três primeiros evangelhos a cena da transfiguração é precedida pela confissão de Pedro em Jesus como o Messias esperado por Israel. Jesus começa a viagem com os discípulos a Jerusalém. Durante a viagem, Jesus explica em que sentido ele é o Messias. Ele não é o Messias que busca um trono em Jerusalém – como pensavam os discípulos e o povo –, mas o Filho do

Homem que será condenado à morte. A cena da transfiguração é central para entender o mistério de Jesus, Filho do Homem. Situa-se entre o primeiro anúncio da paixão e ensinamento de Jesus aos discípulos sobre seu seguimento (Lc 9,21-27) e o segundo anúncio da paixão e um novo ensinamento sobre o seguimento de Jesus (Lc 9,43b-50). O primeiro ensinamento é um convite a seguir a Jesus, a renunciar-se a si mesmo, tomando a sua cruz, e a perder a própria vida para salvá-la. No segundo ensinamento Jesus critica a disputa de poder entre os discípulos (quem é o maior), propõe tornar-se os menores e servir aos outros.

A viagem a Jerusalém é interrompida pela Transfiguração, uma teofania ou manifestação especial de Deus. As testemunhas do que vai acontecer são os discípulos mais próximos de Jesus – Pedro, Tiago e João –, os mesmos que estarão com Jesus na agonia do Getsêmani. O cenário é o alto de um monte (hoje o Tabor), que lembra o monte Sinai/Horeb, lugar da manifestação de Deus a Moisés e, depois, a Elias. Os dois representam a Lei e os Profetas, isto é, o Antigo Testamento (cf. Lc 24,35-45). No monte, enquanto Jesus está rezando (cf. batismo: Lc 3,21-22), seu rosto muda de aparência e as vestes tornam-se brancas e resplandecentes. **Envoltos na glória de Jesus, Moisés e Elias conversam com Jesus sobre sua futura morte em Jerusalém.** Nisso, os discípulos acordam e, diante da maravilhosa visão, Pedro exclama: "Mestre, é bom estarmos aqui!" Ele esquece a temida viagem a Jerusalém e interrompe a conversa de Moisés e Elias sobre a morte do Mestre. Em três tendas, Pedro quer segurar Jesus, Moisés e Elias envoltos em glória, mas esquece o "caminho" do sofrimento que levará o Mestre a essa glória. Por um breve instante são testemunhas da glória do Senhor, e logo uma nuvem misteriosa os envolve. Da nuvem, ouve-se uma voz que dizia: **"Este é o meu Filho, o Escolhido. Escutai o que ele diz"**. E Jesus, o Filho escolhido do Pai, "encontrou-se sozinho", para retomar corajosamente com os discípulos o caminho para Jerusalém (Lc 9,51).

Fica, porém, a mensagem do Pai Celeste: Jesus é o seu Filho escolhido, que se dirige corajosamente a Jerusalém, onde entregará sua vida por todos. O Pai continua dizendo a nós, discípulos de seu Filho: "Escutai o que ele diz!"

3º Domingo da Quaresma

Oração: "Ó Deus, fonte de toda misericórdia e de toda bondade, vós nos indicastes o jejum, a esmola e a oração como remédio contra o pecado. Acolhei esta confissão da nossa fraqueza para que, humilhados pela consciência de nossas faltas, sejamos confortados pela vossa misericórdia".

1 Primeira leitura: Ex 3,1-8a.13-15

O "Eu sou" enviou-me a vós.

Moisés, nascido numa família de hebreus, foi adotado e educado pela filha do Faraó. Mas, ao perceber como os hebreus, seus irmãos de sangue, sofriam pela dura escravidão, revoltou-se e propôs-se a libertá-los. Na tentativa de socorrer seu povo, acabou assassinando um egípcio e teve que fugir para o deserto. Casou-se, então, com uma das filhas de Jetro e cuidava do rebanho de seu sogro. A vida de Moisés parecia resolvida, pois tinha família e trabalho. Mas seus irmãos de sangue continuavam escravos no Egito. Sem dúvida, enquanto cuidava do rebanho, lembrava-se do sofrimento de seu povo no Egito. Numa destas andanças pelo deserto ficou surpreso ao ver um espinheiro que ardia em chamas, mas o fogo não o consumia. Na chama de fogo apareceu-lhe "o anjo do Senhor". Curioso, aproximou-se e logo ouviu a voz do Senhor: "Não te aproximes! Tira as sandálias dos pés, porque o lugar onde estás é uma terra santa". Deus então se apresenta como o Deus de Abraão, de Isaac e de Jacó, o Deus dos antepassados. E apresenta-se como um

Deus misericordioso, que vê a aflição do seu povo, ouve seu clamor, conhece seu sofrimento e desce para libertá-lo. Deus então chama Moisés para tornar visível a misericórdia divina, porque Moisés também viu a aflição, ouviu o clamor e conheceu o sofrimento dos israelitas. Moisés, porém, perseguido de morte, temia enfrentar o Faraó. Por isso pergunta pelo nome de quem o enviava para esta missão. E o Senhor lhe responde: "Eu sou aquele que sou". "Se lhe perguntarem, dirás 'Eu sou' enviou-me a vós". **Deus** é Aquele que está aqui, está ao lado de Moisés e junto dos hebreus oprimidos; **está ao nosso lado para nos libertar e salvar,** porque é misericordioso. Hoje, Deus ouve os clamores e vê a aflição dos pobres oprimidos quando nós os vemos e ouvimos. Conhece os sofrimentos dos excluídos quando nos tornamos uma "Igreja em saída" e nos colocamos ao lado deles para socorrê-los.

Salmo responsorial: Sl 102
O Senhor é bondoso e compassivo.

2 Segunda leitura: 1Cor 10,1-6.10-12

A vida do povo com Moisés no deserto foi escrita para
ser exemplo para nós.

Na primeira carta à comunidade de Corinto Paulo apresenta-se como modelo a ser seguido. Ele é como um atleta de Cristo (cf. 1Cor 9,24-27). Tem como meta definida anunciar a boa-nova de Cristo e levar todos os recém-convertidos à união definitiva com o Senhor. Num estádio – diz Paulo – muitos são os atletas que correm, e apenas um deles conquista o louro da vitória. Para conquistar a vitória, o atleta deve ter a meta bem definida e preparar-se para atingi-la. No texto que ouvimos, o Apóstolo adverte os cristãos de Corinto a não desistirem da corrida apenas iniciada com o batismo. Como argumento, faz uma leitura "espiritual" do evento do êxodo do Egito. No relato do êxodo, a nuvem simbolizava a presença libertadora de Deus. A "nuvem" estava presente na saída do Egito, na travessia do mar Vermelho e na caminhada pelo deserto, rumo à terra prometida. Sob a proteção da nuvem "todos passaram pelo mar, e todos foram batizados em Moisés, sob a nuvem e pelo mar" (alusão ao batismo em Cristo). Foram alimentados pelo maná (Ceia do Senhor), todos beberam da mesma água tirada do rochedo espiritual – "esse rochedo era o Cristo" –, que os acompanhava no deserto (cf. Mt 16,18; Jo 4,14). No entanto, diz Paulo, a maior parte deles morreu no deserto, não chegou à terra prometida. E comenta: "Esses fatos aconteceram para servirem de exemplo para nós". O batismo é apenas o início de uma caminhada. Não podemos retroceder ou ficar parados. É preciso seguir o exemplo de Paulo, o atleta de Cristo. Somos "Igreja em saída", diz o papa Francisco, uma Igreja que, animada pelo Espírito Santo, caminha com Cristo e em Cristo para a união definitiva com Deus.

Aclamação ao Evangelho

Glória e louvor a vós, ó Cristo. Convertei-vos, nos diz o Senhor, porque o Reino dos Céus está perto.

3 Evangelho: Lc 13,1-9

Se vós não vos converterdes, ireis morrer todos do mesmo modo.

Acompanhado pelos discípulos e pelo povo da Galileia, Jesus dirigia-se a Jerusalém a fim de celebrar a Páscoa. No caminho, duas vezes havia anunciado aos discípulos que em Jerusalém seria entregue pelos chefes do povo para ser condenado à morte. Durante a viagem contaram a Jesus que em Jerusalém Pilatos acabara de matar um grupo de galileus, enquanto ofereciam sacrifícios no Templo. A grande afluência de povo para a festa da Páscoa era ocasião para tumultos e revoltas populares contra a dominação romana. E os romanos intervinham com violência para coibir qualquer tentativa nesse sentido. Esse deve ter sido o motivo da intervenção sangrenta de Pilatos. Na boca do povo corria a avaliação do acontecido: esses galileus morreram porque eram pecadores. Ao receber a notícia do massacre, Jesus aproveita a oportunidade para convidar os discípulos e o povo à conversão. **Em vez de condenar como pecadores os que sofreram a desgraça, todos deviam examinar seus pecados e converter-se**: "Se vós não vos converterdes, ireis morrer todos do mesmo modo". Como exemplo, lembra o acidente em que morreram 18 pessoas enquanto construíam a torre de Siloé. Nos dois casos Jesus não vê o pecado como causa da **desgraça**, mas **como oportunidade de conversão**.

Em seguida, na parábola da figueira estéril, Jesus ensina que a misericórdia divina antecede a sua justiça. A vinha era uma espécie de pomar e simboliza o povo de Israel (cf. Is 5,1-7). Na vinha eram plantadas não apenas videiras, mas também outras árvores frutíferas, como a figueira, a oliveira ou até mesmo cereais. Deus é o dono que plantou a vinha (Israel) e confiou-a aos cuidados do jardineiro, que é Jesus. Na parábola, o dono, de vez em quando, visitava a vinha para conferir a qualidade e quantidade da produção. Ao examinar a figueira, disse ao jardineiro: "Já faz três anos que venho procurando figos nesta figueira e nada encontro". E mandou cortar a figueira. O jardineiro, porém, pediu ao dono que desse mais um tempo. Ele iria redobrar os cuidados com a figueira. Pode ser – dizia ele – que venha a dar frutos. Se no ano seguinte o patrão não encontrasse os frutos esperados, poderia mandar cortar a figueira. Jesus "não quebra o caniço rachado, nem apaga o pavio que ainda fumega" (cf. Mt 12,20). **Deus dá um tempo ao pecador, esperando que se converta**. Mas esse tempo tem como limite a vida presente. Por isso, Jesus chora sobre a cidade: "Jerusalém! Jerusalém!

[...] Quantas vezes eu quis reunir teus filhos, como a galinha reúne os pintinhos debaixo das asas, e tu não quiseste!" (Lc 13,34). A **Quaresma é "o tempo de conversão**, o dia da salvação", **que Deus nos dá!**

4º Domingo da Quaresma

Oração: "Ó Deus, que por vosso Filho realizais de modo admirável a reconciliação do gênero humano, concedei ao povo cristão correr ao encontro das festas que se aproximam, cheio de fervor e exultando de fé".

1 Primeira leitura: Js 5,9a.10-12

O povo de Deus celebra a Páscoa depois de entrar na Terra Prometida.

A Primeira leitura nos coloca no clima das celebrações pascais. Páscoa significa "passagem". **Os hebreus, liderados por Moisés, celebraram a páscoa antes de passarem pelo mar Vermelho** (Ex 12,1-20). Deus escolheu os hebreus como seu povo eleito e com ele selou uma aliança no monte Sinai. As andanças dos hebreus pelo deserto duraram "quarenta" anos. Nesse meio-tempo Moisés morreu e Josué assumiu a liderança do povo, em seu lugar. Conduzido por Josué, o povo atravessou o rio Jordão a pé enxuto, como haviam feito no mar Vermelho. Em seguida, foram circuncidados todos os homens nascidos no deserto (Js 5,1-8). Assim foram incluídos entre os descendentes de Abraão, que recebeu a promessa da terra e de uma grande descendência, que agora se cumpriam. Pelo rito da circuncisão o israelita era também incluído na aliança que Deus fez com o povo no Sinai. Por isso Deus diz a Josué: "Hoje tirei de cima de vós o opróbrio do Egito". Libertados da escravidão do Egito entram na terra prometida por Deus a Abraão e sua descendência para uma vida nova (cf. Segunda leitura), a ser vivida com liberdade e dignidade. Deixaram de servir como escravos do Faraó para servirem livremente ao Deus libertador. Nesse clima de alegria celebram a primeira Páscoa na terra prometida. Deixam de se alimentar do maná e começam a se alimentar dos produtos da terra, recebida como dom de Deus.

Salmo responsorial: Sl 33
Provai e vede quão suave é o Senhor.

2 Segunda leitura: 2Cor 5,17-21
Por Cristo, Deus nos reconciliou consigo mesmo.

O texto de Paulo está focado no tema da "**reconciliação**", termo que ocorre cinco vezes na leitura. O fundamental é "estar em Cristo". O cristão batizado em Cristo é uma nova criatura porque nasce de Deus e para Deus por meio de Cristo. Paulo se considera como "ministro" da reconciliação. Segundo a pregação de Paulo, Cristo trouxe a **reconciliação** não apenas para os judeus, mas para toda a humanidade. Por meio de Cristo, que morreu pelos nossos pecados, Deus abriu seu coração para **reconciliação** de todas as pessoas. Cabe a nós buscá-la. Por isso Paulo diz: "Em nome de Cristo, nós vos suplicamos: **deixai-vos reconciliar com Deus**". A Quaresma é o tempo para reconciliar-se com Deus e com os irmãos.

Aclamação ao Evangelho
Louvor e honra a vós, Senhor Jesus. Vou levantar-me e vou a meu pai, e lhe direi: Meu Pai, eu pequei contra o céu e contra ti.

3 Evangelho: Lc 15,1-3.11-32

Este teu irmão estava morto e tornou a viver.

O Evangelho de hoje aprofunda o tema da misericórdia divina, já tratado no Domingo passado. Lucas reúne no capítulo 15 três parábolas da misericórdia: a ovelha perdida, a moeda perdida e o filho pródigo ou perdido. A primeira conclui-se com a frase "no céu haverá mais alegria por um pecador que se converte do que por noventa e nove justos" (15,7); de modo semelhante a segunda parábola termina: "Haverá alegria entre os anjos de Deus por um pecador que se converte" (15,10). **O mesmo clima de alegria reina na parábola do filho pródigo**, que termina com uma alegre festa pelo retorno do filho. O foco da parábola é o pai que acolhe com alegria o filho arrependido. No ponto de partida das parábolas, Jesus ocupa o centro da cena (v. 1-3). De um lado temos os cobradores de impostos e pecadores que procuram Jesus para escutá-lo. Do outro lado estão os fariseus e mestres da Lei, que desprezam os pecadores. Eles não vêm para ouvir a Jesus, mas para criticá-lo: "Este homem acolhe os pecadores e faz refeição com eles".

A parábola que Jesus conta é uma resposta às críticas dos escribas e fariseus e uma lição para nós, atuais ouvintes da Palavra de Deus. Prestemos atenção aos personagens da parábola, ao que eles dizem e fazem. Os gestos e as palavras do pai da parábola representam o **Pai misericordioso** revelado por Jesus (3º Domingo da Quaresma). O **filho mais novo** representa os publicanos e pecadores, que se aproximam de Jesus para ouvi-lo e são por ele acolhidos. O filho reconhece seu pecado e volta para pedir perdão: "Pai, pequei contra Deus e contra ti. Já não mereço ser chamado teu filho". O **irmão mais velho** representa os fariseus e mestres da Lei. Este afasta-se do irmão pecador, não o reconhece como irmão e nega-se a participar da festa preparada pelo pai. Considera seu pai injusto, não aceita a gratuidade do amor do pai a seu irmão pecador. Pensa como os fariseus e mestres da Lei, que se julgavam justos e merecedores de recompensa. Se o pai fosse justo lhe daria ao menos um cabrito para festejar "com seus amigos", pois sempre obedeceu ao pai, e não como "esse teu filho" que gastou a herança com prostitutas. A atitude do pai é admirável. Quando o filho mais novo pede a parte da herança e rompe com a família, o pai o atende sem repreendê-lo. Nada fala, mas respeita sua liberdade. Quando o filho volta, antes que ele possa abrir a boca e pedir-lhe perdão, o pai corre ao seu encontro e, cheio de compaixão, abraça-o e cobre-o de beijos. O pai não o repreende e nada lhe fala, mas seus gestos dizem tudo. O filho mais novo considera-se indigno de ser chamado seu filho, mas o pai devolve-lhe a dignidade de filho: a melhor túnica, o anel no dedo e sandálias nos pés e prepara uma festa para a família. Vai ao encontro do filho mais velho e tenta reconciliá-lo com o irmão caçula: "Tu estás sempre comigo [...]. Mas **era preciso festejar e alegrar-nos**, porque **este teu irmão estava morto e tornou a viver**; estava perdido, e foi encontrado". – A parábola do "filho pródigo" (melhor: "pai amoroso") nos ensina a pedir perdão pelos nossos pecados e a perdoar nossos irmãos que nos ofendem.

5º Domingo da Quaresma

Oração: "Senhor nosso Deus, dai-nos por vossa graça caminhar com alegria na mesma caridade que levou o vosso Filho a entregar-se à morte no seu amor pelo mundo".

1 Primeira leitura: Is 43,16-21

Eis que eu farei coisas novas, e as darei ao meu povo.

A Palavra de Deus que ouvimos na Primeira leitura coloca-se no final do exílio. Inaugura-se uma nova fase da história, com Ciro, rei dos persas, que põe fim ao domínio babilônico. As tropas persas já avançavam sobre a Babilônia (Is 43,14-15). Neste contexto, o profeta infunde confiança em Deus e novo ânimo nos exilados. O povo, cansado de esperar pela libertação, dizia: "O Senhor me abandonou, meu Deus me esqueceu" (Is 49,14; 40,27). O texto de hoje convida o povo a relembrar a ação de Deus na história passada (êxodo do Egito). Não com saudosismo (cf. Jz 6,12-13), mas para perceber a presença contínua de Deus na história do povo. Pede que prestem atenção à ação de Deus no momento presente: "Eis que estão acontecendo **coisas novas** [...] já estão surgindo, não as reconheceis?" De fato, Ciro já dominava boa parte do Império Neobabilônico e estava prestes a conquistar a capital Babilônia. Para o profeta, as coisas novas que estão acontecendo são prenúncio de uma libertação bem próxima. O profeta olha para o futuro e anuncia um novo êxodo, usando imagens da natureza. Se no passado Deus abriu o mar Vermelho e o rio Jordão para seu povo passar, agora abrirá "uma estrada no deserto" e fará "correr rios na terra seca". **A natureza toda participará deste mundo novo que Deus está preparando**. Os animais selvagens do deserto vão glorificar o Senhor por causa da água que ali vai brotar e pelos rios que vão correr. Tudo isso Deus fará para "esse povo que criou para si e que cantará seus louvores".

Nosso país e o mundo estão passando por graves crises. A Palavra de Deus convida-nos a perceber, com um olhar de fé e esperança, **a presença da ação de Deus vivo e misericordioso. Ele sempre nos desafia a colaborar na construção de um mundo novo**.

Salmo responsorial: Sl 125
Maravilhas fez conosco o Senhor, exultemos de alegria.

2 Segunda leitura: Fl 3,8-14

Por causa de Cristo eu perdi tudo, tornando-me semelhante
a ele na sua morte.

Paulo apresenta-se como modelo de vida cristã para a comunidade de Filipos. Como fariseu, considerava que a salvação/justificação era uma recompensa pelas obras praticadas segundo a Lei de Moisés. Agora, convertido à fé em Cristo Jesus, é uma criatura nova. Considera desprezíveis as coisas passadas (as obras da Lei). Seu maior ganho é o conhecimento (experiência do amor misericordioso) de Jesus Cristo e a união com ele. Conhecer Jesus Cristo, diz Paulo, é "experimentar a força de sua ressurreição, participar de seus sofrimentos e alcançar a ressurreição dos mortos". Esta busca da união com Cristo ressuscitado é uma corrida, cuja meta não foi ainda atingida. Considera, porém, a vitória segura porque já **foi alcançado por Cristo. Paulo não corre sozinho. Corre junto com Cristo ressuscitado**, com quem procura estar sempre unido. Paulo, modelo para todos nós, tem a garantia da fé na força do Cristo, que morreu por nossos pecados e ressuscitou dos mortos.

Aclamação ao Evangelho

Agora, eis o que diz o Senhor: De coração convertei-vos a mim, pois sou bom, compassivo e clemente.

3 Evangelho: Jo 8,1-11

*Quem dentre vós não tiver pecado, seja o primeiro
a atirar-lhe uma pedra.*

No Evangelho temos **um confronto entre a justiça da Lei de Moisés e a misericórdia divina revelada por Jesus**. Depois de ter passado a noite no monte das Oliveiras, onde costumava rezar e dormir, bem de madrugada Jesus se dirige ao Templo. Imediatamente é cercado pelo povo, desejoso de ouvir seus ensinamentos. Enquanto Jesus ensinava o povo, os fariseus e mestres da Lei trouxeram uma mulher acusada de adultério. Colocaram a mulher no meio do povo, diante de Jesus, e disseram: "Mestre, esta mulher foi surpreendida em flagrante adultério. **Moisés na Lei mandou apedrejar tais mulheres.**

Que dizes tu?" Jesus nada respondeu. Sentado como estava, inclinou-se e começou a escrever com o dedo no chão. Como continuassem a perguntar, Jesus levantou-se e disse: "**Quem dentre vós não tiver pecado, seja o primeiro a atirar-lhe uma pedra**". Inclinou-se novamente e continuou escrevendo. Os fariseus apenas liam a letra da lei escrita, não viam a pessoa humana. Deveriam examinar também o próprio coração. Induzidos a consultar a própria consciência, "foram saindo, um a um, a começar pelos mais velhos". Os acusadores sumiram, e com eles a justiça da Lei: "Jesus ficou sozinho, com a mulher que estava lá, no meio do povo". Jesus não estava lendo a Lei escrita, como os fariseus e mestres da Lei. Estava diante de uma mulher que se sentia humilhada, arrasada, miserável, exposta à execração pública. Então, Jesus levanta-se e diz: "Mulher, onde estão eles? Ninguém te condenou?" "Ninguém, Senhor!" É como diz Santo Agostinho: encontrou-se "a mísera com a misericórdia". A misericórdia divina que vem ao encontro da miséria humana (cf. 4º Domingo da Quaresma). Então Jesus diz: "Eu também não te condeno. **Podes ir, e de agora em diante não peques mais**".

Jesus é a misericórdia divina encarnada (cf. Fl 2,5-11). Devolve à mulher a dignidade de filha de Deus, faz dela uma **nova criatura** (Primeira leitura). Jesus nos dá tempo para a conversão (cf. Evangelho do 3º Domingo da Quaresma). Ensina-nos a pedir perdão: "a Deus todo-poderoso e a vós irmãos e irmãs [...]". Sua maior alegria consiste em perdoar (Evangelho do 4º Domingo). "Felizes os misericordiosos, porque alcançarão misericórdia" (Mt 5,7).

Domingo de Ramos

À exceção do Evangelho, seguir o Ano A, p. 79s.

3 Evangelho: Lc 22,14–23,56

Desejei ardentemente comer convosco esta ceia pascal,
antes de sofrer.

Lucas escreve depois da destruição de Jerusalém, nos anos 70. Não escreve como testemunha ocular (cf. Lc 1,1-4), mas como discípulo de Jesus, para discípulos de Jesus. Por isso, omite as torturas chocantes sofridas por Jesus e insiste na sua inocência. Mostra que o discípulo deve seguir a Jesus no caminho da cruz. Sua narrativa da Paixão tem um apelo pessoal e pastoral.

A leitura do Evangelho mais breve inicia-se com o processo diante do governador romano Pilatos. No tribunal judaico (Sinédrio), Jesus não afirma ser o Cristo. Apresenta-se como o Filho do Homem, que "estará sentado à direita do Deus Poderoso" e é condenado por afirmar que é o Filho de Deus. No tribunal de Pilatos, os sumos sacerdotes e mestres da Lei o acusam de ser um agitador no meio do povo, que proíbe pagar impostos a César e afirma "ser ele mesmo o Cristo", o Rei dos judeus. **Pilatos interroga Jesus** sobre as acusações e **afirma quatro vezes sua inocência** (23,4.14.15.22). Só Lucas diz que Pilatos, sabendo que o acusado era da Galileia, enviou Jesus a Herodes Antipas. Herodes interroga a Jesus e ele nada respondeu. Então Herodes, com sua corte, zombou de Jesus e o devolveu a Pilatos. Este, por sua vez, apesar de inocentar Jesus, comunicou ao povo que iria castigá--lo e depois soltá-lo. Todos, porém, pediram a Pilatos que Jesus fosse crucificado e soltasse Barrabás; este, sim, era um subversivo muito popular. **Pilatos** atendeu ao pedido da multidão e **entregou Jesus "à vontade deles"**. Lucas apresenta **Simão de Cirene** como um discípulo que **carrega a cruz "atrás de Jesus"**. Também a **multidão** e as **mulheres "seguem"** a Jesus, arrependidas. A palavra de Jesus dirigida às mulheres em pranto – "Filhas de Jerusalém, não choreis por mim! Chorai por vós mesmas e por vossos filhos!" –, remete aos sofrimentos do povo quando Jerusalém foi destruída. Jesus é crucificado entre dois ladrões, lembrando as palavras de Jesus ao final da ceia: "Foi contado entre os criminosos" (22,37). Jesus dá o exemplo concreto do perdão, que Lucas não inclui entre os pedidos do Pai-nosso (11,1-4). O **povo permanece em contemplação**, olhando e escutando o que acontecia, enquanto os **chefes zombam de Jesus** como o Cristo, o Ungido de Deus, incapaz de salvar-se a si mesmo. O letreiro colocado acima da cabeça de Jesus – "**Este é o Rei dos Judeus**" – resume o motivo da condenação no tribunal de Pilatos e a acusação dos chefes contra Jesus, Messias, Filho de Deus. O malfeitor que insulta Jesus repete de certa forma as zombarias dos chefes. O **bom ladrão** dirige-se a um Jesus, humano e misericordioso, sem usar o título Cristo: "Jesus, lembra-te de mim, quando entrares no teu reinado". Jesus é o Salvador. No momento da morte de Jesus a natureza toda se veste de luto. Rasga-se a cortina do santuário, "abre-se o céu" para o Filho de Deus, como no batismo (cf. Lc 3,21-22), e Jesus entrega-se nas mãos do Pai: "Pai, em tuas mãos entrego o meu espírito". Um **oficial romano** (pagão) exclama: "De fato! Este homem era um justo!" E as multidões que assistiram ao acontecido voltam para suas casas, batendo no peito, arrependidas, enquanto as mulheres permanecem em contemplação, a distância. Um homem justo, membro do Sinédrio, chamado José de Arimateia, cede seu túmulo novo, para dar sepultura ao corpo de Jesus. As mulheres assistem a tudo, voltam a suas casas e providenciam perfumes e bálsamos para os últimos cuidados ao Mestre amado; depois, descansam durante o sábado.

Lucas não conheceu a Jesus de Nazaré. Mas pesquisou (Lc 1,1-4) e escreveu seu Evangelho como discípulo de Jesus, para confirmar a fé e o amor de outros discípulos de seu tempo. Escreveu-o para nós.

Tríduo santo e Tempo Pascal

Quinta-feira Santa – Missa da Ceia do Senhor

Como no Ano A, p. 83s.

Domingo da Páscoa

Como no Ano A, p. 86s.

2º Domingo da Páscoa

Oração: "Ó Deus de eterna misericórdia, que reacendeis a fé do vosso povo na renovação da festa pascal, aumentai a graça que nos destes. E fazei que compreendamos melhor o batismo que nos lavou, o espírito que nos deu nova vida, e o sangue que nos redimiu".

1 Primeira leitura: At 5,12-16

*Multidões cada vez maiores de homens e mulheres
aderiram ao Senhor pela fé.*

Lucas apresenta uma síntese de como a primeira comunidade cristã vivia e era vista pelo povo. A narrativa é formulada no imperfeito para destacar o modo de ser dos cristãos. Os fiéis reuniam-se para a oração no pórtico de Salomão, onde também conversavam sobre Jesus de Nazaré.

A **comunidade chamava atenção pela união e vida fraterna entre eles**. O povo os estimava, mas ninguém ousava juntar-se a eles, temendo uma possível represália dos sumos sacerdotes, pois Jesus foi condenado à morte de cruz como um criminoso. Mesmo assim, eram atraídos pelas curas milagrosas que os apóstolos faziam. Vinha gente até das cidades vizinhas, trazendo pessoas atormentadas por espíritos maus para serem curadas. Traziam enfermos para serem curados pela simples sombra do apóstolo Pedro, como acontecia com Jesus (cf. Mc 6,56).

Salmo responsorial: Sl 117
Dai graças ao Senhor porque ele é bom! Eterna é a sua misericórdia!

2 Segunda leitura: Ap 1,9-11a.12-13.17-19

Estive morto, mas agora vivo para sempre.

No texto, o autor apresenta-se como uma pessoa bem conhecida dos leitores: "Eu, João, vosso irmão e companheiro de tribulação". Não é seguro que seja o apóstolo São João; é um judeu-cristão, talvez um presbítero de Éfeso. Foi exilado para a ilha de Patmos, "por causa da Palavra de Deus e do testemunho que dava de Jesus". Quando o vidente escreve nos anos 90, os evangelhos, os Atos dos Apóstolos e as Cartas já tinham sido escritos. Por isso, "Palavra de Deus" são também os escritos do Novo Testamento e não apenas do Antigo. A **série de visões** que o autor vai relatar no **livro aconteceram** "**no dia do Senhor**", isto é, no **primeiro dia da semana** em que **Jesus ressuscitou** e os cristãos se reuniam para celebrar a Ceia do Senhor (cf. At 20,7). É o nosso Domingo.

Arrebatado pelo Espírito ouve uma voz forte, pedindo que escrevesse num livro o que haveria de ver nas visões. O **conteúdo das visões** será "**o que está acontecendo e o que vai acontecer depois**" (v. 19). Volta-se, então, para a voz e vê sete candelabros de ouro, e no meio dos candelabros alguém semelhante a um "filho de homem". Ao vê-lo, o vidente desfalece aos pés do "filho de homem" e é por ele reanimado. Ao mesmo tempo apresenta-se: "Não tenhas medo. Eu sou o Primeiro e o Último, aquele que vive". É o próprio Deus que assim se identifica no Apocalipse (cf. 34º Domingo do Tempo Comum, Ano B). Aqui é o Filho de Deus encarnado, que esteve morto, mas agora vive para sempre. Tem a chave da região dos mortos, porque "desceu à mansão dos mortos e ressuscitou ao terceiro dia" (Credo). Cristo é o Primeiro a ressuscitar dos mortos e a garantia da ressurreição de todos que lhe pertencem. **Cristo destruirá a morte** (cf. 1Cor 15,20-28).

Aclamação ao Evangelho
Acreditaste, Tomé, porque me viste. Felizes os que creram sem ter visto.

3 Evangelho: Jo 20,19-31
Oito dias depois, Jesus entrou.

Os evangelhos lidos nos domingos após a Páscoa apresentam as narrativas das aparições de Jesus ressuscitado. No Evangelho de hoje João nos conta duas aparições: uma na tarde do primeiro dia da semana; e outra, oito dias depois. Na primeira, Jesus se manifesta aos "discípulos" reunidos no cenáculo. Acontece depois da visita de Maria Madalena ao túmulo, da corrida de Pedro e João ao túmulo vazio e da aparição de Jesus a Maria Madalena. No final da primeira aparição é conferido o dom do Espírito (v. 21-23). Os **discípulos recebem o Espírito em vista da missão**: "Como o Pai me enviou, assim também eu vos envio" (v. 21). Tomé, que não estava presente na primeira "**reunião**", não acreditou no testemunho dos apóstolos (v. 24-25). A segunda aparição aos onze apóstolos acontece uma semana depois, e Tomé estava entre eles. O incrédulo Tomé é repreendido: "Põe aqui o dedo e olha minhas mãos, estende a mão e põe no meu lado, e não sejas incrédulo, mas homem de fé". Tomé devia tocar o lado traspassado de Jesus; **deixou-se tocar pelo amor total daquele que deu sua vida por nós**. A incredulidade de Tomé traz repreensão e alegria, válidas para todos nós: "Porque me viste, acreditaste. **Felizes os que não viram e creram**".

O Evangelho está relacionado com a Primeira leitura pelo tema da "**reunião**". Na assembleia reunida no dia do Senhor é que vivemos, celebramos e cultivamos nossa fé comum no Cristo ressuscitado. Está também relacionado com a Segunda leitura: "**Sem o terdes visto, vós o amais**. Sem o ver ainda, **nele acreditais**. Isto será para vós **fonte de alegria** inefável e **gloriosa**" (1Pd 1,8).

A fé em Cristo ressuscitado se reaviva quando nos reunimos no Domingo a fim de participar na oração em comum, alimentar-nos da Mesa da Palavra e da Mesa da Eucaristia.

3º Domingo da Páscoa

Oração: "Ó Deus, que o vosso povo sempre exulte pela sua renovação espiritual, para que, tendo recuperado agora com alegria a condição de filhos de Deus, espere com plena confiança o dia da ressurreição".

1 Primeira leitura: At 5,27b-32.40b-41

Disso somos testemunhas, nós e o Espírito Santo.

Quando Pedro e João, em nome de Jesus, curaram o paralítico que pedia esmolas junto à Porta Formosa, cresceu muito o número de convertidos e sua fama espalhou-se por toda Jerusalém (At 3). As autoridades religiosas, preocupadas com o crescimento dos que aderiram a Jesus, mandaram prender Pedro e João. Depois de interrogados pelo

Sinédrio, ameaçados e proibidos de **ensinar em nome de Jesus**, foram soltos. Na ocasião Pedro lhes disse: "**Não podemos deixar de falar do que vimos e ouvimos**" (4,1-22). E continuaram a **ensinar em nome de Jesus**, curavam muitos enfermos e a multidão dos convertidos crescia dia a dia. Os apóstolos foram novamente presos e misteriosamente libertados por um anjo. No dia seguinte, já estavam ensinando no Templo. A guarda do Templo reconduziu os apóstolos ao Sinédrio. O sumo sacerdote os acusou de desobedecerem a proibição de falar de Jesus. Ao contrário, "enchiam" Jerusalém com a doutrina de Jesus, culpando os sacerdotes pela sua morte. Pedro lhes respondeu: "É preciso obedecer a Deus antes que aos homens". E continuaram anunciando a ressurreição de Jesus, a **conversão e o perdão dos pecados em seu nome**. A conselho de Gamaliel, doutor da Lei "muito estimado pelo povo" (5,33-39), os apóstolos foram soltos pelo Sinédrio. Antes, porém, foram açoitados e proibidos de ensinar em nome de Jesus.

Lucas mostra que a força do **Espírito Santo não deixaria o Evangelho preso em Jerusalém**. Era necessário que a Palavra de Deus fosse anunciada também na Judeia e Samaria, para chegar até os confins da terra (At 1,8).

Salmo responsorial: Sl 29
Eu vos exalto, ó Senhor, porque vós me livrastes.

2 Segunda leitura: Ap 5,11-14

O cordeiro imolado é digno de receber o poder e a riqueza.

Durante a visão (5,1-4), João enxerga alguém sentado num trono, segurando na mão direita um livro, **escrito por dentro e por fora**; mas o livro estava selado com sete selos. O vidente chora porque **ninguém conseguia abrir o livro**, que continha o plano de Deus para o futuro da história. Em seguida, vê um "**Cordeiro, de pé, como que imolado**". Quando o **Cordeiro** se aproxima do livro selado e o abre, os seres vivos e os anciãos prostram-se em adoração e entoam um hino de louvor "porque foste imolado e com teu sangue adquiriste para Deus gente de toda tribo, língua, povo e nação". **No texto de hoje prossegue a liturgia celeste**. Nesta liturgia unem-se ao coro dos seres vivos e dos anciãos dezenas de milhões de anjos e todas as criaturas vivas que estão no céu, na terra e no mar. No cântico de louvor, os atributos de Deus – **honra, glória, poder e louvor** (cf. Dn 7) – **são dados ao Cordeiro imolado**, "Aquele que vive para sempre". **O Cordeiro imolado será o pastor** de todos os que foram resgatados pelo seu sangue e lhe são fiéis. Ele os "**guiará às fontes da água da vida**" (Ap 7,17). Então Deus enxugará as lágrimas de todos os que sofrem perseguições por causa da fé (cf. Segunda leitura do 4º Domingo da Páscoa). São palavras de conforto e esperança aos cristãos então perseguidos.

Aclamação ao Evangelho

Jesus Cristo ressurgiu, por quem tudo foi criado; ele teve compaixão do gênero humano.

3 Evangelho: Jo 21,1-19

Jesus aproximou-se, tomou o pão e distribuiu-o a eles.
E fez a mesma coisa com o peixe.

Lucas situa as manifestações de Cristo ressuscitado, a ascensão ao céu e a vinda do Espírito Santo em Jerusalém. Isso porque de Jerusalém partirão os discípulos para anunciar o Evangelho até os confins da terra (Lc 24,47; At 1,8). Em Mc 16,7 e Mt 28,7 as manifestações do Ressuscitado acontecem na Galileia. João reúne as duas tradições: No capítulo 20 as manifestações em Jerusalém (2º Domingo) e as da Galileia, no acréscimo do capítulo 21. No Evangelho deste Domingo, Jesus se manifesta a sete discípulos junto ao lago de Tiberíades. O texto **apresenta duas cenas**. A primeira (20,1-14) descreve a pesca milagrosa e **a refeição de Jesus com os discípulos**. Esta cena põe em **destaque Jesus, Pedro e o discípulo amado**. Jesus preocupa-se com a pescaria frustrada dos discípulos, aponta para onde deveriam lançar a rede, pede-lhes que tragam alguns peixes e lhes prepara uma refeição. Por fim, **distribui aos discípulos o pão e o peixe, lembrando a eucaristia celebrada no "Dia do Senhor"** (20,19.26). **O discípulo amado** é o primeiro a reconhecer que o homem à beira do lago **era o Senhor** (cf. 20,8). Ao saber que era o Senhor, Pedro lança-se ao mar ao encontro de Jesus, depois arrasta até a terra a rede cheia de peixes, trazida pelos outros discípulos, e leva alguns peixes para o Mestre. "Nenhum dos discípulos se perguntava quem ele era, pois **sabiam que era o Senhor**". É a mesma fé da comunidade cristã, ainda hoje, reunida com Cristo no dia do Senhor, consciente que o Senhor está presente. Na segunda cena temos o **diálogo de Cristo com Pedro**. Jesus pergunta três vezes se Pedro lhe era fiel e o amava, pois na Paixão o **havia negado três vezes** (Lc 22,54-62). O Apóstolo reafirma seu amor fiel, e Jesus lhe confere a missão de apascentar seus cordeiros e suas ovelhas. Em João, **Jesus confere aos discípulos a missão de evangelizar**: "Como o Pai me enviou, assim também eu vos envio" (Jo 20,21). No entanto, é **Pedro que recebe a missão de pastorear o rebanho**, isto é, conduzir a Igreja de Cristo. Confia a Pedro **a missão de conduzir a ação evangelizadora da Igreja**.

4º Domingo da Páscoa

Oração: "Deus eterno e todo-poderoso, conduzi-nos à comunhão das alegrias celestes, para que o rebanho possa atingir, apesar de sua fraqueza, a fortaleza do Pastor".

1 Primeira leitura: At 13,14.43-52

Eis que nos voltamos para os pagãos.

A comunidade cristã de Antioquia da Síria já era florescente. Movida pelo Espírito Santo, decidiu enviar Barnabé e Paulo para anunciar o Evangelho em outras cidades do Império Romano (At 13,1-3). Depois de uma breve missão na ilha de Chipre (13,4-12), os apóstolos chegam à cidade de **Antioquia da Pisídia**. Como de costume, no sábado entraram na sinagoga onde estavam reunidos para o culto judeus e pagãos, "recém-convertidos ao judaísmo". O chefe da sinagoga convidou os visitantes para comentar as leituras da Lei e dos profetas e fazer uma exortação ao povo. Paulo aceitou o convite e fez um resumo da história de Israel desde o Egito, passando pela monarquia até chegar a Davi e à promessa que o rei recebeu de sempre ter no trono um descendente seu. A esperança do messias prometido estava viva também entre os judeus da dispersão (diáspora). Sem dúvida, as notícias sobre Jesus de Nazaré, sua morte na cruz e sobre seus discípulos já haviam chegado até Antioquia da Síria. **Paulo aproveitou a ocasião para anunciar a ressurreição de Cristo Jesus**. Afirma também que pela fé em Cristo se obtêm o perdão dos pecados e a justificação, e não mais pela observância da Lei de Moisés. Grande foi a repercussão de seu discurso, de modo que, no sábado seguinte, uma multidão de judeus e convertidos ao judaísmo acorreu à sinagoga para ouvir o ensinamento dos apóstolos. Mas a assembleia logo se dividiu. Boa parte dos judeus se opôs à nova doutrina e, com a ajuda dos convertidos ao judaísmo mais ricos, expulsaram Paulo e Barnabé de sua região. Porém, os pagãos convertidos ao judaísmo que abraçaram a fé se alegraram e "glorificavam a palavra do Senhor", e assim "a **palavra do Senhor** se difundia por toda a região". Pela força do Espírito Santo e pelo testemunho dos cristãos, **a Palavra de Deus faz seu próprio caminho**. Lucas nos mostra como o rebanho de Jesus, Cordeiro e Pastor, cresce dia a dia (Segunda leitura e Evangelho).

Salmo responsorial: Sl 99

Sabei que o Senhor, só ele, é Deus; nós somos seu povo e seu rebanho.

2 Segunda leitura: Ap 7,9.14b-17

*O Cordeiro vai apascentá-los e os conduzirá às fontes
da água da vida.*

O autor do Apocalipse escreve na década de 90 d.C. Os cristãos eram vítimas de violentas perseguições, como as de Nero (64-68 d.C.) e de Domiciano (81-96 d.C.). Muitos cristãos perderam a vida por causa da fé em Cristo ressuscitado. O texto que ouvimos divide-se em duas cenas. A primeira fala dos 144 mil eleitos das doze tribos de Israel (7,1-8), representando a salvação dos judeus convertidos a Cristo. A segunda cena volta-se para a salvação de uma inumerável multidão de "gente de todas as nações, tribos, povos e línguas". Trata-se da salvação dos pagãos que abraçaram a fé em Cristo Jesus (v. 9-17). Os eleitos reconhecem que a salvação de que gozam deve-se Àquele que está sentado no trono (Deus) e ao **Cordeiro** (Jesus). Eles adoram a Deus e também a corte celeste prostra-se em adoração (v. 10-12). Depois disso (v. 13), um dos anciãos explica ao vidente que os que estão vestidos de branco vieram da grande tribulação. Como foram perseguidos ou martirizados por causa da fé em Cristo, suas **vestes foram branqueadas pelo sangue** do **Cordeiro**. Eles participam da glória do céu graças à morte redentora de Cristo, Filho de Deus. Por isso agora estão junto ao trono e lhe prestam culto, dia e noite, no seu templo, que lhe serve ao mesmo tempo de moradia (tenda). Cristo, a Palavra de Deus que "se fez carne e habitou entre nós" (Jo 1,14), por sua morte, tornou-se "o cordeiro de Deus que tira o pecado do mundo" (Jo 1,29). **O Cordeiro, "no meio do trono", identifica-se com o próprio Deus**. O "Cordeiro" habitou entre nós e quer que habitemos com ele e sejamos introduzidos na sua tenda celeste. Ali não haverá mais sofrimento, pois o Cordeiro, por ter assumido nossa carne, faz parte do rebanho; ele é o pastor que conduz seu rebanho "às fontes da água da vida" (cf. Jo 4,1-15; Ap 22,17) e "enxugará as lágrimas" de nossos olhos (Ap 21,4).

Aclamação ao Evangelho: Jo 10,14

Eu sou o bom pastor, diz o Senhor; eu conheço as minhas ovelhas e elas me conhecem.

3 Evangelho: Jo 10,27-30

Eu dou a vida eterna para as minhas ovelhas.

O Evangelho do 4º Domingo da Páscoa tem como tema o Bom Pastor. No Ano A, Jesus se apresenta como o verdadeiro pastor, que conhece suas ovelhas e lhes dá segurança como porta de entrada para o curral (Jo 10,1-10). No Ano B, apresenta-se como o Bom Pastor, capaz de dar sua vida pelas ovelhas (Jo 10,11-18). Hoje, numa discussão com os judeus que o questionavam se ele era o Cristo, **Jesus se apresenta na sua relação íntima com o rebanho e com o Pai**. Como pastor, Jesus conhece suas ovelhas, elas escutam sua voz e o seguem. A meta do pastor é levar as ovelhas com segurança às fontes da água **viva** (Segunda leitura), ou seja, à **vida eterna**. Os pagãos acolheram a Palavra de Deus anunciada por Paulo e Barnabé e garantiram a vida eterna. Os judeus, porém, não se consideraram dignos da vida eterna porque rejeitaram a Palavra de Deus anunciada pelos apóstolos (Primeira leitura). As leituras de hoje mostram porque Jesus é o Bom Pastor, "o Caminho, a Verdade e a Vida". Quando **escutamos a voz do Bom Pastor e o seguimos**, entramos em **comunhão com Cristo e com o Pai**, pois "Eu e o Pai somos um" (v. 30).

5º Domingo da Páscoa

Oração: "Ó Deus, Pai de bondade, que nos redimistes e adotastes como filhos e filhas, concedei aos que creem no Cristo a liberdade verdadeira e a herança eterna".

1 Primeira leitura: At 14,21b-27

Contaram à comunidade tudo o que Deus fizera por meio deles.

Antes de concluir a primeira viagem missionária, Paulo e Barnabé tornaram a visitar as comunidades por eles fundadas, encorajando-os e exortando a "permanecerem firmes na fé". E diziam: "É preciso que passemos por muitos sofrimentos para entrar no Reino de Deus". Os apóstolos sentem-se solidários com os fiéis recém-convertidos ao cristianismo. Mas o sofrimento e a oposição, o desprezo e a perseguição eram o caminho a ser percorrido para entrar no Reino de Deus. A conversão muitas vezes exigia abandonar os costumes e vícios pagãos, e até a romper com a própria família. Para dar solidez às novas igrejas, **"designaram presbíteros para cada comunidade e os confiavam ao Senhor"**, com jejuns e orações. Em seguida, **voltaram a Antioquia a fim de prestar conta** à **comunidade** reunida do sucesso da missão a eles confiada. Foi em Antioquia da Síria que foram escolhidos pelo Espírito Santo e, depois de um jejum, orações e imposição das mãos, enviados para a missão (At 13,1-3). Os apóstolos não consideraram como sucesso pessoal os belos frutos da missão, mas "contaram tudo o que Deus fizera por meio deles e como havia aberto a porta da fé para os pagãos". O Espírito Santo é a "força" prometida por Jesus para serem testemunhas suas "em Jerusalém, em toda a Judeia e Samaria, até os confins da terra" (At 1,8). O mesmo Espírito impulsiona-nos, ainda hoje, a anunciar o Evangelho e dar testemunho de nossa fé.

Salmo responsorial: Sl 144

Bendirei o vosso nome, ó meu Deus; meu Senhor e meu Rei para sempre.

2 Segunda leitura: Ap 21,1-5a

Deus enxugará toda lágrima dos seus olhos.

A Segunda leitura inicia a visão que contém a última revelação do livro do Apocalipse, recebida pelo vidente. O texto caracteriza-se pela palavra novo/nova, repetida quatro vezes. Ele vê um "novo céu e uma nova terra". Na concepção bíblica, a expressão "céu e terra" engloba toda a realidade que existe entre estes dois pontos extremos. Indica a totalidade do até então conhecido. A **nova realidade** substitui a anterior, marcada pelo pecado, pela violência e pela morte, derrotadas pelo Cordeiro. A nova realidade caracteriza-se pela ausência do mal e presença do bem. A **nova Jerusalém desce do céu**, isto é, vem de Deus, e está vestida como uma noiva, para celebrar o casamento com Cristo, o Cordeiro. Uma voz que sai do trono (Deus) explica o que é este casamento: "Esta é a morada de Deus entre os homens" (cf. Ap 7,15: Segunda leitura do 4º Domingo da Páscoa). "Deus vai morar no meio deles", como já morou em Jesus de Nazaré (cf. Jo 1,14; Mt 1,23). "Eles serão o seu povo, e o próprio Deus estará com eles". **É a imagem da união conjugal** que melhor expressa **a comunhão de amor entre Deus e o seu povo** (cf. Ef 5,21-33). Nessa **nova** realidade não haverá mais lágrimas, morte, luto nem dor. Será a **plena realização do Reino de Deus** anunciado por Jesus e vivido aqui na terra. Ele, o Cordeiro imolado, agora sentado no trono, é a garantia deste novo céu e nova terra: "Eis que faço novas todas as coisas" (Evangelho).

Aclamação ao Evangelho: Jo 13,34

Eu vos dou novo preceito: que uns aos outros vos ameis como eu vos tenho amado.

3 Evangelho: Jo 13,31-33a.34-35

Eu vos dou um novo mandamento: amai-vos uns aos outros.

O **Evangelho** que acabamos de ouvir é **o testamento de Jesus, sua última vontade** antes de enfrentar a morte. Jesus encaminha-se para sua glorificação, pelo caminho da exaltação na cruz. Em vida, Jesus dizia: "Eu sou o bom pastor. O bom pastor dá a vida por suas ovelhas" (10,11). Durante a última ceia disse: "Ninguém tem maior amor do que aquele que dá a vida por seus amigos". Chegando a hora de mostrar este amor, Jesus nos deixa o **mandamento do amor**. Fala aos discípulos com a ternura de um pai: "Filhinhos". Este **novo mandamento** que nos dá ultrapassa o mandamento do amor ao próximo como a si mesmo. O mandamento do amor que Jesus deixa aos discípulos é o amor capaz de dar a própria vida pelos que ama: "Como eu vos amei, assim também vós deveis amar-vos uns aos outros". É assim que seremos reconhecidos como discípulos de Jesus.

6º Domingo da Páscoa

Oração: "Deus todo-poderoso, dai-nos celebrar com fervor estes dias de júbilo em honra do Cristo ressuscitado, para que nossa vida corresponda sempre aos mistérios que recordamos".

1 Primeira leitura: At 15,1-2.22-29

Decidimos, o Espírito Santo e nós, não vos impor nenhum fardo, além das coisas indispensáveis.

Nas leituras do 5º Domingo da Páscoa ouvimos que tudo o que é novo provoca crises e divisões, mas também traz a alegria da salvação. Ao término da primeira viagem missionária, os apóstolos Paulo e Barnabé relataram o sucesso que a mensagem do Evangelho teve, sobretudo, entre os pagãos. A comunidade de Antioquia da Síria, formada por judeus e pagãos convertidos ao cristianismo, muito se alegrou com o sucesso da missão. Foi fundada por cristãos que fugiram da perseguição após o martírio do diácono Estêvão. Alguns deles pregavam o Evangelho só para os judeus; outros, porém, pregavam diretamente para os gregos (cf. At 11,19-26). A Igreja de Jerusalém, preocupada com a novidade, enviou Barnabé a Antioquia a fim de conhecer de perto essa maneira de pregar o Evangelho diretamente aos pagãos. Barnabé, um "homem bom, cheio do Espírito Santo e de fé" (11,24; cf. 4,36-37), ficou encantado com a nova igreja composta de judeus e pagãos convertidos e os animava a perseverarem firmes na fé. Depois foi buscar Saulo em Tarso e os dois permaneceram em Antioquia por um ano, instruindo "muita gente" na fé. Vendo as qualidades e o entusiasmo de Barnabé e Saulo e o sucesso da pregação do Evangelho entre os gregos, por inspiração do Espírito Santo, a Igreja de Antioquia enviou-os em missão para a região da Ásia Menor (cf. At 13,1-3).

Domingo passado ouvimos o relato que Saulo e Barnabé fizeram em Antioquia, ao término da primeira viagem missionária. O número de cristãos em Antioquia aumentava a cada dia. A paz e alegria da comunidade, porém, foi perturbada por alguns judeu-cristãos, provenientes da Judeia, que obrigavam os gregos (pagãos) convertidos a se circuncidarem. Sem observar a Lei de Moisés, diziam eles, ninguém poderia ser salvo. Paulo e Barnabé, contudo, defendiam que os pagãos convertidos não precisavam tornar-se judeus para serem cristãos. A comunidade de Antioquia nomeou uma comissão formada por Paulo e Barnabé e pelos que defendiam a obrigação da Lei de Moisés. A questão foi levada a Jerusalém para ser resolvida pelos apóstolos e anciãos. Os dois lados foram ouvidos e a questão foi discutida na presença dos anciãos e dos apóstolos. Na carta aos cristãos de Antioquia escreveram: "**Decidimos**

o Espírito Santo e nós". Foi o Espírito Santo que os levou a tomar a decisão. "Nós" inclui os apóstolos, os anciãos e os cristãos, as lideranças dos judeu-cristãos e dos cristãos gregos. **O Espírito Santo conduz ao diálogo** e une na mesma comunhão de amor e fé, **superando as diferenças culturais**. Os pagãos convertidos não foram obrigados à circuncisão. Por respeito aos judeu-cristãos, exigiu-se deles apenas, que se abstivessem de carnes sacrificadas aos ídolos, do sangue, das carnes de animais sufocados e das uniões matrimoniais consideradas ilegítimas (cf. 1Cor 10,23-33). São princípios de boa convivência nas diferenças culturais daquele tempo. **A boa-nova de Cristo** não está presa a uma cultura, mas **pode encarnar-se nas mais diferentes culturas**. É o amor de Deus encarnado em Cristo que nos une a todos como cristãos.

Salmo responsorial: Sl 66

Que as nações vos glorifiquem, ó Senhor, que todas as nações vos glorifiquem!

2 Segunda leitura: Ap 21,10-14.22-23

Mostrou-me a cidade santa descendo do céu.

A visão do Domingo passado, Cristo, o Cordeiro imolado, dizia: "Eis que faço **novas** todas as coisas". Na leitura de hoje, um dos sete anjos convida o vidente a conhecer a noiva: "Vem! Vou mostrar-te a esposa do Cordeiro" (21,9). E descreve o esplendor da cidade santa. Os fundamentos das muralhas são os doze apóstolos que testemunharam sua fé no Cordeiro (o esposo), morto por nós e ressuscitado. Na antiga Jerusalém Deus morava no templo. **Na cidade santa não haverá templo**, porque **o próprio Deus será o templo**. Nela se abrigarão todos os que deram testemunho de sua fé, até com a própria vida, milhões e milhões de fiéis resgatados pelo sangue do Cordeiro (cf. Ap 7,1-17). Deus veio morar entre nós e em cada um de nós. Encarnou-se no seio da Virgem Maria e armou sua tenda para habitar no meio de nós (Jo 1,14), a fim de introduzir-nos no Templo celeste, que é o próprio Deus (Evangelho).

Aclamação ao Evangelho: Jo 14,23

Quem me ama, realmente guardará minha palavra; meu Pai o amará e a ele nós viremos.

3 Evangelho: Jo 14,23-29

O Espírito Santo vos recordará tudo o que eu vos tenho dito.

No 5º Domingo da Páscoa ouvimos que a essência da vida cristã está no mandamento do amor. A medida para vivermos o amor fraterno é o exemplo de Jesus: "Amai-vos uns aos outros como eu vos amei". No Evangelho de hoje **Jesus continua falando do amor, que nos une a Cristo, ao Pai e ao Espírito Santo.** Da parte de Deus este amor é gratuito. De nossa parte **exige guardar sua palavra**, viver na prática **o mandamento do amor** que Jesus nos deixou. Quando observamos o mandamento do amor **somos introduzidos na família divina** e nos tornamos morada da Santíssima Trindade (v. 23). Após a última ceia Jesus fala do Espírito Santo, "que o Pai enviará em meu nome". **Jesus continuará a nos ensinar pelo Espírito Santo**: "Ele vos ensinará e vos recordará tudo o que eu vos tenho dito". Recordará e ensinará sempre de novo o mandamento do amor, dado por Jesus.

Domingo da Ascensão

À exceção do Evangelho, seguir o Ano A, p. 104s.

3 Evangelho: Lc 24,46-53

Enquanto os abençoava, afastou-se deles e foi levado para o céu.

Enquanto Mateus e Marcos falam das manifestações do Ressuscitado apenas na Galileia, Lucas as concentra em Jerusalém. Inicia seu Evangelho com Zacarias prestando culto no templo de Jerusalém e o conclui com os discípulos que, após a Ascensão, voltam a Jerusalém, cheios de alegria, e permanecem no Templo "louvando a Deus". Antes de ser "levado para o céu", Jesus recorda o que "está escrito", isto é, que após sua morte e ressurreição em seu nome seriam anunciados "a conversão e o perdão dos pecados a todas as nações" (cf. Lc 3,3; At 2,32-41). Ordena que retornem a Jerusalém para serem "revestidos pela força do alto", isto é, o Espírito Santo prometido pelo Pai. **Jesus foi revestido pela força do Espírito Santo antes de começar a anunciar o Reino de Deus (Lc 3,22; 4,1.18).** Também **os discípulos serão revestidos dessa "força do alto" para anunciarem a conversão e o perdão dos pecados** (salvação) **a todas as nações** (Primeira leitura).

Somos convidados a anunciar e viver a boa-nova do Reino de Deus, anunciada e vivida por Jesus. Os apóstolos e discípulos voltaram a Jerusalém a fim de receberem o Espírito Santo. Nesta semana temos a **semana de orações pela unidade dos cristãos**, em preparação à festa de Pentecostes. Que o Espírito Santo renove todas as igrejas cristãs para viverem juntos neste mundo conturbado o Reino de Deus anunciado por Jesus.

Pentecostes

Como no Ano A, p.107s.

Solenidades do Senhor

Santíssima Trindade

Oração: "Ó Deus, nosso Pai, enviando ao mundo a Palavra da verdade e o Espírito Santo santificador, revelastes vosso inefável mistério. Fazei que, professando a verdadeira fé, reconheçamos a glória da Trindade e adoremos a Unidade onipotente".

1 Primeira leitura: Pr 8,22-31

Antes que a terra fosse feita, a Sabedoria já havia sido concebida.

No Antigo Testamento temos a ideia de um único Deus, mas não a ideia de um Deus único, na comunhão de três pessoas. Mesmo assim, Deus cria o universo pela sua "Palavra" e pelo seu "Espírito" (Gn 1–2; Sl 104,27-30), e nos fala pela "Sabedoria". Na Primeira leitura é a **"Sabedoria de Deus" que fala de Deus criador e de sua origem em Deus**. Desde a eternidade foi constituída, "antes das origens da terra" (universo) foi gerada e Deus a "possui". **A sabedoria de Deus acompanha toda a obra da criação**. Alegre como uma criança, brinca na presença de Deus, na superfície da terra, entre as criaturas; mas **sua maior alegria é "estar com os filhos dos homens"**. No livro do Gênese, o Criador alegra-se com a obra da criação, fruto de seu amor. E ao criar o ser humano, conclui: "E Deus viu que tudo era muito bom" (Gn 1,31). Pela Sabedoria, **tudo estava preparado para a encarnação do Filho de Deus**, que veio morar entre nós. Paulo identifica **Cristo** com a "**força e sabedoria de Deus**" (1Cor 1,23-24). Em Cristo, Sabedoria de Deus, por ele e para ele "foram criadas todas as coisas nos céus e na terra" (cf. Ef 1,16). Na criação, fruto desta sabedoria, Deus se revela a todos os seres humanos, como diz Paulo: "Desde a criação do mundo, o invisível de Deus – o eterno poder e a divindade – torna-se visível à inteligência através de suas obras" (Rm 2,20).

Como me relaciono com as criaturas e com as pessoas criadas pela Sabedoria de Deus? Percebo nelas a presença do Criador? Cuido delas como parte de nossa "Casa Comum"?

Salmo responsorial: Sl 8

Ó Senhor, nosso Deus, como é grande o vosso nome por todo o universo!

2 Segunda leitura: Rm 5,1-5

A Deus, por Cristo, na caridade difundida pelo Espírito.

O apóstolo Paulo fala dos bens recebidos por quem foi **justificado pela fé em Cristo Jesus**. Pela fé **estamos em paz, reconciliados com Deus** por meio de Jesus Cristo. Jesus Cristo morreu por nós e obteve para nós a graça do **perdão dos pecados** e o **dom da fé**, plantou em nós a **esperança** de um dia participar da glória de Deus. Por isso Paulo se alegra em meio aos sofrimentos, porque fortificam nele **a perseverança**, que fortalece a **esperança** e desabrocha no **amor de Deus, "derramado em nossos corações pelo Espírito Santo** que nos foi dado".

Aclamação ao Evangelho

Glória ao Pai e ao Filho e ao Espírito Santo, ao Deus que é, que era e que vem, pelos séculos. Amém.

3 Evangelho: Jo 16,12-15

Tudo o que o Pai possui é meu. O Espírito Santo receberá do que é meu e vo-lo anunciará.

Domingo da Ascensão ouvimos que os discípulos, apesar de Jesus os ter instruído após a ressurreição, ainda não entendiam qual era sua missão. Jesus os enviava a pregar o Reino de Deus, e eles pensavam no reino de Israel (cf. At 1,6-8). No Evangelho de hoje Jesus diz: "Tenho ainda muitas coisas a dizer-vos, mas não sois capazes de compreender agora". O texto do Evangelho nos fala da **missão do Espírito Santo**: a) conduzir os discípulos à plena **verdade**, colocando-os nos passos de Jesus, "o caminho, a verdade e a vida" (cf. 14,6); b) **ensinar "as coisas futuras"** e **recordar tudo o que Jesus falou** (cf. 14,26); c) **tudo o que Jesus ensinou recebeu do Pai** e o confiou aos discípulos.

Jesus de Nazaré revela o rosto misericordioso de Deus como Pai. **Em Cristo Jesus, Deus se revela como Filho** e sua presença e ação entre nós continua pela ação do Espírito Santo. Deus não é um ser solitário. Deus é comunhão de amor. O Espírito Santo é a força do amor de Deus, presente entre nós: "Eis que estou convosco, todos os dias, até o fim dos tempos" (cf. Mt 28,20). O amor a Deus e ao próximo nos fazem viver na presença de Deus e em comunhão de amor com a Santíssima Trindade: "Se alguém me ama, guarda a minha palavra; meu Pai o amará, viremos a ele e nele faremos morada" (Jo 14,23).

Corpo e Sangue de Cristo

Oração: "Senhor Jesus Cristo, neste admirável sacramento nos deixastes o memorial da vossa paixão. Dai-nos venerar com tão grande amor o mistério do vosso corpo e sangue, que possamos colher continuamente os frutos da vossa redenção".

1 Primeira leitura: Gn 14,18-20

Trouxe pão e vinho.

Melquisedec é uma figura misteriosa. É rei de Salém (Jerusalém) e ao mesmo tempo sacerdote do Deus Altíssimo. Está ligado ao relato de uma guerra havida entre reis do Oriente contra reis do rio Jordão e mar Morto, e os do Oriente foram derrotados. Os reis vencedores levaram despojos e prisioneiros, inclusive Ló, sobrinho de Abraão. Abraão, com 318 de seus servos, perseguiu os reis, atacou-os de surpresa e os derrotou. Libertou os prisioneiros, recuperou os despojos e devolveu tudo ao rei de Sodoma, ao sul do mar Morto. Nesse momento, aparece **Melquisedec, sacerdote do Deus Altíssimo, trazendo pão e vinho.** Abençoa e louva Abraão pela vitória, em nome do Deus Altíssimo, criador do céu e da terra. O louvor pela vitória estende-se a Deus: "Bendito seja o Deus Altíssimo, que entregou teus inimigos em tuas mãos". **Pão e vinho eram o alimento diário,** comida e bebida para celebrar a vitória com os guerreiros. A vitória é atribuída ao Deus Altíssimo. Assim, **os alimentos e a bebida tornam-se um banquete na presença do Deus Altíssimo vitorioso.**

Na leitura cristã, Melquisedec, como rei e sacerdote, torna-se uma figura de Cristo, sumo sacerdote segundo a ordem de Melquisedec (Hb 3,1-6; 7,1-28). Pão e vinho assumem um significado pleno na ceia celebrada em memória do sacrifício de Cristo, oferecido pela salvação universal (cf. Ml 1,11).

Salmo responsorial: Sl 109

Tu és sacerdote eternamente, segundo a ordem de Melquisedec.

2 Segunda leitura: 1Cor 11,23-26

Todas as vezes que comerdes e beberdes, estareis proclamando a morte do Senhor.

Na Primeira Carta aos Coríntios, Paulo responde a várias dúvidas e perguntas da comunidade cristã, formada por judeus e pagãos convertidos (1Cor 8–10). Em 8,1-13 responde à questão se o cristão podia ou não comer carne sacrificada aos ídolos, à venda nos mercados. Se eu, como judeu convertido – diz Paulo –, não acredito que existam outros deuses além do Deus de Jesus Cristo, posso comer esta carne. Mas se um irmão, convertido do paganismo (cf. 1Ts 1,9-10), disser-me que a carne foi sacrificada aos ídolos, em respeito ao meu irmão, jamais comerei tal carne. Em seguida esclarece a questão dos sacrifícios oferecidos a Deus. Distingue entre sacrifícios do culto aos ídolos, os sacrifícios ao Deus "vivo e verdadeiro" no templo de Jerusalém, e a celebração da Ceia do Senhor entre os cristãos (cf. Corpo e Sangue de Cristo, Segunda leitura, Ano A). Todos eles, de certa forma, são **sacrifícios que têm a intenção de colocar o fiel em comunhão com a divindade**. O **cristão**, porém, **participa unicamente da Ceia do Senhor**, Deus único, revelado por Jesus Cristo como comunidade de amor, Pai e Filho e Espírito Santo.

No trecho de hoje Paulo explica o significado do rito da Ceia do Senhor, celebrado na comunidade de Corinto em memória da paixão, morte e ressurreição de Cristo. Não foi Paulo que inventou o rito, mas transmitiu o que recebeu do Senhor. Não como revelação própria, e sim o que conheceu nas comunidades cristãs por onde passou. Assim também transmitiu o que sabia sobre a ressurreição e aparições do Senhor (cf. 1Cor 15,3-7).

Aclamação ao Evangelho

Eu sou o pão vivo descido do céu; quem deste pão come, sempre, há de viver!

3 Evangelho: Lc 9,11b-17

Todos comeram e ficaram satisfeitos.

O texto nos fala do milagre da multiplicação dos pães. Muita gente procurava a Jesus. Ele acolhia as pessoas, falava-lhes do Reino de Deus e curava os enfermos. Este era seu costume. Desta vez, porém, aconteceu algo diferente. Os apóstolos aconselharam Jesus a despedir a multidão, pois estava anoitecendo e o povo precisava voltar para casa, a fim de providenciar comida e pousada. E Jesus lhes disse: "Dai-lhes vós mesmos de comer". Eles tinham apenas cinco pães e dois peixes; comprar alimentos era inviável, pois, só contando os homens, havia uns cinco mil. Mesmo assim, Jesus mandou que os apóstolos fizessem o povo sentar-se, dividindo-os em grupos de cinquenta. Importante são os gestos de Jesus ao dividir os pães e os peixes, que se repetem depois na última ceia: "elevou os olhos ao céu", porque ia louvar o Pai; "abençoou-os", isto é, rezou uma oração de bênção agradecendo a Deus pelo pão. Assim como o padre faz na missa ao oferecer o pão e o vinho, que se tornarão o corpo e o sangue de Cristo: "bendito sejas, Senhor Deus do universo pelo pão [...]". "Partiu-os e os deu aos discípulos para distribuí-los à multidão". **"Partir o pão" tornou-se uma expressão para indicar as reuniões dos primeiros cristãos para celebrar a Ceia do Senhor** (At 2,42-47; 20,7). Todos comeram e sobraram doze cestas cheias de pão.

A multiplicação dos pães, mais do que um milagre que só Jesus podia fazer, foi uma lição que ele nos deixou. Jesus não fez o milagre sozinho. Os discípulos entregaram os pães e os peixes que tinham, organizaram o povo em grupos, distribuíram o pão que Jesus partiu e recolheram as sobras. Foi no gesto de partir o pão que Jesus ressuscitado se revelou aos discípulos de Emaús (Lc 24,30-31). Durante a pandemia do Coronavírus fomos privados da Eucaristia. Mas Jesus continuou conosco, em nossas famílias. Com ele aprendemos a ficar mais tempo com os filhos, conversar com eles e ajudá-los nos deveres da escola. Na carência e na dificuldade de conseguir as coisas necessárias, aprendemos a partilhar, auxiliando as famílias mais necessitadas e dando apoio, mesmo virtual, na escuta e conversa com pessoas angustiadas. Aprendemos, sem dúvida, a valorizar tantas pequenas coisas que ficaram um pouco esquecidas. A participação na Eucaristia ganhou um novo sentido em nossa vida. Por tudo isso, demos graças a Deus.

Sagrado Coração de Jesus

Oração: "Concedei, ó Deus todo-poderoso, que, alegrando-nos pela solenidade do coração do vosso Filho, meditemos as maravilhas do seu amor e possamos receber, desta fonte de vida, uma torrente de graças".

1 Primeira leitura: Ez 34,11-16

Eu mesmo vou apascentar as minhas ovelhas e fazê-las repousar.

O profeta Ezequiel junta sua voz crítica contra os maus reis à dos profetas Isaías, Miqueias e Jeremias, que o precederam. A imagem do rei-pastor já é antiga. Os reis do Egito e da Mesopotâmia consideravam sua função como a do pastor no cuidado da segurança e do bem-estar de seu povo. O rei Hamurabi da Babilônia (1728-1686 a.C.) apresenta-se como pastor de seu povo, escolhido pelos deuses "para fazer surgir a justiça na terra, eliminar o mau e o perverso, para que o forte não oprima o fraco. [...] Eu sou Hamurabi, o pastor, chamado por Enlil". Os pastores criticados por Ezequiel são os reis de Israel e Judá, mas também os dirigentes religiosos e civis, como sacerdotes, profetas e juízes. Eles não cumpriram seu ofício de pastor porque não cuidaram do bem-estar físico nem espiritual do povo de Deus. Por culpa desses maus pastores, parte da população foi levada pelos babilônios para o exílio, entre os quais estava Ezequiel. Outros ficaram sem liderança no território ocupado pelo inimigo, ou se dispersaram pelos países vizinhos. Para Ezequiel, porém, a história do povo de Deus não terminou e aponta um futuro de esperança: Como **rei-pastor, Deus promete** cassar o ofício dos maus pastores e **tomar conta** das ovelhas desgarradas. Vai **recolher** as dispersas, **cuidar** das feridas, **fortalecer** as doentes e fracas. Vai **defendê-las das ovelhas mais gordas e fortes, julgando o rebanho como juiz**, segundo o direito. Deus vai devolver a saúde a seu povo, vai trazer a salvação às ovelhas no exílio e às dispersas nos países vizinhos. Vai reunir seu povo disperso na terra prometida, como o pastor reúne suas ovelhas.

Na Solenidade do Sagrado Coração de Jesus, a Igreja vê realizada a promessa profética do rei-pastor, **o Bom Pastor** que vem tomar conta de seu rebanho. Embora Jesus, ao ser interrogado por Pilatos, tenha dito "meu reino não é deste mundo" (Jo 18,36-37), foi enviado pelo Pai para implantar o Reino de Deus aqui na terra. O projeto deste reino Jesus anuncia na sinagoga de Nazaré (Lc 4,16-21; 17,20-21).

Salmo responsorial: Sl 22
O Senhor é o pastor que me conduz. Não me falta coisa alguma.

2 Segunda leitura: Rm 5,5b-11

Deus mostra seu amor para conosco.

Paulo não conhecia os cristãos de Roma, mas ouvia falar muito deles. Conheceu-os quando anunciava o Evangelho em Corinto por meio de Áquila e Priscila. Eles vieram a Corinto quando os judeus foram expulsos de Roma, por decreto do imperador Cláudio. Como eram fabricantes de tendas, Paulo trabalhava na casa do casal, no mesmo ofício (cf. At 18,1-4). Paulo queria ir a Roma para anunciar também ali o seu Evangelho; isto é, que a salvação não vem pela prática da Lei, mas pela fé em Jesus Cristo. Em Rm 5,1-11 o Apóstolo nos fala das virtudes teologais, isto é, ligadas diretamente a Deus: a **fé**, a **esperança** e a **caridade**. Quando falamos em caridade nos lembramos da esmola. Deus não dá esmolas, ele se dá a si mesmo porque ele é o Amor. Por isso é melhor usar a palavra **amor, o maior dom que Deus** nos dá (1Cor 13,13). A fé e a esperança (Rm 5,1-5a) nos conduzem a Deus, o Amor "derramado em nossos corações pelo Espírito Santo". A maior prova do amor de Deus, diz Paulo, é que, quando éramos fracos, ímpios e pecadores, Cristo morreu por nós e, pelo seu sangue derramado na cruz, fomos considerados justos e reconciliados com Deus. Se Deus nos amou como pecadores, agora, como reconciliados, mais ainda podemos confiar que seremos salvos. Deus aboliu nossa dívida de pecadores, pregando-a na cruz de Cristo (cf. Cl 2,13-14). Abramos nosso coração ao seu amor: "Deixai-vos reconciliar com Deus" (2Cor 5,20).

Aclamação ao Evangelho

Eu sou o bom pastor. Conheço minhas ovelhas e elas me conhecem.

3 Evangelho: Lc 15,3-7

Alegrai-vos comigo! Encontrei a minha ovelha que estava perdida.

As parábolas no evangelho de Lucas estão presentes em vários capítulos. As mais conhecidas são as três parábolas da misericórdia, em Lc 15. O contexto mostra Jesus cercado por **cobradores de impostos e pecadores que vieram ouvi-lo.** Como pano de fundo temos os **escribas e fariseus que criticavam a Jesus** por acolher os pecadores e comer com eles (v. 1-2). Jesus responde às críticas com as parábolas da ovelha perdida, da moeda perdida e do "filho pródigo", ou melhor, do pai misericordioso. Todas concluem-se com festa e alegria. A parábola da ovelha perdida bem como as duas outras se dirigem aos escribas e fariseus, mas os que as ouvem com alegria são os cobradores de impostos e pecadores. Jesus convida os escribas e fariseus a se colocarem no lugar do pastor que tinha cem ovelhas e perdeu uma. Por isso pergunta: Quem de vós se tem cem ovelhas e perde uma não vai procurá-la? Impressionante é a alegria repetida três vezes: Ao encontrar a ovelha, o **pastor** coloca-a nos ombros **com alegria** e convida os amigos e vizinhos a se **alegrarem** com ele porque encontrou a ovelha perdida. Mas a maior alegria aparece na conclusão da parábola: "Assim **haverá no céu mais alegria por um só pecador que se converte** do **que por noventa e nove justos que não precisam de conversão**". A alegria de Jesus ecoou no coração dos pecadores, desprezados pelos escribas e fariseus, que se consideravam justos. "Deus não quer a morte do pecador, mas que se converta e viva" (cf. Ez 18,23.32).

O mistério de Cristo no Tempo da Igreja
Tempo Comum

2º Domingo do Tempo Comum

Oração: "Deus eterno e todo-poderoso, que governais o céu e a terra, escutai com bondade as preces do vosso povo e dai ao nosso tempo a vossa paz".

1 Primeira leitura: Is 62,1-5

A noiva é a alegria do noivo.

O texto escolhido para a Primeira leitura pertence à terceira parte do livro do profeta Isaías. O povo que estava no exílio (Is 40–55) já havia retornado à sua terra, onde encontrou uma realidade dura e desanimadora. O profeta anônimo de Is 56–66 procura reanimar a fé e a esperança em Deus, pois ele jamais abandona seu povo. Os exilados esperavam encontrar uma terra disponível, fácil de ser retomada. Mas as terras dos antigos proprietários foram ocupadas pela população mais pobre, que permanecera no país dominado pelos babilônios (cf. 2Rs 24,14; 25,12). Em consequência, surgiram muitos conflitos de ordem social, econômica e religiosa. Jerusalém, símbolo da união do povo, precisava ser reconstruída e seu culto, restaurado. Era urgente reunificar o povo. Para tanto, o profeta lança os **alicerces da restauração**. Reanima a fé no único Deus, **a esperança na sua salvação** e no **seu amor fiel**. Em nome de Deus ele diz: "Por amor de Sião não me calarei [...] **não descansarei, enquanto não surgir nela [...] a justiça e a salvação**". A **salvação**, porém, passa pela prática da **justiça** na sociedade humana.

Deus é justo enquanto salva o pecador arrependido e pune quem não pratica a justiça. O autor de nosso texto recorre à imagem de Deus como esposo de Israel (Jerusalém e seu povo), muito utilizada pelos profetas (cf. Os 2; Jr 2,2; Ez 16). De fato, os que ficaram na terra queixavam-se por Deus ter deixado Jerusalém abandonada, como viúva sem filhos (Lm 1,1). Os exilados, por sua vez, tinham sentimentos parecidos: "O Senhor me abandonou, meu Deus me esqueceu" (Is 49,14). O profeta anuncia que, agora, Deus vai retomar sua esposa Jerusalém junto com seus filhos: "Como a noiva é a alegria do noivo, assim também tu és a alegria de teu Deus". – O vínculo principal que nos une a Deus e aos irmãos é o **amor fiel**, simbolizado pelo amor entre homem e mulher, e **acompanhado pela prática da justiça.**

Salmo responsorial: Sl 95
Cantai ao Senhor Deus um canto novo, manifestai os seus prodígios entre os povos!

2 Segunda leitura: 1Cor 12,4-11

Estas coisas as realiza um e o mesmo Espírito, que distribui a cada um conforme o seu querer.

Paulo escreve longamente aos cristãos recém-convertidos em Corinto, explicando o valor e os limites dos dons do Espírito (1Cor 12–14). Aos que consideravam o próprio dom mais importante do que o dos outros, Paulo diz: a) **Os diferentes dons/carismas provêm do mesmo Espírito**; b) são manifestações do Espírito, que **devem resultar em serviços** (ministérios) e atividades, **em vista do bem comum**; c) o **Espírito distribui os seus dons "a cada um conforme quer"**. Poderíamos dizer que o Noivo Jesus (Primeira leitura e Evangelho) nos concede **os dons do Espírito**, não como diadema para embelezamento pessoal, mas **como avental, para melhor lavar os pés dos irmãos** (cf. Jo 13).

Aclamação ao Evangelho: 2Ts 2,14

O Senhor Deus nos chamou, por meio do Evangelho, a fim de alcançarmos a glória de Cristo.

3 Evangelho: Jo 2,1-11

Jesus realizou este início dos sinais em Caná da Galileia.

O evangelista João, após o prólogo (1,1-18), fala do batismo de João Batista, do testemunho que ele dá sobre Jesus e da vocação dos primeiros discípulos de Jesus (1,19-51). O Batista apresenta Jesus a seus discípulos como "o cordeiro de Deus que tira o pecado do mundo". E acrescenta: "Eu vi o Espírito Santo descer do céu em forma de pomba e permanecer sobre ele" (1,29.32). Mais tarde, sabendo que Jesus também batizava, João apresenta-o como o Cristo, o noivo que o povo de Deus esperava, e comenta: "**Quem tem a noiva é o noivo**. O amigo do noivo está presente e o ouve, muito se alegra com a voz do noivo. Pois é assim que minha alegria ficou completa" (3,29).

No Evangelho de hoje, o "noivo", anunciado por João Batista, entra em cena no contexto de uma festa de casamento. Entre os convidados da festa estavam "a Mãe de Jesus", Jesus e seus discípulos. Jesus participa, com Maria e os discípulos, da alegria do jovem casal, que celebra sua união de vida e de amor. **Os jovens festejam a fundação de sua nova família. No contexto desta alegre festa, Jesus celebra também o início de sua nova família.** Ele é o noivo que vem ao encontro de sua noiva, o povo de Israel (Primeira leitura). Da nova família já fazem parte sua Mãe e os discípulos que "creram nele" (2,11; cf. 1,35-51). Maria avisa a Jesus que o vinho estava acabando, o que comprometeria a festa. A festa não podia acabar. O banquete e a abundância de vinho caracterizam os tempos escatológicos da vinda do Messias (Is 25,6-8; Am 9,11-15). Jesus parece esquivar-se diante da observação de Maria sobre o vinho e diz: "Ainda não chegou a minha hora". A "**hora**" de Jesus é sua exaltação pela morte na cruz e sua gloriosa ressurreição, tratada em Jo 13–20. Maria, porém, apressa essa "hora" e sugere o primeiro "sinal" de Jesus: "**Fazei o que ele vos disser**". Os sinais/milagres são tratados em Jo 2–12 e preparam a "hora" de Jesus. As seis talhas que Jesus manda encher de água lembram os ritos de purificação dos judeus. Assim, a água transformada em vinho marca a superioridade de Jesus e de sua mensagem frente à Lei de Moisés. A presença do Messias caracteriza-se pela alegria de uma vida nova, como a do casal de noivos na festa de seu casamento. Jesus é o Messias, o Noivo que se une à sua noiva Israel, doando-lhe o seu corpo e derramando seu sangue (vinho) na cruz, até a última gota (Jo 19,33-34).

3º Domingo do Tempo Comum

Oração: "Deus eterno e todo-poderoso, dirigi a nossa vida segundo o vosso amor, para que possamos, em nome do vosso Filho, frutificar em boas obras".

1 Primeira leitura: Ne 8,2-4a.5-6.8-10

Leram o livro da Lei de Deus e explicaram seu sentido.

O contexto da **leitura da Lei** acontece em praça pública, para uma assembleia composta de homens e mulheres. Para a leitura foi preparado um estrado num ponto mais alto. Quando o leitor, o escriba Esdras, sobe ao estrado e abre o livro da Lei, o povo todo se levanta pronto para ouvir. Antes de começar a leitura, porém, Esdras põe-se a louvar a Deus. Não sabemos qual é o motivo deste louvor; talvez, para louvar e agradecer a Deus pelo dom da Lei. E o povo responde "Amém! Amém", concorda com o convite e se prostra em adoração a Deus. Agora o povo está pronto para ouvir a Palavra de Deus. **Foi feita, então, de modo bem claro e audível a leitura da Lei** e, depois, foi explicada para melhor compreensão. A leitura durou desde a manhã até o meio-dia. Deus conseguiu falar ao coração do povo, porque a leitura e a explicação da Lei foram feitas com clareza. O povo toma consciência de seus pecados, fica triste e chora arrependido. Os levitas, porém, convidam o povo a se alegrar, "porque este é um dia consagrado ao Senhor, vosso Deus". O governador Neemias pede ao povo que se alegre e faça festa, "porque a alegria do Senhor será a vossa força". Nesta leitura e celebração da Palavra o povo teve uma experiência de Deus e saiu alegre e fortalecido para enfrentar a vida do dia a dia.

Que nossas celebrações da Palavra de Deus, a homilia e a celebração da Eucaristia proporcionem um encontro real e alegre dos fiéis com Deus.

Salmo responsorial

Vossas palavras, Senhor, são espírito e vida!

2 Segunda leitura: 1Cor 12,12-30

Vós, todos juntos, sois o corpo de Cristo e, individualmente, sois membros desse corpo.

Paulo continua a falar sobre os dons do Espírito Santo. Utiliza como exemplo a união do corpo com seus membros. **Batizados e alimentados pelo mesmo Espírito, fazemos o corpo de Cristo.** O Espírito Santo faz com que judeus e gregos, escravos e livres vivam em harmonia neste mesmo corpo de Cristo. Deus distribui seus dons a cada membro da comunidade conforme ele quer. **Todos os membros de um corpo são importantes**, cada qual com sua função específica **em vista do bem do corpo todo**. Assim deve ser a comunidade cristã, animada pelo mesmo Espírito do Senhor, que nos mantém unidos para o bem comum do mesmo corpo do qual Cristo é a cabeça.

Aclamação ao Evangelho: Lc 4,18

Foi o Senhor quem me mandou boas notícias anunciar; ao pobre, a quem está no cativeiro, libertação eu vou proclamar.

3 Evangelho: Lc 1,1-4; 4,14-21

Hoje se cumpriu esta passagem da Escritura.

Hoje ouvimos a introdução do evangelho de Lucas, no qual ele explica como escreveu seu livro, para quem escreveu e o que pretende com seu Evangelho (1,1-4); em seguida, narra-se a visita de Jesus a Nazaré, onde fora criado (4,14-21). Na introdução, Lucas lembra que, antes dele, outros já tentaram escrever a "**história**" do **que aconteceu** "**entre nós**". Ele **também quer escrever o que recebeu da tradição**, por meio de testemunhas oculares e ministros da palavra (pregadores). Portanto, não deseja fazer um simples relato dos **fatos acontecidos**, mas apresentar a **mensagem de Jesus**, bem como o que dele falaram os ministros da palavra. Fez uma cuidadosa investigação "de tudo o que **aconteceu** desde o princípio", para os destinatários conhecerem a firmeza da doutrina na qual foram instruídos. Teófilo ("amigo de Deus"), a quem dedica seu livro, pode ser tanto uma pessoa ou todos os "amigos de Deus", os cristãos que receberam a primeira instrução.

Após ser batizado por João, Jesus foi conduzido pelo Espírito ao deserto, onde foi tentado. Em seguida, com a força do Espírito Santo, voltou para a Galileia e começou a ensinar nas sinagogas (4,14-15); sua fama espalhou-se por toda a parte e era elogiado. É com esta fama que Jesus entra na sinagoga de Nazaré. Ao saber que Jesus estava na sinagoga, todo mundo acorreu, talvez, mais por curiosidade do que para ouvir a Palavra de Deus. Para ter um verdadeiro encontro com Deus é preciso estar preparado, disposto a ouvir a sua Palavra (Primeira leitura). Dentro do **rito de um culto na sinagoga** havia um momento em que se lia um trecho do livro previsto para o dia. Qualquer homem adulto podia ser convidado, ou apresentar-se, para a leitura. Jesus não perdeu a ocasião de apresentar-se para fazer a leitura e explicar o texto, "como era seu costume" (v. 15). O chefe da sinagoga ofereceu-lhe o rolo do livro de Isaías. Jesus ocupou o estrado, desenrolou o livro até encontrar o texto que desejava ler. Terminada a leitura, enrolou de novo o livro, devolveu-o ao assistente e sentou-se. Era a posição para ensinar, no caso, explicar o texto lido. Todos estavam atentos ao que iria dizer sobre o texto. Jesus apenas diz: "Hoje se cumpriu esta passagem que acabais de ouvir". Em vez de dizer o que os ouvintes deveriam fazer, Jesus aplica o texto a si mesmo e se pergunta "o que Deus quer que eu faça" e encontrou a resposta no texto de Isaías. Sua resposta ao Pai é adotar o texto lido como programa de sua missão: a) sente-se movido pelo Espírito do Senhor, que sobre ele repousou no batismo (3,21-22); b) sua missão é anunciar a boa-nova aos pobres; c) libertar os aprisionados; d) devolver a visão aos cegos; e) libertar os oprimidos; f) proclamar o ano da "graça" do Senhor, isto é, um ano do perdão de todas as dívidas, de modo que os insolventes aprisionados sejam libertados. **Jesus dirige sua mensagem aos pobres, anuncia um ano do perdão das dívidas, da misericórdia divina.** Não quer apenas levar as pessoas a Deus, mas trazer o Reino de Deus até as pessoas. Quer estabelecer uma sociedade justa e fraterna, devolver a dignidade humana a todos os injustiçados. **Jesus entendeu que**, no texto, **Deus lhe falava e deu sua resposta.**

4º Domingo do Tempo Comum

Oração: "Concedei-nos, Senhor Deus, adorar-vos de todo o coração, e amar todas as pessoas com verdadeira caridade".

1 Primeira leitura: Jr 1,4-5.17-19

Eu te consagrei e te fiz profeta das nações.

A Primeira leitura narra a vocação do profeta Jeremias (cf. Jr 1,4-19). É um texto autobiográfico, no qual o próprio Jeremias conta em primeira pessoa sua vocação para ser profeta. **Ser profeta não é decisão pessoal, mas um chamado especial de Deus**. Era plano de Deus chamar **Jeremias** para ser profeta: "Antes de formar-te no ventre materno, eu te conheci; antes que nascesses eu te consagrei". **A vocação** não é imposição nem tira a liberdade da pessoa, mas, no caso de Jeremias, é **um convite de Deus para uma missão** especial: ser "profeta das nações". A liberdade de acolher ou rejeitar o convite fica evidente pela forma de diálogo da narrativa de vocação: É o Eu divino que se dirige ao tu humano e o interpela. Jeremias, num primeiro momento, quer tirar "o corpo fora", porque imagina a **oposição que deverá enfrentar** por parte do palácio (reis e príncipes), da classe sacerdotal e do "povo da terra", que detinham o poder político, religioso e econômico. **As palavras que Jeremias deverá falar não serão opinião sua**: "comunica-lhes tudo o que eu te mandar dizer". Serão palavras de denúncia, apelos de conversão e ameaças de castigo, que Deus colocará em sua boca (v. 9). **Deus**, porém, **convida o profeta a não se intimidar**. Vai transformá-lo numa cidade fortificada. Promete estar sempre ao lado de seu profeta para defendê-lo.

Salmo responsorial: Sl 70

Minha boca anunciará todos os dias vossas graças incontáveis, ó Senhor.

2 Segunda leitura: 1Cor 12,31–13,13

Permanecem a fé, a esperança e a caridade. Mas a maior delas é a caridade.

Nos últimos domingos ouvimos Paulo falando dos diversos dons ou carismas, manifestados pela comunidade de Corinto. Explicava que os dons procedem do mesmo Espírito e, mais do que um diadema para embelezar uma pessoa, são um avental para melhor "lavar os pés", servindo a comunidade. Assim, judeus e gregos, escravos e livres, unidos pelo mesmo Espírito Santo, formam um só corpo de Cristo. Na leitura de hoje Paulo esclarece que **existe uma hierarquia entre os diversos dons**. Certamente, havia concorrência entre os cristãos a respeito dos dons. Havia quem considerasse seu carisma o mais importante. Paulo explica que **nenhum carisma/dom vale alguma coisa sem a caridade, o amor**. Todos têm seu valor se acompanhados pelo amor. No presente, os dons mais importantes são a **fé**, a **esperança** e a **caridade**. No futuro existirá apenas a **Caridade/Amor, que nos une todos a Jesus Cristo e a Deus**.

Aclamação ao Evangelho: Lc 4,18

Foi o Senhor quem me mandou boas notícias anunciar; ao pobre, a quem está no cativeiro, libertação eu vou proclamar!

3 Evangelho: Lc 4,21-30

Jesus, assim como Elias e Eliseu, não é enviado só aos judeus.

Ao tomar o menino Jesus em seus braços Simeão louvou a Deus e falou para Maria em tom profético: "Este menino vai ser causa tanto de queda como de reerguimento para muitos em Israel. Ele será um sinal de contradição" (Lc 2,35). **Diante da pessoa de Jesus** e de sua mensagem **não se pode permanecer indiferente**. Ou se é a favor, ou contra, como vimos na visita de Jesus a Nazaré (3º Domingo). No Evangelho de hoje, quando Jesus dirige a palavra aos conterrâneos, a reação do povo é de admiração e oposição. No início de sua atividade na Galileia, Jesus é elogiado por todos pela qualidade de seu ensino: "Eles ficavam admirados de sua doutrina porque sua palavra tinha autoridade" (4,15.32). Mas aos poucos – como nos mostra Lucas – o ensino cheio de sabedoria, as críticas dirigidas aos sacerdotes, escribas e fariseus, os gestos de misericórdia para com pobres e pecadores provocam oposição ferrenha contra Jesus por parte dos adversários. Assim acontecia também nos anos 70, quando Lucas escreve seu Evangelho e os Atos dos Apóstolos.

Percebendo que era rejeitado por seus conterrâneos, Jesus diz: "**Nenhum profeta é bem-recebido em sua pátria**". E como justificativa cita os exemplos dos profetas **Elias e seu discípulo Eliseu**. Ambos, **rejeitados e perseguidos em sua terra, são enviados a estrangeiros**. Por ocasião de uma prolongada seca e carestia Elias foi enviado a Sarepta, na Sidônia, para socorrer uma viúva e seu filho órfão. Apesar de haver muitos leprosos em Israel, Eliseu cura a Naamã, um general da Síria, país inimigo de Israel. Ao citar estes dois exemplos, **Lucas**, por um lado, lembra o programa de Jesus anunciado na sinagoga de Nazaré (2º Domingo); por outro, **sinaliza o anúncio da boa-nova aos pagãos**, o que acontece quando Lucas escreve seu Evangelho. Diante do discurso de Jesus, "todos na sinagoga ficaram furiosos". **Jesus foi expulso da cidade e ameaçado de morte**, porém, "**continuou o seu caminho**".

Ao celebrarmos a Eucaristia vamos pedir que Jesus nos fortifique para prosseguirmos em seu "caminho" de serviço e de amor.

5º Domingo do Tempo Comum

Oração: "Velai, ó Deus, sobre a vossa família, com incansável amor; e, como só confiamos na vossa graça, guardai-nos sob a vossa proteção".

1 Primeira leitura: Is 6,1-2a.3-8

Aqui estou, envia-me.

A Primeira leitura contém a narrativa da **vocação do profeta Isaías**. Isaías morava em Jerusalém, próximo da elite dominante, e conhecia os abusos que praticavam contra o povo. Sua vocação acontece no Templo, durante a celebração do culto. Ele mesmo conta a visão divina que teve, as palavras que Deus lhe falava e estabelecia um diálogo com ele. Enquanto o palácio estava ainda abalado pela morte do rei Ozias e preocupado sua sucessão, o Profeta sente-se transportado para a corte divina. Ele vê o Senhor sentado num trono elevado, vestido de um enorme manto que enchia o Templo, pronto para ouvir a corte celeste e tomar uma decisão. A corte era formada por serafins. Estes aclamavam o Senhor como três vezes "Santo", porque sua glória enchia toda a terra. O profeta percebe que está sendo chamado para ser mensageiro de Deus. Diante do Senhor "Santo", sente-se pecador; percebe-se como indigno e despreparado para missão de porta-voz de Deus. Então um dos serafins vem em seu socorro; com uma brasa tirada do altar do incenso purifica os lábios do profeta e comunica-lhe que seu pecado já está perdoado. Isaías ouve, então, a voz do Senhor, dizendo: "**Quem enviarei? Quem irá por nós?**" E Isaías responde prontamente: "**Aqui estou! Envia-me**". A resposta de Isaías revela sua prontidão. Sabia, porém, que haveria de enfrentar dificuldades na missão; por isso, pergunta: "Até quando, Senhor?" (Is 6,8-13). A resposta o Profeta terá uns trinta anos depois, quando os assírios invadiram Judá, arrasaram todo o território e deixaram Jerusalém isolada, como uma cabana na plantação de pepinos (cf. Is 1,2-9).

Salmo responsorial: Sl 137

Vou cantar-vos, ante os anjos, ó Senhor, e ante o vosso templo vou prostrar-me.

2 Segunda leitura: 1Cor 15,1-11

É isso o que temos pregado, e é isso o que crestes.

Em todas as Cartas que Paulo escreve dirige-se a comunidades por ele fundadas, menos a de Roma. Por isso suas Cartas têm um caráter mais pastoral do que doutrinário. O texto que hoje ouvimos é, ao mesmo tempo, doutrinário e pastoral. **Havia entre os cristãos de Corinto perguntas a serem respondidas e dúvidas de fé a esclarecer.** Havia quem negasse a ressurreição dos mortos (15,12). Outros se perguntavam como os mortos ressuscitam e com que corpo (15,35). Para reforçar a fé na Ressurreição, Paulo não dá uma resposta científica, mas parte da fé, do Evangelho por ele transmitido. **O que Paulo recebeu da tradição constitui o núcleo mais antigo do Credo** da Igreja: Cristo morreu por nossos pecados, segundo as Escrituras; foi sepultado e ao terceiro dia ressuscitou dos mortos, segundo as Escrituras. Depois cita uma lista de testemunhas da fé no Cristo ressuscitado. A lista é encabeçada por Cefas (Pedro ou Simão Pedro) e pelos outros dez discípulos, seguida de centenas de testemunhas, algumas ainda vivas. Menciona, também, a aparição a Tiago e aos apóstolos; por fim, inclui-se a ele mesmo na lista das testemunhas. Considera-se apóstolo de Cristo, embora o menor e mais indigno de todos, porque perseguiu os cristãos. **O encontro com o Cristo ressuscitado marca a conversão e vocação de Paulo.**

Aclamação ao Evangelho

"Vinde após mim!", o Senhor lhes falou. "Vos farei pescadores de homens."

3 Evangelho: Lc 5,1-11

Deixaram tudo e o seguiram.

Depois de falar do batismo de Jesus por João e de seu jejum e tentação no deserto, Lucas menciona de passagem sua atividade em torno do Lago. Em seguida Jesus se dirige a Nazaré, sozinho, sem os discípulos, que ainda não havia escolhido. Somente em Lc 5,1-11 o evangelista narra **a escolha dos primeiros discípulos.** Eles serão a nova família de Jesus. **A visita à sinagoga de Nazaré marca, portanto, a ruptura de Jesus com seus familiares e patrícios**, prenúncio da ruptura entre o cristianismo e o judaísmo, que acontecia quando Lucas escreve seu Evangelho.

O Evangelho de hoje fala da **vocação dos primeiros discípulos**. Depois de ter pregado nas sinagogas da região, Jesus chega a Cafarnaum já famoso. Na margem do lago, **o povo envolve a Jesus** "para ouvir a Palavra de Deus". Jesus viu duas barcas na margem e pescadores que lavavam as redes. Entrou numa das barcas, que era de Simão e, sentado, continuou ensinando. Ao terminar o discurso, disse a Simão: "**Avança para águas mais profundas, e lançai vossas redes para a pesca**". Simão Pedro deve ter pensado "de pesca Jesus não entende nada", pois passaram a noite inteira e nada pegaram. Mesmo assim acolhe a sugestão e o resultado foi maravilhoso. As redes rompiam-se de tanto peixe, de modo que tiveram de chamar a outra barca. Diante do mistério da pessoa de Jesus, **Simão reage, como o profeta Isaías** (Primeira leitura). Movido pela inesperada experiência da presença de Deus, Simão sente-se pecador, prostra-se aos pés de Jesus e diz: "Senhor, **afasta-te de mim, porque sou um pecador**". Os irmãos Tiago e João, sócios de Simão, reagiram da mesma forma. Jesus apenas lhe diz: "**Não tenhas medo! De hoje em diante serás pescador de homens**". Imediatamente, Simão, Tiago e João largaram tudo e seguiram a Jesus.

Os cristãos, e Lucas com eles, entenderam que as palavras de Jesus "Avança para as **águas mais profundas e lançai vossas redes para pesca**" significavam a **missão entre os pagãos** (cf. Atos). E as palavras "Não tenhas medo! De hoje em diante serás pescador de homens", soavam-lhes como um convite a **abraçar** com coragem o programa de Jesus no anúncio do Evangelho (cf. At 1,8).

6º Domingo do Tempo Comum

Oração: "Ó Deus, que prometestes permanecer nos corações sinceros e retos, dai-nos, por vossa graça, viver de tal modo, que possais habitar em nós".

1 Primeira leitura: Jr 17,5-8

Maldito o homem que confia no homem; feliz o homem que confia no Senhor.

O texto da Primeira leitura é uma crítica a Sedecias, o último rei de Judá (597-587 a.C.). Jerusalém já havia sido conquistada por Nabucodonosor, rei da Babilônia. Nabucodonosor depôs o rei Joaquin (Jeconias) e o exilou com a classe dirigente para Babilônia. Em seu lugar colocou Sedecias como rei. Passados alguns anos, Sedecias, seguindo a voz de seus conselheiros, tramava uma revolta contra a Babilônia, contando com a promessa de apoio do Egito. O **profeta Jeremias**, em nome de Deus, dizia que trair o rei da Babilônia era assinar a sentença de morte contra Judá e Jerusalém. **Submeter-se aos babilônios era a única saída para salvar a nação e seu povo** (Jr 27,1-8). Neste contexto situam-se as palavras de Jeremias. O profeta **critica o rei**, ameaçando-o com as maldições do livro do Deuteronômio. **Sedecias deixou de confiar em Deus**, para confiar nos conselhos dos homens; com isso atraiu sobre a nação as maldições previstas pela Lei. Colocar a confiança nos homens era apostar no deserto, sem água e sem vida: "Eles me abandonaram, a fonte de água viva, para cavar para si cisternas rachadas, que não podem conter água" (cf. Jr 2,13). **A bênção**, porém, **está com quem confia no Senhor**. Este é comparado a uma árvore plantada junto às águas: ela sempre terá as folhas verdes e produzirá frutos (Salmo responsorial). – Qual é a minha fonte de água viva?

Salmo responsorial: Sl 1

É feliz quem a Deus confia!

2 Segunda leitura: 1Cor 15,12.16-20

Se Cristo não ressuscitou, a vossa fé é vã.

No capítulo 15, Paulo procura responder a uma pergunta da comunidade de Corinto: Que relação tem a ressurreição de Cristo com a nossa ressurreição? No judaísmo do tempo de Jesus, os fariseus acreditavam na ressurreição, mas os saduceus não. Quando, em Atenas, Paulo tentava anunciar como grande novidade que Jesus de Nazaré morreu crucificado, mas ao terceiro dia ressuscitou e que nós também vamos ressuscitar, alguns começaram a zombar dele e disseram: "A este respeito te ouviremos noutra ocasião" (At 17,32-34). Para os ouvintes pagãos era, portanto, mais difícil acreditar na ressurreição após a morte. Que o fundador de uma nova religião tivesse ressuscitado era até aceitável; seria parte de um mito... Decepcionado com Atenas que recebeu mal o Evangelho, Paulo chega a Corinto e muda o tom de sua pregação e insiste mais na humanidade de Cristo: "Enquanto **os judeus pedem sinais**, e **os gregos procuram sabedoria**, nós pregamos Cristo **crucificado**, escândalo para os judeus, loucura para os gregos [...]" (1Cor 1,22-23). A âncora da fé na ressurreição se fixa na humanidade do Filho de Deus encarnado e no poder de Deus, que o ressuscitou dos mortos. Partindo da dúvida dos coríntios, assim argumenta o Apóstolo: 1) Se os mortos não ressuscitam, Cristo também não ressuscitou. 2) Se Cristo não ressuscitou, nossa fé não vale nada e ainda não recebemos o perdão dos pecados. 3) Se Cristo não ressuscitou, os que morreram em Cristo não foram salvos. 4) Se colocamos nossa esperança em Cristo só para esta vida, entre todos os homens, somos os mais dignos de compaixão. 5) **Realidade da fé**: "Cristo ressuscitou dos mortos como primícias dos que morreram".

Aclamação ao Evangelho

Ficai muito alegres, saltai de alegria, pois tendes um prêmio bem grande nos céus.

3 Evangelho: Lc 6,17.20-26

Bem-aventurados os pobres. Ai de vós, ricos.

Na cena anterior (6,12-16), Jesus tinha subido com os discípulos a uma montanha, onde passou a noite em oração. De manhã Jesus escolheu doze entre os discípulos e os chamou de apóstolos. No Evangelho de hoje vemos Jesus descendo com os doze apóstolos até a planície, porque é lá que a missão acontece. Eles serão enviados em missão (Lc 9,1-6), junto com outros 72 discípulos (Lc 10,1-20). A esses apóstolos e discípulos/discípulas Jesus se dirige no seu sermão, bem como a uma multidão de pessoas, vindas da Judeia, de Tiro e Sidônia. É o "sermão da planície" de Lucas, correspondente ao "sermão da montanha" de Mateus. **As bem-aventuranças constituem o núcleo central da mensagem do Evangelho.** Jesus levanta os olhos e dirige-se a cada pessoa da multidão de ouvintes, usando o plural "vós". Entre a multidão Jesus vê gente pobre e faminta, gente que chora. Olha para o futuro e vê cristãos odiados e sendo expulsos das sinagogas, insultados e amaldiçoados "por causa do Filho do Homem". Os pobres são chamados felizes, os famintos serão saciados, os que choram haverão de rir, os que são odiados e perseguidos por causa do nome de Jesus são convidados a alegrar-se porque deram testemunho de sua fé e serão recompensados no céu.

Em Lucas são quatro bem-aventuranças, em Mateus são oito. Em Lucas, as quatro bem-aventuranças correspondem a quatro maldições (Primeira leitura): pobres x ricos; os famintos x e os que têm fartura; os que choram x e os que estão sempre em festa; os que são difamados x e os que são elogiados. O Evangelho nos coloca diante de dois caminhos: o **seguimento de Jesus Cristo** ou sua rejeição. **Não se pode permanecer indiferente diante de Jesus** (Lc 2,34; 10,10-16; 12,49-53). Ou se é a favor ou se é contra: "Não podeis servir a Deus e às riquezas" (Lc 16,13).

7º Domingo do Tempo Comum

Oração: "Concedei, ó Deus todo-poderoso, que, procurando conhecer sempre o que é reto, realizemos vossa vontade em nossas palavras e ações".

1 Primeira leitura: 1Sm 26,2.7-9.12-13.22-23

O Senhor te entregou em minhas mãos, mas eu não quis te matar.

A Primeira leitura lembra um episódio dos inícios da monarquia em Israel. Saul era da tribo de Benjamim e foi ungido pelo profeta Samuel como o primeiro rei de Israel. O rei teve que enfrentar durante vários anos os filisteus, que invadiram a costa da Palestina. O exército de Saul era formado por combatentes voluntários. Jessé de Belém tinha vários filhos e os mandou para a frente de batalha. Um dia enviou Davi, seu filho mais novo, que cuidava do rebanho, para levar mantimentos para seus irmãos que combatiam contra os filisteus. Davi viu então um guerreiro chamado Golias, um gigante muito forte que ninguém tinha coragem de enfrentar. Davi ofereceu-se para combater com o guerreiro e derrubou-o com uma única pedrada de sua funda de pastor. Depois, com a espada do filisteu abatido, cortou sua cabeça. Davi logo tornou-se famoso, por isso Saul o convidou para ser seu escudeiro. **À medida que a fama de Davi aumentava, crescia também o ciúme e o ódio de Saul**, que começou a persegui-lo de morte. Neste contexto coloca-se a leitura que acabamos de ouvir.

Aconteceu que, durante a perseguição, Saul entrou numa caverna com seus guerreiros a fim de ali passar a noite. Mas na mesma caverna já estavam escondidos Davi e seus companheiros. Grande era a tentação de acabar com a vida de Saul. Davi, porém, disse aos companheiros: "Quem poderia estender a mão contra o ungido do Senhor, e ficar impune?" Em vez disso, pegou a lança de Saul e a bilha de água de junto de sua cabeça e saiu da caverna com os companheiros. No dia seguinte gritou para o rei: "Aqui está a lança do rei. Venha cá um dos teus servos buscá-la! O Senhor retribuirá a cada um conforme a sua justiça e a sua fidelidade". Davi defende sua inocência e fidelidade ao rei e entrega-se nas mãos de Deus. Quem enfrentou o filisteu Golias em campo aberto não considerava justo matar um rei adormecido. **Ao ódio cego de Saul, Davi responde com o perdão e o respeito pela figura do rei**, ungido do Senhor. **O perdão é o gesto máximo de amor e de misericórdia** (Evangelho).

Salmo responsorial: Sl 102

O Senhor é bondoso e compassivo.

2 Segunda leitura: 1Cor 15,45-49

E como já refletimos a imagem do homem terrestre, assim também refletiremos a imagem do homem celeste.

Domingo passado Paulo esclarecia a comunidade de Corinto sobre a ressurreição de Cristo e a nossa ressurreição. O esclarecimento se fazia necessário porque havia alguns que aceitavam a fé que Cristo ressuscitou dos mortos, mas duvidavam que os cristãos iriam também ressuscitar. Paulo argumentava que o Filho de Deus assumiu a nossa carne, morreu por nós e ressuscitou dos mortos. Por isso ele é o Primogênito dos mortos, isto é, o primeiro dentre os homens que ressuscitou. A ressurreição de Cristo é a garantia que nós, filhos e filhas de Deus, também vamos ressuscitar. Portanto, se o Filho de Deus assumiu nossa humanidade em Jesus de Nazaré, morreu por nossos pecados e ressuscitou, abriu também as portas para que, pela sua ressurreição, nós participássemos de sua divindade. **Para aprofundar o argumento**, na leitura de hoje **Paulo faz uma comparação** entre o primeiro ser humano, Adão, e

Jesus Cristo o novo Adão: O primeiro ser humano (**Adão**) **tornou-se um "ser vivo" pelo sopro de Deus** (Gn 2,7). **Jesus Cristo, o novo Adão, é um espírito que dá vida**. Primeiro veio o homem natural, depois é que veio o homem espiritual (Cristo). O primeiro homem foi tirado da terra; o segundo homem veio do céu. Com Adão somos todos ligados à terra (terrestres); com Cristo, o homem celeste, todas as pessoas que creem vão ser também celestes. Hoje somos reflexo do homem terrestre (Adão); **no futuro refletiremos a imagem de Cristo ressuscitado**, o homem celeste. Cristo ressuscitado é o novo Adão e os que nele creem são a **nova criação**, uma obra nova de Deus.

Aclamação ao Evangelho

Eu vos dou este novo mandamento, nova ordem, agora, vos dou: que também vos ameis uns aos outros, como eu vos amei, diz o Senhor.

3 Evangelho: Lc 6,27-38

Sede misericordiosos, como também o vosso Pai é misericordioso.

O Evangelho de hoje apresenta uma síntese do "sermão da planície" de Lucas. Os ouvintes de Jesus são os discípulos que o seguem e escutam. Jesus se dirige a eles com intimidade: "A vós que me escutais, eu digo [...]" A mensagem de Jesus é a continuação das bem-aventuranças (6º Domingo). O **tema é o amor aos inimigos**, fazendo o bem também a eles. As palavras são imperativas que levam à ação e respeito em relação aos inimigos. Inimigos são aqueles que odeiam os cristãos, amaldiçoam, caluniam, agridem fisicamente e praticam extorsão. O cristão deve dar o que lhe pedem, sem pedir de volta o que tiram. Diante destas pessoas mais pobres vale o princípio: "O que vós desejais que os outros vos façam, fazei-o também a eles". Em outras palavras, **o cristão é convidado a colocar-se no lugar dos pobres** e solidarizar-se com eles.

Quem ama os inimigos torna-se "filho do Altíssimo", que é bondoso também com os ingratos e maus. O cristão não se coloca como juiz dos outros, não condena ninguém, mas perdoa. A chave de ouro que nos abre para o amor de Deus é a seguinte: "**Sede misericordiosos, como também o vosso Pai é misericordioso**".

O discípulo que busca viver o Reino de Deus procura ter um novo espírito em relação ao espírito deste mundo: ama os que o odeiam e faz o bem até aos inimigos. Vive na gratuidade, não busca recompensa. Age como filho de Deus porque Deus ama gratuitamente (Salmo responsorial).

8º Domingo do Tempo Comum

Oração: "Fazei, ó Deus, que os acontecimentos deste mundo decorram na paz que desejais, e vossa Igreja vos possa servir, alegre e tranquila".

1 Primeira leitura: Eclo 27,5-8

Não elogies a ninguém antes de ouvi-lo falar.

A Primeira leitura do 8º Domingo traz uma reflexão típica dos livros chamados sapienciais. Os livros sapienciais preocupam-se em apontar caminhos para uma vida feliz, através de um bom relacionamento com Deus, fonte da sabedoria, com o próximo e com os bens deste mundo. Esses livros recolhem sentenças dos sábios de seu tempo e de coleções de provérbios do passado, tanto de Israel como de outros povos. Na Bíblia a coleção mais famosa de provérbios é atribuída a Salomão e se encontra no livro dos Provérbios. Sabemos por experiência que o **bom relacionamento** com as pessoas **depende** muito de **como usamos da palavra. Palavras sábias constroem pontes**, fortalecem amizades, edificam o amor. Uma simples palavra inoportuna ou mentirosa é capaz de minar a confiança entre as pessoas e arruinar amizades. Quanto mal fazem as mentiras (*fake news*) calúnias e "fofocas" – denuncia o papa Francisco – nas famílias, nas comunidades de fé, na vida política e até no seio da Igreja.

O texto de hoje concentra-se na figura do homem sábio e no seu oposto, o homem estulto; ambos são reconhecidos pelo conteúdo da conversa e o modo de falar. Os exemplos dados são frutos da observação do homem sábio. O primeiro exemplo vem do trabalho do agricultor que sacode a peneira para separar os grãos de trigo da palha. A ação de sacudir a peneira é comparada com o falar da pessoa; os defeitos da pessoa faladora se comparam à palha que é refugada. O segundo caso compara o trabalho do oleiro que molda vasos e submete-os ao fogo: os vasos bons saem do forno sem defeito e os ruins aparecem trincados pelo calor do fogo e são rejeitados (cf. Jr 18,1-4); assim a pessoa se revela pelo calor da fala: "Toda árvore é conhecida pelos seus frutos" (Evangelho). "A palavra revela o coração do homem" (v. 7) e "a boca fala do que o coração está cheio" (Evangelho). Que o conteúdo de nossas conversas construa laços de amizade e de amor na família e na comunidade.

Salmo responsorial: Sl 91
Como é bom agradecermos ao Senhor.

2 Segunda leitura: 1Cor 15,54-58

A vitória foi-nos dada por Jesus Cristo.

No 7º Domingo Paulo fez uma comparação entre o primeiro Adão, que recebeu a vida de Deus (ser vivo) e o "segundo Adão", Jesus Cristo, Aquele que nos dá a vida nova. Do primeiro Adão herdamos a vida mortal e o pecado. Do novo Adão, "espírito vivificante", recebemos o perdão dos pecados e nos tornamos uma nova criatura, participantes de sua ressurreição. A fé na ressurreição de Jesus e ressurreição dos que nele creem é que enche o coração de esperança e alegria. Hoje, **movido pela esperança, Paulo nos projeta para o futuro**, quando "o ser mortal será revestido de imortalidade", quando a morte, causada pelo pecado, será vencida pela vida. Agradece a Deus porque ele nos dá a vitória sobre a morte e o pecado, graças à morte e ressurreição de seu Filho Jesus Cristo. Por fim, o Apóstolo conclui convidando a todos a se empenharem na obra do Senhor, movidos pela mesma fé. O cristão jamais vive como um derrotado, mas como alguém vitorioso, impulsionado pela fé e alegre esperança no Senhor.

Aclamação ao Evangelho: Fl 2,15d-16a

Como astros no mundo vós resplandeceis, mensagem de vida ao mundo anunciando; da vida, a palavra, com fé proclamais, quais astros luzentes no mundo brilhais!

3 Evangelho: Lc 6,39-45

A boca fala do que o coração está cheio.

Este texto faz parte do "sermão da planície" de Lucas. Entre os ouvintes estão os apóstolos, as discípulas (8,1-3) e discípulos de Jesus, além de uma multidão de povo proveniente de Jerusalém, Tiro e Sidônia (Lc 6,47). Quando Lucas escreve as palavras de Jesus, pelo ano 80 d.C., os conselhos de Jesus se dirigem aos judeus convertidos e aos pagãos que acolheram a fé em Cristo. São orientações tanto para os dirigentes da comunidade como para os irmãos de fé. O texto contém quatro pequenas comparações ou parábolas: parábola dos dois cegos (v. 39-40), parábola do cisco e da trave (v. 41-42), parábola da árvore (v. 43-44) e parábola do tesouro (v. 45). A parábola dos dois cegos ensina que a pessoa iluminada por Cristo está preparada para ser luz no caminho de outros, ainda não iluminados pela fé (cegos). **O cristão, antes de ser mestre, deve tornar-se discípulo.** Por outro lado, da parte de quem procura uma orientação na vida cristã exige-se discernimento para não escolher um guia tão "cego" quanto ele. A **parábola do cisco e trave no olho** está ligada à afirmação que precede o Evangelho de hoje: "Não julgueis e não sereis julgados" (v. 37); está ligada também à parábola dos dois cegos (olho!). Lucas refere-se aos que vivem na comunidade cristã, criticando os outros. Veem defeitos no próximo, mas não enxergam os seus defeitos, muito maiores.

A terceira parábola traz o exemplo da árvore e seus frutos. **Conhecemos uma árvore boa ou má pelos frutos que produz, bons ou ruins.** Qualquer árvore frutífera precisa ser bem cuidada para produzir frutos bons. Deus é paciente com todas as pessoas. Dá sempre um tempo a mais, como Lucas explica na parábola da figueira estéril (cf. Lc 13,6-9). Precisamos desta paciência divina na vida de nossas comunidades. Cuidando com carinho uns aos outros, os bons frutos virão a seu tempo. Sejamos misericordiosos como Deus é misericordioso e paciente como ele é paciente. Por fim, o Evangelho conclui com a parábola do **tesouro escondido no coração** (Primeira leitura) de cada pessoa. Se nosso coração estiver cheio do amor de Deus, de nossa boca fluirão palavras de bondade. Se o tesouro estiver vazio de Deus e repleto de maldades, da boca sairão apenas maldades.

9º Domingo do Tempo Comum

Oração: "Ó Deus, cuja providência jamais falha, nós vos suplicamos humildemente: afastai de nós o que é nocivo, e concedei-nos tudo o que for útil".

1 Primeira leitura: 1Rs 8,41-43

Quando um estrangeiro vier rezar no teu Templo, escuta-o.

O texto da Primeira leitura faz parte de uma longa oração proferida pelo rei Salomão quando foi inaugurado o Templo e a arca da aliança foi introduzida no santuário. O texto, porém, é nitidamente posterior ao exílio da Babilônia. Após a destruição de Jerusalém em 587 a.C., foram poucos os judeus dispersos em vários países da região que voltaram para a Judeia. Outros formaram pequenas comunidades nos países onde se estabeleceram; estes são chamados judeus da diáspora ou dispersão. A parte da oração que escutamos está preocupada com os judeus da diáspora, distantes do Templo, e com os pagãos simpatizantes do judaísmo. Salomão pede que os judeus da diáspora, **se de longe orarem** e estenderem as mãos em direção ao **Templo, sejam atendidos por Deus, "lá no céu onde habita"** (cf. 1Rs 8,30.38). Pede que todos sejam ouvidos, "mesmo o estrangeiro que não faz parte do teu povo". A partir do exílio firma-se a fé num único Deus, o Deus de Israel. Na experiência de Israel, Deus torna-se mais acessível para atender às necessidades de todos os povos. Porque, na verdade, os deuses dos outros povos, representados por imagens, não são nada. São meros ídolos, estátuas feitas por mãos humanas (cf. Is 40,12-20), que não tem poder nenhum (cf. Br 4). Pela presença dos judeus na diáspora, os **pagãos** ouvem falar do "grande **nome**" do Deus de Israel e visitam o seu Templo, em Jerusalém. A oração pede que Deus os escute, "**lá do céu onde mora**" (logo, o templo é dispensável) e que os pagãos não só conheçam o nome de Deus, mas o respeitem e divulguem entre os povos. O Templo, porém, é apenas um intermediário da salvação. Rezando no Templo ou de longe, voltados para o Templo, **quem ouve sua oração e os salva é o próprio Deus**. Quando a samaritana perguntava se Deus deveria ser adorado no monte Garizim ou em Jerusalém, Jesus disse: "Os verdadeiros adoradores hão de adorar o Pai em espírito e verdade" (cf. Jo 4,23).

Tivemos um pouco desta experiência durante a pandemia da covid-19, quando fomos impedidos por razões sanitárias de frequentar nossas igrejas.

Salmo responsorial: Sl 116

Ide, vós, por este mundo afora e proclamai o Evangelho a todos os povos.

2 Segunda leitura: Gl 1,1-2.6-10

Se eu ainda estivesse preocupado em agradar aos homens,
não seria servo de Cristo.

Em suas Cartas, Paulo procura acompanhar as comunidades por ele fundadas. Exorta os fiéis a permanecerem firmes ao Evangelho por ele pregado, responde a dúvidas e corrige os desvios na fé em Cristo. Escrevendo às igrejas da Galácia, Paulo defende o Evangelho que ensina. Este Evangelho ele recebeu diretamente de Cristo, o único intermediário da salvação. Quando prega o Evangelho de Cristo, Paulo não está querendo "agradar aos homens", mas ser fiel a Cristo. É pela **fé em Cristo que obtemos a salvação e não pela observância da Lei de Moisés**. Lamenta que os gálatas tenham se afastado tão rápido do Evangelho de Cristo para seguir "**outro Evangelho**", defendido pelos que exigiam a **observância da Lei como condição para a salvação** e, assim, dividiam a comunidade. Paulo toma posição no conflito e ordena: Quem prega outro Evangelho, diferente do que ele ensinou, "seja excomungado"; isto é, excluído da comunidade.

Aclamação ao Evangelho: Jo 3,16

Deus o mundo tanto amou, que seu Filho entregou! Quem no Filho crê e confia, nele encontra eterna vida.

3 Evangelho: Lc 7,1-10

Nem mesmo em Israel encontrei tamanha fé.

Lucas vê as estruturas do Império Romano com simpatia, como um campo aberto para o anúncio do Evangelho. No texto hoje lido ele nos apresenta **um oficial romano** (pagão) **como exemplo de fé** para Israel. O oficial era **um homem bom, amigo dos judeus**, e construiu até uma sinagoga para eles. Tinha um **empregado**, muito estimado, mas que estava muito doente, **à beira da morte**. Para salvar seu empregado, pediu a alguns anciãos judeus que intercedessem junto a Jesus, cuja fama e poderes ele já conhecia. Os anciãos levaram o pedido a Jesus e este, imediatamente, os acompanhou até a casa do oficial. Enquanto Jesus se dirigia com os anciãos para atender ao pedido o oficial mandou alguns amigos para dizer a Jesus: "Senhor, não te incomodes, pois **não sou digno de que entres em minha casa [...]. Mas ordena com a tua palavra e meu empregado ficará curado**". O oficial romano vê a Jesus a partir de sua experiência de comandante. Bastava dar uma **palavra** de ordem e os súditos o obedeciam. **Chama Jesus de "Senhor"** (*Kyrios*), título reservado ao imperador. Como **Deus criou o universo pela sua palavra**, assim também Jesus, por uma simples palavra, podia curar seu empregado. **Jesus ficou admirado com a fé do oficial** e, voltando-se para a multidão que o seguia, disse: "Eu vos declaro que nem mesmo em Israel encontrei tamanha fé". Neste Evangelho várias atitudes de Jesus e dos que o procuram nos trazem uma lição. No começo do Evangelho, **Jesus** tinha acabado de ensinar ao povo e no final **explica** à multidão **o que é a verdadeira fé**. No meio da multidão que o seguia poucos eram os que viam em Jesus o "Senhor" (*Kyrios*), o Filho de Deus. Muitos queriam apenas tocar em Jesus ou em suas roupas para serem curados, mas na realidade não o seguiam como discípulos. O oficial romano tinha um coração bom, mas não se considerava digno de ir ao encontro de Jesus. Fez seu pedido por meio dos anciãos não em favor de um filho seu, mas de um empregado. **Os anciãos se solidarizaram com o oficial e pediram a Jesus pelo empregado de um pagão, e Jesus imediatamente atendeu ao pedido.** O exemplo do oficial romano nos ensina que, **para seguir a Jesus, basta ouvir a sua palavra e colocá-la em prática.** Quem pratica o bem, abre seu coração para Deus.

10º Domingo do Tempo Comum

Oração: "Ó Deus, fonte de todo bem, atendei ao nosso apelo e fazei-nos, por vossa inspiração, pensar o que é certo e realizá-lo com vossa ajuda".

1 Primeira leitura: 1Rs 17,17-24

Eis aqui, vivo, o teu filho.

No reino de Israel do século IX a.C., o rei Acab casou-se com Jezabel, filha de Etbaal, rei dos sidônios (atual Líbano). Os sidônios cultuavam o deus Baal, muito popular entre os cananeus. **Jezabel**, que era pagã, promovia o culto de Baal em detrimento do culto ao Deus libertador da escravidão do Egito, que fez com Israel uma aliança no deserto e introduziu-o na terra de Canaã. Os cananeus consideravam Baal o deus da chuva, da fertilidade, da vida dos campos, animais e homens. **O profeta Elias pôs-se em defesa do Deus de Israel, que protege e promove a vida das plantas, dos animais e dos homens.** Como punição da idolatria, em nome do verdadeiro Deus de Israel, anunciou uma seca de três anos no país. Quando a seca se fez sentir, Jezabel começou a perseguir Elias de morte. Então, por ordem de Deus, **o profeta refugiou-se na casa de uma viúva da aldeia de Sarepta**, exatamente na região dos sidônios, que o Baal devia "proteger". Quando chega ao lugar indicado por Deus, encontrou uma pobre viúva, ajuntando alguns pedaços de lenha. Inicialmente, o profeta lhe pede água. Enquanto ela ia buscar **água**, Elias lhe pede também um pedaço de **pão**. A mulher jura pelo Deus de Elias que não tinha mais pão; mas estava apanhando lenha para preparar o último pão para ela e seu filho, com o resto de farinha e de azeite que possuía. E Elias lhe promete, em nome do Deus de Israel, que não lhe faltaria farinha nem azeite "até o dia em que o Senhor mandar chuva sobre a terra". A mulher acreditou na palavra de Elias e assim salvou a vida dela, de seu filho e do profeta.

O texto de hoje fala de um episódio **que abalou a fé da viúva no Deus de Israel** quando seu **filho** ficou muito doente e "já não respirava mais". Ela **começa**, então, a reclamar da presença do profeta e **a duvidar do Deus de Israel**. Para ela o Deus de Israel já não é mais o Deus da vida, mas da morte. A mulher pensava que Deus a puniu por ser pecadora: primeiro perdeu o marido e agora o filho. O profeta teve **compaixão** da **viúva,** tomou o menino dos braços da mãe, levou-o para o aposento de cima, onde se hospedava, e **suplicou a Deus**: "Senhor, meu Deus, até a viúva [...] queres afligir, matando seu filho?" Depois suplicou: "**Senhor meu Deus, faze voltar à vida este menino**". Deus atendeu à súplica do profeta e devolveu a **vida** ao menino. Quando Elias entregou o menino **vivo** à sua mãe, ela exclamou: "Agora vejo que **és homem de Deus**, e que **a Palavra de Deus é verdadeira em tua boca**". Deus é o protetor das viúvas e dos órfãos.

Salmo responsorial: Sl 29

Eu vos exalto, ó Senhor, pois me livrastes e preservastes minha vida da morte!

2 Segunda leitura: Gl 1,11-19

Dignou-se revelar-me o seu filho, para que eu o pregasse entre os pagãos.

Paulo relembra sua conversão, vocação e missão no encontro que teve com Cristo ressuscitado, quando se dirigia a Damasco para prender cristãos (cf. At 22,6-10). Atribui sua conversão à **misericórdia de Cristo** que lhe apareceu e revelou o Evangelho que prega (cf. 1Cor 15,1-11): **Cristo Jesus trouxe a salvação** não só **aos judeus**, mas a **todos os pagãos**, sem serem forçados a passar pelo judaísmo. Segundo Paulo, os pagãos não precisam tornar-se judeus antes de serem batizados em Cristo. Podem converter-se diretamente a Cristo sem passar pelo judaísmo.

Aclamação ao Evangelho
Jesus disse à mãe aflita: Não chores!

3 Evangelho: Lc 7,11-17

Jovem, eu te ordeno, levanta-te!

Domingo passado Jesus manifestou a **misericórdia** de Deus, curando o empregado de um oficial romano. Jesus elogiou a grande **fé** desse pagão, que lhe suplicava, cheio de confiança. Fiel ao seu programa anunciado na sinagoga de Nazaré (Lc 4,16-22), hoje Jesus manifesta sua **misericórdia** para com a **viúva** de Naim e devolve a **vida** a seu filho morto. A cena descrita pelo evangelista é tocante. Descreve dois cortejos. Em direção à pequena vila de Naim seguia o cortejo que acompanhava Jesus, formado pelos discípulos e uma grande multidão. De Naim saía outra multidão, levando um defunto, filho único de uma viúva. Era a vida indo ao encontro da morte para barrar-lhe o caminho. Era o desespero caminhando ao encontro da inesperada esperança de vida. Era a misericórdia, estendendo a mão para a viúva, prostrada pela dor. Era a Vida dando sentido à morte. É o Senhor que não só diz à mulher "não chores", mas toca-lhe o coração quando toca o caixão onde jazia seu filho e interrompe o cortejo da morte. Elias intercedeu a Deus pela vida do filho da viúva de Sarepta (Primeira leitura). **Jesus apenas ordena**: "Jovem, eu te ordeno, levanta-te!" E devolve o filho vivo à sua mãe. Todos são tomados de espanto e glorificam a Deus: "Um grande profeta apareceu entre nós e Deus veio visitar o seu povo". Jesus não é apenas um novo Elias ou "algum dos profetas que ressuscitou" (cf. Lc 9,19). Ele é o Senhor da Vida e da morte, o próprio Filho de Deus vivo e verdadeiro, que veio partilhar a vida, as dores e os sofrimentos com seu povo. A misericórdia divina não exige a fé. Deus mostra seu amor para com os pecadores, pobres e sofredores porque é o Sumo Bem.

Deus quer manifestar sua misericórdia às pessoas pobres e sofredoras por meio de nós. Não podemos reproduzir o milagre que Jesus fez, devolvendo à viúva o filho vivo. Podemos, sim, agir com a mesma compaixão com que Jesus agiu, indo ao encontro dos sofredores.

11º Domingo do Tempo Comum

Oração: "Ó Deus, força daqueles que esperam em vós, sede favorável ao nosso apelo, e como nada podemos em nossa fraqueza, dai-nos sempre o socorro da vossa graça, para que possamos querer e agir conforme vossa vontade, seguindo os vossos mandamentos".

1 Primeira leitura: 2Sm 12,7-10.13

O Senhor perdoou o teu pecado, de modo que não morrerás!

Davi reinou sobre Judá durante sete anos em Hebron. Depois, conquistou Jerusalém e tornou-se rei também sobre as tribos de Israel.

Construiu um palácio para si em Jerusalém e introduziu na cidade a arca da aliança, símbolo da presença do Deus libertador do Egito. Quando Davi se propunha a construir uma "casa", isto é, um templo para o Senhor, recebeu a promessa divina através do profeta Natã que, antes disso, Deus lhe haveria de construir uma casa real: No trono de Davi sempre reinaria um de seus descendentes. Tudo parecia correr bem. Como era costume entre os reis de então, **Davi tinha uma família numerosa, várias mulheres e concubinas em Jerusalém.** Mesmo assim, na ausência de um oficial chamado Urias, que combatia contra os amonitas, **o rei cometeu adultério e engravidou Betsabeia**, esposa de Urias. Sabendo da gravidez, o rei **mandou assassinar Urias.** O fato tornou-se logo de todos conhecido. Em nome de Deus, o profeta **Natã** dirigiu-se ao palácio e contou ao rei um **"acontecimento revoltante"**, ocorrido em seu reino: Um homem rico que possuía muitas ovelhas roubou a única ovelhinha de um pobre, a fim de prepará-la para um amigo que o visitava. Como rei, Davi era também juiz do povo e, imediatamente, **deu a sentença: "O homem que fez isso merece a morte.** Ele pagará quatro vezes o valor da ovelha por ter feito uma coisa dessas sem nenhuma compaixão". Sem pestanejar, o profeta revelou o nome desse homem: "Esse homem és tu". E **Davi confessou seu pecado: "Pequei contra o Senhor".** E Natã respondeu: **"O Senhor perdoou teu pecado, de modo que não morrerás"** (Evangelho).

A misericórdia de Deus supera a justiça humana. O pecado e a violência de Davi, porém, semearam a morte – o primeiro filho de Betsabeia morreu – instalando a violência em sua própria família e em seu reinado. O pecado nos afasta de Deus e cria conflitos na família e na sociedade. **Reconhecer o próprio pecado abre nosso coração ao perdão divino.**

Salmo responsorial: Sl 31
Eu confessei, afinal, meu pecado e perdoastes, Senhor, minha falta.

2 Segunda leitura: Gl 2,16.19-21

Eu vivo, mas não eu. É Cristo que vive em mim.

Paulo defende o Evangelho que está pregando, segundo o qual **a salvação, ou justificação, não vem da observância da Lei de Moisés, mas da fé em Jesus Cristo** (Evangelho). Paulo fala de sua experiência da graça divina quando era pecador. Por isso, sente-se morto para a Lei como quem foi pregado na cruz, a fim de **viver em Cristo**. "Eu vivo, mas não eu. **É Cristo que vive em mim.**" Na minha vida presente, diz Paulo, "eu vivo na fé, crendo no Filho de Deus, que me amou e por mim se entregou". A fé e a vida em Cristo, que "nos amou e se entregou por nós", é que nos salva e nos une no amor de Deus.

Aclamação ao Evangelho

Tanto amor Deus nos mostrou, que seu Filho entregou como vítima expiratória pelas nossas transgressões.

3 Evangelho: Lc 7,36–8,3

Os muitos pecados que ela cometeu estão perdoados,
porque ela mostrou muito amor.

Os fariseus desprezavam os cobradores de impostos e pecadores, e acusavam Jesus de comer junto com eles. Hoje, porém, é um fariseu que convida Jesus para uma refeição em sua casa. Certamente convidou também alguns amigos, talvez para que a honra de receber um convidado tão importante ficasse mais evidente (7,49). Sabendo da presença de Jesus na casa do fariseu, uma **mulher** conhecida na cidade como **pecadora**, com um vaso de perfume na mão, entrou na sala onde os convidados, reclinados em travesseiros, conversavam e comiam. A mulher postou-se por trás de Jesus, chorando arrependida aos seus pés. Com as lágrimas banhava os pés, enxugava-os com os cabelos, cobria-os de beijos e os ungia com perfume. O fariseu pensou: "Se este homem fosse um **profeta** – como dizem – saberia quem é esta mulher, pois é pecadora". Jesus não só sabia quem era a mulher, mas também lia os pensamentos do fariseu. Por isso conta a parábola dos **dois devedores**; um devia quinhentas moedas de prata ao patrão, e outro, cinquenta. Como nenhum dos dois podia pagar, o credor **perdoou a dívida dos dois**. E perguntou ao fariseu **quem o amaria mais**, e ele respondeu: "**Aquele a quem perdoou mais**". E Jesus lhe disse: "Julgaste corretamente". Em seguida, voltando-se para a mulher, convida o fariseu a perceber o sentido mais profundo dos gestos de carinho que dela recebia. Sinal de boa acolhida ao visitante era lavar seus pés, dar-lhe o beijo de saudação e ungir sua cabeça com óleo perfumado. O fariseu nada disso fez ao receber Jesus em sua casa. E Jesus aplica a parábola para o caso do fariseu (devedor menor) e da mulher (devedora maior): "Os **muitos pecados que ela cometeu estão perdoados**, pois **ela mostrou muito amor**. Aquele a quem se perdoa pouco, mostra pouco amor". E, dirigindo-se à mulher, disse: "Teus pecados estão perdoados". Os convidados se espantam e pensam: "**Quem é este que até perdoa pecados?**" – algo que somente Deus pode fazer. E Jesus diz à mulher: "**Tua fé te salvou. Vai em paz!**"

O **amor misericordioso de Deus** acolhe e **perdoa a mulher pecadora** que tem fé, reconhece seu pecado, abre o coração ao perdão divino e responde com amor.

12º Domingo do Tempo Comum

Oração: "Senhor, nosso Deus, dai-nos por toda a vida a graça de vos amar e temer, pois nunca cessais de conduzir os que firmais no vosso amor".

1 Primeira leitura: Zc 12,10-11; 13,1

Contemplarão aquele a quem transpassaram.

A Primeira leitura começa com uma promessa à casa real de Davi e aos habitantes de Jerusalém. Trata-se da promessa do nascimento de um filho, descendente da família do rei Davi que, no futuro, ocupará o trono real: **Deus derramará um espírito de graça e oração**, de modo que a casa de Davi e o povo **voltarão seu olhar suplicante para Deus**. Surge logo a figura misteriosa de alguém ferido de morte, o "transpassado". O espírito de graça e de súplica **será seguido de pranto por aquele que foi por eles ferido de morte**. Haverá por ele um lamento como se fosse por um filho único. Do ponto de vista histórico é difícil identificar o homem transpassado. Pela ligação com o rei Davi, percebe-se que o texto tem um caráter messiânico (cf. Sl 22; Is 52,13–53,8). Por fim, promete-se à casa de Davi e aos habitantes de Jerusalém que, no futuro, haverá uma fonte acessível para a purificação. **Para Isaías, Deus é a fonte de vida e salvação**: "Tirareis água das fontes de salvação" (Is 12,3). Jeremias acusa os habitantes de Jerusalém de abandonarem ao Senhor, "**a fonte de água viva**" (Jr 17,13). Por fim, Deus quis manifestar seu amor em Jesus de Nazaré, descendente da casa de Davi e Filho de Deus (Evangelho). Ele também foi "transpassado" pela lança quando pendia morto da cruz e de seu lado aberto saiu sangue e água (Jo 19,34-37). A água purificadora nos lembra **o batismo** e nossa vida **em Cristo** (Segunda leitura).

Salmo responsorial: Sl 62

A minha alma tem sede de vós como terra sedenta e sem água.

2 Segunda leitura: Gl 3,26-29

Vós todos que fostes batizados em Cristo vos revestistes dele.

Paulo nos lembra a essência da vida cristã. Pela fé em Jesus Cristo tornamo-nos filhos de Deus. **Ser batizado em Cristo** – diz ele – é revestir-se de Cristo (veste branca do batismo). Isto é, **assumir a vida de Cristo** como norma da vida cristã. O que Paulo escreve também viveu, como ele diz: "Já não sou eu que vivo, é Cristo que vive em mim. Minha vida presente na carne eu a vivo pela fé no Filho de Deus, que me amou e se entregou por mim" (cf. Gl 2,20). Por isso, pelo batismo e pela fé em Cristo, diz Paulo, **nos tornamos um só em Jesus Cristo** e assim acabam as divisões, judeu e grego, escravo e livre, homem e mulher.

Aclamação ao Evangelho: Jo 10,27
Minhas ovelhas escutam minha voz, minha voz elas estão a escutar. Eu conheço, então, minhas ovelhas, que seguem comigo a caminhar.

3 Evangelho: Lc 9,18-24

Tu és o Cristo de Deus. O Filho do Homem deve sofrer muito.

Após o milagre da divisão dos pães Jesus retirou-se com os discípulos para orar, como era seu costume, especialmente antes de tomar decisões importantes. Na intimidade com Deus, Jesus certamente se questionava qual era a vontade do Pai a respeito de sua missão. A pregação e os milagres que Jesus fazia levavam também o povo a se perguntar quem era este homem de Nazaré. Para Herodes Antipas, Jesus seria João Batista, o profeta que ele mandou executar, que teria ressuscitado dos mortos; outros diziam que era Elias, cuja volta era esperada antes da vinda do Messias; outros ainda, que era um dos profetas que ressuscitou (cf. Lc 9,7-9). Neste clima, também Jesus pergunta aos discípulos: "Quem as multidões dizem que eu sou?" A resposta dos discípulos confirma o que se dizia entre o povo a respeito de Jesus. Quando Jesus pergunta "e vós quem dizeis que eu sou?" – **Pedro respondeu**: "**O Cristo de Deus**"; isto é, o Messias, o Ungido do Senhor, prometido no passado e que agora Deus enviou. Jesus, porém, proibiu aos discípulos de falarem disso ao povo, porque havia diferentes expectativas a respeito do Messias/Cristo. A partir de então Jesus começa a esclarecer aos discípulos que ele era o **Messias, Servo do Senhor**. Os discípulos e muita gente do povo pensavam num Messias que haveria de tomar o poder em Jerusalém, expulsar os romanos e reformar o culto no Templo. Na última ceia Jesus disse aos discípulos: "Vós sois os que permanecestes comigo nas minhas tentações" (Lc 22,28). As tentações de Jesus não foram apenas as do deserto, que os discípulos não presenciaram. O próprio Pedro tentou desviar Jesus de seu propósito de ser o Messias Servo Sofredor (cf. Mt 16,21-23). Durante sua missão, **Jesus apresentava-se como** o "**Filho do Homem**", alguém que assumiu nossa condição humana de limitação e sofrimento, a ponto de esquecer sua condição divina (cf. Fl 2,5-11): "O Filho do Homem deve sofrer muito, ser rejeitado pelos anciãos, pelos sumos sacerdotes e doutores da Lei, deve ser morto e ressuscitar ao terceiro dia". Quem viveu assim pode dizer a todos, também a nós: "**Se alguém me quer seguir, renuncie a si mesmo, tome a sua cruz cada dia, e siga-me**". Quem deu a sua vida por nós também pode dizer aos que o seguimos: "Quem **perder a sua vida** por mim, esse a salvará". Seguir a Jesus Cristo, renunciar-se a si mesmo e tomar a cruz de cada dia – a nossa e a de nossos irmãos a quem servimos – é perder sua vida para salvar a dos irmãos.

Logo mais, na consagração, ouviremos as palavras: "Fazei isto em memória de mim". Não é apenas ordem de celebrar a Eucaristia, mas fazer o que Jesus fazia durante sua vida, até a morte na cruz. Que isso seja possível ao cristão de hoje, basta lembrar o exemplo de amor e dedicação de todos que trabalharam durante a pandemia. Eles arriscaram e até "perderam" suas vidas para salvar a vida de inúmeras pessoas contaminadas pelo Coronavírus. Cuidar do corpo e da alma de nosso irmão é também celebrar a Eucaristia.

13º Domingo do Tempo Comum

Oração: "Ó Deus, pela vossa graça nos fizestes filhos da luz. Concedei que não sejamos envolvidos pelas trevas do erro, mas brilhe em nossas vidas a luz da vossa verdade".

1 Primeira leitura: 1Rs 19,16b.19-21

Eliseu levantou-se e seguiu Elias.

O profeta Elias teve que fugir das iras da rainha pagã Jezabel casada com Acab, rei de Israel, porque combatia a adoração do deus pagão Baal. A adoração devia ser prestada somente ao Senhor Deus de Israel, que libertou o povo da escravidão do Egito. No monte Horeb (Sinai) Deus confiou-lhe a missão de ungir dois reis – um novo rei do reino inimigo de Damasco e um novo rei de Israel para combater contra o rei idólatra Acab – e, além disso, um profeta em seu lugar. O texto da Primeira leitura fala da **escolha de Eliseu como profeta**. Na realidade Eliseu não foi ungido, pois a unção era reservada aos reis e sacerdotes. Mas **Elias**, ao encontrar **Eliseu** jogou sobre ele o seu **manto**, sem nada lhe dizer. Eliseu era filho de um rico agricultor que possuía doze juntas de bois. Estava lavrando a terra com a família e conduzia a última junta de bois. Estender o manto sobre alguém era um sinal de escolha e de posse (cf. Ez 16,8; Rt 3,1-13). **Eliseu** entendeu o gesto simbólico de Elias. Com a **permissão de Elias, foi despedir-se de sua família;** imolou a junta de bois e, com a lenha do arado, preparou a carne para servir sua gente, e seguiu o Profeta. O **chamado de Elias** para segui-lo **resultou numa ruptura** com a vida de agricultor e ruptura com a família que lhe dava segurança. Levi, o cobrador de impostos, quando foi chamado por Jesus fez uma festa de despedida para seus colegas e amigos (Lc 5,27-29). Também rompeu com a segurança que seu ofício lhe dava para seguir a Jesus. **Seguir a Jesus exige uma ruptura com a vida anterior**, para abraçar uma vida nova (Evangelho).

Salmo responsorial: Sl 15

Ó Senhor, sois minha herança para sempre!

2 Segunda leitura: Gl 5,1.13-18

Fostes chamados para a liberdade.

Paulo continua a ensinar as comunidades da Galácia. Para ser cristão – dizia ele – não era necessário assumir antes as obrigações da Lei de Moisés, exigência imposta por alguns cristãos de origem judaica para os pagãos. Quem vive a fé em Cristo é uma pessoa libertada do jugo da Lei, livre dos ídolos e dos costumes pagãos. Por isso Paulo diz: "É para a liberdade que Cristo nos libertou". Romper com os vícios pagãos e com o jugo da Lei torna a **pessoa livre,** não para "servir à carne" (paixões), mas para nos tornarmos "**escravos uns dos outros, pela caridade**". Paulo resume toda a Lei num único mandamento: "Amarás o Senhor teu Deus de todo o coração [...] e a teu próximo como a ti mesmo". Viver assim é viver segundo o Espírito de Cristo, sem o jugo da Lei. Este viver segundo o Espírito é um caminho longo a percorrer porque dentro de nós há um **conflito entre servir à carne** e **viver segundo o Espírito:** "Nem sempre fazeis o que deveríeis fazer". O próprio Paulo reconhece viver neste conflito: "Não faço o bem que quero e sim o mal que não quero" (cf. Rm 7,19). Mesmo assim, **o cristão** que se deixa guiar pelo Espírito é **uma pessoa livre para viver o amor a Deus** sobre todas as coisas e **ao próximo como a si mesmo**.

Aclamação ao Evangelho

Fala, Senhor, que te escuta teu servo! Tu tens palavras de vida eterna!

3 Evangelho: Lc 9,51-62

Jesus tomou a firme resolução de partir para Jerusalém.
"Eu te seguirei para onde quer que fores."

Domingo passado ouvimos a pergunta de Jesus "quem dizeis que eu sou?" e a resposta de Pedro "o Cristo de Deus". A partir de então Jesus explica em que sentido ele é o Cristo. Não é o Cristo candidato a ocupar o trono em Jerusalém, mas o Filho do Homem, o Servo Sofredor pronto para dar sua vida pela salvação de todos. E aponta para nós as condições para sermos seus discípulos: "Se alguém me quer seguir, renuncie-se a si mesmo, tome sua cruz cada dia, e siga-me". No Evangelho de hoje **Jesus toma a firme decisão de seguir seu caminho a Jerusalém**, onde o esperava não a glória de um trono, mas a morte. Por outro lado, reforça as condições para quem quer ser discípulo e seguir seu caminho.

Antes, João Batista preparava o caminho do Senhor no deserto e agora **Jesus envia mensageiros à sua frente** para lhe prepararem o caminho. Não era uma missão tão fácil. Quando **Tiago e João** pedem hospedagem para Jesus numa aldeia de **samaritanos**, eles lhe negam porque era evidente que Jesus se dirigia a Jerusalém. Tiago e João ficam indignados e pedem permissão a Jesus para amaldiçoar e mandar vir fogo do céu sobre os samaritanos. **Jesus os repreende, pede paciência e compaixão.**

Mais duras são as exigências para tornar-se discípulo de Jesus. Lucas apresenta três episódios nos quais **Jesus põe condições para quem quer segui-lo**. O primeiro caso mostra uma pessoa generosa, disposta a seguir Jesus: "Eu te seguirei para onde quer que fores". Mesmo assim Jesus o adverte contra a falsa ideia que a vida ambulante do Mestre daria segurança e bem-estar para o discípulo: "O Filho do Homem não tem onde repousar a cabeça". A outro Jesus chama e diz: "Segue-me". E este lhe diz que primeiro iria enterrar seu pai, um dever sagrado sem dúvida, mas que poderia levar anos. E Jesus lhe responde que, **mais** urgente do que prestar honras fúnebres, era anunciar o Reino de Deus que traz vida nova. Portanto, ser discípulo exige **rupturas**. O terceiro caso é parecido com o segundo. Alguém lhe diz: "Eu te seguirei", antes, porém, queria despedir-se de seus familiares. Elias permitiu que Eliseu se despedisse de sua família (Primeira leitura). Jesus, porém, é mais exigente e lhe diz: "Quem põe a mão no arado e olha para trás, não é apto para o Reino de Deus".

14º Domingo do Tempo Comum

Oração: "Ó Deus, que pela humilhação do vosso Filho reerguestes o mundo decaído, enchei os vossos filhos e filhas de santa alegria, e dai aos que libertastes do pecado o gozo das alegrias eternas".

1 Primeira leitura: Is 66,10-14c

Eis que farei correr para ela a paz como um rio.

A Primeira leitura renova e atualiza as promessas feitas aos judeus na Babilônia por um profeta, discípulo de Isaías (40–55). Ele animava o povo com a esperança de um próximo e glorioso retorno do povo para a terra de Judá e para Jerusalém, a cidade santa. O retorno aconteceu depois de 538 a.C., quando Ciro, rei dos persas, permitiu que os povos deportados pelos babilônios voltassem a seus países de origem. Mas a vida em Judá e Jerusalém continuava difícil e o desânimo tomava conta do povo. Havia conflitos com os que ocuparam as terras abandonadas pelos exilados e a reconstrução das moradias e do templo era dificultada. Levanta-se, então, a voz de outro discípulo de Isaías para dar novo ânimo aos desalentados (Is 56–66). **Anuncia que as promessas de salvação continuam válidas.** Deus não abandona os que ele ama e é fiel a suas promessas. Os que choravam de dor por Jerusalém em ruínas, agora são convidados a se alegrar, exultar de alegria e júbilo porque Deus está pronto para consolar, acariciar e amamentar os filhos em seu colo. A promessa dirige-se a Jerusalém e o seu povo: "**Farei correr para ela a paz** como um rio e a glória das nações como torrente transbordante". Todos os povos acorrerão a Jerusalém, aos braços maternos de Deus (Sl 131). E então haverá paz! **Viver na presença de Deus traz a verdadeira paz** (Evangelho). *Anunciar e promover a paz* é a missão dos "filhos de Deus" (cf. Mt 5,9).

Salmo responsorial: Sl 65

Aclamai o Senhor Deus, ó terra inteira; cantai salmos a seu nome glorioso.

2 Segunda leitura: Gl 6,14-18

Trago em meu corpo as marcas de Jesus.

Paulo fundou a comunidade cristã da Galácia, ao norte da atual Turquia, durante a segunda viagem missionária e a revisitou na terceira viagem. A comunidade era formada, sobretudo, por pagãos convertidos. Entre as duas viagens vieram à Galácia cristãos de origem judaica, que obrigavam os pagãos convertidos a observarem a Lei de Moisés, adotando práticas judaicas, como a circuncisão. Ao saber disso, Paulo ficou indignado porque, obrigando a observar a Lei como condição para serem salvos, anulavam a fé em Cristo. Isso contrariava o Evangelho que Paulo ensinava; isto é, a salvação não vem da Lei, mas pela fé em Jesus Cristo, que morreu por nós e ressuscitou.

A leitura de hoje faz parte da conclusão da Carta. Paulo costumava ter um "secretário" que escrevia o que ele ditava. Mas a conclusão é de "própria mão, escrita com grandes letras" (6,11), expressão que resume e frisa os pontos mais importantes da Carta.

O Apóstolo defende seu Evangelho e denuncia os judeu-cristãos que tentavam escravizar os pagãos convertidos a Cristo. Eles se gloriavam de terem forçado os novos cristãos a se circuncidarem. Paulo, porém, se gloria somente na cruz de Cristo. Por causa de sua pregação Paulo sofreu perseguições, várias vezes foi apedrejado e flagelado. Com razão podia dizer: "Eu trago em meu corpo as marcas de Jesus". É pela cruz de Cristo que somos salvos. Não importa se alguém é circuncidado ou não, se é judeu ou pagão. Os que acolhem esta fé em Cristo crucificado fazem parte da "nova criação" e formam o "Israel de Deus", distinto do Israel segundo a carne (Gl 5,6). A nova criação é graça, é um dom de Deus. É o vinho novo que deve ser colocado em odres novos, do contrário arrebenta os odres velhos e perde-se o vinho (cf. Lc 5,37-38).

Aclamação ao Evangelho

A paz de Cristo reine em vossos corações; ricamente habite em vós sua palavra!

3 Evangelho: Lc 10,1-12.17-20

A vossa paz repousará sobre ele.

Lucas é o único a lembrar a missão dos setenta e dois discípulos. O número 70 lembra a totalidade das nações descendentes dos filhos de Noé, após o dilúvio (Gn 10). Portanto, toda a humanidade, salva por Deus. Lembra também os 70(72) anciãos escolhidos por Moisés, no deserto; eles deviam partilhar do espírito de Moisés (poder) e como ele dirigir e julgar o povo de Deus (Nm 11,23-30).

Em nosso texto, Jesus partilha seu Espírito com os doze apóstolos e os 72 discípulos. Todos eles são enviados por Jesus com o "poder" de expulsar os demônios, curar os enfermos, anunciar que o Reino de Deus está próximo. **A missão** imediata destes discípulos é **preparar a vinda**

de Jesus, em toda cidade e lugar aonde ele próprio haveria de passar. Esta missão se encaixa no contexto da universalidade da missão do Filho de Deus encarnado (Lc 2,30-32), confirmada quando Jesus conclui sua missão ao subir aos céus: "Sereis minhas testemunhas em Jerusalém, em toda a Judeia e Samaria, até os confins da terra" (At 1,8). Ninguém é excluído da salvação trazida por Cristo. – O motivo da escolha e do envio destes discípulos é que "a messe é grande e os trabalhadores são poucos" (Lc 10,2). A missão é tão ampla que é preciso pedir ao dono da messe que envie mais trabalhadores. Jesus alerta os discípulos sobre as dificuldades que irão enfrentar: serão como ovelhas entre lobos, deverão andar despojados como os pobres, sem levar bolsa (dinheiro), sacola (merenda, roupa) ou sandálias. Deviam visitar as **famílias** (casas), **anunciar que o Reino de Deus** está próximo, saudar as pessoas e **levar para elas a paz**. Isto é, anunciar a **Jesus** que traz a todos **a paz e a reconciliação** com Deus e com o próximo. Se forem bem-acolhidos em alguma casa, poderão ali hospedar-se. Se forem malrecebidos, deverão anunciar a mesma coisa em outras cidades, **curando os doentes** que ali encontrarem. Em outras palavras, deverão anunciar o Reino de Deus.

A experiência missionária foi muito gratificante para **os discípulos** e para Jesus. Eles **voltaram felizes e diziam**: "Senhor, até os demônios nos obedeceram por causa de teu nome!" E **Jesus se alegrou com os discípulos e confirmou a eficácia do Evangelho**: "Eu vi Satanás cair do céu, como relâmpago!"

15º Domingo do Tempo Comum

Oração: "Ó Deus, que mostrais a luz da verdade aos que erram para retomarem o bom caminho, dai a todos que professam a fé rejeitar o que não convém ao cristão e abraçar tudo que é digno desse nome".

1 Primeira leitura: Dt 30,10-14

Esta palavra está bem ao teu alcance, para que possas cumpri-la.

O texto da Primeira leitura faz parte do discurso de despedida de Moisés, no qual ele exorta o povo a ser fiel à aliança com seu Deus. Nos versículos precedentes (30,6-9) Moisés prometia ao povo, dizendo: "O Senhor teu **Deus circuncidará teu coração** e o de teus descendentes, para amares ao Senhor teu Deus de todo o coração e com toda a tua alma **para que vivas**". **Deus quer a vida e a felicidade de seu povo.** Para obtê-la, porém, impõe condições: **ouvir** a voz de Deus, **observar** os seus mandamentos, **converter-se** (voltar-se) sempre de novo ao Senhor. Por isso Deus fez uma aliança com seu povo, um pacto de amor. Não um mero afeto ou sentimento, e sim um amor de compromisso e fidelidade. A imagem deste amor sintetiza-se nas palavras dos noivos no dia do casamento: "Eu te serei fiel, na alegria e na tristeza, na saúde e na doença, por todos os dias de nossa vida". O mandamento do amor a Deus, diz Moisés, não é difícil de observar porque Deus vai "circuncidar o coração de seu povo", tornando-o capaz de observá-lo (cf. Jr 4,4; 31,33-34): "está bem ao teu alcance, **está em tua boca e em teu coração**, para que a possas cumprir". Podia estar na boca e no coração de todo judeu fiel, como se vê na oração "Escuta, Israel" (Xemá Israel: Dt 6,4-9), que os judeus ainda hoje recitam de manhã e de noite. Sabem-na de cor e a guardam em caixinhas de couro que, na hora da oração, são presas com tiras de couro, uma na testa e outra no braço esquerdo, perto do coração. Jesus aos 12 anos completos conhecia o texto de cor (cf. Evangelho). Este e outros textos eram ensinados aos filhos desde a infância. O problema não é conhecer de cor o texto da Lei de Deus, mas colocá-lo em prática.

Salmo responsorial: Sl 18b

Os preceitos do Senhor são precisos, alegria ao coração.

2 Segunda leitura: Cl 1,15-20

Tudo foi criado por meio dele e para ele.

Paulo utiliza partes de um hino cristão para falar do **primado de Cristo na ordem da criação** (v. 15-17) e na ordem da **nova criação sobrenatural**, que nos traz a redenção/salvação (v. 18-20). Na ordem da criação, Cristo é o Filho de Deus, a imagem do Deus invisível na natureza humana visível. Em Cristo o Deus invisível torna-se visível. É como Jesus diz a Filipe: "Quem me vê, vê o Pai" (cf. Jo 14,9). **Tudo foi criado por causa de Cristo, por meio dele** e **para ele**. Em Cristo, primogênito de todas as criaturas, Deus quis manifestar seu amor para "fora de si". Por isso cria o universo. Pela encarnação de seu Filho Unigênito e seu sangue derramado na cruz, Deus quis reconciliar consigo toda a criação corrompida pelo pecado do homem. O Filho de Deus feito homem é o mediador da criação. **Por causa dele, por meio dele** e **para ele** todos nós existimos. Jesus é também o mediador da salvação, porque por meio dele nos tornamos filhos e filhas de Deus, herdeiros da vida eterna (Evangelho).

Aclamação ao Evangelho

Ó Senhor, vossas palavras são espírito e vida; as palavras que dizeis bem que são de eterna vida.

3 Evangelho: Lc 10,25-37

E quem é o meu próximo?

O Evangelho divide-se em duas partes, iniciadas por uma pergunta de um mestre da Lei: **"Que devo fazer para receber em herança a vida eterna?"** (v. 25-28), e **"quem é o meu próximo?"** (v. 29-37). A resposta à primeira pergunta Jesus tira-a da boca do mestre da Lei, perguntando-lhe **o que está escrito na Lei** e como ele a lia. E ele responde com a síntese da Lei que consta na oração "Escuta, Israel" (Primeira leitura), conhecida por todo menino judeu desde a infância (Primeira leitura). Respondendo à pergunta "o que fazer", Jesus diz: **"Faze isto e viverás"**. O problema não é saber o que está escrito na Lei, mas **como se lê** e **como se vive** o que está escrito. Neste sentido o mestre da Lei insiste e pergunta: "E **quem é o meu próximo?**" O normal era considerar como "próximo" os que pertenciam à mesma fé (cf. Lv 19,15-18). Mas depois do exílio o conceito de próximo passou a incluir também o estrangeiro. Para responder ao mestre da Lei "quem é o meu próximo?", Jesus conta a parábola do bom samaritano. Na parábola, o **sacerdote e o levita**, que liam a mesma Lei conhecida também pelos samaritanos, **não viram no homem ferido** o **próximo** e se desviaram do homem ferido. Ambos "desciam" de Jerusalém após cumprir suas funções no Templo, onde Deus está presente, mas **não viram a presença de Deus no homem ferido**. **O samaritano** não subia ao Templo, porque os samaritanos adoravam a Deus no monte Garizim (cf. Jo 4,19-20). Estava numa viagem de negócios, **viu o mesmo homem ferido, "chegou perto dele e sentiu compaixão"**, cuidou de seus ferimentos e o colocou numa pensão à sua custa. O mestre da Lei havia perguntado "quem é o meu próximo?", mas ao final da parábola Jesus lhe pergunta: **"Qual dos três foi o próximo do homem que caiu na mão dos assaltantes?"** Também desta vez Jesus tira a resposta da boca do próprio mestre da Lei, que diz: **"Aquele que usou de misericórdia para com ele"**; isto é, **aquele que se aproximou do homem ferido**. Então Jesus conclui: **"Vai e faze a mesma coisa"**. Portanto, fica claro que a questão não é ler e conhecer a Palavra de Deus, mas **como se lê e se põe em prática**. Descubro meu próximo quando me aproximo de uma pessoa necessitada. A compaixão com o próximo é um gesto divino (cf. Lc 15,11-32).

16º Domingo do Tempo Comum

Oração: "Ó Deus, sede generoso para com os vossos filhos e filhas e multiplicai em nós os dons da vossa graça, para que, repletos de fé, esperança e caridade, guardemos fielmente os vossos mandamentos".

1 Primeira leitura: Gn 18,1-10a

Meu Senhor, não prossigas viagem sem parar
junto a mim, teu servo.

Deus tinha prometido a Abraão que faria dele pai de numerosas nações. Mas os anos iam passando e sua esposa Sara não lhe dava filhos, apesar de o Senhor ter renovado sua promessa: "É **Sara, tua mulher, que te dará um filho**, a quem chamarás **Isaac**" (Gn 17,19). Tempos depois, Abraão montou sua tenda junto ao carvalho de Mambré. Certo dia, enquanto descansava à entrada de sua tenda, **o próprio Senhor lhe apareceu na figura misteriosa de três viajantes**. Logo que os viu, **Abraão correu** ao encontro deles para recebê-los (Evangelho). **Hospedar viajantes** era um **dever sagrado entre os beduínos** e Abraão o faz com presteza, corre ao encontro deles, prostra-se em sinal de respeito e até suplica para que fiquem com ele. Manda trazer água para lavar os pés, pede a Sara que prepare alguns pães, **corre** até o rebanho, escolhe um bezerro e manda um criado prepará-lo. Depois, de pé, serve aos visitantes tudo o que foi preparado (cf. Evangelho). **Os três perguntam-lhe**, então, sobre Sara, sua mulher, e Abraão diz que ela está na tenda. E **um deles promete**: "ao voltar no próximo ano, **Sara, tua mulher, já terá um filho**".

Abraão hospedou na figura dos três viajantes – o próprio Deus – com o que de melhor possuía. Recebeu, porém, o presente que mais esperava: a promessa do nascimento do filho herdeiro, dentro de um ano.

Salmo responsorial: Sl 14

Senhor, quem morará em vossa casa?

2 Segunda leitura: Cl 1,24-28

O mistério escondido por séculos e gerações, mas agora revelado aos seus santos.

Paulo não fundou a comunidade de Colossos, mas desejava conhecê-la pessoalmente (2,1). Conhecia-a apenas por meio de Epafras, provável fundador da comunidade. Paulo dita a Carta na prisão, onde estava encarcerado e aguardava a possível sentença de morte (cf. 4,18). Alegra-se por estar sofrendo pelos cristãos; vê no **sofrimento um modo** de "**completar o que faltava das tribulações de Cristo**, em solidariedade com o seu corpo, isto é, a Igreja". Paulo sofreu por causa do Evangelho que anunciava; foi expulso de cidades, apedrejado, açoitado e preso várias vezes. Os sofrimentos são causados pela missão de "transmitir a Palavra de Deus em sua plenitude". A "plenitude" do anúncio da Palavra de Deus consiste em completar o que falta aos sofrimentos de Cristo e revelar o mistério de Deus, antes escondido e "agora revelado às nações, isto é, **a presença de Cristo em vós, a esperança de glória**" (Primeira leitura e Evangelho). O mistério revelado, segundo Paulo, era Cristo, que não veio salvar apenas os judeus, mas a todas as nações.

Aclamação ao Evangelho

Felizes os que observam a palavra do Senhor de reto coração e que produzem muitos frutos, até o fim perseverantes!

3 Evangelho: Lc 10,38-42

Marta recebeu-o em sua casa. Maria escolheu a melhor parte.

Estamos acostumados a ler a história de Marta e Maria como um simples fato da vida de Jesus, ou um modelo para "vida ativa" (leigos, sacerdotes etc.) e "vida contemplativa" (monges e monjas). Mas a Palavra que ouvimos diz muito mais do que isso. Os primeiros cristãos quando recordavam ditos e fatos da vida de Jesus liam-nos a partir da vida concreta das comunidades. É o que Lucas também faz quando escreve o Evangelho e os Atos dos Apóstolos após os anos 70. Nos Atos, Lucas fala do crescimento rápido do número dos fiéis em Jerusalém. Os apóstolos já não davam conta de atender a todas as necessidades, sobretudo das viúvas pobres de origem grega (At 6). Escolheram então sete diáconos, todos de origem grega, para cuidarem das viúvas gregas, esquecidas no serviço diário. Era uma divisão de trabalho; os diáconos cuidariam do serviço social da comunidade enquanto os apóstolos cuidariam da pregação e do culto. Na realidade, alguns diáconos não se contentaram em cuidar apenas da parte social. Assim, vemos Estêvão pregando em Jerusalém e Filipe em Samaria (cf. At 7–8). Havia na Igreja, portanto, certa **tensão entre os dois ministérios, a pregação e o atendimento aos pobres**. Este é o pano de fundo da **visita** de Jesus a Marta e Maria (Primeira leitura).

Marta, em aramaico, **significa senhora ou dona de casa**. O nome, na mentalidade semita, indica a missão ou vocação de uma pessoa. Algumas senhoras, donas de casa, costumavam hospedar os apóstolos itinerantes, como Paulo (cf. At 16,13; 18,1-4). **Maria**, por sua vez, significa **"a excelsa", sublime, elevada**. Ela escolheu a **"parte melhor"** ao **assentar-se aos pés de Jesus,** numa atitude de discípula, para ouvir seus ensinamentos. Marta é advertida porque a atividade exagerada podia afastá-la da escuta da palavra do Senhor. No seu modo de acolher e servir a Jesus, Marta acha que o melhor era preparar uma boa comida para o mestre. Quer chamar a atenção de Jesus sobre o que ela faz (Primeira leitura) e, de certa forma, exige que Jesus libere Maria para ajudá-la. Jesus repreende a distraída agitação de Marta e louva Maria, que escolheu a parte melhor. Marta se agita para oferecer a melhor acolhida a Jesus. **Maria volta toda sua atenção para Jesus**, abre o coração para ouvir seus ensinamentos e **assim recebe o dom da Palavra de Deus**. Hospedar alguém, mais do que dar alguma coisa é acolher a pessoa, escutá-la. "O hóspede é um dom de Deus" (Konings). Mais oferece ao hóspede quem o escuta. Não se trata de uma contradição entre vida ativa e contemplativa. São duas maneiras de amar o próximo: servindo-o e escutando-o. As duas atitudes se completam (Primeira leitura).

Na minha vida, com quem eu pareço mais, com Marta ou com Maria?

17º Domingo do Tempo Comum

Oração: "Ó Deus, sois o amparo dos que em vós esperam e, sem vosso auxílio, ninguém é forte, ninguém é santo; redobrai de amor para conosco, para que, conduzidos por vós, usemos de tal modo os bens que passam, que possamos abraçar os que não passam".

1 Primeira leitura: Gn 18,20-32

Que o meu Senhor não se irrite se eu falar.

Domingo passado ouvimos que Abraão hospedou três personagens misteriosos e reconheceu neles a presença do Senhor. O texto de hoje continua o relato anterior. Deus informa a Abraão que vai destruir a cidade pecadora, Sodoma e Gomorra. **O clamor dos habitantes contra as injustiças e violências** que ali se cometiam **chegava ao Senhor** cada vez mais forte (cf. Ex 2,23-25). Deus ia descer até o vale do rio Jordão, junto ao mar Morto, para conferir se as injustiças correspondiam à intensidade do clamor. Abraão percebeu que as cidades seriam destruídas e começou a interceder em favor de seus habitantes, pois ali morava também Ló, seu parente (cf. Gn 13,10-13). De fato, Deus lhe havia prometido que, por sua descendência, todas as nações seriam abençoadas e a ameaça de castigo iminente parecia contradizer essas promessas (cf. Gn 12,1-3). Abraão coloca em questão a justiça divina: "**Vais realmente exterminar o justo com o ímpio?**" Cinco vezes Abraão insiste com Deus que desista do castigo coletivo, para não punir os justos com os ímpios nas duas cidades. Começa com 50 justos para chegar até dez possíveis justos e Deus sempre lhe responde que não destruiria as cidades, mas usaria de misericórdia, mesmo se nelas houvesse apenas dez justos. Mas não havia nem dez justos. A injustiça e a violência praticadas nas cidades eram clamorosas e por isso foram destruídas. Deus, porém, salvou a família de Ló, sobrinho-neto de Abraão.

Nem sempre Deus atende ao que pedimos. No entanto, sua resposta à oração pode surpreender-nos e superar em muito o que lhe pedimos (Evangelho). Deus não salva os pecadores pela bondade dos justos (cf. Ez 18), mas porque ele é bom e misericordioso.

Salmo responsorial
Naquele dia em que gritei, vós me escutastes, ó Senhor.

2 Segunda leitura: Cl 2,12-14

Deus vos trouxe para a vida, junto com o Cristo, e a todos nós perdoou os pecados.

Paulo está preso, aguardando uma possível condenação à morte. Por meio de um secretário dita sua carta aos cristãos de Colossos, na atual Turquia. No pequeno trecho de apenas três versículos da leitura de hoje, **Cristo ocupa o centro**. Termos relacionados à nossa união com Cristo são o **batismo**, o **perdão dos pecados**, a **morte e a vida**, a **sepultura e a ressurreição**. Paulo compara a vida em pecado ao estar morto. Ser mergulhado na água do batismo equivale a morrer para o pecado e ser sepultado com Cristo e ressuscitar. Assim, "com ele também fostes ressuscitados por meio da fé no poder de Deus, que ressuscitou a Cristo dentre os mortos". Pela fé e pelo batismo "Deus nos trouxe para a vida, junto com Cristo, e a todos nós perdoou os pecados". O escravo podia receber a liberdade (alforria), pagando com suas economias o resgate para seu patrão. Caso não dispusesse de recursos para obter a liberdade, alguma pessoa amiga podia pagar a conta do resgate (redenção). Esta linguagem era bem-entendida naquele tempo de escravidão. Por isso Paulo diz que "existia contra nós uma conta a ser paga". Deus, porém, a cancelou (zerou), "pregando-a na cruz". Isto é, **Jesus Cristo, o Filho de Deus, pagou por nós essa conta "pendurada", entregando sua vida por nós, pregado na cruz**.

Aclamação ao Evangelho

Recebestes o Espírito de adoção. É por ele que clamamos: Abá, Pai!

3 Evangelho: Lc 11,1-13

Pedi e recebereis.

No Evangelho, Cristo nos ensina como devemos rezar, dirigindo-nos a Deus, nosso Pai. Com uma pequena parábola ensina também que nossa oração deve ser persistente e confiante, porque Deus é bom. Como era seu costume, Jesus estava em oração num lugar retirado. Ao voltar da oração um dos discípulos lhe pediu: "**Senhor, ensina-nos a rezar**, como também João ensinou a seus discípulos". Não sabemos como João Batista ensinava a seus discípulos a rezar. João anunciava que o Reino de Deus estava próximo. Convocava todos à conversão como mudança radical de vida e ameaçava os pecadores com o juízo de Deus: "O machado já está posto na raiz da árvore; toda árvore que não produzir frutos (de penitência) será cortada e lançada ao fogo"

(Lc 3,9). A imagem de Deus que João Batista tinha era a de um juiz severo. Para **Jesus, Deus é um Pai misericordioso**, como se vê na oração do Pai-nosso. Lucas inclui apenas cinco pedidos na oração de Jesus; omite dois pedidos presentes em Mateus: "seja feita a tua vontade", e "mas livra-nos do mal". Jesus dirige os dois primeiros pedidos a Deus como a um "tu": que *teu* nome seja santificado e que venha o *teu* Reino; isto é, o Reino de Deus, Pai misericordioso. Os demais pedidos voltam-se para as carências humanas e Jesus se inclui nelas: o **pão nosso** necessário, o **perdão** que precisamos receber de Deus e dar aos irmãos. Por fim, pedimos que Deus não permita cairmos em tentação. Jesus ensinou a partilhar o pão, perdoou aos pecadores e sofreu as tentações (cf. Lc 4,1-13; 22,28).

Jesus conta uma parábola sobre a insistência na oração. Um homem recebeu três hóspedes inesperados em sua casa e foi pedir pão na casa do vizinho. **O homem confiava** que seu amigo haveria de resolver o problema. De tanto importunar o amigo, este lhe deu o pão necessário, não tanto por ser seu amigo, mas para se livrar da impertinência do vizinho. Jesus mesmo tira a lição: "**Pedi** e recebereis, **procurai** e encontrareis; **batei** e vos será aberto". Em seguida, reforça nossa confiança em Deus, nosso Pai. Se um pai é capaz de dar coisas boas a um filho que lhe pede, "tanto mais **o Pai do Céu dará o Espírito Santo aos que pedirem**". Deus sempre nos dá muito mais do que lhe pedimos.

18º Domingo do Tempo Comum

Oração: "Manifestai, ó Deus, vossa inesgotável bondade para com os filhos e filhas que vos imploram e se gloriam de vos ter como criador e guia, restaurando para eles a vossa criação, e conservando-a renovada".

1 Primeira leitura: Ecl 1,2; 2,21-23

Que resta ao homem de todos os seus trabalhos?

A Palavra de Deus que ouvimos na Primeira leitura é de um autor do século III a.C., chamado Eclesiastes ou Coélet, aquele que reúne, congrega as pessoas. Era um sábio que instruía o povo ao ar livre. É um **homem de fé**, mas de uma fé **adulta e questionadora**, em busca da felicidade e do sentido da vida. O autor recolhe a sabedoria recebida de sua família, somada à própria experiência de vida e à sabedoria de outros sábios, em busca de princípios para uma vida feliz aqui na terra. Dizia-se no seu tempo que as pessoas justas e piedosas, observantes da Lei, seriam recompensadas neste mundo com as "bênçãos" divinas, como vida longa, riquezas e muitos filhos. Coélet questiona tudo isso, até as recompensas divinas aqui na terra. Nosso texto começa com um refrão: "Vaidade das vaidades, tudo é vaidade". Melhor seria, talvez, traduzir como "ilusão, pura ilusão, tudo é ilusão". À luz deste refrão, o sábio questiona todas as "certezas" que a religião judaica lhe oferecia. Todos, bons e maus, morrem e vão parar no xeol; isto é, na morada dos mortos. O "Credo" que recitamos lembra que Jesus, ao morrer na cruz, também foi parar na "mansão dos mortos", mas ao terceiro dia ressuscitou e resgatou todos os mortos do xeol para julgá-los e dar a vida eterna aos bons. Como em Israel ainda não se tinha desenvolvido a crença na vida após a morte, a recompensa para os bons devia acontecer na vida presente. Mas, para o sábio, o **trabalho** e esforço **de acumular riquezas nesta vida** (Evangelho) **não traz felicidade**. A qualquer hora a pessoa pode morrer, sem gozar da felicidade, deixando os bens para quem nada fez para os merecer. De certa forma, ao descartar a felicidade nos limites da vida presente, o sábio vislumbra uma felicidade para além da morte.

A pandemia ajudou-nos a rever o verdadeiro sentido de nossa vida aqui na terra. Percebemos o quanto os projetos do ser humano são frágeis e limitados (cf. Tg 4,13-17). O acúmulo de riquezas não traz a felicidade, a partilha sim. Em Jesus Cristo encontramos a resposta às interrogações que o sofrimento coletivo levantou.

Salmo responsorial: Sl 89
Vós fostes, ó Senhor, um refúgio para nós.

2 Segunda leitura: Cl 3,1-5.9-11

Esforçai-vos por alcançar as coisas do alto, onde está Cristo.

Domingo passado, Paulo lembrava que, pelo batismo, o cristão morre para o pecado, a fim de ressuscitar com Cristo para uma vida nova. "Deus nos trouxe para a vida, junto com Cristo, e a todos nós perdoou os pecados." Hoje continua a refletir sobre as consequências para a vida cristã. **Pelo batismo e pela fé o cristão é convidado a voltar-se para "as coisas do alto, onde está Cristo" ressuscitado**. A fé nos dá a garantia que **"nossa vida está escondida com Cristo em Deus"**. Quando Cristo voltar para julgar os vivos e os mortos, nós também seremos revestidos da glória do Cristo ressuscitado. Após esta reflexão, Paulo exorta os cristãos a **viver uma vida que corresponda à fé recebida**. Isso significa morrer para tudo o que pertence às coisas terrenas que levam ao pecado (homem velho), como os vícios e a cobiça dos bens terrenos (Evangelho). Revestidos do "homem novo", somos chamados a nos renovar "segundo a imagem do Criador", que nos criou à sua imagem e semelhança. Para realizar este projeto original de amor, Deus enviou o seu Filho, que se encarnou no seio da Virgem Maria. **O Filho de Deus assumiu a natureza humana para podermos participar de sua natureza divina**. Esta é a resposta cristã aos questionamentos de Coélet (Primeira leitura) sobre em que consiste a felicidade do ser humano. Pela fé, nossa felicidade/vida está "escondida, com Cristo, em Deus".

Aclamação ao Evangelho: Mt 5,3

Felizes os humildes de espírito, porque deles é o Reino dos Céus.

3 Evangelho: Lc 12,13-21

E para quem ficará o que tu acumulaste?

O trecho hoje lido traz **sentenças de Jesus sobre pobreza e riqueza**. Jesus ensinava, cercado pela multidão, e alguém começou a gritar: "Mestre, dize ao meu irmão que reparta a herança comigo". E Jesus respondeu: "Homem, quem me encarregou de julgar ou de dividir vossos bens?" Fiel ao programa lançado na sinagoga de Nazaré (Lc 4,18-19), Jesus estabelece os princípios para viver o Reino de Deus que anuncia. Veio para anunciar a boa-nova aos pobres e ensiná-los a partilhar os bens. Basta lembrar o milagre da "multiplicação" dos pães e peixes. O verdadeiro milagre não é a multiplicação, e sim a "divisão" dos pães... Os primeiros cristãos assim o entendiam, conforme Lucas diz: "Tudo entre eles era comum" (At 4,32). Jesus critica a ganância e ensina que "a vida de um homem não consiste na abundância de bens" (Primeira leitura). E aprofunda o ensinamento com a parábola do homem que fez uma grande colheita, construiu amplos armazéns e pensava: agora posso comer, beber, descansar e aproveitar a vida. Mas Deus o chama de "louco", insensato, porque naquela mesma noite haveria de morrer (Primeira leitura). E conclui com a sentença: "Assim acontece com quem ajunta tesouros para si mesmo, mas não é rico diante de Deus".

Exemplos do dia a dia nos ensinam que a "esperteza" de levar vantagem à custa dos pobres, na realidade, é tolice. **A riqueza não traz felicidade**, diz o provérbio. Quando a **riqueza** do cristão é **partilhada** com os necessitados, **sua felicidade já está escondida com Cristo em Deus** (Segunda leitura).

19º Domingo do Tempo Comum

Oração: "Deus eterno e todo-poderoso, a quem ousamos chamar de Pai, dai-nos cada vez mais um coração de filhos, para alcançarmos um dia a herança que prometestes".

1 Primeira leitura: Sb 18,6-9

Aquilo com que puniste nossos adversários serviu também para glorificar-nos.

O livro da Sabedoria é o último livro do Antigo Testamento. Foi provavelmente escrito em Alexandria (Egito), quando a colônia judaica local sofria severas perseguições. Ao fazer uma **releitura do êxodo do Egito** (cf. Sb 16–19), o autor exalta o **papel da sabedoria de Deus na criação e na história** da **salvação**. O texto da liturgia de hoje lembra a **noite de vigília**, na qual os hebreus se preparavam para celebrar a **páscoa**, antes de **atravessar o mar Vermelho**. Era uma noite esperada pelos hebreus "como salvação dos justos e perdição dos inimigos", perseguidores do povo de Deus. A punição dos inimigos e a libertação da escravidão do Egito precedem a aliança do Sinai. Ali **Deus escolheu os hebreus como seu povo eleito**. Libertou-os da escravidão do Faraó, estabeleceu com eles uma aliança ("pacto divino") e os fez "**participar dos mesmos bens e dos mesmos perigos**". Com estas palavras, o autor conforta os judeus perseguidos em Alexandria, lembrando-lhes que ser povo eleito por Deus tem o seu preço. Mas o sofrimento não significa abandono de Deus, porque ele jamais se esquece da aliança de amor que fez com seu povo. A fé no Deus da aliança, no Libertador da escravidão do Egito, é a âncora mais segura para a comunidade judaica ameaçada pela perseguição religiosa.

Salmo responsorial: Sl 32

Feliz o povo que o Senhor escolheu por sua herança.

2 Segunda leitura: Hb 11,1-2.8-19

Esperava a cidade que tem Deus mesmo por arquiteto e construtor.

A Carta aos Hebreus é atribuída a Paulo, mas seu verdadeiro autor é um discípulo anônimo de Paulo. O que escreve não é uma carta, mas uma homilia ou exortação, dirigida a **uma comunidade que ele conhece** e da qual se ausentou. A comunidade vive em Alexandria, no Egito, e é formada por **cristãos de origem judaica**, que estavam perdendo o fervor original. O texto que ouvimos quer **revigorar a fé e a esperança**, em meio a um ambiente hostil no qual viviam os cristãos. O autor parte da definição do que é fé: "**A fé é um modo de já possuir o que ainda se espera**, a convicção acerca de realidades que não se veem". **Ao longo do texto ocorre sete vezes a palavra fé**. O autor propõe como testemunho a fé dos patriarcas, Abraão, Isaac e Jacó. O elogio se concentra em Abraão e Sara. Abraão obedeceu à ordem de Deus e partiu para uma terra desconhecida que lhe seria dada em herança. Pela fé Abraão e Sara, embora estéreis, tornaram-se pais de uma multidão de descendentes, comparável às estrelas do céu. Pela fé na promessa que, de Isaac, teria uma grande descendência, Abraão ofereceu seu filho em sacrifício. Crendo que Deus poderia "até ressuscitar os mortos", recuperou assim seu filho vivo. O autor coloca a fé que Abraão tinha no "Deus dos vivos" como um símbolo da fé cristã na ressurreição dos mortos (Evangelho). Em meio à ameaça de morte em que viviam os cristãos, o autor planta a fé na ressurreição de Cristo como um estandarte de esperança. A fé na ressurreição de Cristo e a fé em nossa ressurreição caminham juntas: "Se Cristo não ressuscitou, a vossa fé é inútil [...]" (cf. 1Cor 15,17). O Deus de Jesus Cristo "não é Deus dos mortos e sim dos vivos" (Mc 12,27).

Aclamação ao Evangelho

É preciso vigiar e ficar de prontidão; em que dia o Senhor há de vir não sabeis, não!

3 Evangelho: Lc 12,32-48

Vós também ficai preparados!

Domingo passado, Jesus criticava a cobiça e o acúmulo dos bens passageiros neste mundo, **exortando-nos a sermos vigilantes e a buscar os bens que não passam**. Acima de tudo deve estar o amor a Deus e ao próximo. No Evangelho de hoje, Lucas retoma e aprofunda os ensinamentos do texto anterior, aplicando-os à comunidade cristã, que ele chama de "pequenino rebanho, a quem foi dado o Reino". Esse Reino que Jesus anuncia caracteriza-se pela partilha dos bens com os pobres, como investimento no tesouro do céu, que jamais acaba. O cristão deve estar focado em Deus e não nas riquezas deste mundo: "Onde está vosso tesouro, ali também estará vosso coração" (v. 34). O cristão precisa estar sempre vigilante, enquanto aguarda a vinda do Senhor, que não tem data marcada para chegar. Para esclarecer o sentido do estar vigilante, Jesus conta a parábola dos empregados. Eles devem estar sempre vigilantes para receber seu patrão quando ele voltar a qualquer hora da noite de uma festa de casamento (v. 35-40).

No início da segunda parte (v. 41-48), Pedro, em nome dos apóstolos, pergunta a Jesus: "Senhor, tu contas esta parábola para nós ou para todos?" Na resposta Jesus se dirige, sobretudo, aos dirigentes da comunidade cristã, encarregados de vigiar o "pequenino rebanho" e cuidar de seu bem-estar. O rebanho é de Jesus, o bom Pastor (cf. Lc 15,1-7; Jo 10,1-18). Ele encarregou os dirigentes da comunidade (apóstolos e diáconos) de cuidar de seu rebanho. Escolhidos pelo Senhor, eles precisam estar mais bem-preparados para **vigiar** pelo "pequenino rebanho" e assim deixá-lo sempre atento para a segunda vinda do Senhor. Por isso, deles se exigirá mais quando o Senhor vier como juiz dos vivos e dos mortos. A mensagem central deste Evangelho é **a fé e a esperança na segunda vinda do Senhor**. Esta fé tem como **desdobramentos práticos**: 1) a partilha dos bens deste mundo com os mais pobres; 2) a busca do tesouro mais precioso, que é o amor a Deus sobre todas as coisas e o amor ao próximo como a si mesmo; 3) e a atitude de vigilância na expectativa da segunda vinda do Senhor.

20º Domingo do Tempo Comum

Oração: "Ó Deus, preparastes para quem vos ama bens que nossos olhos não podem ver; acendei em nossos corações a chama da caridade para que, amando-vos em tudo e acima de tudo, corramos ao encontro das vossas promessas que superam todo desejo".

1 Primeira leitura: Jr 38,4-6.8-10

Geraste, em todo o país, um homem de controvérsia.

Jeremias estava preso no pátio da guarda em Jerusalém, enquanto o exército da Babilônia cercava a cidade. Mas o rei de Judá não se rendeu e pediu socorro ao Faraó do Egito. Nesse contexto, os babilônios suspenderam temporariamente o cerco para atacar o exército egípcio. Jeremias, porém, continuava falando que o rei da Babilônia voltaria a atacar Jerusalém. Os **príncipes**, então, **pediram ao rei a morte de Jeremias**, porque **suas palavras lançavam desânimo entre os soldados de Judá**. Além do mais, diziam eles, "este homem não propõe o bem-estar do povo – como os falsos profetas faziam –, mas sim a desgraça". Percebemos que **a palavra do verdadeiro Profeta divide o povo**. O rei e o povo ficavam num dilema: em quem acreditar? Os falsos profetas e os príncipes acreditavam que, com o apoio do Faraó, poderiam salvar Jerusalém e o reino. Jeremias, porém, propunha a rendição aos babilônios como único modo de salvar as vidas, mas a cidade seria destruída (Jr 38,1-3). Com a permissão do rei, Jeremias foi então lançado pelos adversários numa cisterna vazia, onde havia apenas lama. Um etíope, servo do rei, porém, alertou o rei, pois sem pão e sem água o Profeta iria morrer de inanição, em meio à lama. Então o rei mandou tirá-lo da cisterna. Inutilmente Jeremias havia advertido a classe dirigente: "Assim diz o Senhor: **Julgai cada manhã com justiça e livrai o explorado** da mão do opressor, para que minha indignação não saia como o fogo e queime sem que ninguém o possa apagar" (Jr 21,12). Mas os príncipes queriam calar a voz do Profeta, silenciar a Palavra de Deus. **O Profeta é um "sinal de contradição" como o será Jesus** por suas palavras e ações (cf. Lc 2,34 e o Evangelho).

Salmo responsorial: Sl 39
Socorrei-me, ó Senhor; vinde logo em meu auxílio!

2 Segunda leitura: Hb 12,1-4

Empenhemo-nos com perseverança no combate que nos é proposto.

Domingo passado, o autor da Carta aos Hebreus exortava os cristãos a seguirem o exemplo de fé perseverante de Abraão e Sara. Hoje, exorta os cristãos a perseverarem na **fé** em meio aos conflitos e ameaças que sofriam, "**com os olhos fixos em Jesus**". Apresenta Jesus como o único modelo perfeito, para quem vive a "olimpíada" da vida cristã. A vida cristã é um combate, uma luta para aproximar-se o melhor possível de Jesus, nosso modelo. Os atletas preparam-se com muito empenho e disciplina para vencerem as provas. A **esperança** confiante os anima a jamais abandonar a luta pela medalha desejada. Com os olhos fixos na glória do Pai, Jesus suportou a infâmia da morte na cruz pela nossa salvação. Como Jesus enfrentou "a oposição dos pecadores" que o condenaram, também o cristão, "com os olhos fixos em Jesus", deve suportar corajosamente as humilhações, o desprezo e as perseguições da parte dos adversários. Neste combate, o cristão não está só, mas conta com a graça do Senhor, "que em nós começa e termina sua obra de fé". Mas o cristão deve fazer a sua parte, a luta ainda não terminou: "Vós ainda não resististes até ao sangue na luta contra o pecado".

Aclamação ao Evangelho: Jo 10,2

Minhas ovelhas escutam minha voz, minha voz estão elas a escutar; eu conheço, então, minhas ovelhas, que seguem comigo a caminhar.

3 Evangelho: Lc 12,49-53

Não vim trazer a paz, mas a divisão.

Desde o início de seu Evangelho, Lucas apresenta **Jesus como um sinal de divisão** e **contradição**. Quando o menino Jesus era apresentado no Templo, Simeão tomou-o nos braços, louvou a Deus pelo dom da salvação e disse para Maria: "Esse menino está destinado a ser ocasião de queda e elevação de muitos em Israel e sinal de contradição" (Lc 2,34). Após ser batizado por João Batista, o Espírito Santo se apodera de Jesus e ele rompe com seus familiares (cf. 8,19-21), é expulso da sinagoga de sua terra Natal e começa a anunciar aos pobres a boa-nova do Reino (4,16-30). Por ter optado pelo Reino de Deus anunciado aos pobres, Jesus é perseguido e ameaçado de morte pelos adversários. Três vezes anuncia que, em Jerusalém, será condenado à morte (9,18-20.43-45; 18,31-34). Consciente do que lhe aconteceria (9,51), Jesus inicia corajosamente sua última viagem a Jerusalém. É neste clima que devemos entender a mensagem do Evangelho que acabamos de ouvir. O próprio **Jesus define sua missão com cinco palavras** que têm seu significado e consequências na vida prática: **fogo, batismo, paz, divisão** e **família**. São palavras que caracterizam a boa-nova do Reino que Jesus veio anunciar. **A novidade do Reino de Deus exige novas estruturas** e **ruptura com as antigas**, que não trazem felicidade nem salvação. É como o vinho novo que arrebenta odres velhos e exige odres novos (Lc 5,36-38). É o conflito entre o novo e o velho de que Jesus fala (Lc 12,52-53).

O fogo do qual Jesus fala é o **fogo do Espírito Santo** (At 2,3), que purifica e renova a sociedade humana. Com este fogo Jesus queria incendiar a terra. É o fogo do amor que o impulsiona a enfrentar a viagem a Jerusalém, onde receberá o **batismo de sangue** na cruz (cf. Mt 20,21-23; At 12,1-2) pela nossa salvação. Espanta-nos ouvir de Jesus que não veio trazer a **paz, mas a divisão** sobre a terra, até mesmo na família. **A paz está no programa do evangelho de Lucas** desde o nascimento do Salvador em Belém (2,14). Era a paz que Jesus desejava trazer para Jerusalém, mas foi rejeitado: "Se neste dia também tu conhecesses o que te pode trazer a paz! Mas isto agora está oculto aos teus olhos" (18,42). Tornar-se discípulo de Jesus pode provocar rupturas, divisões e conflitos na família e na sociedade. Mas é o caminho proposto por Jesus a seus discípulos.

21º Domingo do Tempo Comum

Oração: "Ó Deus, que unis os corações dos vossos fiéis num só desejo, dai ao vosso povo amar que ordenais e esperar o que prometeis, para que, na instabilidade deste mundo, fixemos os nossos corações onde se encontram as verdadeiras alegrias".

1 Primeira leitura: Is 66,18-21

E reconduzirão, de toda parte, vossos irmãos.

O texto da Primeira leitura foi escrito quando os judeus exilados voltavam da Babilônia. O retorno a Jerusalém se deu aos poucos, em pequenos grupos. No retorno, os exilados encontraram ruínas a serem reconstruídas, enfrentaram conflitos com os mais pobres que não foram levados para o exílio e ocuparam suas propriedades. A convivência com outros povos em terra estranha abriu a mente de não poucos exilados, que aprenderam a conviver com costumes e religiões diferentes. O Profeta que nos fala hoje representa este grupo de mente mais aberta. Por um lado, procura animar os que trabalhavam na reconstrução da cidade em ruínas; por outro lado, convoca os judeus dispersos entre outras nações a fazerem o mesmo caminho dos que retornavam da Babilônia em busca do monte santo de Jerusalém, onde brilha a glória do Senhor. O Profeta vê os **pagãos convertidos ao judaísmo** na dispersão **como missionários** escolhidos por Deus, para anunciar sua glória entre as nações, reconduzir os judeus dispersos e prestar culto na casa do Senhor. Na visão do Profeta, os pagãos convertidos ao judaísmo poderão servir como sacerdotes e levitas em Jerusalém. Estas promessas remetem para a **dimensão universal da salvação** preparada por Deus, em Jesus Cristo (Evangelho).

Salmo responsorial: Sl 116
Proclamai o Evangelho a toda criatura!

2 Segunda leitura: Hb 12,5-7.11-13

O Senhor corrige a quem ele ama.

A Carta aos Hebreus é uma coleção de pregações, mais do que uma carta. O autor desconhecido dirige-se a judeu-cristãos de língua grega e pagãos convertidos, residentes em Alexandria, no Egito. Os cristãos pertencem à segunda geração. São cristãos que já tinham perdido o fervor inicial, fraquejavam na fé em Jesus Cristo e tendiam perigosamente para a indiferença (Hb 5,11–6,12). Na leitura de hoje o autor se dirige aos ouvintes como "irmãos" na fé. Conhece as dificuldades e sofrimentos pelos quais estão passando, num ambiente hostil. Como um sábio educador, lembra o valor da educação cristã recebida: "**Não desprezes a educação do Senhor, não desanimes quando ele te repreende**". Deus é como um pai que educa e corrige seu filho por amor. No sofrimento percebemos melhor que Deus é nosso Pai e nos trata como seus filhos. A dor da correção é sempre desagradável. No entanto, a educação do Senhor não é apenas teórica. É uma formação permanente e, quando exercitada em meio ao **sofrimento, produz frutos de paz e justiça** (v. 11).

O autor conclui com uma exortação, válida para todos nós: "Firmai as mãos cansadas e joelhos enfraquecidos, acertai os passos dos vossos pés". A vida cristã é um **caminho** que nos leva a Deus, nosso Pai. No **caminho** não estamos sós. "Ele está no meio de nós!"

Aclamação ao Evangelho: Jo 14,6
Eu sou o Caminho, a Verdade e a Vida. Ninguém chega ao Pai senão por mim.

3 Evangelho: Lc 13,22-30

Virão do Oriente e do Ocidente, e tomarão lugar à mesa
no Reino de Deus.

No Evangelho, **Jesus**, acompanhado pelos discípulos e o povo, está **a caminho de Jerusalém** para celebrar a festa da Páscoa. Lucas coloca muitos ensinamentos de Jesus durante a grande viagem para Jerusalém (Lc 9,51–19,28). Três temas perpassam os capítulos sobre a viagem: as **exigências para a salvação** e o **seguimento de Jesus Cristo**, a **acolhida ou rejeição do Reino** anunciado por Jesus e o destino do Filho do Homem. No **caminho**, três vezes Jesus anuncia que, em Jerusalém, o Filho do Homem será entregue pelos sumos sacerdotes e doutores da Lei ao poder romano. Será condenado à morte, mas ao terceiro dia ressuscitará. Após cada anúncio seguem ensinamentos, sempre mais exigentes, a quem se propõe ser discípulo de Jesus. O **caminho** vai se tornando cada vez **mais estreito**. Por fim, é a porta de entrada para o banquete do Reino que se torna mais estreita ainda. Em Jerusalém havia diversas portas pelas quais os peregrinos tinham acesso à esplanada do Templo. No texto paralelo ao de Lucas, Mateus fala de duas portas: a porta larga que leva à perdição e a porta estreita que conduz ao caminho da vida (Mt 7,13-14). Lucas menciona apenas a **porta estreita**. À pergunta "Senhor, é verdade que são poucos os que se salvam?", Jesus responde: "Fazei esforço para entrar pela porta estreita. Porque eu vos digo que muitos tentarão entrar e não conseguirão".

No entanto, **esta porta**, além de estreita, **pode ser fechada** a qualquer momento pelo dono da casa. Os que chegarem atrasados irão gritar "Senhor, abre-nos a porta" (v. 25; cf. Mt 25,15). Mas o dono da casa responderá: "Não sei de onde sois [...]. Afastai-vos de mim todos vós que praticais a injustiça!" Os atrasados serão excluídos do banquete do Reino, referência ao judaísmo oficial que rejeitou Jesus e o condenou à morte. No lugar deles a salvação se abrirá aos pagãos: "Virão homens do Oriente e do Ocidente, do Norte e do Sul, e tomarão lugar no baquete do Reino de Deus" (v. 29). A **condição para participar no banquete do Reino de Deus é a prática da justiça**. A porta da salvação, embora estreita, continua sempre aberta para quem busca a Deus com sinceridade. Deus aguarda nossa conversão com paciência, mas nosso esforço deverá ser contínuo. Ele nos dá um tempo extra para que nos deixemos corrigir (Segunda leitura). Ele é um Pai que ama e corrige os seus filhos (Lc 13,6-9).

22º Domingo do Tempo Comum

Oração: "Deus do universo, fonte de todo bem, derramai em nossos corações o vosso amor e estreitai os laços que nos unem convosco para alimentar em nós o que é bom e guardar com solicitude o que nos destes".

1 Primeira leitura: Eclo 3,19-21.30-31

Sê humilde, e encontrarás graça diante de Deus.

A Primeira leitura trata da **humildade** em confronto com o **orgulho**. A pessoa que trabalha com mansidão e humildade, exercendo seus talentos, será mais amada que uma pessoa apenas generosa. Quanto mais alguém "subir na vida", tanto mais deve ser humilde; é isso que agrada a Deus. **Deus revela seus mistérios aos humildes** e não aos orgulhosos. Jesus louva ao Pai que assim age: "Eu te louvo, ó Pai, Senhor do céu e da terra, porque escondeste estas coisas aos sábios e entendidos e as revelaste aos **pequeninos**" (cf. Mt 11,25). Os **humildes** – continua o texto – **glorificam o poder do Senhor**, enquanto os orgulhosos se glorificam a si mesmos. Por isso, para o orgulhoso não há remédio, porque o pecado está enraizado nele. Deus derruba os poderosos de seus tronos e exalta os **humildes** (cf. Lc 1,52).

Salmo responsorial: Sl 67

Com carinho preparastes uma mesa para o pobre.

2 Segunda leitura: Hb 12,18-19.22-24a

Vós vos aproximastes do monte Sião e da cidade do Deus vivo.

Para confortar os judeus convertidos ao cristianismo, o autor da Carta aos Hebreus compara a **antiga aliança** com Deus no Sinai com a **nova aliança em Cristo Jesus**. Joga com as palavras **aproximar/ afastar, separar/reunir**. A teofania (manifestação de Deus) do Sinai era descrita, até certo ponto, como "realidade palpável". Mas também assustadora: fogo, escuridão, trevas e tempestade, som de trombeta e voz poderosa (Ex 19,16). O povo suplicava para não ouvir mais essa voz poderosa e pedia que o Senhor lhes falasse por intermédio de Moisés (Dt 5,23-30; 18,16). **O povo devia afastar-se da montanha** sagrada; somente Moisés pôde ali subir (Ex 19,12-24). Por um lado, **Deus se unia** a seu povo pela aliança; por outro, era um **Deus assustador, que afastava o povo**. Era o Deus da classe sacerdotal, que podia aproximar-se do Senhor.

Se na antiga aliança o povo não podia **aproximar**-se do monte santo nem de Deus, na nova aliança o cristão pode **aproximar**-se do monte Sião, cidade do Deus vivo, da cidade celeste, da reunião festiva de anjos, da assembleia dos primogênitos. Pode **aproximar**-se, sem temor, do próprio Deus, Juiz de todos. Em Jesus, mediador da nova aliança, Deus fez sua morada entre nós (Jo 1,14), **para que pudéssemos morar sempre com ele** na Jerusalém celeste, na cidade do Deus vivo. **Em Jesus, Deus aproximou-se de nós**, se fez humano para entrarmos em comunhão definitiva com ele. "A proximidade com Jesus não assusta, mas compromete" (Konings).

Aclamação ao Evangelho

Tomai meu jugo sobre vós e aprendei de mim, que sou manso e humilde de coração!

3 Evangelho: Lc 14,1.7-14

Quem se eleva será humilhado, e quem se humilha será elevado.

Na Aclamação ao Evangelho Jesus dizia: "Aprendei de mim, que sou manso e humilde de coração". E no presente texto Jesus aparece como exemplo de humildade. **Jesus foi convidado por um fariseu** para tomar uma refeição com ele. Como era seu costume, o fariseu convidou também seus **amigos, irmãos, parentes e vizinhos ricos** (v. 12); portanto, pessoas do mesmo nível social. **O fariseu e seus convidados observavam a Jesus**, para terem motivo de acusá-lo de uma possível transgressão da Lei. **Jesus também os observava e notou** que os convidados escolhiam os primeiros lugares, mais próximos do dono da casa. Contou-lhes então uma parábola na qual um convidado para uma festa de casamento havia ocupado o primeiro lugar. Mas o dono da festa pediu-lhe que cedesse o lugar para outro convidado mais importante. Muito envergonhado, este homem foi ocupar o último lugar. É melhor, disse Jesus, ocupar sempre o último lugar. Neste caso, se o dono da festa te disser: "Amigo, vem mais para cima, isto será uma honra para ti diante dos convidados". E Jesus mesmo tira a lição: "Quem **se eleva será humilhado, e quem se humilha será elevado**".

Em seguida, **Jesus aconselha** o fariseu a **não convidar** apenas os **amigos** de seu nível social, **e sim** os **pobres**, os **aleijados**, os **coxos** e os **cegos**. Estes não poderiam retribuí-lo com um convite, como os amigos ricos. O **Reino de Deus não é o da meritocracia, mas da gratuidade**: os pobres e aleijados jamais teriam condições de convidar Jesus a um banquete, muito menos ao fariseu e seus amigos. O que traz a verdadeira felicidade, já aqui na terra, é a esperança da "ressurreição dos justos", isto é, a participação no banquete da vida eterna, que é dom gratuito de Deus.

Fariseu significa "separado". Era a elite religiosa rigorista na interpretação da Lei, que se separava da massa dos pecadores e "impuros". Jesus não separa, mas une e agrega (Segunda leitura). Pede aos ricos que tenham misericórdia dos pobres, desçam de suas "árvores", convertam-se e partilhem seus bens com os pobres, como o fez Zaqueu (cf. Lc 19,1-10).

23º Domingo do Tempo Comum

Oração: "Ó Deus, pai de bondade, que nos redimistes e adotastes como filhos e filhas, concedei aos que creem no Cristo a verdadeira liberdade e a herança eterna".

1 Primeira leitura: Sb 9,13-18

Quem pode conhecer os desígnios do Senhor?

O texto da Primeira leitura parte de uma pergunta: Pode o ser humano conhecer os "desígnios", isto é, os planos do Senhor? E responde que o ser humano é mortal e como tal é incapaz de conhecer; isto é, desvendar qual é o projeto de Deus a seu respeito. Pode conhecer o mundo que o cerca, mas não o desígnio de Deus. **Conhecer** o desígnio ou a **vontade do Senhor é um dom concedido pelo Criador**. Iluminado pela **Sabedoria** e espírito do Senhor, o ser humano aprende como agradar a Deus e será salvo. A sabedoria transmitida pelas famílias e pela comunidade cristã nos conduzem a Jesus. Cristo, a Sabedoria de Deus (cf. 1Cor 1,22-24), é quem nos ensina o caminho da salvação.

Salmo responsorial: Sl 89

Vós fostes, ó Senhor, um refúgio para nós.

2 Segunda leitura: Fm 9b-10.12-17

Recebe-o, não mais como escravo, mas como um irmão querido.

Na Segunda leitura ouvimos parte da menor das Cartas do apóstolo Paulo. Tem apenas um capítulo. Paulo está preso por causa da pregação do Evangelho. Na prisão está também um escravo fugitivo de nome Onésimo (= inútil), pertencente a um amigo cristão, chamado Filêmon. Paulo, já idoso e preso, não perde a ocasião de falar de Jesus ao escravo Onésimo. Este se converte, é batizado e torna-se "filho" que Paulo "fez nascer para Cristo na prisão". Paulo é cidadão romano e respeita as leis do Império referentes a um escravo fugitivo. Dispõe-se a devolver o escravo. Poderia pedir a Filêmon que deixasse Onésimo (inútil) como representante seu para cuidar de Paulo na prisão. Mas não o faz para não forçar um gesto de bondade por parte de Filêmon. Pede-lhe que receba de volta **Onésimo, já não como escravo**, propriedade do patrão, **mas como irmão muito querido em Cristo**. Toda a Carta revela a delicadeza de Paulo no trato com os irmãos de fé. **Paulo** não despreza as leis romanas, mas **eleva a relação patrão-escravo a um novo patamar, mais elevado**, onde prevalecem os direitos humanos e se vive o **Evangelho de Jesus Cristo**. Entre os cristãos, diz Paulo, "já não há judeu nem grego, escravo nem livre, pois todos vós sois um só em Cristo Jesus" (cf. Gl 3,28). Por fim, Paulo faz um apelo: Recebendo Onésimo como escravo-irmão, Filêmon mostrará que está em comunhão de fé porque no escravo fugitivo recebe o próprio Paulo.

Devolve o escravo Onésimo a Filêmon, como se fosse "o seu próprio coração", porque ama Onésimo como irmão em Cristo. Da mesma maneira Filêmon deve receber Onésimo, já não como simples escravo, mas como irmão.

Aclamação ao Evangelho: Sl 118,135

Fazei brilhar vosso semblante ao vosso servo e ensinai-me vossas leis e mandamentos.

3 Evangelho: Lc 14,25-33

Qualquer um de vós, se não renunciar a tudo o que tem
não pode ser meu discípulo.

Jesus está a caminho de Jerusalém, onde seria preso, condenado à morte e crucificado. Era uma viagem à Cidade Santa para as celebrações da festa da Páscoa dos judeus, e Jesus estava acompanhado por "multidões". Muita gente do povo e os discípulos pretendiam proclamá-lo como rei, mas o propósito de Jesus era cumprir a vontade do Pai. No caminho, Jesus já havia alertado os discípulos de que "o Filho do Homem seria entregue nas mãos dos homens" (9,21-22.43-45), porque um profeta devia morrer em Jerusalém (13,31-35). Eram muitos os que acompanhavam Jesus para a festa. **Acompanhar**, no entanto, não é a mesma coisa que **seguir a Jesus**. Do discípulo exige-se a capacidade de seguir o Mestre no caminho que o levaria ao Gólgota. Por isso Jesus estabelece as condições para alguém se tornar um discípulo: 1) **desapego** da família e da própria vida; 2) **carregar a própria cruz**, isto é, as contradições, o desprezo e os sofrimentos que a vida cristã impõe; 3) enfim, renunciar-se a si mesmo, isto é, aos próprios projetos para abraçar os que Jesus nos propõe.

Para esclarecer as exigências aos discípulos, Jesus conta duas pequenas parábolas que levam cada pessoa a medir as próprias capacidades de seguir o Mestre. A primeira parábola fala do homem que decidiu construir uma torre, porém foi incapaz de concluí-la. Ficou coberto de vergonha porque as pessoas, que passavam e viam a torre inacabada, diziam: "Este homem começou a construir e não foi capaz de acabar!" A construção de uma torre exige mais do que construir uma casa... A segunda parábola fala do rei que se preparava para a guerra contra um rei inimigo. Segundo Jesus, o rei deveria primeiro examinar bem se dispunha de um exército bem-treinado, capaz de enfrentar as forças inimigas. Caso contrário, seria melhor enviar embaixadores e negociar a paz. A prudência aconselha a "não dar passos maiores do que as pernas".

Aos discípulos de ontem e de hoje, Jesus ensina que o discípulo precisa **renunciar ao projeto pessoal e assumir o do Mestre**. Não devemos enquadrar Jesus e sua mensagem em nosso **projeto pessoal**, mas **abraçar o projeto que o Mestre nos propõe**.

24º Domingo do Tempo Comum

Oração: "Ó Deus, criador de todas as coisas, volvei para nós o vosso olhar e, para sentirmos em nós a ação do vosso amor, fazei que vos sirvamos de todo o coração".

1 Primeira leitura: Ex 32,7-11.13-14

E o Senhor desistiu do mal que havia ameaçado fazer.

Por intermédio de Moisés, Deus havia dado a Israel no monte Sinai os dez mandamentos e outras leis. Firmou também uma **aliança** (pacto) com o povo libertado da escravidão do Egito. Por esta aliança, Deus escolheu Israel como seu povo. Por sua vez Israel comprometia-se a ter o Senhor como seu único Deus e a observar suas leis. Mas enquanto Moisés recebia na montanha as tábuas da Lei, o povo caiu na idolatria. Fizeram para si um bezerro de ouro para adorar e diziam: "Estes são os teus deuses, que te fizeram sair do Egito". No entanto, na introdução aos dez mandamentos, Deus assim se apresenta: "**Eu sou o Senhor teu Deus, que te libertou do Egito**, lugar de escravidão" (Ex 20,2). Nesse episódio **Israel traiu a aliança com seu Deus** e tornou-se infiel, antes mesmo de ela entrar em vigor. Deixou de ser para Deus o "meu povo" e passou a ser "não-meu-povo" (cf. Os 1,9; 2,22-25).

Na leitura de hoje, Deus manda Moisés descer do monte e lhe diz: "Corrompeu-se o **teu povo, que tiraste da terra do Egito**". Em outras palavras, **Deus já não reconhecia Israel como o seu povo** que libertou do Egito. Deus parece pedir a Moisés que não interceda mais em favor deste povo (cf. Jr 7,16; 11,14; 14,11) e que o deixe exterminar Israel, com a promessa de fazer de Moisés uma grande nação. Com isso, Deus cancelaria a aliança prometida a Abraão (Gn 12,1-3; 15,18). **Moisés**, porém, **solidário** com os hebreus que, em nome de Deus, liderou a libertação do "**teu povo**" do Egito começou a interceder em favor do povo pecador. Pela fé, Moisés tinha consciência que Deus ouve os lamentos dos hebreus oprimidos e se lembra da aliança com Abraão, Isaac e Jacó (Ex 2,23-25; 3,7-10). Sabia que foi escolhido por Deus para libertar seu povo oprimido e conduzi-lo à terra prometida (cf. Ex 2,1-10). Se Deus exterminasse seu povo, seria infiel às promessas que havia feito (cf. Ex 3,7-10). Então Deus **desistiu de cumprir sua ameaça, em atenção à súplica de Moisés**.

Podemos resumir assim a mensagem desta leitura: Deus é sempre fiel a sua **aliança; a misericórdia divina triunfa** sobre a justiça da Lei; por outro lado, **a súplica confiante dirigida a Deus atrai sua misericórdia**.

Salmo responsorial: Sl 50

Vou agora levantar-me; volto à casa de meu pai.

2 Segunda leitura: 1Tm 1,12-17

Cristo veio ao mundo para salvar os pecadores.

Na Segunda leitura ouvimos parte da carta que Paulo escreveu a Timóteo, bispo de Éfeso, quando estava preso em Roma. Com simplicidade apresenta sua missão num tom místico. Agradece a Cristo pelo dom da fé e pela força da graça recebida. Paulo lembra que antes insultava a Cristo e perseguia os cristãos. Mesmo assim, Cristo o escolheu para servi-lo como pregador do Evangelho. Apesar de pecador, **Paulo encontrou a misericórdia divina pelo dom da graça, da fé e do amor que há em Cristo Jesus** (Evangelho). Agradece porque "Cristo veio ao mundo para salvar os pecadores". Paulo se considera o primeiro dos pecadores que encontrou em Cristo a misericórdia divina (Primeira leitura). Deus fez dele um **modelo para todos os que creem em Cristo** e esperam alcançar a vida eterna. – Como pecadores, reconhecemos a ação da misericórdia divina em nossa vida?

Aclamação ao Evangelho: 2Cor 5,19

O Senhor reconciliou o mundo com Cristo, confiando-nos sua Palavra. A Palavra da reconciliação, a Palavra que hoje, aqui, nos salva!

3 Evangelho: Lc 15,1-32

Haverá no céu mais alegria por um só pecador que se converte.

No capítulo 15 de Lucas temos **três parábolas sobre a misericórdia**. A liturgia de hoje permite escolher o texto mais curto, com as parábolas da ovelha e da moeda perdidas, ou o texto mais longo, que inclui a parábola do filho pródigo (cf. 4º Domingo da Quaresma, ano C). Para entender a mensagem das parábolas convém **prestar atenção ao contexto em que são colocadas**. Seguido por multidões, Jesus dirige-se a Jerusalém (23º Domingo). Nessa viagem Lucas situa muitos ensinamentos do Mestre. A cena de hoje apresenta **Jesus** rodeado de **cobradores de impostos e de pecadores**, "todos" **dispostos a escutar seus ensinamentos**. Os **fariseus** também estavam ali, mas apenas **para criticá-lo**. Os fariseus consideravam-se justos e desprezavam os publicanos e pecadores. É neste contexto que Jesus conta as três parábolas.

Na parábola da ovelha perdida Jesus traz um exemplo da vida do campo. Um pastor tem cem ovelhas, perde uma, deixa as noventa e nove no curral e vai à procura da única ovelha perdida. Quando a encontra, carrega-a nos ombros e, cheio de alegria, convida os amigos para uma **festa**. E Jesus arremata a parábola com uma sentença: "Assim haverá no céu **mais alegria** por um só **pecador** que se **converte** do que por noventa e nove justos que não precisam de **conversão**".

Na parábola da **moeda perdida**, o exemplo trazido é o da dona de casa numa cidade. Toda a sua "poupança" se resumia a dez moedas de prata. Ao perder uma delas, acendeu uma lamparina e **procurou** cuidadosamente **a moeda até encontrá-la**. Feliz por ter encontrado a moeda perdida, a mulher convidou as amigas e vizinhas para **festejarem** com ela. E Jesus conclui: "Haverá **alegria entre os anjos de Deus por um só pecador** que se converte". – A ovelha perdida torna-se até mais querida do que as noventa e nove recolhidas no curral; a moeda perdida torna-se mais preciosa do que as nove ainda guardadas. **A alegria** de encontrar a **ovelha e a moeda perdidas é partilhada** com amigos e vizinhos. Assim também, diz Jesus, a alegria será partilhada no céu, isto é, com Deus e seus anjos, por um só pecador que se converte. Resumindo, **Deus** misericordioso (Primeira e Segunda leituras) **quer salvar a todos os que criou no seu amor** (cf. Ez 18,32).

25º Domingo do Tempo Comum

Oração: "Ó Pai, que resumistes toda a Lei no amor a Deus e ao próximo, fazei que, observando o vosso mandamento, consigamos chegar um dia à vida eterna".

1 Primeira leitura: Am 8,4-7

Contra aqueles que dominam os pobres com dinheiro.

Na Primeira leitura o profeta Amós faz uma grave denúncia contra os **comerciantes** que **acumulam riquezas à custa dos humildes e pobres camponeses**, "os pobres da terra" (v. 4 e 6). A economia era baseada na agricultura, mas dominada por um sistema econômico injusto que tornava os ricos sempre mais ricos e os pobres, mais pobres. O tributo cobrado dos camponeses sustentava o rei e sua corte, a administração e o exército. E o rei exigia para si sempre o melhor da produção agrícola, deixando apenas as sobras para o camponês. As duas primeiras visões ligadas à vocação do Profeta (Am 7,1-8) lembram a vida insegura dos agricultores explorados. Na primeira visão, o Profeta vê que o feno que brotava após a colheita destinada aos cavalos do exército real estava sendo devorado por um bando de gafanhotos. Na segunda visão vê uma grande seca que devorava as plantações e secava as fontes, e suplica: "Senhor Deus, perdoa, eu te peço! Como poderá Jacó resistir? Ele é tão pequeno!"

Amós coloca-se ao lado dos "pequenos" e **pobres camponeses**, duplamente explorados. Além do mais, os comerciantes não respeitavam a festa mensal da lua nova, nem o sábado dedicado ao descanso e ao culto ao Senhor. Nos dias dedicados ao descanso e ao culto tramavam como enganar o camponês quando compravam seus produtos, e o pobre quando lhe vendiam. Quando compravam do camponês diminuíam o peso, quando lhe vendiam, falsificavam a medida. **Substituíam o culto a Deus pelo culto às riquezas**, injustamente acumuladas. Por isso, diz o Profeta: "O Senhor jurou: 'nunca mais esquecerei o que eles fizeram'". Javé, o **Deus** que **libertou Israel da escravidão** do Egito, **não tolera a opressão dos pobres**. O verdadeiro culto ao Senhor não combina com a exploração dos pobres.

Salmo responsorial: Sl 112
Louvai o Senhor, que eleva os pobres.

2 Segunda leitura: 1Tm 2,1-8

Recomendo que se façam orações por todos os homens.
Deus quer que todos sejam salvos.

Nesse trecho da Carta a Timóteo, Paulo recomenda que **se façam orações** não só pelos irmãos de fé, mas **por todas as pessoas, especialmente pelas autoridades** (cf. Rm 13,1-7; Tt 3,1). Paulo era cidadão romano e apelou a César quando foi preso em Jerusalém e ameaçado de morte pelos adversários judeus. Paulo tem consciência da importância de **orar pelos governantes** e justifica com três argumentos: a) "para que possamos levar uma vida tranquila e serena, como toda a piedade e dignidade"; b) porque Deus quer salvar a todos; c) porque "há um só Deus, e um só mediador entre Deus e os homens, o homem Cristo Jesus". E, por fim, dá uma recomendação válida para nossos dias: **erguer**

as mãos santas em oração quando rezamos pelos governantes, **em vez de discutir raivosamente os conflitos políticos** de hoje, ou pedir que Deus os castigue. Portanto, rezemos também pelos nossos governantes, "para que possamos levar uma vida tranquila e serena, com toda a piedade e dignidade".

Aclamação ao Evangelho

Jesus Cristo, sendo rico, se fez pobre por amor, para que sua pobreza, assim, nos enriquecesse.

3 Evangelho: Lc 16,1-13

Vós não podeis servir a Deus e ao dinheiro.

Domingo passado ouvimos as chamadas "parábolas da misericórdia": a ovelha perdida, a moeda de prata perdida e o "filho pródigo". No Evangelho de hoje, dirigindo-se **aos discípulos, Jesus conta a parábola do administrador infiel** e dá **uma aplicação prática sobre o bom uso dos bens "deste mundo"**. Um homem rico, diz Jesus, tinha um administrador (ecônomo) que foi acusado de esbanjar os bens de seu patrão. Ouvindo isso, o patrão chamou o administrador para que lhe prestasse contas da má administração. Sabendo que seria demitido, o administrador preparou seu futuro, trapaceando mais uma vez. Abateu a dívida de um devedor em 50% e de outro em 20%. O **patrão**, quando soube disso, "**elogiou o administrador desonesto, porque ele agiu com esperteza**". Esta última frase pode deixar o ouvinte confuso: Estaria Jesus elogiando a safadeza nos negócios?

Em primeiro lugar, quem elogia não é Jesus, e sim o patrão. Trata-se de uma parábola. **Em questão** não **está** o elogio da safadeza, e sim da **esperteza**, ou prudência, **no uso dos bens**. Em segundo lugar, o próprio Jesus dá a explicação do caso contado: "Com efeito, **os filhos**

deste mundo são **mais espertos em seus negócios** do que **os filhos da luz**". Na lógica dos "filhos deste mundo" está o lucro e o acúmulo de bens injustos, à custa dos pobres (Primeira leitura); o negócio dos filhos deste mundo é o dinheiro. Na lógica dos "filhos da luz", dos discípulos que abraçam o Reino de Deus, está o uso justo das riquezas, na partilha dos bens com os pobres. Enquanto os filhos deste mundo constroem sua felicidade no acúmulo dos bens, aos "**filhos da luz**" (discípulos) **Jesus aponta o caminho do bom uso do dinheiro**: "Usai o dinheiro injusto para fazer amigos". Espanta-nos que Jesus aconselhe a fazer amigos com o "dinheiro injusto". Trata-se do dinheiro das grandes fortunas, acumulado com desonestidade, que escraviza e divide a sociedade (cf. Zaqueu: Lc 19,1-10, 31º Domingo, Ano C). O rico que se torna cristão é convidado a fazer amigos, partilhando seus bens com os mais pobres. Entrar no Reino de Deus anunciado por Jesus exige um novo relacionamento com os bens deste mundo e com as pessoas: "Vós não podeis servir a Deus e ao dinheiro".

26º Domingo do Tempo Comum

Oração: "Ó Deus, que mostrais vosso poder, sobretudo no perdão e na misericórdia, derramai sempre em nós a vossa graça, para que, caminhando ao encontro das vossas promessas, alcancemos os bens que nos reservais".

1 Primeira leitura: Am 6,1a.4-7

Agora o bando dos gozadores será desfeito.

Domingo passado ouvimos as críticas de Amós contra os que enriqueciam, explorando os pobres camponeses. No texto de hoje, **as críticas se dirigem à classe dirigente de Israel**, que vive na capital

Samaria **com o fruto da exploração dos pobres**. Amós critica a elite alienada, a "sociedade consumista" de então, que esbanjava as riquezas injustamente acumuladas em banquetes de carnes finas, regadas com os melhores vinhos, sem se importar com os pobres, jogados na miséria. – Não precisamos imaginar o passado. Basta olhar a realidade presente. – Mais ainda. Deitados em camas de marfim e ungindo-se com preciosos perfumes importados (cf. 4,1-3), permaneciam cegos diante da situação ameaçadora da política internacional. O Império Assírio já estendia seu domínio sobre o Ocidente e eles não se preocupavam com a ruína próxima do reino de Israel. Esse bando de gente de boa-vida, diz Amós, perderá toda a sua riqueza e será levado para o exílio. Foi o que aconteceu anos depois quando Samaria foi destruída (722 a.C.), marcando o fim do reino de Israel.

As palavras de Amós são uma advertência para nossa sociedade capitalista que visa apenas o lucro e o consumo. Hoje, como nos alerta o papa Francisco na *Laudato Si'*, o **capitalismo consumista é uma ameaça para todos**, ricos e pobres. Com a exploração exacerbada dos recursos limitados da Mãe Terra, coloca-se em risco nossa "Casa Comum", casa de todos os seres vivos por ela alimentados. A pandemia da covid-19 deixou escancarada a necessidade de uma conversão inadiável. Urge passar do consumismo frenético para um uso modesto, responsável e solidário dos bens, que a Mãe Terra generosamente nos dá (Evangelho).

Salmo responsorial: Sl 145
Bendize, minha alma, e louva ao Senhor!

2 Segunda leitura: 1Tm 6,11-16

Guarda o teu mandato até a manifestação gloriosa do Senhor.

O texto da Segunda leitura contém uma exortação a Timóteo e conclui com um hino de adoração a Deus. Pode ser considerado como o testamento espiritual de Paulo ao jovem bispo Timóteo. O verdadeiro apóstolo, antes de tudo, deve ser um "homem de Deus", que procura viver o que prega: "a justiça, a piedade, a **fé**, o **amor**, a firmeza e a mansidão". Como um atleta de Cristo, deve "combater o bom combate da fé", na **esperança** de conquistar a vida eterna. A profissão de fé que Timóteo deu quando acolheu o chamado de Cristo deve ser vivida na presença de Deus e de **Cristo Jesus**. Ele que deu seu testemunho de amor, sofrendo a morte na cruz. O **mandamento do amor** é a "regra de vida que vem da fé e do Evangelho", pregado por Timóteo.

Aclamação ao Evangelho: 2Cor 8,9

Jesus Cristo, sendo rico, se fez pobre por amor, para que sua pobreza, assim, nos enriquecesse.

3 Evangelho: Lc 16,19-31

Tu recebeste teus bens durante a vida, e Lázaro os males; agora ele encontra aqui consolo, e tu és atormentado.

Domingo passado, na parábola do administrador infiel, Jesus ensinava aos "filhos da luz" (os cristãos) o correto uso dos bens deste mundo: "Não podeis servir a Deus e ao dinheiro". E servir a Deus inclui a justa partilha dos bens com o próximo mais necessitado. Após esse ensinamento, Lucas inclui um comentário: "Os fariseus, que **gostavam de dinheiro**, ouviram tudo isso e zombavam dele" (Lc 16,14). Na parábola do rico avarento e do pobre Lázaro, que hoje ouvimos, **os fariseus** também estão **presentes**.

Na parábola, **o rico não tem nome**, enquanto **o pobre se chama Lázaro**, que significa *Deus ajuda*. De fato, na situação em que se achava, somente Deus poderia ajudá-lo. A parábola descreve a gritante desigualdade entre a vida de um rico e a de um pobre neste mundo.

Enquanto o rico vivia em meio ao luxo e fazia banquetes todos os dias, o pobre jazia diante de sua mansão, em meio aos cães, desejosos como ele que lhes lançassem alguns restos de comida. Mas Lázaro recebe apenas a solidariedade dos cães, que lambiam suas feridas. Quando o pobre morre, é levado pelos anjos para junto de Abraão, onde é acolhido para o banquete da vida eterna. Quando o rico morre, é sepultado e vai parar na morada dos mortos, ou "inferno". Em meio aos tormentos, o rico vê ao longe Abraão e Lázaro a seu lado. Aos gritos suplica a Abraão que envie Lázaro até ele, para lhe molhar a língua com a ponta dos dedos e aliviar o calor das chamas. Abraão lembra-lhe, então, que, enquanto ele vivia na abundância, Lázaro morria de fome. Agora a situação se inverteu. Se antes o abismo entre o rico e o pobre era superável por gestos de solidariedade, agora tornou-se intransponível. Com a morte, o tempo de o rico ser solidário com o pobre esgotou-se de modo irreversível. O rico então suplica para que ao menos envie Lázaro até a terra para prevenir seus cinco irmãos (cinco livros da Lei de Moisés), pois se converteriam e seriam libertados dos tormentos. E Abraão responde: Quem não escuta **Moisés** (a Lei) **e os profetas não acreditará nem mesmo se um morto ressuscitasse**. Esse morto que ressuscitou é Jesus. Mas **os fariseus**, que "gostavam do dinheiro" e zombavam de suas palavras, também não acreditaram que Jesus ressuscitou.

A parábola é um espelho da sociedade injusta do tempo de Jesus na Galileia e no Império Romano, quando Lucas escrevia seu Evangelho (80 d.C.). É também um espelho da atual sociedade capitalista e consumista, onde só aumenta o abismo entre ricos e pobres. – O que devemos fazer está indicado no Salmo responsorial (Sl 145), onde se destacam oito ações da misericórdia divina, todas em favor dos pobres e injustiçados.

27º Domingo do Tempo Comum

Oração: "Deus eterno e todo-poderoso, que nos concedeis no vosso imenso amor de Pai mais do que merecemos e pedimos, derramai sobre nós a vossa misericórdia, perdoando o que nos pesa na consciência e dando-nos mais do que ousamos pedir".

1 Primeira leitura: Hab 1,2-3; 2,2-4

O justo viverá por sua fé.

O profeta Habacuc viveu em meio a violentas convulsões políticas internacionais de seu tempo. O reino de Judá tornou-se independente da Assíria de 640 a 609 a.C., sob o rei Josias. Os babilônios, porém, tomaram Nínive, a capital do Império Assírio, em 612 a.C. O Faraó do Egito passou por Judá para socorrer o resto do exército assírio; na tentativa de barrar o avanço dos egípcios, morreu Josias de Judá (609 a.C.). Desde então, Judá passou a ser um "saco de pancadas" entre a Babilônia e o Egito, que pretendiam dominar esta região estratégica. Judá teve que pagar pesados tributos ora ao Egito, ora à Babilônia; na realidade, eram os camponeses e os pobres que pagavam a conta (cf. Jr 22,13-19). É deste contexto de violência externa e interna que surge a oração impaciente que Habacuc dirige ao Senhor. Como profeta, Habacuc é o porta-voz da mensagem de Deus ao povo, mas também é quem leva os lamentos e gritos de socorro do povo até Deus. **Solidário com o povo sofredor, o profeta sente-se incapaz de trazer alívio ao seu povo.** Reclama com **Deus** porque vê a destruição, a prepotência e discórdia entre os governantes, mas **não intervém para socorrer seu povo e dar um basta à violência.** O profeta pede uma intervenção imediata de Deus. Em resposta, Deus manda o profeta escrever uma visão a ser lida mais tarde. A **visão aponta para um futuro de esperança.** Deus não perdeu o controle dos eventos históricos. Ele é fiel às promessas que faz, mas não é a impaciência do profeta que vai determinar o prazo de seu cumprimento. Para sobreviver aos tempos de crise o profeta e o povo devem **manter-se fiéis** aos mandamentos do Senhor, pois "quem não é correto vai morrer, mas **o justo viverá por sua fé**". O profeta pedia uma intervenção divina violenta para acabar com a violência. Mas **Deus propõe a fiel observância dos mandamentos como resposta à violência**. A fé e a esperança nos dão força para viver as dificuldades do presente e nos projetam para o futuro.

Salmo responsorial: Sl 94

Não fecheis o vosso coração; ouvi o vosso Deus!

2 Segunda leitura: 2Tm 1,6-8.13-14

Não te envergonhes de dar testemunho de Nosso Senhor.

Paulo é "prisioneiro de Nosso Senhor" em Roma. Enquanto **está na prisão** e aguarda a provável condenação à morte por causa do Evangelho que pregava, exorta o bispo Timóteo, seu companheiro nas viagens missionárias. Paulo e Barnabé foram escolhidos pelo Espírito Santo e receberam a missão de evangelizar (cf. At 13,1-3), pela imposição das mãos em Antioquia. Mais tarde, também **Timóteo recebeu pela imposição das mãos** a **missão de evangelizar** (cf. At 16,1-5). Por isso, Paulo o exorta a **reavivar o "dom de Deus recebido pela imposição das mãos"**, isto é, o Espírito Santo e, em consequência, os **dons da fortaleza**, do **amor** e da **sobriedade**. Timóteo não deve envergonhar-se do testemunho de fortaleza e amor dado por Jesus na cruz, nem de Paulo "seu prisioneiro". O poder de Deus o ajudará a sofrer com Paulo pela causa do Evangelho. Por fim, Timóteo é animado a valer-se do "compêndio das palavras salutares em **matéria de fé e de amor em Cristo Jesus**". Esse compêndio é o conjunto dos ensinamentos recebidos de

Paulo. Para a tarefa da evangelização **pode contar com a ajuda do Espírito Santo**. – São palavras válidas para todos os que receberam o **ministério da Palavra**, como **sacerdotes, diáconos, ministros da Palavra** ou **catequistas**.

Aclamação ao Evangelho: 1Pd 1,25

A palavra do Senhor permanece para sempre; e esta é a Palavra que vos foi anunciada.

3 Evangelho: Lc 17,5-10

Se vós tivésseis fé!

Os apóstolos acompanhavam a Jesus e presenciavam seus milagres. Ouviram-no dizer às pessoas que eram curadas: "Filha, a **tua fé** te curou". No entanto, quando Jesus acalmou a tempestade no lago censurou a falta de fé dos discípulos amedrontados: "**Onde está a vossa fé?**" (Lc 8,25). Isso torna compreensível o pedido dos discípulos a Jesus: "**Aumenta a nossa fé!**" Com esse pedido dos apóstolos inicia o Evangelho de hoje, que inclui dois ditos de Jesus; um sobre a fé e outro sobre a relação do patrão com seu escravo. Ao pedido dos discípulos, Jesus responde com um dito: "**Se vós tivésseis fé**, mesmo pequena **como um grão de mostarda**, poderíeis dizer a esta amoreira: 'Arranca-te daqui e planta-te no mar', e ela vos obedeceria". O grão de mostarda é a menor das sementes então conhecida; e a amoreira é conhecida pelas suas raízes profundas. O exemplo dado por Jesus parece absurdo, mas serve para indicar o **poder da fé** de quem confia em Deus. O que parece impossível, torna-se possível. Aqui, **fé** é a **confiança humilde** e **ilimitada em Deus**, que dá ao Apóstolo o poder de observar os ensinamentos de Jesus e de ensiná-los aos outros. Também nós devemos pedir: **Senhor, aumenta a nossa fé!**

Os destinatários do segundo dito são os apóstolos; mas não se excluem os fariseus que "gostavam de dinheiro" (16,14) e podiam ter escravos, nem os cristãos ricos do tempo de Lucas. O exemplo dado por Jesus trata da relação do patrão e seu empregado. Não se trata, porém, de recomendar tal prática para nossos dias. A prática de Jesus é o lava-pés (cf. Jo 13,1-17; Lc 12,35-37). Na verdade, é um espelho da economia baseada no trabalho escravo do tempo de Jesus. O sentido do exemplo acima dado explica-se no dito conclusivo de Jesus: "Assim também vós, quando tiverdes feito tudo o que vos mandaram, dizei: 'Somos servos inúteis; fizemos o que devíamos fazer'". Os fariseus pensavam que Deus era obrigado a recompensá-los porque observavam fielmente a Lei. Jesus, porém, nos ensina que devemos **servir a Deus e ao próximo por amor, gratuitamente, sem buscar uma recompensa**. A salvação que esperamos em Cristo não é mérito nosso, mas fruto do amor gratuito de Deus. Gratuito deve ser também o nosso amor ao próximo e a Deus.

28º Domingo do Tempo Comum

Oração: "Ó Deus, sempre nos preceda e acompanhe a vossa graça para que estejamos sempre atentos ao bem que devemos fazer".

1 Primeira leitura: 2Rs 5,14-17

Naamã voltou para junto do homem de Deus e
fez sua profissão de fé.

Entre Israel e Damasco (atual Síria) havia permanente estado de guerra. Numa das incursões, um bando de arameus de Damasco levou prisioneira uma menina de Israel. A menina se tornou uma criada da mulher de Naamã, um valente guerreiro que sofria de lepra. Certo dia a garota falou para a patroa: "Se meu patrão pudesse apresentar-se ao profeta de Samaria, ele o libertaria da lepra" (5,2). O profeta era Eliseu, muito conhecido em Damasco porque se opunha aos crimes e à idolatria do rei de Israel. Num momento de trégua, Naamã, com toda a pompa de um guerreiro famoso, dirigiu-se até a casa de Eliseu para ser curado da lepra. Eliseu, porém, não o recebeu. Apenas mandou que fosse banhar-se sete vezes no rio Jordão. Furioso, Naamã já se preparava para voltar a Damasco, mas seus servos o convenceram a fazer o que o profeta lhe havia mandado. Naamã obedeceu, banhou-se e ficou limpo de sua lepra. A Primeira leitura de hoje nos conta como ele volta até Eliseu para **agradecer** ao profeta pela cura obtida. Naamã queria dar presentes a Eliseu, mas este recusou-se a aceitá-los. Então, Naamã pediu licença a Eliseu para levar, em dois jumentos, duas cargas de terra até Damasco. Sobre ela prometeu construir um altar e ali adorar o Deus de Israel como único verdadeiro Deus. – O profeta é um simples intermediário do verdadeiro Deus. Transmite sua **palavra que deve ser obedecida.** A obediência exige **humildade e fé.** Quando **Naamã acreditou na palavra do profeta**, ficou curado (Evangelho). O **Deus de Israel** não é um deus da morte (guerra), mas o **Deus da vida** que não conhece fronteiras políticas, nem limites de raça ou religião. Os **dons gratuitos de Deus são impagáveis**; pedem apenas **gratidão, louvor e adoração,** como o fez Naamã. Deus oferece a cura e a salvação a todos, judeus ou pagãos (cf. Rm 3,24). Cf. Evangelho.

Salmo responsorial: Sl 97
O Senhor fez conhecer a salvação, e às nações revelou sua justiça.

2 Segunda leitura: 2Tm 2,8-13

Se com Cristo ficamos firmes, com ele reinaremos.

Paulo está preso em Roma por causa do Evangelho que prega. Do cárcere continua animando Timóteo a lembrar-se sempre dos sofrimentos de Cristo e de sua ressurreição. O Evangelho que Paulo prega é a razão de estar agora preso num cárcere comum, como se fosse um malfeitor. Paulo sofre algemado, mas **a Palavra de Deus não podia ser algemada**. Pede a Timóteo que não esmoreça no anúncio desta Palavra, a fim de que todos alcancem a salvação em Cristo. Paulo conclui com um antigo hino cristão que exorta a **manter uma fé firme e confiante**. Mesmo se formos infiéis – diz Paulo –, "**Deus permanece fiel, pois não pode negar-se a si mesmo**", porque é misericordioso.

Aclamação ao Evangelho: 1Ts 5,8

Em tudo dai graças, pois esta é a vontade de Deus para convosco em Cristo Jesus.

3 Evangelho: Lc 17,11-19

Não houve quem voltasse para dar glória a Deus
a não ser este estrangeiro.

No Evangelho ouvimos a narrativa da cura dos dez leprosos, exclusiva de Lucas. Ele é o único evangelista não judeu, portanto um "estrangeiro". Possível companheiro de Paulo nas viagens missionárias entre os pagãos, Lucas preocupa-se em mostrar que **a salvação trazida por Cristo está aberta para todos os povos** (Lc 2,14.31-32; At 1,8). Não esconde sua simpatia pelos **samaritanos**, desprezados e considerados inimigos pelos judeus (cf. Lc 9,51-56). Esta simpatia manifesta-se na parábola do bom samaritano, apresentado como modelo a ser seguido pelos judeus e por todos nós (10,30-37). Depois, nos Atos dos Apóstolos, os samaritanos são os primeiros não judeus que acolhem o Evangelho pregado pelo diácono Filipe (At 8,4-25). O Evangelho de hoje coloca a cena da cura dos **dez leprosos** durante a viagem de Jesus a Jerusalém. Jesus passava, entre a Samaria e a Galileia, com seus discípulos e o povo. Quando Jesus estava para entrar num povoado, depara-se com um grupo de leprosos. Eles não podiam entrar no povoado em razão da doença que os afligia. Vendo Jesus passar, eles param a distância e gritam: "**Jesus, Mestre, tem compaixão de nós!**" Ao vê-los Jesus percebeu que desejavam ser curados, e lhes diz: "Ide apresentar-vos aos sacerdotes". Era previsto na Lei que um leproso, considerando-se curado, devia apresentar-se aos sacerdotes. Os sacerdotes não curavam a lepra, mas deviam confirmar a verdade da cura do leproso, a fim de poder voltar ao convívio da família e participar do culto (Lv 14,1-32). Portanto, **Jesus exige a fé e a confiança em sua palavra**, antes de curá-los. Enquanto os leprosos se dirigiam a Jerusalém para se apresentar aos sacerdotes, ficaram curados. Quando se viram curados, nove deles foram apresentar-se aos sacerdotes, conforme exigia a Lei. Apenas **um voltou** até Jesus e, **glorificando a Deus** em alta voz, atirou-se a seus pés para lhe **agradecer**; e este era um **samaritano**. Com certo espanto, Jesus exclama: "Não houve quem voltasse para dar glória a Deus, a não ser este estrangeiro"? Os outros nove tiveram confiança na palavra de Jesus e ficaram curados. Cumpriram a Lei, mas não glorificaram a Deus que os curou. O samaritano não foi até o templo de Garizim apresentar-se aos sacerdotes samaritanos, mas voltou glorificando a Deus para agradecer a Jesus pela cura. E **Jesus** lhe disse: "**Levanta-te e vai! Tua fé te salvou**".

29º Domingo do Tempo Comum

Oração: "Deus eterno e todo-poderoso, dai-nos a graça de estar sempre ao vosso dispor, e vos servir de todo o coração".

1 Primeira leitura: Ex 17,8-13

E, enquanto Moisés conservava a mão levantada, Israel vencia.

O texto da Primeira leitura é um episódio das peripécias sofridas pelo povo de Deus rumo à Terra Prometida. Os redatores do Pentateuco colocaram ao longo da viagem pelo deserto (cf. Ex 15,22–18,27) vários ensinamentos ou catequeses que visavam avivar a fé no Deus que libertou o povo da escravidão do Egito. Na caminhada pelo deserto, os hebreus reclamavam contra Moisés por causa da escassez de água e alimentos. Sentiam-se abandonados por Deus e fraquejavam na fé: "O Senhor está, ou não está, no meio de nós?" (18,7). Além do mais, beduínos do deserto (amalecitas) ameaçavam exterminar os hebreus. Moisés, então, toma a iniciativa de organizar a defesa; manda Josué escolher alguns valentes guerreiros para combater os inimigos. Ele próprio sobe a uma colina em companhia de Aarão e Hur, para suplicar a Deus em favor de Israel. De pé, no alto da colina, com os braços erguidos em oração, Moisés segurava "a vara de Deus na mão" e suplicava em favor do povo. A "vara" era o bastão que Moisés sempre tinha na sua mão, símbolo do poder de Deus (Ex 4,1-5), superior ao poder do Faraó. Moisés segurava o bastão na mão quando operava prodígios no Egito (7,19; 8,1.12; 9,22; 10,12.22), na passagem do mar Vermelho (14,16) ou quando fez jorrar água do rochedo (17,5-60). Enquanto Moisés orava de braços erguidos, Israel vencia; quando os abaixava, venciam os amalecitas. Então Aarão e Hur fizeram Moisés sentar-se numa pedra e seguraram suas mãos levantadas até o pôr do sol. E assim Israel venceu os inimigos. **A oração não era contra os amalecitas, mas um pedido a Deus que libertou Israel da escravidão.** O Apóstolo recomenda que os cristãos orem "levantando as mãos santas, sem ira nem discussões" (1Tm 2,8). **A oração dos judeus e dos cristãos era acompanhada por expressões corporais.**

O texto nos ensina que, tanto no plano pessoal como comunitário, devemos **orar** e fazer tudo o que podemos para superar as adversidades, **sem ira** contra possíveis adversários. Por outro lado, a oração se orienta pela **fé firme** e confiante no Senhor que "está no meio de nós", pois é dele que vem nossa força e salvação (Sl 28,7-8). **A fé no Senhor revigora-se pela oração perseverante** (Evangelho).

Salmo responsorial: Sl 120
Do Senhor é que vem o meu socorro, do Senhor que fez o céu e a terra.

2 Segunda leitura: 2Tm 3,14–4,2

O homem de Deus seja perfeito e qualificado para toda boa obra.

No final de sua vida, Paulo exorta o bispo Timóteo a permanecer fiel aos ensinamentos recebidos de seus mestres. **Timóteo foi iniciado na fé pelos ensinamentos de sua avó Loide, de sua mãe Eunice** (2Tm 1,3-5) e de Paulo. Timóteo **desde a infância conhecia as Sagradas Escrituras** do Antigo Testamento, mas também os ensinamentos transmitidos na pregação cristã. As **Sagradas Escrituras**, inspiradas por Deus, **"comunicam a sabedoria que nos conduz à salvação pela fé em Cristo Jesus"**. Judeus e cristãos tinham a convicção de que as Escrituras são úteis para ensinar, repreender, corrigir e educar para uma vida pautada pela retidão. Por meio da escuta e prática da Palavra de Deus Timóteo e os cristãos serão qualificados para praticar as boas obras. Paulo insiste com Timóteo que **seja incansável em pregar a Palavra**; que **recorra sempre às Sagradas Escrituras para repreender, corrigir e aconselhar** "com toda a paciência e doutrina" o seu rebanho.

Na missa, primeiro nos alimentamos da Mesa da Palavra pelas leituras e pela homilia; depois somos convidados a participar da Mesa da Eucaristia. **Cristo nos alimenta tanto pela palavra como pelo seu corpo e sangue.**

Aclamação ao Evangelho: Hb 4,12

A Palavra de Deus é viva e eficaz em suas ações; penetrando os sentimentos, vai ao íntimo dos corações.

3 Evangelho: Lc 18,1-8

Deus fará justiça aos seus escolhidos que gritam por ele.

O Evangelho de hoje coloca-se ainda na viagem de Jesus da Galileia a Jerusalém. Os discípulos e o povo seguem a Jesus. Já mais próximo da meta final de sua viagem, Jesus começa a falar-lhes da vinda do Reino de Deus (17,20-37), que se cumpre com sua paixão, morte e ressurreição (22,12). Neste contexto Jesus conta a parábola da viúva e do juiz que se negava a lhe fazer justiça. A parábola visa "mostrar a necessidade de **rezar sempre, e nunca desistir**". Os personagens são a **viúva** pobre, o **juiz** "que não temia a Deus e não respeitava ninguém" e **Jesus,** que questiona a nossa fé e insiste na **oração perseverante**. O juiz que não temia a Deus e não respeitava ninguém era um judeu. Sendo assim, sabia que **Deus é o protetor dos órfãos e das viúvas**, os mais pobres e desamparados na escala da pobreza (Ex 22,21-23). A viúva não desistia de pedir ao juiz que lhe fizesse justiça contra o adversário, mas o juiz não a atendia. De tanto persistir pedindo justiça, a viúva dobra o juiz e consegue que lhe fizesse valer os direitos. O juiz a atendeu, não porque fosse justo, mas apenas para se livrar da viúva que o importunava; "do contrário, ela vai me bater" – dizia ele. Por fim, Jesus explica a parábola com **três perguntas** que **nos questionam e pedem uma resposta** (v. 6-9):

a) "E **Deus, não fará justiça aos seus escolhidos, que dia e noite gritam por ele?**" De fato, os judeus dominados pelos romanos esperavam a vinda do Messias a qualquer hora (cf. Lc 9,18-21). E Jesus, após ser batizado por João, começou a anunciar a boa-nova do Reino de Deus na sinagoga de Nazaré, como resposta ao clamor dos pobres e oprimidos (cf. Lc 4,16-22). Ensinava também a rezar "venha o teu Reino" (Lc 11,2).

b) "**Será que vai fazê-los esperar?**" Esta pergunta está relacionada à primeira. A resposta divina ao clamor pela justiça é o Reino de Deus, anunciado e vivido por Jesus. Devemos **pedir a vinda deste Reino, cheios de fé e esperança**. É tarefa dos discípulos de Jesus **anunciar a vinda do Reino de Deus e torná-lo presente pelo exemplo de vida**. Em cada geração **Deus responde ao clamor** dos injustiçados e oprimidos **na medida em que formos capazes de ouvir e responder ao mesmo clamor**. Assim, os que clamam a Deus por socorro serão atendidos antes que o Evangelho seja anunciado a todas as nações (cf. Mc 13,10).

c) "Será que o **Filho do Homem, quando vier, ainda vai encontrar fé sobre a terra?**" Podemos responder "sim" quando oramos, sem nunca desistir, pela vinda do Reino de Deus. "Sim", quando somos capazes de ouvir o clamor dos oprimidos e injustiçados, e o levamos por nossa prece até Deus. "Sim", quando atendemos a este clamor com amor e solidariedade, como o fazia de modo exemplar Santa Dulce dos pobres. Assim o fizeram também todos os que cuidaram com dedicação das vítimas da pandemia ou socorreram os pobres e desempregados.

30º Domingo do Tempo Comum

Oração: "Deus eterno e todo-poderoso, aumentai em nós a fé, a esperança e a caridade e dai-nos amar o que ordenais para conseguirmos o que prometeis".

1 Primeira leitura: Eclo 35,15b-17.20-22a

A prece do humilde atravessa as nuvens.

A Primeira leitura coloca-se no contexto dos sacrifícios oferecidos a Deus (35,1-14). O texto recomenda que os sacrifícios sejam oferecidos com generosidade. Lembra, porém, que a Deus agrada mais a prática do bem do que o sacrifício: observar os mandamentos do Senhor, praticar a caridade, dar esmolas e afastar-se da injustiça. Sem a vivência do amor ao próximo, o sacrifício seria uma tentativa de subornar a Deus (v. 14; cf. Os 6,6).

A leitura de hoje completa os pensamentos do texto anterior e nos convida a buscar um **relacionamento com Deus** pela **oração** e pela **prática do bem**, sem a mediação de sacrifícios. Parte do princípio que **Deus não se deixa subornar com** generosos **sacrifícios** (v. 14), como acontecia com juízes injustos de seu tempo, que vendiam a sentença em favor dos ricos e em prejuízo dos pobres. **Deus**, como juiz, não olha o quanto alguém lhe possa oferecer por uma sentença favorável, mas **sempre escuta a súplica do pobre e do oprimido**. O pobre não tem como pagar a Deus, porque é pobre, nem o rico, porque é rico. A sentença é sempre gratuita. Deus não discrimina ninguém, mas tem sua preferência pelos desfavorecidos, pobres, oprimidos, órfãos e viúvas que lhe pedem socorro. E se Deus atende a súplica do órfão e da viúva, também **atenderá a súplica de quem** "o serve como ele quer" e **age em favor dos pobres**. A **prece**, porém, **deve ser humilde e persistente como a dos pobres**; a súplica deles não descansa enquanto não "atravessar as nuvens" e for atendida por Deus. E Deus, justo juiz, certamente fará justiça para quem lhe pede socorro. A imagem que o sábio tem de Deus se aproxima à de Jesus na parábola do juiz injusto e da viúva pobre (29º Domingo).

Salmo responsorial: Sl 33

O pobre clama a Deus e ele escuta; o Senhor liberta a vida dos seus servos.

2 Segunda leitura: 2Tm 4,6-8.16-18

Agora está reservada para mim a coroa da justiça.

A Segunda leitura faz parte do assim chamado "testamento do Apóstolo" (4,1-8). **Paulo tem consciência de ser um pecador, salvo pela graça de Deus** (1Tm 1,13; Gl 1,11-16a). Sabe que sua partida deste mundo está próxima. Considera-se pronto para ser oferecido em sacrifício pelo martírio. Vale-se da linguagem esportiva para falar da missão cumprida: "**Combati o bom combate, completei a corrida, guardei a fé**". Paulo guardou não só a **fé**, mas também a **esperança** de receber do Senhor, justo Juiz, a coroa da justiça, reservada para ele e para todos os que **aguardam com amor a sua vinda gloriosa**, no fim dos tempos. Por fim, para dar ânimo a Timóteo, Paulo lembra-lhe o quanto foi decisiva para ele a força da graça divina, para cumprir fielmente a missão que Cristo lhe confiou. Agora, entrega-se confiante nas mãos do Senhor, que o livrará de todo o mal e o salvará para o Reino celeste. E conclui: "Ao Senhor a glória, pelos séculos dos séculos! Amém". – Bem diferente é a postura do fariseu que glorifica a si mesmo e não a Deus (Evangelho). Paulo manifesta uma profunda **união com Cristo, vivida com fé, esperança e amor.**

Aclamação ao Evangelho: 2Cor 5,19

O Senhor reconciliou o mundo em Cristo, confiando-nos sua Palavra; a Palavra da reconciliação, a Palavra que hoje, aqui, nos salva.

3 Evangelho: Lc 18,9-14

O cobrador de impostos voltou para casa justificado, o outro não.

Domingo passado ouvimos a parábola da viúva pobre. Com persistência ela clamava por justiça, até conseguir dobrar o juiz injusto que acabou fazendo-lhe justiça. Jesus contou essa parábola para mostrar aos discípulos "a necessidade de rezar sempre, e nunca desistir". No Evangelho de hoje Jesus conta mais uma parábola, agora para ilustrar **a maneira mais adequada de se relacionar com Deus**, pela **oração humilde**. Lembremos que **Jesus está em viagem** com os discípulos e o povo rumo a Jerusalém, participando da romaria anual para a festa da Páscoa judaica. **Todos se dirigem ao Templo**, "a casa de oração", meta da romaria (cf. Lc 19,45-46).

É neste contexto que Jesus conta a parábola do fariseu e o cobrador de impostos. Ambos entram no Templo para rezar. – **Os fariseus se consideravam justos** e retos, um exemplo da fiel observância da Lei. **Os cobradores de impostos** (publicanos) **exerciam uma profissão ingrata**. Eles tinham um chefe e recebiam uma pequena comissão pelo valor arrecadado. Os da escala mais baixa cobravam diretamente do povo as taxas de alfândega exigidas pelos romanos e, descontada a comissão, repassavam o dinheiro ao seu chefe. Os publicanos faziam o "serviço sujo", tentados a aumentar sua comissão menor. Eram por isso **odiados** pelo povo e **desprezados como pecadores pelos fariseus**. – O **fariseu**, diz Jesus, **rezava de pé**. Não veio para pedir perdão, nem colocou a Deus como centro de sua oração. Ele mesmo era o centro da oração: "**Ó Deus, eu te agradeço** porque não sou como os outros homens, ladrões, desonestos, adúlteros ou como este cobrador de impostos". O fariseu não se apresenta a um Deus pessoal, mas diz "**Ó Deus**", um Deus distante que deve reconhecer sua justiça (Primeira leitura). Não se confronta nem se encontra com Deus. Apenas se compara com "os outros homens", que são pecadores. O cobrador de impostos, porém, ficou à distância; de cabeça baixa, nem ousava levantar os olhos para o céu. Com humildade, batia no peito e dizia: "**Meu Deus**, tem piedade de mim que sou pecador". Jesus mesmo tira a lição desta parábola: "Eu vos digo: este último voltou para casa justificado, o outro não. Pois quem se eleva será humilhado, e quem se humilha será elevado". O cobrador de impostos encontrou-se com Deus como pecador arrependido.

31º Domingo do Tempo Comum

Oração: "Ó Deus de poder e misericórdia, que concedeis a vossos filhos e filhas a graça de vos servir como devem, fazei que corramos livremente ao encontro das vossas promessas".

1 Primeira leitura: Sb 11,22–12,2

Senhor, de todos tens compaixão, porque amas tudo o que existe.

A Primeira leitura nos oferece um belíssimo texto do livro da Sabedoria. Na primeira parte do livro (Sb 1,1–5,23) o autor mostra a importância e a ação da sabedoria na humanidade; na segunda parte (6–9) descreve a origem da sabedoria e como podemos alcançá-la; e na terceira parte (10–19) mostra como a **Sabedoria age na história de Israel**. No trecho que acabamos de ouvir, o autor fala de Deus criador, que ama tudo o que cria; ama a todos os seres vivos, sobretudo aos seres humanos, criados à sua imagem e semelhança. De início destaca a grandeza de Deus. Diante dele, **o mundo inteiro não passa de um grão de areia** ou **uma gota de água**. O mais espantoso é que nós humanos, com todos os seres vivos do nosso planeta, estamos dentro desta gotinha d'água e **Deus**, no seu poder, **de todos se compadece**! Aos seres humanos Deus perdoa os pecados, esperando que se arrependam e voltem ao seu amor (Evangelho). Contemplando o céu estrelado, o salmista exclama maravilhado: "**O que é o homem**, para que te lembres dele, e **o ser humano para que dele te ocupes?**" (cf. Sl 8,5). O sábio vê tudo que existe como fruto do amor e da compaixão divina. Tudo que existe foi Deus que chamou à existência. Por isso mesmo, jamais haveria de desprezar ou odiar. **O que Deus cria com amor, também sustenta com amor**. Deus a todos trata com bondade porque é **amigo da vida**. Deus nos trata com carinho, mesmo quando erramos. Repreende-nos, como um pai corrige o filho, para que nos afastemos do mal e creiamos nele (Evangelho).

Deus nos envolve em seu amor. Não só a nós, mas a tudo o que criou e continua criando. É como Paulo disse aos atenienses: "É nele que vivemos, nos movemos e existimos, como alguns de vossos poetas disseram: 'Porque somos também de sua raça'" (At 17,28).

Salmo responsorial: Sl 144

Bendirei eternamente vosso nome; para sempre, ó Senhor, o louvarei!

2 Segunda leitura: 2Ts 1,11–2,2

O nome de nosso Senhor Jesus Cristo será glorificado em vós, e vós nele.

Paulo fundou a comunidade de Tessalônica, cidade a nordeste da Grécia. É a segunda carta que escreve a essa comunidade muito querida. Pede sempre a Deus que todos permaneçam dignos da vocação cristã. Que **Deus** todo-poderoso **realize por meio deles o bem ao qual se propõem, tornando ativa a fé.** Fazendo o bem, Deus será glorificado no cristão e o cristão em Deus. Tudo se torna possível com a graça divina. Por fim, adverte a todos que não se deixem alarmar pelos que, baseados numa interpretação errônea do que Paulo escreveu (cf. 1Ts 4,13-18), dizem que o dia do Senhor está próximo e o mundo logo vai acabar. No entanto, Jesus também disse: "Quanto a esse dia e a essa hora, ninguém sabe, nem os anjos do céu, nem o Filho, mas somente o Pai" (cf. Mt 24,36). O importante é que **o Senhor, quando vier, nos encontre vivendo uma fé ativa,** na prática do bem.

Aclamação ao Evangelho

Deus o mundo tanto amou, que seu Filho entregou! Quem no filho crê e confia, nele encontra eterna vida!

3 Evangelho: Lc 19,1-10

O Filho do Homem veio procurar e salvar o que estava perdido.

Depois da longa viagem, iniciada em Lc 9,51, Jesus chega a Jericó, a uns 20km de Jerusalém. Durante a viagem Jesus esclarece os discípulos sobre sua missão, ensina aos que o seguem por meio de palavras, parábolas, gestos e milagres. Na viagem Jesus se encontra com diferentes pessoas, é acolhido na casa de Marta e Maria, é rejeitado pelos samaritanos e é convidado para uma refeição na casa de um fariseu.

Ao passar por Jericó, Jesus viu um homem sentado nos galhos de uma árvore para conseguir vê-lo, pois era de baixa estatura. Jesus olhou para ele e disse: "**Zaqueu, desce depressa! Hoje vou ficar na tua casa**". Zaqueu era um homem rico, cobrador de impostos. Alguns o desprezavam como pecador, outros o odiavam porque se valia da profissão para enriquecer. Por isso **todos** começaram a julgar tanto a Jesus como a Zaqueu: "**Ele foi hospedar-se na casa de um pecador!**" Em geral é o pecador que deve aproximar-se de Jesus para ser perdoado. Aqui é Jesus que se aproxima do pecador, e Zaqueu o recebe com alegria. Jesus vai ao encontro de um pecador, considerado impuro pelos fariseus. mas seu nome (*Zaccai*, em hebraico) significa puro. Foi de repente que Jesus decidiu hospedar-se na casa de um pecador muito conhecido por todos. **Jesus se apressa**, como o bom pastor que vai à procura da ovelha perdida (cf. Lc 15,1-7). E **Zaqueu logo desceu** para acolhê-lo em sua casa. Na presença de Jesus, **Zaqueu sente a misericórdia de Deus que o perdoa**; depressa se converte, assume tornar-se seu discípulo e com alegria diz: "Senhor, eu dou a metade dos meus bens aos pobres (Evangelho); e se defraudei alguém, vou devolver quatro vezes mais" (justiça). Por isso Jesus diz: "**Hoje a salvação entrou nesta casa**"; e, como o bom pastor que encontra a ovelha perdida, acrescentou: "**O Filho do Homem veio procurar e salvar o que estava perdido**", porque Deus ama todas as criaturas (Primeira leitura).

32º Domingo do Tempo Comum

Oração: "Deus de poder e misericórdia, afastai de nós todo obstáculo para que, inteiramente disponíveis, nos dediquemos ao vosso serviço".

1 Primeira leitura: 2Mc 7,1-2.9-14

O Rei do universo nos ressuscitará para uma vida eterna.

A afirmação mais antiga da fé na ressurreição dos mortos encontra-se em Dn 12,2: "Muitos dos que dormem debaixo da terra despertarão, uns para a vida eterna, outros para a vergonha, para a ignomínia eterna". Esta crença é reafirmada pelos sete irmãos que sofreram o martírio na perseguição de Antíoco (séc. II a.C.). Como o ser humano é corpo e alma, é o homem inteiro que recebe de Deus **esperança de vida eterna** (7,14). Um dos sete irmãos tentados e torturados para negar sua fé, diz: "Do Céu recebi estes membros [...] do Céu espero recebê-los de novo". – "Do Céu" aqui significa "de Deus". – Enquanto os sete filhos eram martirizados, a mãe lhes dizia: "Deus, na sua **misericórdia, vos dará de novo o espírito e a vida**". Nas duas afirmações acima, a ressurreição é ainda vista como uma espécie de reanimação de cadáveres. No judaísmo o ser humano é corpo e alma; por isso não se imagina uma alma separada do corpo após a morte (cf. 1Cor 15,35-49). A ressurreição dos bons e dos maus é afirmada também no Novo Testamento (Evangelho): "Os que praticaram o bem sairão dos túmulos para a ressurreição da vida; os que praticaram o mal ressuscitarão para serem condenados" (cf. Mt 25,31-46; Jo 5,29).

Salmo responsorial: Sl 16,1.5-6.8b.15

Ao despertar, me saciará vossa presença e verei a vossa face!

2 Segunda leitura: 2Ts 2,16–3,5

O Senhor vos confirme em toda boa ação e palavra.

Neste texto, Paulo continua a oração pelos tessalonicenses (cf. 31º Domingo). A salvação é um dom de Deus (fé), mas não dispensa as boas obras. O texto começa e termina com um pedido pela comunidade. Na oração, parece estranho que Paulo comece com Jesus Cristo e depois mencione Deus Pai; mas a ação salvadora é única, porque Deus "nos amou em sua graça". Deste amor gratuito vem "uma consolação eterna e uma feliz esperança", capaz de animar os fiéis na prática de boas obras, confirmando a palavra que Paulo anunciou (v. 16-17). Em seguida Paulo pede orações para que o seu ensinamento (palavra) seja divulgado pela comunidade em Tessalônica. Paulo tem confiança no Senhor, que é fiel e guardará a todos do mal; é o pedido final do Pai-nosso. Da mesma forma confia que a comunidade siga com fidelidade as instruções dele recebidas. Por fim, pede que o "Senhor dirija os corações dos fiéis para o amor de Deus e a firme esperança em Cristo". Um belo exemplo de oração e de união de Paulo com a comunidade e com Deus. O que une a todos é a mesma **fé**, a mesma **esperança** e o mesmo **amor**, manifestados pelas boas obras.

Aclamação ao Evangelho: Ap 1,5a.6b

Jesus Cristo é o Primogênito dos mortos. A ele a glória e o domínio para sempre!

3 Evangelho: Lc 20,27-38

Deus não é Deus dos mortos, mas dos vivos.

Jesus acreditava na ressurreição dos mortos, assim como os fariseus. Os saduceus, porém, negavam a ressurreição, a existência de anjos e espíritos. Aceitavam apenas os primeiros cinco livros da Bíblia, o Pentateuco ou a Lei. Como partido, os saduceus tinham participação de ordem política e pertenciam à classe sacerdotal. A **crença da ressurreição no judaísmo** supõe a **unidade inseparável do corpo e da alma**. Portanto, a fé numa existência após a morte deve incluir o corpo e a alma. Neste contexto os saduceus contaram a Jesus o caso da mulher que teve sete maridos e todos morreram sem lhe deixar um filho vivo (cf. Dt 25,5-10). Por fim, a mulher também morreu. E, para ridicularizar a fé na ressurreição dos mortos, perguntaram a Jesus: "Na ressurreição, ela será esposa de quem?" Na resposta Jesus explica e aprofunda a fé na ressurreição dos mortos. Nesta vida os homens e as mulheres se casam para perpetuar a espécie humana mortal. Mas quem for considerado digno da ressurreição entrará numa realidade nova, completamente diferente. Não poderão mais morrer porque estarão na vida eterna. Serão como os anjos, estarão em Deus, como filhos e filhas de Deus. Jesus distancia-se, assim, da concepção judaica que entendia a ressurreição como uma continuidade da vida presente. Quando o justo morre entra imediatamente na vida de Deus. Como argumento da Escritura, Jesus cita a passagem da sarça ardente (Ex 3,6) onde o Senhor se apresenta como o "Deus de Abraão, de Isaac e de Jacó". E conclui: "Deus não é Deus dos mortos, mas dos vivos, para quem todos vivem" (cf. Rm 6,10-11). **Lucas entende a ressurreição como um morrer para estar "em Deus"**. De fato, Jesus diz ao bom ladrão antes de morrer: "Ainda hoje estarás comigo no paraíso" (Lc 23,43).

Por meio de imagens, Paulo explica como será a ressurreição (cf. 1Cor 15,35-49). Há uma identidade e continuidade, diz ele, entre o grão de trigo que "morre" e a planta que dele nasce. Assim também a identidade escondida no corpo físico se revelará num "corpo espiritual" na ressurreição. Ressurreição não é reanimação de um cadáver, mas uma realidade nova e espiritual. Acreditamos em Deus que é vida e nos promete a vida eterna. Quem crê na ressurreição vive para Deus, no serviço ao próximo. Quando morre, "mergulha" em Deus, que é Vida.

33º Domingo do Tempo Comum

Oração: "Senhor nosso Deus, fazei que nossa alegria consista em vos servir de todo o coração, pois só teremos felicidade completa servindo a vós, o Criador de todas as coisas".

1 Primeira leitura: Ml 3,19-20a

Nascerá para vós o sol da justiça.

A Primeira leitura traz um trecho de Malaquias, autor do último livro do Antigo Testamento nas bíblias católicas. Foi escrito em Jerusalém por volta do ano 460 a.C. O Templo já tinha sido reconstruído, mas Jerusalém vivia sob o domínio persa e da província de Samaria. Havia conflitos internos e com os samaritanos. O texto fala do dia do Senhor, ou **dia do julgamento divino**. O dia do Senhor é um tema comum aos profetas anteriores ao exílio, que exortavam o povo de Deus à conversão e anunciavam o juízo divino para os pecadores. Este julgamento divino aconteceu com a destruição de Samaria, capital do reino de Israel, e de Jerusalém, capital do reino de Judá, selando o fim dos dois reinos. **A tentação permanente dos justos é passar para o lado dos ímpios**; estes parecem ser mais felizes porque vivem na riqueza, enquanto os justos sofrem a pobreza, a violência e o desprezo (cf. Ml 3,13-16; Sl 1; 73). Malaquias afirma que os ímpios serão erradicados e queimados como palha (cf. Mt 3,10), enquanto **para os justos nascerá o "sol da justiça" trazendo a salvação**. Sol da justiça significa a vitória do bem sobre o mal (cf. Is 41,1). Lembra as festas do Natal e da Epifania, quando o título "Sol de Justiça" é aplicado a Jesus Cristo.

Salmo responsorial: Sl 97

O Senhor virá julgar a terra inteira; com justiça julgará.

2 Segunda leitura: 2Ts 3,7-12

Quem não quer trabalhar, também não deve comer.

O apóstolo Paulo vivia na expectativa da vinda iminente de Cristo ressuscitado, como juiz dos vivos e dos mortos. Esperava que isso acontecesse enquanto ainda vivo. Dizia que, quando Cristo vier, primeiro ressuscitarão os mortos. "Depois nós, que ficamos ainda vivos, seremos arrebatados juntamente com eles para as nuvens, ao encontro do Senhor nos ares" (1Ts 4,17). Em Tessalônica e em outras comunidades que liam as cartas de Paulo havia cristãos que concluíram: Já que Cristo vai voltar logo, para que trabalhar? E viviam à custa dos outros, "muito ocupados em não fazer nada" (2Ts 3,11). No texto de hoje, **Paulo** se apresenta como modelo. Ele, como apóstolo e missionário, recusava-se a viver à custa de outros e **sempre viveu do próprio trabalho** para seu sustento. E estabelece uma regra de vida para todos: "Quem não quer trabalhar, também não deve comer". Por fim, em nome do Senhor, exorta e ordena que todos "trabalhem e comam com tranquilidade o seu próprio pão". A **vida cristã** não consiste apenas em esperar a vinda do Filho do Homem. **Inclui também a fé prática, o trabalho tranquilo**, a vivência do Evangelho e a missão. Quando Cristo vier, quer encontrar-nos ocupados, vivendo na confiança da fé, sem o pavor do fim (Evangelho).

Aclamação ao Evangelho: Lc 21,18

Levantai vossa cabeça e olhai, pois a vossa redenção se aproxima.

3 Evangelho: Lc 21,5-19

É permanecendo firmes que ireis ganhar a vida!

Certa ocasião, Jesus estava no monte das Oliveiras e um dos discípulos comentou: "Mestre, olha que pedras e que construções" do Templo (Mc 13,1). E Jesus disse aos discípulos: "Vós admirais estas coisas?

Dias virão em que não ficará pedra sobre pedra. Tudo será destruído". Então Jesus começou a anunciar a vinda do Senhor, no dia do juízo final. A expectativa da vinda próxima de Jesus Cristo era comum entre os primeiros cristãos (cf. 1Ts 4,13-18). Mas a vinda do Senhor se protelava e Paulo teve que reconsiderar esta expectativa, pois havia cristãos que se negavam a trabalhar porque o Senhor viria logo (Segunda leitura). Quando Lucas escreve, o Templo já tinha sido destruído (Lc 21,5-9.20-24) e não havia mais a preocupação com a vinda imediata do Senhor (v. 9). Jesus reafirma a **esperança na vinda do Senhor**, mas essa esperança **não é motivo para o cristão ficar paralisado**. Com a força do Espírito Santo, o Evangelho deve ser anunciado em Jerusalém, na Judeia e Samaria, até os confins da terra (cf. At 1,6-11).

No Evangelho de hoje, os **discípulos perguntam** duas coisas a Jesus: "**Quando acontecerá** isto?" e "**Qual o sinal** de que estas coisas vão acontecer"? **Jesus responde à segunda pergunta**: a) Não se deixem enganar com falsos anúncios "sou eu" ou "o tempo está próximo"; b) não se deixem enganar pelos sinais, como guerras, revoluções, terremotos, fomes e pestes ou outros sinais pavorosos. E conclui: "É preciso que estas coisas aconteçam, mas não será logo o fim"; c) os cristãos serão presos e perseguidos, condenados por reis e governadores, "por causa do meu nome". Jesus não responde sobre o "quando acontecerá isso". Exorta-nos, contudo, a permanecermos fiéis à nossa missão de anunciar e viver o Evangelho: "É **permanecendo firmes que ireis ganhar a vida**". É com esta fé e esperança que devemos ganhar o próprio pão (Segunda leitura) e anunciar o Evangelho do Reino de Deus (Lc 16,16). Mateus afirma que o Evangelho do Reino será pregado a todas as nações, antes que venha o fim do mundo (Mt 24,14).

Mesmo assim, gostaríamos de saber **quando essas coisas acontecerão**. Para nosso consolo, o próprio Jesus disse que não sabia: "Quanto a esse dia e a essa hora, **ninguém sabe**, nem os anjos do céu, nem o

Filho, mas somente o Pai" (v. 36). Apenas afirmou que a vinda do Filho do Homem será inesperada e repentina como um relâmpago (v. 27). Portanto, permaneçamos na fé, fazendo o bem.

34º Domingo do Tempo Comum – Solenidade de Nosso Senhor Jesus Cristo, Rei do Universo

Oração: "Deus eterno e todo-poderoso, que dispusestes restaurar todas as coisas no vosso amado Filho, Rei do universo, fazei que todas as criaturas, libertas da escravidão e servindo à vossa majestade, vos glorifiquem eternamente".

1 Primeira leitura: 2Sm 5,1-3

Eles ungiram Davi como rei de Israel.

O texto da Primeira leitura lembra como Davi tornou-se rei de Israel. O primeiro rei de Israel a ser ungido pelo profeta Samuel foi Saul (1Sm 10,1). Quando Saul cai em desgraça por ter desobedecido às ordens de Deus (1Sm 15,16-23), o profeta Samuel ungiu secretamente a Davi como rei de Israel. Terminados os violentos conflitos entre Saul e Davi, o texto nos conta como Davi é reconhecido pelas tribos como rei de todo o Israel. Na curta leitura deste Domingo são dadas as razões da escolha e unção de Davi como rei:

a) As doze tribos se apresentam a Davi em Hebron e dizem: "Aqui estamos. Somos teus ossos e tua carne", isto é, somos teus irmãos.

b) Eles lembram a importante liderança de Davi durante o reinado de Saul, sobretudo nas guerras de libertação contra os filisteus.

c) Na presença dos anciãos das tribos, reconhecem que Davi é o escolhido do Senhor; ungem-no como rei de Israel e Davi faz uma aliança com eles, ou seja, estabelece o programa de governo que atenda aos interesses das doze tribos. Então Davi é ungido como rei para cuidar do bem-estar de todo o povo de Israel e compromete-se por uma aliança a servi-lo.

Em Lucas, após ser batizado por João, Jesus é ungido pelo Espírito Santo e apresentado pela voz do céu: "Tu és o meu Filho amado, de ti eu me agrado" (Lc 3,21-22). Hoje **celebramos a festa de Cristo, Rei do Universo**. Como rei, **Jesus apresenta** na sinagoga de Nazaré **como seu plano o Reino de Deus**: "O Espírito do Senhor está sobre mim, porque ele me ungiu para anunciar a boa-nova aos pobres [...]" (Lc 4,18). Fiel ao projeto do Reino de Deus, Jesus morre na cruz, coroado de espinhos (Evangelho).

Salmo responsorial: Sl 121
Quanta alegria e felicidade; vamos à casa do Senhor.

2 Segunda leitura: Cl 1,12-20

Recebeu-nos no reino de seu Filho amado.

Na Segunda leitura, o trecho da Carta aos Colossenses começa com uma ação de graças. Na primeira parte (v. 12-14), o Apóstolo reconhece que é do Pai a iniciativa da **salvação**, descrita como **passagem das trevas à luz**. "Por meio de seu Filho amado, temos a redenção/salvação e o perdão dos pecados". O Pai nos tornou capazes de entrar em comunhão com ele, porque **fez de nós seus filhos e herdeiros de sua luz**. A segunda parte (v. 15-20) é um hino pleno de encanto e alegria sobre o primado absoluto de Cristo. No hino se explanam os motivos da ação de graças a Deus: Por meio de Cristo nos fez participantes da sua luz, isto é, de sua divindade; Cristo é a imagem do Deus invisível, o primogênito de toda a criação. **Por causa de Cristo, por meio dele e para ele foram criadas todas as coisas**, visíveis e invisíveis. Cristo existe antes de todas as coisas, portanto, ele é Deus que sustenta a existência de todas as coisas. Como Igreja, nós somos o corpo e Cristo é a cabeça (Primeira leitura: "somos teus ossos e tua carne"). Ele é o primeiro dos ressuscitados. O motivo deste plano maravilhoso que Deus tem para com toda a humanidade é expresso pela encarnação do Filho de Deus, "porque **Deus quis habitar nele** com toda a sua plenitude". Pelo sangue da sua cruz quis reconciliar consigo não só a humanidade, mas todos os seres criados.

Aclamação ao Evangelho: Mc 11,9.10

É bendito aquele que vem vindo, que vem vindo em nome do Senhor; e o Reino que vem, seja bendito; ao que vem e a seu Reino, o louvor.

3 Evangelho: Lc 23,35-43

Senhor, lembra-te de mim quando entrares no teu reinado.

O Evangelho nos apresenta Jesus crucificado entre dois malfeitores; é zombado pelos chefes do povo, pelos soldados romanos e até por um dos malfeitores, condenados ao mesmo suplício. As zombarias dos chefes do povo se referem a títulos religiosos como "**Cristo** (Messias) **de Deus**" e "**o Escolhido**". Quando Lucas escrevia seu Evangelho estes dois títulos faziam parte da fé cristã: **Pedro confessa que Jesus é "o Cristo de Deus"** (9,20); na **transfiguração** de Jesus uma voz se faz ouvir do meio da nuvem, dizendo: "**Este é o meu Filho, o Escolhido, escutai-o**" (9,35). Acreditar que Jesus crucificado entre malfeitores era o Messias esperado, para os judeus era um escândalo e, para os gregos, uma loucura (cf. 1Cor 1,23; At 17,32-33). O motivo de condenação de Jesus pelo tribunal dos judeus (Sinédrio) era o título Messias que lhe davam e porque se dizia "Filho de Deus". A **zombaria dos soldados** romanos **gira em torno ao título "rei dos judeus"**. Foi essa a acusação que o Sinédrio apresentou diante de Pilatos, governador romano. Pilatos, depois de interrogar Jesus sobre se era rei dos judeus, ficou convencido de sua inocência. Mesmo assim, forçado pelos chefes, juízes e o povo, acabou condenando Jesus ao suplício da cruz. A **sentença** que foi fixada acima de sua cabeça: "**Este é o rei dos judeus**". O **Messias** era o descendente de Davi esperado como **salvador do povo**, função atribuída também ao rei. Os chefes dos judeus e os soldados ridicularizavam Jesus, suspenso na cruz, porque era **incapaz de salvar o povo**: "Se és o Cristo de Deus, o Escolhido [...] **se és o rei dos judeus, salva-te a ti mesmo**".

Lucas é o único dos evangelistas a registrar o diálogo dos dois malfeitores com Jesus. **Um deles retoma o insulto dos chefes** dos judeus: "**Tu não és o Cristo? Salva-te a ti mesmo e a nós!**" **Outro repreende-o**, reconhecendo que eles dois estão sofrendo o suplício da cruz porque são culpados, mas Jesus é inocente. E acrescenta: "**Jesus, lembra-te de mim quando chegares ao teu reinado**". **Reconhece**, portanto, que **Jesus é um rei que salva**. Como resposta Jesus lhe diz: "[...] ainda hoje estarás comigo no Paraíso"; isto é, nos jardins divinos de Jesus Cristo, Rei do Universo.

O mistério de Cristo
na vida da Igreja

Solenidades e festas

Apresentação do Senhor
2 de fevereiro

Oração: "Deus eterno e todo-poderoso, ouvi as nossas súplicas. Assim como o vosso Filho único, revestido da nossa humanidade, foi hoje apresentado no Templo, fazei que nos apresentemos diante de vós com os corações purificados".

1 Primeira leitura: Ml 3,1-4

O Senhor, a quem buscais, virá ao seu Templo.

Malaquias profetizou pelo ano 450 a.C. Seu nome significa o mensageiro de Deus, ou anjo. Após o exílio, os profetas Ageu e Zacarias foram os grandes animadores da obra de reconstrução do Templo (520 a.C.). Um século depois, o fervor inicial havia enfraquecido. Os sacerdotes e levitas tornaram-se corruptos, aceitavam do povo animais defeituosos, ou até roubados, como oferenda ao Senhor (Ml 1,6-9). Além do mais, a moralidade do povo estava em plena decadência.

Para entender o conteúdo da leitura devemos partir do versículo que precede nosso texto (Ml 2,17). O Profeta fala que Deus está cansado de ouvir as queixas do povo contra os abusos dos sacerdotes e levitas. Até parece que Deus gosta de quem pratica o mal, diziam. Onde está o juiz que não intervém? E o **Senhor decide intervir, enviando seu anjo a fim de lhe preparar o caminho**, para entrar de repente em seu santuário. Sua vinda será tão repentina como o dia do Senhor, que virá para julgar seu povo. Será como o fogo do fundidor que purifica metais, como prata e ouro. Ninguém lhe poderá resistir. Assim **os levitas e sacerdotes serão purificados como a prata e o ouro, para** se tornarem dignos de **oferecer sacrifícios que agradem ao Senhor.**

Salmo responsorial: Sl 23

O Rei da glória é o Senhor onipotente.

2 Segunda leitura: Hb 2,14-18

Jesus devia fazer-se em tudo semelhante aos irmãos.

Depois de afirmar que Jesus Cristo é superior aos anjos (1,5-14), o autor fala da condição humana (carne e sangue) assumida pelo Filho de Deus neste mundo. **Jesus participou da nossa condição humana e submeteu-se à morte para destruí-la.** Libertou-nos assim do medo da morte e do diabo, que detém o poder da morte (cf. Jo 12,31; 1Jo 3,8). Fez-se em tudo **semelhante** (solidário) **a seus irmãos humanos**. Sendo Filho de Deus e nosso irmão, tornou-nos filhos de Deus. Sendo um sumo sacerdote misericordioso, ofereceu sua vida em expiação de nossos pecados. Ele pode socorrer-nos na tentação porque sofreu as tentações (cf. Lc 4,1-13; 22,28) no deserto e antes de dar sua vida por nós: "Nos dias de sua vida terrestre, dirigiu preces e súplicas, com forte clamor e lágrimas, àquele que era capaz de salvá-lo da morte. E foi atendido por causa de sua entrega" (Hb 5,7).

Aclamação ao Evangelho

Sois a luz que brilhará para os gentios e para a glória de Israel, o vosso povo.

3 Evangelho: Lc 2,22-40

Meus olhos viram a tua salvação.

O menino nascido em Belém foi circuncidado no oitavo dia do nascimento, quando recebeu o nome de Jesus (festa de 1º de janeiro). A mãe devia passar mais 33 dias para a purificação após o parto. Cumpridos os 40 dias, José e Maria levaram o menino Jesus ao Templo para apresentá-lo ao Senhor e cumprir os ritos previstos pela Lei. Segundo a Lei, todo o primogênito, primeiro menino nascido, pertencia ao Senhor e devia ser resgatado por um sacrifício cruento. Quando o casal era pobre, bastava oferecer um par de rolas ou dois pombinhos. Foi o que Maria e José fizeram.

Havia no Templo um velhinho muito piedoso, chamado **Simeão**. Inspirado pelo Espírito Santo, ele dizia que não haveria de morrer antes de ver o Messias Salvador, a "**Consolação de Israel**". Quando Simeão viu José e Maria com o menino, tomou-o nos braços, louvou a Deus e disse: "Agora, ó Senhor, conforme a tua promessa, podes deixar teu servo partir em paz". Na Anunciação, o anjo Gabriel comunicava a Maria quem seria o filho que iria conceber: Filho do Altíssimo, filho de Davi (Messias prometido) e Filho de Deus. Agora, Simeão louva o Senhor e reconhece que a promessa de ver o Salvador se cumpria antes de ele morrer. Cumpria-se também a promessa ao povo de Israel, porque **nasceu** "**a luz para iluminar as nações e glória do teu povo Israel**". Simeão prevê, portanto, que **o menino será** o **salvador** não só de Israel, mas **de todos os povos**. Maria e José ficaram admirados com as palavras de Simeão e ele disse para Maria: O menino "será um sinal de contradição" e que Maria haveria de sofrer muito por causa disso: "uma espada te traspassará tua alma".

Na ocasião, uma mulher chamada Ana também se aproximou e, ao ver o menino, começou a louvar a Deus, falando do menino "a todos que esperavam a **libertação de Israel**" (cf. Lc 24,21; At 1,6).

Natividade de São João Batista
24 de junho

Missa do dia

Oração: "Ó Deus, que suscitastes São João Batista, a fim de preparar para o Senhor um povo perfeito, concedei à vossa Igreja as alegrias espirituais e dirigi nossos passos no caminho da salvação e da paz".

1 Primeira leitura: Is 49,1-6

Eu te farei luz das nações.

Hoje é lido um dos quatro cânticos do Servo do Senhor, que aparecem na segunda parte do livro de Isaías (40–55). No primeiro cântico (Is 42,1-7), o Servo foi interpretado como Ciro, rei dos persas, escolhido por Deus para permitir o retorno dos exilados da Babilônia para a terra de Judá. Neste segundo cântico o Servo é identificado com Israel, a quem Deus chama "meu Servo". O texto do cântico apresenta-se como um relato autobiográfico de vocação (Is 49,1-6). O Servo afirma que Deus o chamou desde o ventre materno. A **escolha divina antes do nascimento indica uma missão de dimensões universais**, como a vocação de Jeremias para ser profeta das nações (Jr 1,4-10) ou de Paulo como evangelizador dos pagãos (Gl 1,15-16). O **Servo** fala em primeira pessoa. Tem consciência que **sua missão é falar em nome do Senhor**, palavras cortantes como a espada e afiadas como a flecha. Estabelece-se assim um diálogo entre Deus e a pessoa chamada. No diálogo, Deus se dirige a Israel, personificado como "meu Servo". Deus o protegerá na concha de sua mão a fim de que possa cumprir sua missão. Deus será glorificado quando o Servo fizer voltar Jacó ao Senhor e reunir o povo de Israel em torno dele. Mas a missão do Servo **não se restringe ao retorno do povo do exílio** e à conversão de Israel ao seu Deus. A **missão será como um facho de luz que atrai as nações**, a fim de que a salvação preparada por Deus chegue até os confins da terra.

João Batista, porém, "não era a luz, mas veio para dar testemunho da luz" (Jo 1,8), que é Jesus, hoje apresentado no Templo.

Salmo responsorial

Eu vos louvo e vos dou graças, ó Senhor, porque de modo admirável me formastes!

2 Segunda leitura: At 13,22-26

Antes que Jesus chegasse, João pregou um batismo de conversão.

Paulo e Barnabé foram enviados pela comunidade cristã de Antioquia da Síria para anunciar Jesus Cristo nas sinagogas no território da atual Turquia (At 13,1-3). Chegando à cidade de Antioquia da Pisídia, entraram no dia do sábado na sinagoga local. Após a leitura da Lei e dos Profetas, o chefe da sinagoga perguntou se algum dos irmãos gostaria de comentar o texto lido. Imediatamente, Paulo levantou-se para dizer que a promessa feita no passado se cumpriu (2Sm 7,16): "Da descendência de Davi Deus fez surgir para Israel um salvador, que é Jesus". O trecho escolhido para hoje não apresenta Jesus. Fala apenas de João Batista seu precursor, que **pregou um batismo de conversão para Israel**. Havia muitas pessoas que se perguntavam: "Seria João o Messias que esperamos?" Mas João desmentiu: "Eu não sou aquele que pensais que eu seja!" Ele não se considerava digno nem de desamarrar as sandálias do verdadeiro Messias, que viria depois dele (Jo 1,6-8). João Batista era uma figura popular naquela região. De fato, **quando Paulo chegou a Éfeso, encontrou ali cristãos que só conheciam o batismo de João** e nunca ouviram falar do Espírito Santo (cf. At 19,1-7).

Aclamação ao Evangelho

Serás chamado, ó menino, o profeta do Altíssimo. Irás diante do Senhor preparando-lhe os caminhos.

3 Evangelho: Lc 1,57-66.80

João é o seu nome.

Lucas é o único evangelista a falar da história do nascimento do João Batista, num quadro paralelo ao do nascimento de Jesus. Zacarias era sacerdote a serviço do Templo. Enquanto oferecia incenso, um anjo apareceu junto ao altar e anunciou que ele e sua esposa Isabel teriam um filho, que seria chamado João. Zacarias achou isso impossível, porque Isabel era estéril e os dois de idade avançada. O anjo lhe deu um sinal: Zacarias ficaria mudo até o menino nascer. Quando Isabel deu à luz o menino, os vizinhos e parentes se alegraram porque Deus tinha sido misericordioso para com ela. No oitavo dia do nascimento era costume circuncidar os meninos. As pessoas queriam dar ao menino o nome de seu pai, Zacarias. Isabel protestou: "Não! Ele vai chamar-se João". Por sinais, perguntaram então a Zacarias. Ele pediu uma tabuinha coberta de cera e escreveu: "João é o seu nome". E imediatamente começou a falar e louvar a Deus. Todo mundo ficou admirado e se perguntava: "**O que virá a ser este menino?**"

O nome João significa "o Senhor favorece", "o Senhor se compadece". O Senhor se compadeceu de Isabel, porque era vergonhoso para a mulher não ter filhos. E Zacarias significa "o Senhor se lembrou". O anjo havia dito: "Não tenhas medo, Zacarias, porque foi ouvida tua oração" (1,13). Deus se lembrou de sua oração e lhe deu um filho. Lucas conclui a narrativa da infância de João Batista com as palavras: "**E o menino crescia e se fortalecia em espírito**".

São Pedro e São Paulo
29 de junho

Missa do dia

Oração: "Ó Deus, que hoje nos concedeis a alegria de festejar São Pedro e São Paulo, concedei à vossa Igreja observar em tudo os ensinamentos destes apóstolos que nos deram as primícias da fé".

1 Primeira leitura: At 12,1-11

Agora sei que o Senhor enviou o seu anjo para me libertar do poder de Herodes.

Quando Jesus se despediu de seus discípulos antes de sua Ascensão, traçou o roteiro para a futura missão: "Sereis minhas testemunhas em Jerusalém, Judeia e Samaria, até os confins do mundo" (At 1,8). Durante sua vida pública e depois da ressurreição Jesus preparou seus discípulos para a missão. Escolheu doze entre os discípulos, e os chamou de apóstolos. Entre os escolhidos destaca-se a figura de Pedro, como líder do grupo. Depois da última ceia Jesus anunciou que todos o abandonariam. Mas Pedro jurou que jamais abandonaria o Mestre. Jesus, porém, lhe disse que, naquela mesma noite, haveria de negá-lo três vezes. E acrescentou: **"Eu orei por ti, para que tua fé não falhe; e tu, uma vez convertido, confirma os teus irmãos"** (Lc 22,32). De fato, quando Jesus era condenado pelo Sinédrio, Pedro negou três vezes que o conhecia. Mas logo se arrependeu e "chorou amargamente". Após sua ressurreição, Jesus confirmou Pedro na sua missão de apascentar seu rebanho (Evangelho): "Apascenta minhas ovelhas, apascenta meus cordeiros" (cf. Jo 21,15-17).

O texto da Primeira leitura fecha a primeira parte dos Atos, dedicada mais à missão de Pedro como testemunha de Jesus Cristo. Logo depois da ascensão de Jesus ao céu e da vinda do Espírito Santo, Pedro deu testemunho de Cristo em Jerusalém, na Judeia e na Samaria. Agora está preso e o rei Herodes Agripa planeja executá-lo, como já havia feito com Tiago, irmão de João. Mas Pedro é libertado milagrosamente da prisão por um anjo, pois devia testemunhar a fé em Cristo e anunciar o Evangelho em outros lugares. É libertado porque, **"enquanto Pedro era mantido na prisão, a Igreja rezava continuamente por ele"** (At 12,5). Pedro foi libertado das correntes, pois **a palavra do Evangelho não podia estar acorrentada.** Havia ainda uma longa missão a cumprir. Sabemos por intermédio de Paulo que Pedro esteve pregando em Antioquia da Síria e em Corinto. Segundo a tradição, Pedro e Paulo mais tarde sofreram o martírio em Roma, durante a perseguição dos cristãos promovida pelo imperador Nero.

Rezemos sempre pelo Papa que Deus nos dá. Que o Espírito Santo o ilumine e possa cumprir fielmente a missão de confirmar os fiéis na fé.

Salmo responsorial: Sl 33

De todos os temores me livrou o Senhor Deus.

2 Segunda leitura: 2Tm 4,6-8.17-18

Agora está reservada para mim a coroa da justiça.

Em suas cartas, o apóstolo **Paulo** gosta de usar a linguagem do esporte e da guerra quando fala de sua ação missionária e da vida cristã. Exemplos não faltam. Hoje ele afirma que "**deu tudo de si**" para cumprir sua missão e por isso aguarda a recompensa que lhe está reservada. Paulo está preso e tem presente a perspectiva do martírio que se aproxima e faz uma avaliação de sua vida missionária. **Sua vida foi guiada pela fé, pela esperança e pela caridade** (amor). A vida cristã é também um combate, animado pela esperança de vitória, pela fidelidade e amor a Cristo e aos irmãos de fé. É preciso "amor à camisa", Jesus Cristo, e amor ao time, a Igreja. É preciso "suar a camisa" e esperar a recompensa, a coroa da justiça, para que possamos dizer como Paulo: "missão cumprida".

Aclamação ao Evangelho

Tu és Pedro, e sobre esta pedra eu irei construir minha Igreja; as portas do inferno não irão derrotá-la.

3 Evangelho: Mt 16,13-19

Tu és Pedro e eu te darei as chaves do Reino dos Céus.

Pedro, como outros discípulos, largou tudo para seguir a Jesus. Tornou-se um entusiasta de Jesus e destacou-se por sua liderança entre os apóstolos. Quando Jesus pergunta: "Quem dizeis que eu sou?", é **Pedro** que toma a iniciativa e diz: "**Tu és o Cristo** (Messias), **o Filho do Deus vivo**". Os outros discípulos haviam trazido as opiniões colhidas entre o povo: Jesus seria um novo João Batista, ou Elias, ou Jeremias, ou mesmo, algum dos antigos profetas. Pedro deu a resposta mais precisa. Mas não era uma simples opinião pessoal (carne e sangue). Era o próprio Pai do céu que revelou isso a Pedro. Esta confissão de fé tornou-se a pedra fundamental da Igreja de Jesus Cristo, como lhe prometeu Jesus: "Tu és Pedro e **sobre esta pedra construirei a minha Igreja**". Nesta Igreja de Cristo Pedro recebe as chaves do Reino dos Céus (= Deus); isto é, o poder de "ligar e desligar" aqui na terra (Mt 16,19) e de apascentar as ovelhas e os cordeiros (Jo 21,15-17). Exige dele apenas que o ame e seja fiel à sua missão. **Pedro**, em nome de Jesus, **conduzirá a Igreja de Cristo**, mas **quem vai construí-la é o próprio Jesus, sobre a confissão de Pedro**: "Tu és o Cristo, o Filho do Deus vivo". Pedro é um homem como nós, frágil, humano e pecador; mas foi escolhido por Jesus para guiar sua Igreja. Jura que será sempre fiel a Jesus, mas o nega três vezes. Jesus o conhecia e mesmo assim o escolheu e prometeu rezar por ele para que confirmasse seus irmãos na fé. Eis a missão de Pedro e dos Papas, homens frágeis e pecadores como Pedro. Rezemos sempre pelo nosso Papa, para que o Espírito Santo o ilumine; que ele nos confirme na fé e possa conduzir com segurança a Igreja, na construção do Reino de Deus.

Transfiguração do Senhor
6 de agosto

Oração: "Ó Deus, que na gloriosa transfiguração do vosso Filho confirmastes os mistérios da fé pelo testemunho de Moisés e Elias, e manifestastes de modo admirável a nossa glória de filhos adotivos, concedei aos vossos servos e servas ouvir a voz do vosso Filho amado, e compartilhar da sua herança".

1 Primeira leitura: Dn 7,9-10.13-14

Sua veste era branca como a neve.

O livro de Daniel foi escrito no início do século II a.C., durante a perseguição do rei Antíoco IV entre os anos de 167 a 163 a.C. A linguagem é apocalíptica, uma linguagem cifrada, apropriada para tempos de perseguição. Personagens históricos assumem a imagem de animais que os leitores facilmente identificavam. O capítulo 7 é uma interpretação teológica da história política, contemporânea do autor e dos destinatários da obra. Na visão, quatro enormes animais emergiam do mar e se sucediam no poder, sendo o último o mais feroz de todos. Deus, porém, decidiu intervir neste caos político, a fim de pôr um fim ao poder do mal e iniciar o Reino de Deus. Na visão, arma-se um tribunal cheio de tronos e aparece um "Ancião de muitos anos" (Deus) para ocupar seu trono. "Sua veste era branca como a neve, e os cabelos, como lã pura". O trono estava envolto por chamas de fogo e as rodas do trono pareciam um tição ardente. Milhões de assistentes estavam a serviço do Ancião. O tribunal estava preparado e os livros foram abertos. Nesse momento, entre as nuvens do céu, vinha descendo **um filho de homem** em direção ao Ancião e foi conduzido até o trono. Ele recebeu do Ancião poder, glória e realeza e todos os povos, nações e línguas se puseram a servi-lo. **O poder do filho de homem** nunca lhe será tirado e **seu reinado jamais acabará**.

Nos evangelhos **Jesus se identifica como Filho do Homem**. Como Filho de Deus, esvaziou-se de si mesmo e tornou-se solidário com os seres humanos (Fl 2,7). Falando de si mesmo, **Jesus** utiliza este texto de Daniel, dizendo que no fim dos tempos ele **virá entre as nuvens do céu para julgar os vivos e os mortos** (Mt 24,30; 26,64). Mas o reino que nos deixa aqui na terra é o **reino do lava-pés**, o reino do serviço, da justiça, do amor e da paz.

Salmo responsorial: Sl 96

Deus é Rei, é o Altíssimo, muito acima do universo.

2 Segunda leitura: 2Pd 1,16-19

Esta voz, nós a ouvimos vinda do céu.

O autor desta Carta escreve pelo final do século I ou início do século II. Apresenta-se como o apóstolo Pedro, uma das testemunhas da Transfiguração do Senhor, junto com Tiago e João. O autor é um judeu culto, de cultura grega, e seu escrito mostra como o cristão de outra geração imaginava **Pedro: testemunha da Transfiguração**. Acresce ainda que Jesus proibiu aos três discípulos de falar da visão "até que o Filho do Homem tivesse ressuscitado dos mortos" (Evangelho). Quando o autor discute com os negadores da segunda vinda de Cristo, argumenta com as Escrituras (Profetas) e com o testemunho dos apóstolos, que considera como palavra de Deus, de modo especial as Cartas de Paulo. Para o autor, **a transfiguração no monte Tabor, diante de Pedro, Tiago e João, é uma pálida antecipação do que será a segunda vinda do Senhor**. Não importa quando acontecerá, porque "um dia diante do Senhor é como mil anos, e mil anos como um dia". Quando isso acontecer, será cumprida a tão esperada promessa de "novos céus e nova terra em que mora a justiça" (3,13).

Aclamação ao Evangelho

Eis meu Filho muito amado, nele está meu bem-querer; escutai-o, todos vós!

3 Evangelho
Ano A: Mt 17,1-9

O seu rosto brilhou como o sol.

Mateus escreve seu Evangelho baseado no esquema do evangelho de Marcos e coloca a cena da transfiguração na grande viagem de Jesus da Galileia a Jerusalém (Mt 16–20). Os ensinamentos de Jesus e os acontecimentos ao longo desta viagem constituem uma catequese para a vida cristã. Chamam a atenção os três anúncios da paixão e ressurreição de Jesus (Mt 17,21-23; 17,22-23; 20,17-19). Para nós, que vivemos após os acontecimentos, parece tudo claro: Jesus é o Messias (Cristo), o Filho de Deus enviado pelo Pai a este mundo, que pregou e viveu o Reino de Deus, morreu por nós na cruz e ressuscitou ao terceiro dia. Mas nada era claro para os apóstolos e o povo que seguia Jesus. Quando Pedro confessou Jesus como o Cristo, pensava que o Mestre acabaria sendo proclamado rei em Jerusalém. Achou-se até no direito de repreender o próprio Mestre, quando falava de sua morte em Jerusalém; por isso Jesus o chamou de "Satanás", isto é, alguém que se opõe ao plano divino. Depois disso é que vem a presente cena da Transfiguração. E ainda no mesmo capítulo 17 Jesus anuncia, pela segunda vez, sua morte e ressurreição. É neste contexto que devemos ler a Transfiguração. Era noite e, enquanto Pedro, Tiago e João dormiam envolvidos pelo sono, Jesus está em profunda oração junto ao Pai. De repente, os discípulos acordam e veem Jesus com o rosto brilhante e suas vestes resplandecentes de luz, tendo a seu lado Moisés e Elias. Pedro, então, exclama: "**Senhor, é bom estarmos aqui**. Se queres, vou fazer aqui três tendas, uma para ti, outra para Moisés e outra para Elias"... Parece ter esquecido que estavam a caminho de Jerusalém e pouco antes da visão gloriosa Jesus lhes falava de sua próxima morte. Por isso, a voz do céu insiste: "**Este é o meu Filho amado**, no qual pus todo o meu agrado. **Escutai-o**".

O fato de o Pai ter permitido a morte violenta de seu Filho amado é a manifestação máxima de seu amor por nós. Ninguém tem maior amor do que aquele que dá a vida por seus amigos, diz Jesus (Jo 15,13). Muitos anos depois, Pedro recorda a cena da Transfiguração: (Jesus) "Recebeu de Deus Pai a honra e a glória, quando da glória magnífica se fez ouvir a voz que dizia: 'Este é o meu filho amado, de quem eu me agrado'. E **esta voz**, que veio do céu, **nós a ouvimos** quando estávamos com ele no monte santo" (2Pd 1,17-18). Escutemos também nós a voz do Pai (Mt 17,5).

Ano B: Mc 9,2-10

Este é o meu Filho amado.

Pouco antes do texto que ouvimos, Jesus dizia aos discípulos: "O Filho do Homem devia sofrer muito, ser rejeitado pelos anciãos, sumos sacerdotes e escribas, devia ser morto e ressuscitar depois de três dias" (Mc 8,31). E convidava os discípulos a seguir o mesmo caminho: "Se alguém quiser vir após mim, renuncie a si mesmo, tome a sua cruz e me siga" (8,34). Jesus estava numa viagem para celebrar a Páscoa e anunciava que, em Jerusalém, os anciãos, os sumos sacerdotes e os escribas o rejeitariam e condenariam à morte (Mc 8,31-33). No **caminho**, subiu a uma alta montanha, levando consigo Pedro, Tiago e João. Enquanto Jesus orava, transfigurou-se diante deles e suas roupas ficaram brilhantes. Também **Moisés e Elias**, testemunhas da Lei e dos Profetas, apareceram ao lado de Jesus e conversavam com ele. Diante desta visão, Pedro esqueceu a viagem a Jerusalém, onde Jesus previa sua morte, e disse:

"Mestre! **É bom ficarmos aqui!** Vamos fazer três tendas: uma para ti, uma para Moisés e uma para Elias". Mas uma nuvem encobriu a visão e uma voz do céu se fez ouvir: "**Este é o meu Filho amado, escutai-o**".

O mistério do Filho do Homem, o Servo Sofredor, aos poucos vai se revelando. Mas era uma revelação apenas para os três privilegiados, que foram proibidos de falar disso antes que Jesus ressuscitasse dos mortos. Os discípulos, já antes da Transfiguração, não entendiam que o Mestre devia morrer e ressuscitar. Também depois da sublime visão, na descida do monte continuavam a se perguntar o que significaria "ressuscitar dos mortos". Os discípulos, porém, descartavam a possibilidade da morte do Mestre. Durante a celebração da Páscoa planejavam proclamar a Jesus como Messias-Rei.

E nós, qual é o Jesus que abraçamos e queremos seguir? Se quisermos abraçar o Cristo da glória, antes devemos abraçar o Cristo da cruz.

Ano C: Lc 9,28b-36

Moisés e Elias conversavam sobre a morte que Jesus iria sofrer.

O Evangelho de hoje apresenta Jesus como o Filho amado, o Escolhido do Pai, a quem somos convidados a escutar. Nos três primeiros evangelhos a cena da transfiguração é precedida pela confissão de Pedro em Jesus como o Messias esperado por Israel. Jesus começa a viagem a Jerusalém com seus discípulos. Durante a viagem, Jesus explica em que sentido ele é o Messias. Ele não é o Messias que busca ser rei em Jerusalém – como pensava o povo e os discípulos –, mas o Filho do Homem que seria condenado à morte. A cena da transfiguração é central para entender o mistério de Jesus, Filho do Homem. Situa-se entre o primeiro anúncio da paixão e ensinamento de Jesus aos discípulos sobre seu seguimento (Lc 9,21-27) e o segundo anúncio da paixão também seguido por um novo ensinamento sobre o seguimento de Jesus

(Lc 9,43b-50). O primeiro ensinamento é um convite a seguir a Jesus, a renunciar-se a si mesmo, tomar a sua cruz e a perder a própria vida para salvá-la. No segundo ensinamento Jesus critica a disputa pelo poder entre os discípulos (quem é o maior?); em vez disso, devem tornar-se os menores e servir aos outros.

A viagem a Jerusalém é interrompida pela Transfiguração, uma teofania ou manifestação especial de Deus. As testemunhas do que vai acontecer são os discípulos mais próximos de Jesus – Pedro, Tiago e João –, os mesmos que estarão com Jesus na agonia do Getsêmani. O cenário é o alto de um monte (hoje, o Tabor), que lembra o monte Sinai/Horeb, lugar da manifestação de Deus a Moisés e, depois, a Elias. Os dois representam a Lei e os Profetas, isto é, o Antigo Testamento (cf. Lc 24,35-45). No monte, enquanto Jesus está rezando (cf. batismo: Lc 3,21-22), seu rosto muda de aparência e as vestes tornam-se brancas e resplandecentes. Envoltos na glória de Jesus, **Moisés e Elias conversam com Jesus sobre sua futura morte** em Jerusalém. Nisso, os discípulos acordam e, diante da maravilhosa visão, **Pedro** exclama: "Mestre, é bom estarmos aqui!" Interrompe a conversa de Moisés e Elias sobre a morte do Mestre. Em três tendas, **quer segurar Jesus**, Moisés e Elias envoltos em glória, **mas esquece o "caminho" do sofrimento que levará a essa glória**. Por um instante foram testemunhas da glória do Senhor e logo uma nuvem misteriosa os envolveu. Da nuvem, ouviu-se uma voz que dizia: "**Este é o meu Filho, o Escolhido. Escutai o que ele diz**". E Jesus, o Filho escolhido do Pai, "encontrou-se sozinho", para retomar corajosamente com os discípulos o caminho para Jerusalém (cf. Lc 9,51).

Fica, porém, a mensagem do Pai Celeste: Jesus é o seu Filho escolhido, que se dirige corajosamente a Jerusalém, onde entregará sua vida por todos. O Pai continua dizendo a nós, discípulos de seu Filho: "**Escutai o que ele diz**". O que ele nos diz na Palavra de Deus hoje anunciada? **Como vou corresponder ao que ele me diz?** Vamos dizer isso ao próprio Filho de Deus, que nos convida a celebrarmos com ele a sua ceia.

Assunção de Nossa Senhora ao Céu
15 de agosto

Missa do dia

Oração: "Deus eterno e todo-poderoso, que elevastes à glória do céu em corpo e alma a imaculada Virgem Maria, Mãe do vosso Filho, dai-nos viver atentos às coisas do alto, a fim de participarmos da sua glória".

1 Primeira leitura: Ap 11,19a; 12,1.3-6a.10ab

Uma mulher vestida de sol, tendo a lua debaixo dos pés.

O texto que ouvimos utiliza uma linguagem simbólica de tipo apocalíptico, linguagem apropriada para revelar o agir de Deus na história do seu povo. O templo que se abre não é mais o segundo templo de Jerusalém, reconstruído após o exílio e destruído no ano 70, mas é o templo escatológico de Deus no fim dos tempos. No novo templo aparece a arca da aliança. A antiga arca da aliança, guardada no templo, era o sinal da presença do Deus que libertou Israel da escravidão do Egito. Lembrava também a aliança que Deus fez com Israel no monte Sinai. A arca desapareceu quando Jerusalém foi destruída pelos babilônios (587 a.C.). Conforme a lenda, a arca teria sido escondida pelo profeta Jeremias num lugar desconhecido, a fim de ser reapresentada quando Deus reunisse de novo seu povo disperso e lhe fizesse misericórdia (cf. 2Mc 2,5-8). Segundo o vidente do Apocalipse, a tenda na qual Deus vai morar com a humanidade redimida reaparecerá na nova Jerusalém. Então, a antiga aliança será substituída pela nova e definitiva aliança com Deus (cf. Ap 21,1-4).

A **mulher com a coroa de doze estrelas** simboliza o povo de Israel do qual nasceu o **Messias**, e também **Maria**, a mãe do Messias. A **criança** (Messias) recém-nascida, ameaçada pelo dragão (falso messias), representa a **Igreja perseguida**. O dragão/serpente é o mesmo **dragão** cuja cabeça a primeira Eva haveria de esmagar (cf. Gn 3,15). Esmagou-a por meio de Maria, a nova Eva, a Mãe de Jesus, que nos trouxe o Salvador prometido (Ap 12,10).

Trata-se de um texto cheio de esperança dirigido à comunidade cristã perseguida, no tempo do vidente João. **Maria assunta ao céu resume em si a certeza do triunfo e da glória do povo de Deus.** O dragão ameaça a criança recém-nascida, isto é, a vida da jovem comunidade cristã. No Evangelho, Isabel e Maria geram a vida que renova e traz salvação para a comunidade. Hoje, o dragão ameaçador da Vida é o capitalismo selvagem, financeiro e consumista, que devora as riquezas de nossa Casa Comum. Ameaça não só a humanidade, mas a própria vida do planeta Terra. Que a Virgem Maria, Nossa Senhora da Glória, nos proteja e nos ajude a esmagar em nossa vida a cabeça do **dragão, símbolo das forças do mal**.

Salmo responsorial: Sl 44

À vossa direita se encontra a rainha, com veste esplendente de ouro de Ofir.

2 Segunda leitura: 1Cor 15,20-27a

Cristo, como primícias; depois os que pertencem a Ele.

Paulo afirma que a ressurreição dos mortos acontecerá numa ordem de sequência, onde Cristo é o primeiro dos ressuscitados e garantia de nossa futura **ressurreição**: "Em **primeiro lugar, Cristo**, como primícias; **depois, os que pertencem a ele**, por ocasião da sua vinda". Ninguém melhor do que Maria pertence a seu Filho. A fé nos diz que em Maria já se realizou esta ressurreição, que todos nós esperamos, quando morrermos. Então, "o último inimigo a ser vencido será a morte" (1Cor 15,26).

Em 1950, o papa Pio XII declarou como verdade infalível de nossa fé que *"a Imaculada Mãe de Deus, a sempre Virgem Maria, terminado o curso de sua vida terrestre, foi assunta em corpo e alma à glória celeste"*.

Aclamação ao Evangelho

Maria é elevada ao céu. Alegram-se os coros dos anjos.

3 Evangelho: Lc 1,39-56

O Todo-poderoso fez grandes coisas em meu favor.
Elevou os humildes.

O Cântico de Maria revela a pedagogia de Deus: Deus opera "grandes coisas", isto é, a obra de nossa salvação, através de Maria, a humilde serva do Senhor. No encontro das **duas mães**, **Maria e Isabel**, encontram-se também **duas crianças**: **João Batista**, o Precursor, e **Jesus**, o Salvador prometido. Pela saudação de Maria comunicam-se as mães. Mas o louvor de Isabel a Maria – aquela "que acreditou" – brota do reconhecimento prévio da presença do Messias Jesus pelo seu filho João. No seio de Isabel o filho se agita, dá o alarme e, movida pelo Espírito Santo, ela exclama cheia de alegria: "Como posso merecer que a mãe do meu Senhor me venha visitar?" É o encontro do tempo da promessa, que termina com João Batista, com o tempo da realização da promessa, que se inicia com Jesus. Torna-se verdadeiro o que diz o salmo: "Da boca das criancinhas tiraste o teu **louvor**" (Sl 8,3). De fato, porque duas crianças se encontraram – a promessa e a realização da promessa – **Isabel louva Maria** e **Maria põe-se a louvar o Senhor**, que fez grandes coisas nela e por meio dela, ao gerar em seu seio o Salvador do mundo. Assim se manifesta o **amor misericordioso de Deus**, para Israel, seu povo, e para toda a humanidade. Maria é levada em corpo e alma ao céu. Maria, que em sua vida colocou-se a serviço de Deus. Maria, que, por obra do Espírito Santo, acolheu em seu ventre o Filho de Deus e tornou-se a serva do Senhor. Ela **ao final de sua vida foi definitivamente atraída, assumida e glorificada por Deus**: "Tudo é vosso, mas vós sois de Cristo e Cristo é de Deus" (cf. 1Cor 3,22-23). Na Solenidade da Assunção de Maria ao Céu, o louvor de Maria torna-se o nosso louvor. "Terminado o curso de sua vida terrena", Maria foi assunta em corpo e alma ao Céu, significa que nela já se realizou de modo absoluto a vida em Deus. Pois "a morte liberta a semente de ressurreição que se esconde dentro da vida mortal". Para nós, a Assunção sinaliza aquilo que "Maria vive agora, no corpo e na alma. É o que nós iremos também viver quando morrermos e formos ao céu" (L. Boff).

Exaltação da Santa Cruz
14 de setembro

Oração: "Ó Deus, que para salvar a todos dispusestes que vosso Filho morresse na cruz, a nós que conhecemos na terra este mistério, dai-nos colher no céu os frutos da redenção".

1 Primeira leitura: Nm 21,4b-9

Aquele que for mordido e olhar para ela viverá.

As dificuldades da caminhada pelo deserto provocaram reclamações e críticas do povo contra Deus e contra a liderança de Moisés. Como punição divina houve uma praga de serpentes, comuns no deserto (além de escorpiões: Dt 8,15), que picavam as pessoas, provocando a morte. Moisés intercedeu pelo povo e Deus lhe mandou fazer uma serpente de bronze – a região onde passavam era conhecida pelas minas de cobre – e colocá-la num poste; quem olhasse para ela, ficaria curado. A **serpente no mundo antigo é símbolo da fertilidade e da medicina**, portanto da **vida**. Em Jo 3,14-16 esta serpente é lembrada no diálogo de Jesus com Nicodemos (Evangelho): Quem olhar com fé para Cristo crucificado obtém a salvação: "Olharão para aquele a quem traspassaram" (Jo 19,37).

Salmo responsorial: Sl 77

Das obras do Senhor, ó meu povo, não te esqueças!

2 Segunda leitura: Fl 2,6-11

Humilhou-se a si mesmo. Por isso, Deus o exaltou.

O Filho de Deus podia ter escolhido o caminho do poder, mas assumiu a condição de servo. Jesus apresentou-se como quem é "manso e humilde de coração" (cf. Mt 11,29), colocou-se a serviço de todos: "Eu estou no meio de vós como quem serve" (cf. Lc 22,27). Não se identificou com a classe dominante, mas com a maioria das pessoas sujeitas à dominação, exploradas, desprezadas e marginalizadas. Tornou-se solidário com todos os "crucificados" da história humana. Como o servo do Cântico de Isaías, foi obediente até a morte de cruz. Por isso, o Pai o ressuscitou dos mortos.

O caminho de Cristo tornou-se o caminho do cristão. Este hino sobre Jesus é precedido por um texto no qual Paulo exorta a comunidade ao amor fraterno: Não querer ser o maior, mas o menor entre os irmãos; não buscar o próprio interesse, mas o dos outros (Fl 2,1-5). **Paulo anuncia Cristo crucificado, escândalo para os judeus e loucura para os pagãos** (1Cor 1,23). Ele próprio **desejava gloriar-se somente na cruz de Jesus Cristo** (Gl 6,14).

Aclamação ao Evangelho

Nós vos adoramos, Senhor Jesus Cristo, e vos bendizemos, porque pela cruz remistes o mundo!

3 Evangelho: Jo 3,13-17

É necessário que o Filho do Homem seja levantado.

Nicodemos era um fariseu. No diálogo com Jesus (Jo 3,1-12), teve dificuldade de entender que era preciso nascer de novo, isto é, do alto; ou seja, de Deus. Agora Jesus lhe diz que o Filho do Homem deve ser exaltado. Devia ser elevado numa cruz, para conceder a vida eterna a todos os que nele crerem. Como símbolo da fé e do batismo que dão vida nova, Jesus cita o episódio da serpente de bronze que Moisés ergueu no deserto, a pedido de Deus, para salvar o povo pecador, vítima de picadas de serpentes venenosas. Quem fosse picado por uma delas e olhasse para a serpente de bronze erguida num poste, ficaria curado.

A vinda do Filho de Deus a este mundo é uma "descida" para viver entre os homens. A presença humana do Filho de Deus **termina com sua exaltação na cruz,** que coincide com a exaltação na glória, como Ressuscitado. Esta descida e subida é a manifestação do amor de Deus: "Deus amou tanto o mundo, que deu o seu filho unigênito, para que não morra todo o que nele crer, mas tenha a vida eterna". Olhando para a cruz, acolhendo Cristo pela fé, recebemos a garantia da vida eterna. É pelo batismo que entramos no Reino de Deus (3,3.5).

Este **Reino de Deus é um projeto de vida:** "Deus não enviou o seu filho ao mundo para condenar o mundo, mas para que o mundo seja salvo por ele". Pela humilhação e exaltação do Filho de Deus (Segunda leitura) somos envolvidos pelo projeto de Deus, que oferece a vida plena, isto é, a salvação para todos. Mas ela acontece pela nossa adesão livre (fé) a este projeto: "Se alguém quer vir após mim, renuncie-se a si mesmo, tome a sua cruz e siga-me" (Mc 8,35).

Nossa Senhora da Conceição Aparecida
12 de outubro

Oração: "Ó Deus todo-poderoso, ao rendermos culto à Imaculada Conceição de Maria, Mãe de Deus e Senhora nossa, concedei que o povo brasileiro, fiel à sua vocação e vivendo na paz e na justiça, possa chegar um dia à pátria definitiva".

1 Primeira leitura: Est 5,1b-2; 7,2b-3

Concede-me a vida do meu povo – eis o meu desejo!

O livro de Ester conta a história de uma judia órfã, criada e adotada como filha por seu velho primo Mardoqueu. Graças à sua beleza foi introduzida no harém do rei persa Assuero e tornou-se rainha. Mas, em meio às vicissitudes políticas, sobre seu povo judeu pesava um decreto de extermínio, forjado pelos inimigos. Ela mesma estava sendo rejeitada pelo rei. Mas, por insistência de Mardoqueu, valendo-se de sua beleza, arrisca a própria vida para apresentar-se ao rei e interceder pelo seu povo, ameaçado de extermínio: "**Se for do teu agrado, concede-me a vida [...] e a vida do meu povo**" – pede ela ao rei. Ante a ameaça de extermínio dos judeus, Ester tem consciência que sua vida só tem sentido se puder salvar a vida de seu povo. Ester é a mulher que arrisca sua vida para salvar seu povo. Ela nos lembra **Nossa Senhora Aparecida, intercessora** e **mãe solidária com o povo brasileiro**.

Salmo responsorial: Sl 44

Escutai, minha filha, olhai, ouvi isto: Que o Rei se encante com vossa beleza!

2 Segunda leitura: Ap 12,1.5.13a.15-16a

Um grande sinal apareceu no céu.

A leitura é, em parte, a mesma da festa da Assunção de Maria ao céu. A mulher com a coroa de doze estrelas simboliza o povo de Israel (doze tribos), do qual nasceu o Messias; simboliza também Maria, a mãe do Messias e mãe da Igreja (doze apóstolos). O dragão que persegue a mulher e seu filho é o mesmo dragão, a antiga serpente, cuja cabeça a primeira Eva deveria esmagar pelos seus descendentes (cf. Gn 3,15). Quem de fato esmagou a serpente foi Maria, a Mãe de Jesus, que nos trouxe o Salvador (Ap 12,10). O filho perseguido pelo dragão simboliza Jesus que, por sua morte, ressurreição e ascensão, foi arrebatado ao céu. A mulher perseguida pelo dragão, que foge para o deserto e é protegida pela terra, simboliza a Igreja perseguida. Na maternidade espiritual de Maria, ligada à paixão e morte de Jesus, estão incluídos todos os cristãos. Jesus nos confiou aos cuidados de Maria, antes de morrer: "Mulher, aí está o teu filho [...]. Aí está tua mãe" (cf. Jo 19,26-27). Mãe atenta e cheia de amor, Maria se antecipa para atender as necessidades de seus filhos e das famílias que geram a vida, renovando e trazendo a salvação para a humanidade (Evangelho).

Aclamação ao Evangelho

Disse a Mãe de Jesus aos serventes: "Fazei tudo o que ele disser!"

3 Evangelho: Jo 2,1-11

Fazei o que ele vos disser.

Aconteceu uma festa de casamento em Caná, cidade vizinha de Nazaré. Maria, Jesus e seus discípulos estavam entre os convidados. Durante a festa, **Maria percebeu que o vinho tinha acabado**. Vendo a aflição dos noivos e dos serventes, comunica-o a Jesus, que responde:

"Mulher, por que dizes isto a mim? Minha hora ainda não chegou". Um filho chamar sua mãe de "mulher" não era pejorativo, mas fazia parte do costume grego; entre os judeus significa "senhora, mãe", que se sente responsável pela sua família, representada por Jesus e seus amigos. No evangelho de João, Maria aparece em Caná e aos pés da cruz, nos dois lugares em que ela é chamada "mulher". **Minha "hora" ainda não chegou**, acrescenta Jesus. Trata-se da hora da manifestação da glória do Filho de Deus, que culmina com sua morte na cruz, ressurreição e ascensão ao céu. O pedido de Maria acelera esta manifestação do Messias Salvador. Por sua intercessão acontece o primeiro sinal ou milagre, marcado por uma festa de casamento; portanto, pela alegria.

Que Nossa Senhora Aparecida interceda pelo povo brasileiro, a fim de que não lhe faltem condições materiais e espirituais, para uma vida digna e feliz. Por sua intercessão, possamos "chegar um dia à pátria definitiva" (oração).

Todos os Santos
1º de novembro

Oração: "Deus eterno e todo-poderoso, que nos dais celebrar numa só festa os méritos de todos os Santos, concedei-nos por intercessores tão numerosos a plenitude da vossa misericórdia".

1 Primeira leitura: Ap 7,2-4.9-14

Vi uma multidão imensa de gente de todas as nações,
tribos, povos e línguas.

Quando o autor do Apocalipse escreve, os cristãos sofriam grandes perseguições por parte do Império Romano. O embate não se dá entre romanos e cristãos, mas entre o Império e seu imperador, simbolizados no dragão voraz, e o Cordeiro imolado, Jesus Cristo. O vidente recebe a ordem de Cristo para escrever em seu livro "**as coisas presentes e as que acontecerão depois**". No presente, um anjo, com "a marca do Deus vivo", pede que os anjos exterminadores esperem até que ele tenha assinalado os que serão salvos, antes da batalha final do Cordeiro imolado contra o dragão voraz. O visionário, por sua vez, "vê" o triunfo final dos que estão **vestidos de branco**, porque "**lavaram e alvejaram suas roupas** no **sangue do Cordeiro**". São 144 mil, 12 mil de cada tribo de Israel; são os mártires que deram testemunho da fé cristã pelo sacrifício da própria vida. **Para o futuro, vê uma imensa multidão**, representantes de nações, tribos, povos e línguas que participarão da vitória do Cordeiro ressuscitado.

Salmo responsorial: Sl 23
É assim a geração dos que procuram o Senhor.

2 Segunda leitura: 1Jo 3,1-3
Veremos Deus tal como ele é.

O autor desta Carta se encanta com o "**presente de amor que o Pai nos deu: de sermos chamados filhos de Deus**", e o somos de fato. Viver conscientes dessa fé enche-nos de uma alegre **esperança**, pois "**quando Cristo se manifestar, seremos semelhantes a ele, pois o veremos tal como ele é**". O caminho para chegarmos a esta comunhão com Cristo, o Filho de Deus, foi seguido pelos santos. É o **caminho das bem-aventuranças**: "Bem-aventurados os puros de coração porque verão a Deus" (Evangelho). Para "ver a Deus" é preciso seguir o caminho de Jesus Cristo: aprender a vê-lo presente nos pobres, famintos, sedentos de justiça, perseguidos, presos injustamente, desabrigados e enfermos que necessitam de nosso amor (cf. Mt 25,31-40).

Aclamação ao Evangelho

Vinde a mim todos vós que estais cansados e penais a carregar pesado fardo, e descanso eu vos darei, diz o Senhor.

3 Evangelho: Mt 5,1-12a

Alegrai-vos e exultai, porque será grande a vossa recompensa nos céus.

Hoje, festa de Todos os Santos, o evangelista Mateus explicita nas bem-aventuranças o programa do caminho a seguir nesta vida, para ganharmos a "grande recompensa nos céus (v. 10 e 12). Antes de tudo é preciso ter presente que "Reino dos Céus" em Mateus equivale a "Reino de Deus" em Marcos e em Lucas. Portanto, **"Reino dos Céus"** não se identifica com a recompensa final da vida eterna em Deus (cf. Mc 10,17-30). Antes, **é o caminho** que **Jesus preparou para o cristão percorrer**, aqui na terra, a fim de **ganhar a vida eterna**. Mateus escreve para cristãos de origem judaica. Por isso, em respeito à tradição judaica, evita pronunciar a palavra "Deus" e a substitui pela palavra "Céus".

Entre os bem-aventurados, Mateus cita três grupos (Raul Ruijs). O **primeiro grupo** é dos sofredores: os pobres, os aflitos, os mansos (humildes) e os que têm fome e sede de justiça (v. 3-6). O **segundo grupo** é dos que socorrem os necessitados do primeiro grupo: são os misericordiosos, os puros de coração e os que promovem a paz (v. 7-9). **O terceiro grupo** é composto pelos do primeiro e do segundo grupo, que vivem o projeto do Reino de Deus, anunciado e vivido por Jesus. São perseguidos porque são solidários com os pobres, os aflitos, os humildes e injustiçados e os defendem. São caluniados e perseguidos pelo simples fato de serem cristãos.

Não podemos pensar que a formulação de algumas bem-aventuranças no futuro signifique algo que Deus vai realizá-las, sem a nossa participação, somente na vida eterna. Deus enviou seu Filho ao mundo para nos trazer o reino ou reinado de Deus, o reino que pedimos no Pai-nosso. Jesus pôs em prática o programa deste reino que veio anunciar. Quem quer seguir o caminho de Jesus deve assumir também o seu programa. Assim, os aflitos serão consolados quando nós os consolarmos. Os mansos possuirão a terra quando nós lutarmos com eles. Os que têm fome e sede de justiça serão saciados quando nós os ajudarmos. Os miseráveis e pobres alcançarão misericórdia quando nós tivermos compaixão deles. Os santos que hoje festejamos seguiram o exemplo de Jesus e colocaram em prática as bem-aventuranças. Ele é o modelo para todos nós: "*Jesus* percorria todas as cidades e aldeias ensinando nas sinagogas, pregando o Evangelho do Reino e curando toda enfermidade e doença. Vendo o povo, Jesus *sentiu compaixão* dele porque estava cansado e abatido como ovelhas sem pastor" (Mt 9,35-36).

Jesus, o Bom Pastor, que deu a vida por suas ovelhas, depois de nos ter alimentado pela Palavra de Deus, vai agora alimentar-nos pela Eucaristia. Assim alimentados, vamos também nós cuidar de nossos irmãos sofredores, manifestando-lhes o amor misericordioso de nosso Bom Pastor. Aos que assim o fizerem, Jesus Cristo como justo juiz os acolherá na vida eterna: "Vinde, abençoados por meu Pai [...] porque tive fome e me destes de comer, tive sede e me destes de beber, estive nu e me vestistes [...]" (Mt 25,34-35).

Comemoração de todos os fiéis falecidos
2 de novembro

III missa

Oração: "Ó Deus, fizestes o vosso Filho único vencer a morte e subir ao céu. Concedei a vossos filhos e filhas superar a mortalidade desta vida e contemplar eternamente a vós, Criador e Redentor de todos".

1 Primeira leitura: Sb 3,1-9

Foram aceitos como ofertas de holocausto.

O livro da Sabedoria foi escrito no Egito, entre os anos 30 a.C. e 41 d.C., por um judeu de Alexandria, onde havia uma florescente comunidade judaica. A comunidade sofria perseguições, pois a maioria dos judeus não possuía direito de cidadania. Apenas os judeus mais ricos, que falavam grego, conseguiam o direito e eram isentos de pagar impostos. Os judeus mais pobres eram obrigados a pagar pesadas taxas. A comunidade estava, portanto, dividida entre judeus de cultura e costumes gregos, mais liberais, e os que falavam o aramaico e eram fiéis ao judaísmo. Em nosso texto há um **conflito dentro da comunidade judaica entre** os **ímpios**/insensatos e os **justos**, tema recorrente nos salmos (Sl 1). Os ímpios, mais próximos dos saduceus do Templo, não acreditavam na vida após a morte, enquanto os justos, mais próximos dos fariseus, acreditavam na ressurreição dos mortos (cf. At 23,6-10). O texto começa com uma afirmação de fé: "A vida dos justos (falecidos) está nas mãos de Deus"; portanto, não ficarão para sempre na morada dos mortos, como pensam os ímpios. Para estes, a vida dos justos é uma desgraça, pois não souberam aproveitar os prazeres que a vida oferece, e consideram a morte deles como uma tragédia. Na realidade, porém, **os justos estão tranquilos na paz de Deus**, como a criança saciada no colo de sua mãe (cf. Sl 131). Os pequenos sofrimentos a que foram submetidos são uma prova de que são dignos de Deus. De modo algum se comparam com a glória que a sabedoria divina preparou para os que o amam (cf. 1Cor 2,9). **Os que confiam em Deus e perseveram no seu amor experimentarão sua graça e misericórdia.**

Salmo responsorial: Sl 41

A minha alma tem sede de Deus e deseja o Deus vivo.

2 Segunda leitura: Ap 21,1-5a.6b-7

A morte não existirá mais.

A Segunda leitura inicia a visão que contém a última revelação do livro do Apocalipse, recebida pelo vidente. Ele vê um "novo céu e uma nova terra". Na concepção bíblica, a expressão "céu e terra" engloba toda a realidade que existe entre os dois extremos. Indica a totalidade do mundo até então conhecido. A **nova realidade** substitui a anterior, marcada pelo pecado, pela violência e pela morte, derrotadas pelo Cordeiro. A nova realidade se caracteriza pela ausência do mal e presença do bem. A **nova Jerusalém desce do céu**, isto é, vem de Deus, e está vestida como uma noiva, para celebrar o casamento com o Cordeiro. Uma voz que sai do trono (Deus) explica o que é este casamento: "Esta é a morada de Deus entre os homens" (cf. Ap 7,15: Segunda leitura do 4º Domingo da Páscoa, Ano C). "Deus vai morar no meio deles", como já morou em Jesus de Nazaré (cf. Jo 1,14; Mt 1,23). "Serei o seu Deus, e ele será o meu filho" (Ap 21,7). É a imagem da união conjugal que melhor expressa **a comunhão de amor, entre Deus e o seu povo** (cf. Ef 5,21-33). Nesta **nova** realidade não haverá mais morte, nem luto ou dor. Será a **plena realização do Reino de Deus,** anunciado por Jesus. Ele, o Cordeiro imolado, agora sentado no trono, é a garantia deste novo céu e nova terra: "Eis que faço novas todas as coisas" (Evangelho).

Aclamação ao Evangelho

Eu te louvo, ó Pai Santo, Deus do céu, Senhor da terra. Os mistérios do teu Reino aos pequenos, Pai, revelas!

3 Evangelho: Mt 5,1-12a

Alegrai-vos e exultai, porque será grande a vossa recompensa nos céus.

Nas bem-aventuranças Mateus explicita o programa do caminho a seguir aqui na terra para ganharmos a "grande recompensa nos céus

(v. 10 e 12). Em respeito à tradição judaica, Mateus evita pronunciar a palavra "Deus" e a substitui pela palavra "Céus". Assim, o "Reino dos Céus" em Mateus equivale a "Reino de Deus" em Marcos e em Lucas. O "**Reino dos Céus**" não se identifica com a recompensa final da vida eterna em Deus (cf. Mc 10,17-30). Antes, é **o caminho que Jesus preparou para o cristão percorrer nesta vida, a fim de ganhar a vida eterna**. A primeira bem-aventurança já diz: "Bem-aventurados os pobres em espírito, porque deles é o Reino dos Céus".

Entre os bem-aventurados, Mateus cita três grupos (Raul Ruijs). O **primeiro grupo** é dos sofredores: os pobres, os aflitos, os mansos (humildes) e os que têm fome e sede de justiça (v. 3-6). O **segundo grupo** é dos que socorrem os necessitados do primeiro grupo: são os misericordiosos, os puros de coração e os que promovem a paz (v. 7-9). **O terceiro grupo** é composto pelos do primeiro e do segundo grupo, que vivem o projeto do Reino de Deus, anunciado e vivido por Jesus. São perseguidos porque são solidários com os pobres, os aflitos, os humildes e injustiçados e os defendem. São caluniados e perseguidos pelo simples fato de serem cristãos.

Não podemos pensar que a formulação de algumas bem-aventuranças no futuro signifique algo que o próprio Deus vai realizar somente na vida eterna, sem a nossa participação. Deus enviou seu Filho ao mundo para nos trazer o Reino de Deus, o reino que pedimos no Pai-nosso. Jesus pôs em prática o programa deste reino que veio anunciar. Quem quer seguir o caminho de Jesus deve assumir também o seu programa. Assim, os aflitos serão consolados quando nós os consolarmos. Os mansos possuirão a terra quando nós lutarmos com eles. Os que têm fome e sede de justiça serão saciados quando nós os defendermos. Os miseráveis e pobres alcançarão misericórdia quando nós tivermos compaixão deles. Os fiéis defuntos pelos quais hoje lembramos procuraram seguir o exemplo de Jesus e colocaram em prática as bem-aventuranças. Ele é o modelo para todos nós: "*Jesus percorria todas as cidades e aldeias ensinando nas sinagogas, pregando o Evangelho do Reino e curando toda enfermidade e doença. Vendo o povo, Jesus sentiu compaixão dele porque estava cansado e abatido como ovelhas sem pastor*" (Mt 9,35-36). Vamos também nós cuidar de nossos irmãos sofredores, mostrando a eles o amor misericordioso de nosso Bom Pastor.

Os sofrimentos causados pela pandemia da covid-19 nos deram a possibilidade de viver o caminho do Reino de Deus, proposto por Jesus nas bem-aventuranças.

Consagração da Basílica do Latrão
9 de novembro

Oração: "Ó Deus, que edificais vosso templo eterno com pedras vivas e escolhidas, difundi na vossa Igreja o Espírito que lhe destes, para que o vosso povo cresça sempre mais, construindo a Jerusalém celeste".

1 Primeira leitura: Ez 47,1-2.8-9.12

Vi sair água do lado direito do templo, e todos os que esta água tocou foram salvos.

Ezequiel pertencia à classe sacerdotal. Quando completou 25 anos de idade estava pronto para exercer o sacerdócio no templo. Os babilônios, porém, conquistaram Jerusalém (597 a.C.) e Ezequiel foi levado junto com outros deportados para a Babilônia. Lá vivia entre os exilados e foi chamado por Deus para ser profeta no meio deles. Em uma das várias visões que teve, foi transportado, em visão, a Jerusalém, onde presenciou a idolatria que os próprios sacerdotes praticavam no templo. Na mesma visão, percebeu que a cidade e o templo seriam destruídos. Viu a glória de Deus abandonando o templo e se dirigindo para a Babilônia, a fim de morar entre os exilados (Ez 10,18-22). Na última parte de seu livro (cap. 40–48) descreve, com pormenores, como será o novo templo quando Jerusalém for reconstruída. Ezequiel já havia vivido cerca de 30 anos com os exilados numa planície fértil, junto ao canal Cobar que irrigava as plantações com as águas do rio Eufrates. Em sua visão, Ezequiel transporta a abundância de água e a fertilidade da Babilônia para as montanhas desertas da Judeia, entre Jerusalém e o mar Morto. Na visão, é conduzido por um anjo para a única fonte que abastecia Jerusalém há dois milênios. Aos pés da colina sobre a qual estava o templo, viu a antiga fonte de Guion jorrando água em tamanha quantidade no vale do Cedron, como nunca tinha visto antes. À medida que o vale descia, a torrente do Cedron transformava-se num rio cada vez mais volumoso, que só a nado se podia atravessar. Nas margens do rio, que atravessava o deserto de Judá em direção leste, cresciam árvores frutíferas sempre verdes, que produziam frutos o ano todo, e suas folhas serviam de remédio. Este rio desaguou no mar Morto (30% de sais!), transformando suas águas mortas em águas doces e saudáveis, repletas de peixes.

Qual é o significado desta maravilhosa transformação do deserto e das **águas mortas** num "jardim de delícias", cheio de vida? É porque o mesmo Deus que havia abandonado o templo de Jerusalém para acompanhar seu povo no exílio, retornará com toda sua glória para o novo templo a ser construído (Ez 40,1–43,12). Quando o **templo for reconstruído**, a **cidade receberá um novo nome**: "O Senhor está lá" (48,35). Deus não quer a morte de nenhum pecador, mas antes que se converta e viva (33,10-11). Neste novo templo, seu povo purificado com água pura irá adorá-lo. Deus removerá o **coração de pedra** de seu povo e lhe dará um **novo coração de carne**, animado pelo seu espírito (36,25-28).

Salmo responsorial: Sl 45

Os braços de um rio vêm trazer alegria à Cidade de Deus, à morada do Altíssimo.

2 Segunda leitura: 1Cor 3,9c-11.16-17
Sois santuário de Deus.

Paulo fundou a comunidade cristã de Corinto e ali anunciou a Palavra de Deus por mais de um ano. Quando pregava na cidade de Éfeso escreveu sua primeira carta aos cristãos de Corinto. O motivo desta carta foi uma correspondência que recebeu dos coríntios (1Cor 7,1), na qual pediam orientações de Paulo sobre vários problemas de ordem moral e divisões que surgiram na comunidade (1,10–4,21). Na comunidade havia os que diziam: "Eu sou de Paulo", "eu de Apolo", "eu de Pedro, "eu de Cristo" (1,12). O texto escolhido para hoje responde a essas divisões. Paulo lembra que tanto ele como os pregadores que depois dele estiveram em Corinto são antes de tudo colaboradores de Deus e a **comunidade cristã é uma construção de Deus**. Não faz sentido pertencer a este ou àquele pregador, pois **a construção de Deus é uma só**. E quem lançou o alicerce foi Paulo e o fundamento é um só, Jesus Cristo, e este, crucificado (1Cor 1,18-31). Apolo e Pedro edificaram sobre o mesmo alicerce. Todos os cristãos são edificados sobre o mesmo fundamento. Todos formamos um único edifício, fundado em Cristo. **Nós somos o santuário de Deus e seu Espírito mora em nós**. A igreja local é a habitação de Deus, um lugar sagrado. Por isso Paulo adverte: Quem semear desunião na comunidade está tentando destruir o santuário de Deus, e Deus o destruirá.

Aclamação ao Evangelho

Esta casa eu escolhi e santifiquei para nela estar meu nome para sempre.

3 Evangelho: Jo 2,13-22

Jesus estava falando do Templo do seu corpo.

Quando João escreve seu Evangelho, o Templo já havia sido destruído. Talvez, por isso, João coloca logo no início de seu Evangelho a cena da expulsão dos vendilhões do Templo, que os outros evangelistas situam após a entrada triunfal de Jesus em Jerusalém. **O tema central de hoje é a adoração de Deus, "em espírito e verdade", no Cristo morto e ressuscitado**. O tema já é preparado quando Jesus chama Natanael como seu discípulo. Jesus então diz: "Na verdade eu vos digo: vereis o céu aberto e os anjos de Deus subindo e descendo sobre o Filho do Homem" (Jo 1,51). O lugar privilegiado para o encontro com Deus não será mais o Templo e, sim, Jesus, "o Filho único do Pai", "a Palavra que se fez carne e habitou entre nós" (Jo 1,14). Antecipando a destruição do Templo, com chicote na mão, Jesus expulsa todos que ali vendiam e compravam, junto com bois, ovelhas, pombas e cambistas, dizendo: "Não façais da casa de meu Pai uma casa de comércio". O que importa para a verdadeira adoração – diz Jesus à samaritana – não é este ou aquele templo, "porque os verdadeiros adoradores hão de **adorar o Pai em espírito e verdade**; são estes os **adoradores que o Pai deseja**" (Jo 4,23). Os judeus questionaram a Jesus por ter expulsado os vendedores do templo e pediram um sinal do céu que justificasse tal gesto. Como sinal, Jesus aponta sua futura morte e ressurreição: "Destruí este templo, e em três dias eu o levantarei". Depois da sua ressurreição os discípulos entenderam que Jesus estava falando do templo do seu corpo. **Paulo** lembra que **o corpo de cada pessoa que crê em Jesus, e a própria comunidade cristã, são um templo vivo, onde Deus gosta de morar** (Segunda leitura).

Imaculada Conceição de Nossa Senhora
8 de dezembro

Oração: "Ó Deus, que preparastes uma digna habitação para o vosso Filho, pela imaculada conceição da Virgem Maria, preservando-a de todo o pecado em previsão dos méritos de Cristo, concedei-nos chegar até vós purificados também de toda culpa por sua materna intercessão".

1 Primeira leitura: Gn 3,9-15.20

Porei inimizade entre ti e a mulher, entre a tua descendência e a dela.

Em Gn 2–3, Deus cria o ser humano como um ser comunitário; **homem e mulher** são "auxílio necessário", um para o outro, a fim de viverem na comunhão de amor, planejada pelo Criador. Havia **harmonia** entre homem e mulher, harmonia entre o ser humano e as demais criaturas da terra (jardim do Éden) e harmonia com o Criador. Este é o projeto de Deus. Em Gn 2, porém, Deus não diz que "tudo que havia feito era muito bom", como em Gn 1,31, pois esta harmonia é algo a ser ainda buscado. Na realidade, ela foi quebrada quando homem e mulher, por sugestão da "serpente" (símbolo do mistério do mal, Satanás, adversário), comem do fruto proibido, que os faria "como deuses, conhecedores do bem e do mal". Em vez de se tornarem "deuses", percebem que estavam nus; essa **nudez significa** não tanto o pudor, mas **a limitação e carência do ser humano diante de Deus**. Por isso se escondem. Deus, porém, visita o jardim, não apenas para punir a desobediência do ser humano, mas para socorrê-lo em sua carência e limitação. No interrogatório, Deus pergunta ao homem por que está se escondendo e ele responde que estava com medo porque estava nu. Deus o acusa de ter desobedecido ao comer do fruto proibido e ele responde, de certo modo, devolvendo a acusação: "Foi a mulher que me deste por companheira". E a mulher ao ser interrogada joga a culpa na serpente, também uma criatura de Deus, como os outros animais (Gn 2,18-20). No fundo, a explicação da origem do mal recai sobre Deus. No livro da Sabedoria (2,24) o diabo é identificado com a serpente (cf. Jo 8,44; Ap 12,9; 20,2). Tiago, porém, adverte: "Ninguém, ao ser tentado, diga: 'É Deus que me tenta'. Pois Deus não pode ser tentado para o mal, nem tenta ninguém. **Cada um é tentado pelo próprio mau desejo que alicia e seduz**" (Tg 1,13-14).

A serpente é punida e deverá arrastar-se pelo chão; a mulher é punida pela dominação que o marido sobre ela exercerá e pelos sofrimentos de sua gravidez; o homem é punido pela dureza do trabalho na produção de alimentos. Começa a desarmonia entre Deus e o ser humano, entre homem e mulher e entre o homem e a terra. **Deus nos deu a liberdade para podermos amá-lo. Seremos sempre atraídos pelo Sumo Bem e tentados para o mal.** Mas os descentes de "Eva" sempre poderão esmagar a cabeça da serpente, com Maria, a "Nova Eva", a Imaculada, e com Jesus Cristo, seu grande descendente (Gn 3,15).

Salmo responsorial: Sl 97
Cantai ao Senhor um canto novo porque ele fez prodígios.

2 Segunda leitura: Ef 1,3-6.11-12

Em Cristo, ele nos escolheu antes da fundação do mundo.

O início da Carta aos Efésios começa com um hino de louvor, que resume a história de nossa salvação. É uma "bênção" dirigida a Deus ("Bendito seja Deus..."); é também uma bênção recebida "do seu Espírito, em virtude de nossa união com Cristo". Trata-se de uma **meditação** com o tema "**Deus em Cristo e nós em Deus**". Os motivos desta "bendição" são nossa eleição e predestinação em Cristo, a redenção pelo sangue de Jesus, a adoção como filhos de Deus em Cristo, o perdão dos pecados e o dom do Espírito Santo (15º Domingo, Ano B).

Aclamação ao Evangelho
Maria, alegra-te, ó cheia de graça. O Senhor é contigo!

3 Evangelho: Lc 1,26-38

Alegra-te, ó cheia de graça. O Senhor está contigo!

A promessa feita a Davi de uma "casa" estável, isto é, de uma dinastia permanente, cumpre-se no Evangelho que acabamos de ouvir. Maria é noiva de José, da casa de Davi. O noivado já tinha força jurídica. **Maria** não "conhece homem algum", mas **coloca-se inteiramente à disposição do plano divino**: "Eis aqui a serva do Senhor: Faça-se em mim segundo a tua palavra". Ela concebe pela força do Espírito Santo: "O Espírito virá sobre ti e o poder do Altíssimo te cobrirá com sua sombra". O anjo dá as indicações sobre a **missão e a identidade deste filho**: Seu nome Jesus significa Salvador; será chamado Santo, Filho do Altíssimo, Filho de Deus; "receberá o trono de seu pai, Davi, reinará para sempre sobre os descendentes de Jacó e seu reino não terá fim". O modo como se realizará o seu reino será surpreendente: Sua mensagem principal será anunciar o Reino de Deus, um reino de justiça, de amor e de paz, mas isso o levará a morrer crucificado, sentenciado como "Rei dos Judeus" (cf. 4º Domingo do Advento, Ano B).

A Igreja crê que **Maria**, a serva do Senhor, foi **preservada de todo o pecado** em **previsão dos méritos de seu Filho Jesus Cristo** (Oração do dia).

Referências

BECKHÄUSER, A. *Celebrar a vida cristã – Formação litúrgica para agentes de pastoral, equipes de liturgia e grupos de reflexão*. 9. ed. Petrópolis: Vozes, 2000.

Dei Verbum – Constituição dogmática sobre a revelação divina. In: *Compêndio do Vaticano II – Constituições, decretos, declarações*. Intr. e índice analítico de Frei Boaventura Kloppenburg, OFM. Coordenação-geral de Frei Frederico Vier, OFM. 29. ed. Petrópolis: Vozes, 2000.

DE ZAN, R. *Os múltiplos tesouros da única Palavra – Introdução ao Lecionário e à leitura litúrgica da Bíblia*. Petrópolis: Vozes, 2015.

Evangelii Gaudium – A alegria do Evangelho no mundo atual. Exortação apostólica do Sumo Pontífice Francisco. São Paulo: Paulus/Loyola, 2013 [Documentos do Magistério].

GARMUS, L.; BECKHÄUSER, A.; RUIJS, R. (coords.). *A Mesa da Palavra, Ano A – Comentário bíblico-litúrgico*. Petrópolis: Vozes, 1983.

GARMUS, L.; BECKHÄUSER, A.; RUIJS, R. (coords.). *A Mesa da Palavra, Ano B – Comentário bíblico-litúrgico*. Petrópolis: Vozes, 1983.

GARMUS, L.; BECKHÄUSER, A.; RUIJS, R. (coords.). *A Mesa da Palavra, Ano C – Comentário bíblico-litúrgico*. Petrópolis: Vozes, 1983.

KONINGS, J. *Liturgia dominical – Mistério de Cristo e formação dos fiéis (anos A-B-C)*. Petrópolis: Vozes, 2003.

Sacramentum Caritatis – Exortação apostólica pós-sinodal do Sumo Pontífice Bento XVI. Sobre a Eucaristia, fonte e ápice da vida e da missão da Igreja. 3. ed. São Paulo: Paulinas, 2007.

Sacrosanctum Concilium – Constituição sobre A Sagrada Liturgia. In: *Compêndio do Vaticano II – Constituições, decretos, declarações*. Intr. e índice analítico de Frei Boaventura Kloppenburg, OFM. Coordenação-geral de Frei Frederico Vier, OFM. 29. ed. Petrópolis: Vozes, 2000.

Verbum Domini – Exortação pós-apostólica pós-sinodal do Santo Padre Bento XVI sobre a Palavra de Deus na vida e na missão da Igreja. São Paulo: Paulinas, 2010 [A voz do Papa, n. 194].

Conecte-se conosco:

 facebook.com/editoravozes

 @editoravozes

 @editora_vozes

 youtube.com/editoravozes

 +55 24 2233-9033

www.vozes.com.br

Conheça nossas lojas:

www.livrariavozes.com.br

Belo Horizonte – Brasília – Campinas – Cuiabá – Curitiba
Fortaleza – Juiz de Fora – Petrópolis – Recife – São Paulo

  Vozes de Bolso

EDITORA VOZES LTDA.
Rua Frei Luís, 100 – Centro – Cep 25689-900 – Petrópolis, RJ
Tel.: (24) 2233-9000 – E-mail: vendas@vozes.com.br